JN429942

한국사

47

일제의 무단통치와 3·1 운동

국사편찬위원회

자문위원

김 운 태　　이 만 열　　조 동 걸

편찬위원

도 진 순　　정 재 정　　한 시 준

집필(일제의 무단통치와 3·1운동)

강 영 심　　강 창 일　　김 도 훈

김 운 태　　김 인 덕　　반 병 률

이 정 은　　정 재 정　　한 상 도

기획·편집

강 영 철　　이 근 택　　고 성 훈

고 숙 화

복간 간행 : 김 용 곤·장 득 진

한국사 간행취지

우리 겨레가 앞으로 어떻게 살아갈 것인가 하는 문제는 우리들은 물론 우리와 더불어 살아가는 세계인들의 관심사일 것이다. 이에 대한 해답은 과거에 어떻게 살아왔는가 하는 우리 역사에 대한 인식을 통해 찾을 수 있을 것이라고 생각된다.

본 위원회에서는 이미 1970년대에 『한국사』 25권을 간행하여 해방 이후 한국사의 연구성과를 집대성함으로써 한국사에 대한 인식을 새롭게 한 바 있다. 그 이후 한국사회는 놀라운 성장과 발전을 이루었고 역사학계도 상당한 연구성과를 축적하였다. 이러한 변화에 발맞추어 한국사학계는 새로운 『한국사』 편찬의 필요를 느끼게 되었다.

이에 본 위원회는 일차적으로 한국사 연구지원비를 마련하여 역사학계로 하여금 1980년대 중반까지 연구성과가 미진하다고 생각되는 분야를 연구할 수 있도록 하였다. 이어서 1989년부터 1990년까지의 준비를 거쳐 1991년에는 '신편 한국사 편찬위원회'를 따로 구성하고 총 60권에 달하는 새로운 『한국사』를 편찬하기로 하였다. 그리고 다음과 같은 『한국사』 편찬의 목표를 세웠다.

① 한국의 역사와 문화에 대한 객관적 인식의 토대를 제공할 수 있는 한국사를 편찬한다.

② 민족의 창조적 문화활동과 민족사의 내재적 발전을 드러내는 한국사를 편찬한다.

③ 최근까지의 연구성과를 체계화하고 새로운 영역을 개척함으로써 한국사 연구의 지평을 넓힌다.

④ 한국사 연구와 관련하여 고고학・인류학・사회학・경제학 등 인접학문의 연구성과를 수용하여 한국사 인식의 폭을 넓히는 데 기여한다.

새로운 『한국사』를 펴내면서 우리 모두가 바라는 바는, 민족의 통일에 대비해야 하고 급격히 변화하는 시대상황 속에서, 한국사 연구자의 깊이 있는 연구를 도와주고 독자들의 역사인식을 드높일 수 있는 길잡이 구실을 할 수 있었으면 하는 것이다.

국사편찬위원회 위원장

목　　차

Ⅱ. 1910년대 민족운동의 전개

Ⅲ. 3·1운동

개 요

I

일제는 러일전쟁 중 한국주차군으로 하여금 한국의 치안을 담당케 하고 軍律을 적용하기 시작한 이래, 국권침탈 과정에서 乙巳義兵 및 丁未義兵 등을 비롯한 항일운동이 최고조에 이르자, 1908년 5월부터는 이를 보다 조직적으로 억압하기 위하여 한국주차군·헌병대·경찰관을 모두 일본군사령관의 지휘·명령하에 통합·강화하는 무단통치체제를 구축했다.

이러한 軍政方式은 일제가 한국 식민지배를 위하여 채택한 무단통치체제의 原型으로서, 1919년 우리 민족의 치열한 3·1운동 이후 사이토 마코토(齋藤實) 총독에 의해 마지못해 보통경찰제도로 바뀌기까지 억압체제의 지주로서 지속되었다. 일제의 이러한 武斷組織의 군정은 식민지 지배에 대한 우리 민족의 치열한 반일 민족운동을 억압하기 위한 불가피한 지배방식이었다. 이것은 민족말살정책, 곧 조선을 신속히 효율적으로 해체시켜 일본의 천황제체제의 최말단 피지배계급으로 편입시키려는 일본형 식민주의의 정책적 반영이었다.

한일병합 후 공포된 조선총독부 관제에서 드러난 바 조선총독부의 통치체제는 통감부의 기구를 계승하고 동시에 대한제국정부 소속 관청도 축소·흡수하여 과도적으로 편성된 것이었다. 총독부체제는 조선총독과 정무총감 예하의 중앙행정기관과 지방행정기관, 탄압기관(경무총감부·법원검사국·감옥), 자문조사기관, 동화정책기관 및 경제약탈기관 등으로 구분되며, 이들 각 기관의 직원수는 공식적인 숫자만 보면 경제약탈기관(5,707명)의 인원이 전체 직원 15,113명의 3분의 1 이상을 차지한다.

일제는 한국 식민지배체제의 안전과 그 효율화를 위하여 총독부관료 충원에 있어서 중요 관직을 일본인이 독점하는 직접통치체제를 구축하였다. 이러한 일제의 지배방식은 3·1운동 후 그들이 표방한 소위 '문화정치'하에서도 기본적인 변화가 없었다. 1918년 조선총독부 및 소속관서의 직원(囑託·雇員 포함) 총수는 21,302명이었다. 그 중 한국인은 8,437명(39.6%), 일본인은 12,865명이었다. 이들 한국인의 대부분은 判任官 이하의 말단 업무에 소속된 관원이었으며, 극히 소수의 친일분자를 제외하고는 상위의 정책 및 정무직위에 충원되지 않았다. 이외에도 식민통치를 위해 헌병 11,143명, 경찰 5,698명, 모두 16,342명이라는 수의 직원을 두고 있었으며 여기에 당연히 군대를 추가하여 포함한다면 그 인력은 방대한 규모였다.

조선총독부는 일제 식민지 지배체제의 최고 권력기관이었다. 우선 그 首長인 총독은 일왕에게만 책임을 지는 존재로서 親任官이었고, 일본군벌의 실력자이자 일본정계에도 큰 영향력을 가진 현역장군(육·해군대장)의 신분으로 정무총리권·군대통솔권·입법권·사법권 및 李王職과 조선귀족에 대한 특별 권한 등을 보유한 막강한 지배자였다. 군인출신 총독의 임명 원칙은 1920년대 문화정치시기에 문관출신의 임용도 가능하도록 그 규정이 바뀌고 있지만, 대만과는 달리 한국의 경우에는 한번도 적용된 예가 없었다.

또한 치안유지는 헌병경찰이 맡도록 하였다. 초대 한국헌병대장으로 악명높은 아카시(明石元二郞) 육군소장을 기용하고, 한국인 무뢰배 4천여 명을 '헌병보조원'으로 편입시켜 헌병대를 대폭 확충하고 의병토벌과 정보탐색에 주력하였다. 1910년 9월 10일 〈朝鮮憲兵條例〉 및 동년 9월 30일 〈총독부경찰관서관제〉를 공포하여 헌병경찰을 통합하고 무단통치의 핵심조직인 경무총감부를 설립하였다. 경무총감부는 조선총독의 지휘하에 무단통치를 주관하는 헌병 萬能의 지배 지주로, 그 수장인 경무총감은 각도의 헌병대·경무부 및 경성직할경찰서 등을 장악하고 전국적 행정조직망을 지휘·감독하면서 군사경찰·정치사찰·사법권행사·경제경찰·학사경찰·助長行政·위생경찰·기타 풍속 단속 등을 통제하였다. 이러한 기능을 수행하기 위하여 무고한 한국인에게까지 극악한 처벌을 할 수 있는 소위 '범죄 卽決例'를 적용하면서 한민족 사회전반에 깊숙이 침투한 전체주의 정치지배를 자행하였다.

사법기관은 총독을 정점으로 하는 행정부의 일원적인 계통으로서 오로지 한민족을 탄압·수탈하기 위한 절차 및 시설에 불과하였다. 법관임용에 있어서도 차별적이었고, 한국인 판사는 일본인이 관련된 재판을 담당할 수 없었으며, 문화정치기인 1920년 이후에도 합의부 재판부 구성에 있어 한국인이 재판장이 된 일은 없었다.

군대는 총독통치의 중추적 역할을 하였다. 총독은 육군대장으로서 군사통솔권을 갖고 있었으며, 각도 장관은 비상시에 당해 지방 군사령관에게 출병요구권을 가지고 있었다. 일제는 2개 사단의 한국주차군을 배경으로 역사상 가장 기만적인 제 조약(〈한일의정서〉·〈을사보호조약〉·〈한일합방조약〉)을 빙자하여 한일병합을 강행하였으며, 결국 한국에서 폭압적인 무단통치제를 수립하였다. 이후 한국통치는 헌병기동대를 포함하여 이 일본육군 2개 사단과 해군 2개 분대의 지원으로 강행되었다. 육군의 주력은 경성·온산·평양·나남에 두고 지방 각지에 수비대를 분산 배치하였다. 해군은 진해만과 영흥만에 방비대를 두었다가 1916년 4월에는 진해에 軍港部를 두고 이에 구축함을 부속시켰다.

일제는 1910년 〈집회단속에 관한 건〉을 새로 제정하였고, 〈신문지법〉·〈출판법〉을 확대 적용하여 언론·출판·집회·결사 등 모든 근대적 기본권을 철저히 부정하였다. 이데올로기 지배기구로 교육기구·교육정책도 새로 마련되었으며 조선인을 일본인으로 만들기 위한 식민지 동화교육방침이 수립되었다.

한편 1910년대의 식민지 경제정책은 무단통치를 배경으로 하여 한국의 경제구조를 식민지 수탈에 적합하도록 재편하는 데 있었다.

1910~1918년간 시행된 토지조사사업은 이를 위한 기초작업이었다. 일제는 1910년 토지조사국을 설치하고, 1912년에는 〈토지조사령〉을 발포하여 근대적 토지소유개념이 희박한 한국에서 토지약탈정책을 펴기 시작하였다. 일제가 토지조사사업을 추진하면서 내세운 목적은 지세부담의 공평, 지적의 확정과 소유권의 보호, 토지개량과 이용의 자유 보장, 생산력의 증진 등이었다. 이

사업은 신고주의에 입각하여 토지소유자가 일정기간내에 소정의 수속, 즉 주소·성명·지목·토지 넓이 등을 토지조사국에 서면으로 신고토록 한 것이었는데, 신고하지 않은 땅이나 국유지·공유지·屯土·牧場土 등은 총독부의 소유로 넘어가게 되었다.

일제는 토지조사사업과 더불어 〈토지수용령〉 등을 통해서도 토지를 집적하였다. 1911년 4월에 발포된 이 법령은 관공청사 설립, 도로·철도시설·국방군사 및 제철·광산업에 필요하다고 여겨지는 토지를 무제한으로 私有 여부를 불문하고 수용할 수 있도록 했다. 그리하여 총독부는 농경지 27만 2천 정보를 포함한 광대한 토지를 소유하는 대지주로 등장하였고, 이를 헐값으로 東洋拓殖株式會社·不二興業 등의 일본인 회사나 지주에게 불하하였다.

토지조사사업은 조선총독부와 일본인의 토지소유를 증대시키는 중요한 계기가 되었다. 반면에 자작농과 자작 겸 소작농을 몰락시키고, 소작농과 농업노동자 및 이농인을 증가시켰다. 그리하여 3.1%의 지주가 전체 경작지의 50.4%를 소유하는 극단적으로 불균등한 토지소유관계가 자리잡게 되었다. 더 나아가 토지에 대한 지주의 권리만을 일방적으로 인정하였을 뿐 경작권 등 농민의 여러 권리는 부정되었다. 고율소작료, 마름의 중간수탈 등 각종 반봉건적 수탈도 그대로 묵인함으로써, 소작농민을 반봉건적 예속상태로 몰아 넣고 생활의 빈궁은 더욱 촉진되어 화전민·유민 또는 망명의 길을 떠나지 않으면 안되었다.

토지조사사업을 통하여 지세제도도 전면적으로 개편되어 지가에 따른 지세산정·토지소유자의 지세부담 등의 원칙이 채택됨으로써 식민지 재정의 주요 기반인 지세수입이 대폭 늘어났다. 그 결과 1919년의 지세수입은 1911년의 1.6배로 증가하였다.

1910년대 일제가 한국에서 실시한 농업정책은 기본적으로 식량과 원료를 일본으로 최대한 많이 반출하는 것이었다. 일본인의 입맛에 맞는 쌀을 수탈하기 위하여 농민에게 일본 벼 품종을 강제로 보급하였으며, 군수용 면직물과 견사의 원료인 면화·누에고치의 생산을 늘리도록 강요하였다. 일제는 이러한 정책을 추진하면서 헌병경찰·면사무소 직원·금융조합 직원 등을 동원하여 심어놓은 작물을 뽑아버리거나 저항하는 농민을 체포·구금하기도

하였다.

1910년에 공포된 〈회사령〉은 한국의 상공업을 철저히 일제에 예속시켰다. 이 법령에 따라 한국에서 회사를 설립하기 위해서는 총독의 허가를 받아야 하였으므로, 총독의 명령 하나로 회사가 해산되거나 폐쇄되기까지 하였다. 이는 한국에서의 자본축적과 공업발전을 억제함으로써 한국을 식량·원료의 공급지이자 일본상품의 판매시장으로 묶어 두려는 데 있었다. 즉 제국주의 본국과 식민지의 산업구조를 확연히 구분하려는 의도가 개재되어 있었다. 이 밖에도 〈조선광업령〉과 〈조선어업령〉 등을 공포하여 한국인들에게 각종 규제를 가하는 반면, 일본자본의 한국 진출을 적극 지원함으로써 광업과 어업을 사실상 일본인 중심으로 재편하였다.

일제는 교통운수와 광공업 분야에서도 식민지적 구조를 만들어갔다. 이미 강제병합 이전에 경인선과 경부선을 완공하였으며, 그 이후에는 평남선·경원선·호남선 등을 추가로 건설하였다. 또 일본과 조선의 주요 지점을 연결하여 조선사회에 대한 정치적 지배망을 확대하는 동시에 자국 상품의 시장을 급속히 확대하고 조선의 식량원료를 더 효과적으로 반출해가기 위하여 주요 간선도로망을 정비하는 한편 부산·군산·인천·청진 등 주요 항만도 정비·수축하였다.

이렇듯 일제는 1910년 8월 22일 병합조약을 강요하여 한국을 식민지로 만들고 동시에 식민지의 최고 통치기구로 조선총독부를 설치하였으며, 조선사회를 급격히 식민지적 구조로 재편하기 위한 폭압적 무단통치를 실시하였다. 무단통치는 조선민중의 반일 저항을 진압하고 미숙한 일본자본주의의 자본축적 기반을 강권적으로 만들기 위한 것이었다.

II

일본은 1910년 조선을 병합하면서 천황의 조서에서 "완전히 그리고 영구히" 지배할 것을 천명하는가 하면, 강제적으로 체결한 병합조약에서는 "한국황제폐하는 한국정부에 관한 일체의 통치권을 완전히 그리고 영구히 일본국 황제폐하에 양여한다"라고 하였다. 그리고서는 一視同仁·內地延長主義·內鮮融和·內鮮一體化·皇國臣民化 등을 표방하면서 조선을 통치하여 갔다. 이것은 곧 '조선인의 일본인화', '조선의 일본화'를 통하여 조선을 일본의 한 지역으로 편입시켜 영원히 지배할 것을 목적으로 하는 것이었다. 이러한 일제의 민족말살정책을 오랫동안 민족공동체로서 독립된 역사를 영위하여 왔던 조선민족이 받아들일 리 없었다.

이에 일제는 한민족의 민족적 저항을 전대미문의 무자비한 감시와 탄압으로 억압하고 식민정책의 기초를 구축하고자 하였다. 더구나 일제는 경찰과 군대는 물론 유사조직을 활성화시켜 한민족의 항일민족운동이 확대·발전되는 것을 사전에 억제하고자 한반도 전체를 창살없는 가옥과 같은 '병영국가'로 만들어 놓았다. 그리하여 최소한의 기본적인 생존권조차 박탈당한 한민족의 자존을 위한 투쟁은 더욱 어려운 상황하에 놓여 있었다.

1910년대 민족운동은 이같은 현실에 직면하여 이전시대 민족운동의 한계를 극복하면서 새로운 방략을 모색하지 않을 수 없었다.

우선 한말의 의병전쟁과 계몽운동으로 전개된 구국운동을 정비하는 작업으로 시작되었다. 즉 국권을 상실당한 상황은 민족운동가들에게 이전시대의 비무장 실력양성론적 구국계몽운동이나 의병전쟁 계열의 무장투쟁 노선만으로는 극복할 수 없다는 점을 인식케 해주었다. 이를 반성하고 상호보완하려는 방향으로 추구된 것이 독립전쟁론이었다. 독립전쟁론은 국외에 독립운동기지를 구축하여 독립군을 양성한 후 적당한 시기에 일제와의 혈전을 통해 빼앗긴 국권을 되찾는다는 방략이다. 물론 이 방략은 준비론적인 성격이 강한 것이어서 즉각적인 독립전쟁을 목적으로 하기보다는 향후 발생할 전쟁에 대비해 전쟁에 필요한 인적·물적자원을 축적해 독립역량을 강화시키는 운동론이었다. 또한 일본이 러시아나 미국과 일전을 겨루어야 할 경우 이를 기회로 이용하려는 전략적 성격도 띤다. 이처럼 독립전쟁론은 기존의 민족운동론인 실력양성론과 무장투쟁론을 상호 보완한 운동론이라 할 수 있다.

다음으로 민족운동의 공간을 해외로 확장하면서 한편으로 민족운동의 전열을 정비하고 역량을 축적하는 방향으로 전개해 나갔다. 1909년 '남한대토벌작전'으로 쇠퇴해가던 한말의 의병전쟁계열은 그 이후에도 소부대 전력으로 헌병분견소·경찰서·국경수비대 등을 습격하면서 1915~1916년까지 투쟁을 지속하였으나, 대체로 1910년을 전후해 근거지를 활동이 자유로운 만주나 연해주로 이동해 갔다. 그리고 계몽운동계열은 1907년 고종의 강제퇴위와 군대해산 등 일제의 노골적인 침략에 직면하면서 좌우로 분화되었고, 新民會를 중심으로 한 계몽운동 좌파인사들은 해외독립군기지 개척을 추진해 갔다. 이들은 민족의 근대적 역량향상을 도모하고 독립운동에의 인적자원을 공급하면서 독립전쟁 구현을 위해 국외독립운동의 발판을 구축해 갔다.

이러한 움직임은 헌병경찰체제의 철통같은 감시를 받는 상황에서 비밀결사의 형태로 나타났다. 국권을 강탈당한 식민지하에서 그것도 철통같은 감시망이 구축된 무단통치하에서 민족운동이 갖는 일반적인 특징으로 구한말 조직된 항일비밀결사인 신민회와 기맥을 같이하고 있다. 일제는 1910년 12월 '安岳事件'을 필두로 '保安法違反事件', '105인 사건'을 조작하여 그 회원들을 체포·고문함으로써 반일민족세력을 뿌리뽑고자 하였으나, 이 사건에서 드러난 일제의 잔악성으로 인해 일제에 대한 적개심이 더욱 커졌으며 이후 다양한 형태의 민족운동단체, 특히 비밀결사가 결성되기 시작하였다.

의병계열의 비밀결사로는 1912년 호남의 척사유림이 중심이 되어 조직한 대한독립의군부와, 1913년 경북 함창 사람인 蔡基中이 독립군 양성을 위한 무기구입과 군자금 모집을 위해 조직한 풍기광복단, 1915년 聞慶 유생들이 조직한 民團組合, 李增淵의 비밀결사(1916) 등을 들 수 있다.

계몽운동계열에서는 1914년 평양 대성학교 학생이 중심이 된 비밀결사 기성볼단이 있었고, 1913년 경북 달성군 尹相泰·徐相日 등의 朝鮮國權恢復團, 1915년 경성의 교사와 지식인 청년들이 중심이 되어 경제자립을 표방한 朝鮮産織奬勵契, 1915년 함경남도 단천에서 기독교 인사들을 중심으로 조직된 端川自立團, 1915년 경북 영주군의 고사언·박제준 등이 조직한 영주대동상점과 1913년 평양의 崇義女校 교사 黃愛德 등이 중심이 된 松竹會, 그리고 1910년대에 사립학교의 교사들이 중심이 되어 애국창가집 배포와 관련된 일련의 민족교육투쟁이 전개되었다.

또한 의병계열과 계몽주의계열이 통합한 혁명조직인 大韓光復會도 결성되었다. 대한광복회는 1910년대의 혁명단체로서 朴尙鎭의 주도하에 군자금을 모집하여 만주의 독립군기지에서 혁명군을 양성하고 국내의 혁명기지를 확보하여 적시에 무력투쟁으로 독립을 쟁취하고자 하였다. 그리고 1915년 鄭延雄이 결성한 선명당, 1916년 충청도 일대를 중심으로 활동한 흠치교의 비밀결사, 1916년 청림교의 비밀결사, 1917년 평양에서 張日煥을 중심으로 결성되어 국내외에서 활발히 활약한 朝鮮國民會(1919년의 大韓國民會) 등이 있었다.

그리고 위의 민족운동단체의 결성은 제1차 세계대전의 발발과 일본의 산동출병으로 중일전쟁 개전설 고조 등의 국제정세 변화와 관련지어 1915년을 전후한 시기에 급증되었으며, 종교적 배경과 성향을 띤 조직이 적지 않았다는 것을 알 수 있다. 이는 구한말 대종교의 민족운동이나, 기독교인들의 신민회 활동 등을 계승하였다는 측면도 있겠지만 일제의 종교계에 대한 탄압도 중요한 동인으로 작용하였기 때문이다. 일제가 종교계 탄압을 위해 반포한 1915년 〈포교규칙〉 및 〈사립학교규칙〉으로 순수한 종교활동마저 감시를 받게 되자 종교인들의 반발을 불러 일으켰던 것이다. 그 결과 민족문제를 새롭게 인식하는 계기가 되었다. 게다가 일체의 집회·결사가 허용되지 않는 무단통치하에서 활용될 수 있는 조직은 종교단체뿐이었다. 이러한 상황은 자연히 종교단체의 정치·사회적 위상과 기대치를 높여 주었고, 따라서 종교조직을 활용한 독립운동의 가능성과 방법론이 제기되었던 것이다.

한편 1910년대 시기는 다양한 정치사상이 전개되었으니, 이 시기 국내민족운동의 변화 가운데 중요한 점은 복벽주의를 극복하고 공화주의가 정립되었다는 것이다. 즉 복벽주의를 표방하고 의병투쟁을 목표로 했던 대한독립의군부나 민단조합 등의 운동이 좌절되고 공화주의를 표방하는 조선국민회 같은 혁명단체가 활동함으로써 근대국가이념을 심화시켜 나갔다.

이상과 같이 일제의 폭압적인 법적 제재와 극악무도한 헌병경찰의 탄압에도 불구하고 1910년대의 민족운동은 다양한 형태로 전개되었으며, 1919년 3·1운동에 이르러서는 각 계열의 방략과 조직체계, 활동상의 특성에 따라 일정한 역할을 담당할 수 있었고, 3·1운동 이후 국내에서 임시정부 후원을 위한 연락망구축이나 군자금 수집활동이 신속하고 광범위하게 수행될 수 있었던 것이다.

한편 1910년대의 국외독립운동은 국내의 운동에 비해 보다 활발하고도 광범위하게 추진되었는데, 이는 민족운동 지도부의 국외 망명때문이었다. 1905년 을사조약과 1907년 군대해산을 전후하여 국내에서 활동하던 의병과 구국계몽계열의 인사들이 중국·연해주·일본·미국 등 해외로 망명하여 본격적인 국외 독립운동을 전개하였다. 그리고 그 운동의 양태 또한 지역과 단체구성원의 성향에 따라 다양한 형태로 추진되었다.

민족운동가들이 국외 독립운동기지를 최초로 개척하기 시작한 곳은 북간도지역이었다. 1905년 을사조약의 체결로 국망을 예견한 李相卨은 북간도 龍井에 망명하여, 1906년 8월 瑞甸書塾을 설립하고 한인 자제를 모아 민족교육을 실시하였다. 서전서숙의 뒤를 이어 1908년에도 金躍淵의 주도로 명동촌에 명동학교가 설립되어 민족주의교육의 본산으로 성장하여 갔다. 이러한 바탕위에 북간도 한인사회를 효과적으로 운영하기 위한 간민자치회가 조직되어 본격적인 항일운동을 전개하였으나, 일제는 중국측에 한인들이 독자적인 자치정부를 세우려 한다는 모략을 하였고, 중국측도 한인을 견제하기 시작하자 명칭을 간민교육회로 바꾸고 중국관청의 허가를 얻어 외형적으로는 교육에 치중하였다.

간민교육회는 산도 각지에 학교를 설립하고 교사를 파견하여 反日계몽운동을 추진할 인재를 양성하였으며 후일 북간도 민족운동의 기초를 쌓아 나갔다. 간민교육회는 얼마 후 墾民會를 발기함으로써 발전적 해체를 하였다. 간민회는 다시 회명을 大韓國民會로 고치고 독립군 부대인 국민회군을 예하에 편성하여 본격적인 항일전을 수행하였다. 이 국민회군과 함께 북간도의 강력한 항일 독립군단으로 성립한 것이 北路軍政署였다. 북로군정서는 원래 1911년 대종교의 徐一이 북간도로 망명하여 조직한 重光團이 정의단·군정회 등으로 확대·발전하다가 1919년 12월 상해임시정부 산하의 전투군단으로 재탄생하였다. 이후 이 군단은 김좌진을 사령관으로 맞이하였고, 수천 명의 장정들을 모집하여 군사훈련을 시킨 후 독립군단을 편성함으로써 북간도에서 가장 강력한 군단이 되었다.

한편 서간도지역에서는 유하현 삼원포를 중심으로 독립운동기지가 건설되었다. 1910년 말부터 1911년 초에 걸쳐 105인사건 등으로 탄압을 받은 민족운동가들은 국외에 독립운동기지 건설계획을 본격화시켜 李會榮·李始榮의 6형제와 李相龍·金昌煥 등을 선발대로 삼원포에 파견하여 답사케 한 뒤 이곳을 서간도 독립운동기지로 건설할 것을 결정하고 한인들을 이주시켰다. 1911년 4월 한인대회를 개최하여, 한인들의 생활을 총체적으로 관여할 수 있는 자치체인 耕學社를 조직하고, 조국독립의 원대한 의지를 밝힌 경학사 취지서를 채택하였다. 그러나 경학사는 사업 첫해부터 농사가 대흉년을 맞아 활동이 난관에 부딪쳐 1년만에 와해되고 말았다.

이와 같은 열악한 한인사회를 이어받은 자치기관이 扶民團이었다. 그리고 경학사 시기에 설립된 교육기관인 新興講習所를 신흥학교로 발전시키고 서간도 각지에 노동강습소를 개설하여 이주 한인의 자제들에게 민족주의 교육과 군사교육을 실시하였으며, 통화현에 白西農庄을 건설하고 385명을 선발해 실전을 방불케 하는 무장훈련을 실시하였다. 부민단은 1919년 음력 1월 자치기관인 자신계·교육회 등을 통합하여 한족회로 발전하였다. 같은 해 4월에 상해에 대한민국임시정부가 수립되자 대표를 파견하여 국내외 모든 독립운동을 통제·지도할 임시정부는 상해에, 무장독립군의 국내진입 활동을 위해 군정부는 만주에 건립할 것을 협의·결정하였다. 그리하여 한족회는 이상룡을 독판에, 呂準을 부독판에, 李靑天을 사령관에 임명하여 조직을 갖추고 군정부의 기능을 갖는 西路軍政署로 개편하였다.

서북간도와 함께 독립운동기지로 건설된 또 다른 주요 지역은 북만주의 密山이었다. 밀산의 독립운동기지 건설은 헤이그특사로 파견되었다가 돌아온 이상설과 鄭淳萬·李承熙 등이 중심이 되어 1909년 여름부터 추진되었다. 이들은 중국과 러시아 연해주의 접경지대에 위치한 興凱湖 북쪽의 중국령 밀산부 봉밀산 일대에 한인들을 집단으로 이주시켰다. 그리고 韓興洞을 건설하고 한인 마을 한흥촌을 건설하고 민족주의 교육기관인 한민학교를 세워 한인 자제의 교육을 담당하는 한편 독립운동기지를 건설해 나갔다.

노령 연해주의 민족운동은 을사조약 이후 국내 애국지사들이 이 지역으로 이주하여 독립운동기지인 新韓村을 건설하였다. 신한촌에는 1910년대 초에 국내외의 저명한 민족운동가와 항일의병이 집결하였으며, 勸業會가 창립되었다. 권업회는 러시아로부터 연해주 한인의 자치기관의 지위를 부여받아 언론활동을 활발히 전개하고 한인농업단지를 조성하여 경제적 안정과 교육·문화적 함양을 통한 지위향상을 추구하였다. 한편 러시아 당국은 권업회를 통하여 그들의 정책을 효과적으로 관철함으로써 한인들의 러시아화를 도모하였다. 그러나 권업회의 궁극적 목적은 독립군 양성을 통한 독립전쟁론의 구현에 있었다. 때문에 권업회는 비밀리에 독립군 양성을 추진하였고, 그러한 노력이 국내외 독립운동을 주도할 중추기관으로서 대한광복군정부를 조직하였던 것이다. 1914년 이상설과 李東輝를 비롯한 李東寧·李鍾浩·鄭在寬 등 권업회의 중심인물들이 블라디보스톡에서 조직되었다. 그러나 대한광복군정부는 모체가 되는 권업회와 함께 그해 9월에 해체되고 말았다. 제1차 세계대전의 발발과 더불어 일본과 함께 연합국으로 참전하게 된 러시아 당국이 한인들의 정치·사회활동을 탄압하였기 때문이다.

권업회와 더불어 한인사회에서 독립운동 결사로 주목되는 단체가 대한인국민회 시베리아지방총회이다. 미주·하와이 한인사회의 대표적인 단체인 대한인국민회는 공립협회와 합성협회·대동보국회 등을 통합하여 1910년 5월에 결성된 단체이다. 그리고는 하와이와 미주 본토는 물론 멕시코·만주·시베리아 등지까지 지방총회 조직을 설치하면서 해외 한인사회 독립운동의 중추기관 역할을 담당하였다. 대한인국민회 시베리아지방총회는 권업회와 비슷한 시기인 1911년 10월 치타에 본부를 두고 출발하였으며, 신문간행과 계몽사업을 통한 민족의식 고취 활동에 주력하였다.

1910년대 국제정세는 한국독립운동에 불리한 방향으로 흐르고 있었다. 그럼에도 불구하고 상해는 반일독립운동의 주요 무대가 되었으며 呂運亨·金奎植·李光洙 등이 辛亥革命의 영향으로 또 孫文을 동경하면서 중국행을 결심하고 상해로 왔으며 1910년대 초반부터 상해에는 소규모의 한인사회가 형성되었다. 이곳에 거류민 조직으로서의 한인단체가 결성된 것은 1918년 겨울이었다. 여운형·申錫雨 등의 주도하에 上海高麗僑民親睦會가 출현하였으나, 이 단체는 1919년 임시정부의 수립과 함께 그 산하단체로 편입되고 이해 9월 22일 上海大韓人民團으로 개편되었다. 또 申圭植·曺成煥·朴殷植·閔忠植 등이 중심이 된 權華同樂會라는 한인조직이 결성되고 1915년에는 학생조직으로 上海韓人留學生會가 결성되었다.

독립운동단체로는 1912년 7월 4일에 同濟社가 결성되었다. 동제사는 신해혁명에 참가하여 중국의 혁명인사들과 교류하고 있던 신규식을 비롯하여 박은식·조소앙 등의 주도로 결성되었다. 또한 동제사 결성을 계기로 이들은 상해에 강습소 및 1913년 12월 17일 博達學院 개교, 1916년 가을 仁成學校 개교, 1916년 가을 上海韓人基督教小學校 개교 등을 통해 민족교육을 실시하는 등 상해지역 독립운동 기반조성에 주력하였다. 동제사는 초기에는 한인유학생을 돌보고 상호보조하는 단체였으나 점차 '혁명당'으로 반일독립운동단체로서 정치적 성격을 강화해 갔으며 중국 각지와 구미·일본에 分社를 두었고 《新韓民報》·《國民報》 등 미주 한인사회의 신문을 丹東市(安東縣)를 경유하여 국내로 반입하였다. 이는 동제사가 해외 한인사회의 중간연락기관뿐만 아니라 반일운동단체로 기능하였음을 시사한다.

한편, 1914년 7월 제1차 세계대전의 발발은 한인독립운동의 국제환경에 큰 변화를 초래하였다. 일본이 독일에 선전포고하자 일부 한인은 독일의 승리를 확신하여 중국과 독일의 연합으로 일본이 패배하리라는 기대섞인 전망을 하였다. 이러한 분위기에서 독립운동의 최고기관을 수립하려는 노력으로 신한혁명당이 결성되었다. 신한혁명당은 成樂馨 등에 의해 1914년 말 상해에서 결성되어, 러시아정부의 탄압을 피해 이동해 온 이상설을 중심으로 이듬해 3월경 조직의 정비를 마쳤다. 이들은 대열강 외교활동을 통한 독립운동의 전개와 국내독립운동세력과의 연계 및 무장투쟁 등을 목표로 설정하였다. 이들은 대한제국의 망명정부수립을 목표로 활동하였고, 光武皇帝를 당수로 추대하였으며, 이들의 구상은 북경정부와 한국망명정부간의 군사동맹을 체결하고 나아가 장래의 독립전쟁에 대비하는 것이었다.

이 신한혁명당의 활동을 계기로 신규식 중심의 상해지역 공화주의 세력과 이상설 등 만주·노령지역 입헌군주제를 선호하는 인물들간의 연합이 실현되었으며 나아가서는 해외독립운동세력과 국내조직과의 연결을 통하여 국내외 독립운동세력의 통합과 단결을 촉진하여 마침내 1917년 7월 대동단결선언으로 이어지게 된 것이다. 이 선언에서 역설한 임시정부수립은 제1차 세계대전의 국제정세 변화를 감안하여 共和政體의 국민국가를 건설하려 한 점이 주목되며 아울러 임시정부수립을 위한 선행단계로 민족대회의 소집을 제안한 것이며 이것이 곧 1919년 3·1운동을 계기로 국내외에서 시도된 임시정부수립운동의 모체가 되었던 것이다.

한편 제1차 세계대전이 종결되면서 상해에서는 1918년 11월 신한청년당이 결성되고 아울러 공화주의 노선이 정립되었다. 여운형이 대표 겸 총무로서 초기 활동을 관장하고 김규식·김철·서병호·장덕수 등이 주요 참여 인물이었다. 당헌에서는 인류문화의 증진과 평등·자유·박애·순결 등 이념의 실현을 목적으로 민주공화주의 노선을 표방하였다. 이들은 세계대전의 전후문제를 처리하기 위해 파리강화회의가 개최된다는 소식을 듣고 한국독립문제를 제출키 위해 1919년 1월 김규식을 대표로 선정하여 파견하였다. 이와 함께 국내 각지와 동경·만주·노령 등지에 신한청년당의 밀사를 파견하여 독립운동세력을 상대로 반일운동의 전개를 독려하였다. 신한청년당의 이러한 활동은 국내에서 3·1운동이 일어나는 데도 일정한 영향을 끼쳤다. 신한청년당은 3·1운동이 발발하자 상해에 독립임시사무소를 설치하고 국내외의 독립운동자에게 연락하며 임시정부 수립문제를 논의하였으며, 그 결과 1919년 4월 상해에서 임시정부가 수립될 수 있었다.

Ⅲ

일제의 우리 민족 말살을 위한 강압적인 무단통치와 토지조사사업 등을 통한 경제적 착취는 소수의 친일대지주·매판자본가를 제외한 전민족구성원의 생존을 심각하게 위협하였다. 이에 일제에 대한 분노와 저항은 전민족적으로 고조되었다. 이때 일제에 의해 유폐되어 있던 고종의 별세는 일인에 의한 독살설까지 유포되어 인심은 극도로 동요되어, 항일운동이 전민족적 운동으로 일원화될 수 있는 정치·사회적 기반이 조성되었다.

이러한 때 제1차 세계대전의 종결을 위한 강화의 조건으로 미국대통령 윌슨의 민족자결주의가 제창되었다. 이는 패전국의 식민지, 특히 유럽지역에 한정된 것이었으며 미국 중심의 국제질서를 수립하는 데 목적이 있었다. 그러나 민족운동가들은 이를 우리 민족의 자결을 천명할 선전활동의 기회로 파악하고 파리강화회의에 대표를 파견하는 동시에 대중적인 의사표시를 하기로 하였다. 또한 러시아혁명에 의하여 세워진 소비에트정권의 평화선언 즉 민족독립·무배상·무병합의 원칙에도 어느 정도 고무되기도 하였다.

1918년 말부터 국내에서는 이미 학생·종교단체를 중심으로 대대적인 독립운동이 계획되고 있었다. 먼저 천도교측에서 독립운동의 대중화·통일화·비폭력의 3대 원칙을 세우고 기독교·불교계 인사를 중심으로 전국적인 시위운동을 전개할 계획이 비밀리에 추진되었다. 이즈음 일본 동경 유학생들의 2·8독립선언 소식이 전해지자 각 종교인과 학생으로 이루어진 운동 주도세력은 고종의 因山日을 앞두고 사람들이 지방에서 서울로 모여들 것을 예상하여 3월 1일을 거사일로 정하였다. 민족대표 진영의 독립선언 계획이 진행되어 가는 가운데, 1919년 2월 28일 밤까지 민족대표 33인이 선정되고, 21,000매의 〈독립선언서〉의 인쇄 및 배포 등 거사 준비에 필요한 사전 준비가 끝났다.

드디어 3월 1일 아침 시내 각지의 집 앞에 〈독립선언서〉와 함께 《조선독립신문》이 뿌려지고, 동대문과 남대문, 숙명여학교 앞에 독립운동을 촉구하는 격문이 부착되었다. 오후 2시 정각 서울 종로구 인사동 명월관 지점 泰和館에서 민족대표 33인 가운데 지방에서 참석하지 못한 4명을 제외한 29명이 모여 〈독립선언서〉를 낭독하고 우리 조선이 독립국임과 조선 국민이 자주민임을 선언하였다. 당초 탑골공원에서 학생·시민들이 모인 가운데 독립선포식을 열 예정이었으나, 대중이 모인 가운데 모임을 열 경우 일제의 저지·탄압으로 말미암아 의외의 불상사가 생길 것을 우려하여 전날 태화관으로 장소를 변경한 것이었다.

탑골공원에서 민족대표가 나타나기를 기다리던 3~5천 명의 학생들과 시민들 가운데 康基德·金元壁·韓偉健 등은 태화관으로 민족대표를 모셔 오고자 달려갔으나 뜻을 이루지 못하고 따로 독립선언식을 거행하였다. 군중 속에서 한 학생이 팔각정에 올라서서 〈독립선언서〉를 낭독했다. 군중들은 이에 호응하여 대한독립 만세를 외치고 여러 대로 나누어, 일단은 덕수궁 대한문 앞으로 나아가 "대한독립만세"를 고창하고 일시 대한문 안으로까지 밀고 들어가기도 하였다.

이렇게 1919년 3월 1일 서울을 비롯하여 평안남북도와 황해도·함경남도의 중요 도시에서 시작된 3·1운동은 순식간에 전국적으로 확산되어 3월 상순에 이르면 13도 전역으로 퍼져 나갔다. 그해 4월말까지 두 달에 걸쳐 전국 220개 郡가운데 218개 군에서 시위가 일어났고, 200만 명 이상이 이에 참가하였으며, 시위 횟수는 1,500여 회에 달했다.

〈독립선언서〉에는 民族自存의 正權과 人類平等의 大義를 천명하였으며, 자주정신을 발휘하되 배타적 감정에 흐르지 말 것과 질서을 존중하여 光明正大하게 평화적인 운동을 벌일 것을 천명하고 있었다. 그러나 일제는 총칼로써 이 운동을 탄압하였다. 일제가 민족대표를 체포한 뒤 군대를 동원하여 시위 군중을 무력으로 진압함으로써 운동도 점차 폭동화하여 민중의 희생도 커졌다. 이는 민족대표들이 최고 3년형을 받고 일본의 회유정책으로 만기전에 풀려났던 것과는 대조적이었다. 그 피해는 공식집계만 보아도 7,500여 명이 목숨을 잃었고, 16,000여 명이 부상당하였으며, 47,000여 명이 옥고를 치렀다. 또 교회 47개소, 학교 2개소, 민가 715호가 불탔다. 특히 수원의 堤岩里에서 무고한 주민을 교회에 가두고 불을 지른 뒤 학살한 일제의 무자비한 만행은 식민통치사상 유례가 드문 것이었다.

한편 33인을 중심으로 한 민족대표들은 전민족적인 독립운동의 추진주체로서 여러 가지 한계를 안고 있었다는 점이 지적되기도 한다.

첫째, 그들은 독립운동의 추진주체로서의 권위에 한계를 가지고 있었고, 둘째 조직적으로도 한계를 갖고 있었다. 민족대표가 의지할 수 있었던 조직은 그들이 갖고 있었던 종교 교단조직과 사전에 연결되어 있었던 학생조직뿐이었다. 셋째, 3·1운동의 이념을 나타내고 있는 〈독립선언서〉는 장중한 문체와 고고한 이상주의적 이념을 담고 있음은 이론의 여지가 없지만 독립운동의 지도노선으로서 한계를 갖는 것이었다. 그것은 본질적으로 독립을 달성하려는 개개인의 의지보다 보편적인 역사관을 보여 주며, 조선의 독립은 보편적 원리와 천지운세의 순환에 의해 저지, 억제치 못할 하늘의 섭리이며 시대의 대세로 보았으며, 따라서 독립의 달성방법은 끝까지 우리의 주장을 일관되게 함으로써 일제의 반성을 촉구하는 관념적인 특성을 가지고 있었다. 당시의 식민지 민중이 당면하고 있던 현실에 대한 깊은 이해가 결여되어 있었으며, 이 운동을 조직적으로 지도해 갈 수 있는 전략이 없었다. 그리고 민족대표들이 일본경찰에게 전화를 걸어 자발적으로 붙잡혀감으로써 이후의 운동을 지도하지 않고 방기했다는 평가를 받기도 한다. 그러나 3·1운동은 이러한 중앙의 민족지도자를 중심으로 한 추진 주체가 가진 한계에도 불구하고 지방으로 퍼져 나가 온 민족이 이에 참여하였다.

3·1운동은 일제의 비인도적인 무력탄압으로 성공하지는 못했다. 이것은 제1차 세계대전에서의 전승국인 일본의 국제적 위치가 공고하였고, 또 당시 민족자결주의 자체도 패전국에게만 적용되었으므로 당시의 주변 정세가 우리에게 불리했기 때문이었다. 그러나 3·1운동은 우리 민족운동사에 큰 의미를 남겼다. 국내에서는 3·1운동을 계기로 노동자·농민의 정치·사회의식이 더욱 높아져 이후, 특히 1920년대 문화운동·실력양성운동·노동운동·농민운동의 활발한 전개에 진원지 역할을 하였다. 아울러 만주·노령 등 해외에서의 독립군의 무장투쟁을 본격적으로 유발시키는 계기가 되었다. 수많은 독립운동가들이 독립군 단체와 부대들을 편성하였으며, 국내의 많은 청년층들은 만주로 가서 독립군에 참여하였다.

또한 지금까지 여러 갈래로 전개되었던 독립운동이 3·1운동을 계기로 일원화되어 앞으로의 독립운동에 있어 민족의 역량을 하나로 결집시키는 역할을 하였다. 이에 따라 3·1운동을 계승하면서 보다 조직적으로 운동을 추진하기 위해 그 중심기관으로 민주적인 共和政體의 大韓民國臨時政府가 수립되었다.

한편 3·1운동은 일제로 하여금 우리 민족을 총칼로 지배할 수 없다는 것을 깨닫게 하였다. 그리하여 일제는 무단통치를 포기하고 회유책의 일환으로 소위 '문화정치'라는 기만적 통치방식으로 전환하였다.

나아가 대외적으로는 중국의 5·4운동, 인도의 국민회의파운동, 그외 인도네시아·필리핀·아랍민족의 독립운동 등 아시아의 식민지 및 반식민지의 민족운동에 커다란 영향을 미쳤다.

〈金雲泰〉

Ⅰ. 일제의 식민지 통치기반 구축

1. 무단통치체제의 확립
2. 식민지 수탈구조의 구축
3. 식민지 지배체제의 특질

Ⅰ. 일제의 식민지 통치기반 구축

1. 무단통치체제의 확립

일제는 1905년 〈보호조약〉을 강요하여 統監府 제하에 한국을 지배함에 있어서 한민족의 완강한 항일 저항을 견디어 낼 수가 없었다. 그리하여 일제는 〈한일신협약〉(1907. 7)과 군대해산(1907. 8)을 강행하면서 한국을 완전히 병합하고자 했을 때 당시 육군대신이던 테라우치 마사타케(寺內正毅) 현역대장을 새 統監으로 임명함으로써 일제가 흔히 쓴 무력에 의한 지배본질 그대로 통감부를 군대식 통치기구로 바꾸어 갔다. 뿐만 아니라 테라우치는 한국에 부임하기도 전에 일본정부와 협의하여 병합후 한국에 설치될 통치기구에 대하여 다음과 같은 사항을 통치방침[1]으로 결정하였으며 그것이 후에 조선통감부와 나아가서 朝鮮總督府 설치의 기본방침이 되었다.

① 조선에는 당분간 헌법을 시행하지 않고 大權에 의하여 政務를 통할하는 권한을 가진다.
② 총독은 천황에 직접 예속하여 조선에 있어서의 일체의 政務를 통할하는 권한을 가진다.
③ 총독에게는 대권의 위임에 의하여 법률사항에 관한 명령을 발하는 권한을 부여할 것. 단 본 명령은 따로 법령 또는 법률 등 적당한 명칭을 붙일 것.
④ 조선의 정치는 될수록 간이하게 함을 요지로 할 것. 따라서 정치기관도 역시 이 主旨에 따라 改廢할 것.
⑤ 조선의 관리는 그 계급에 따라 될 수 있는 한 다수의 조선인을 채용할 것.
⑥ 조선에 총독을 두고, 현역 육·해군 대장으로 이에 보한다.

---

1) 田保橋潔, 《朝鮮統治史論稿》(成進文化社, 1972), 52쪽.
金雲泰, 《日本帝國主義의 韓國統治》 改新版(博英社, 1998), 143~144쪽.
條約局法規課, 〈日本統治時代의 朝鮮〉(《外地法制誌》 第四部の二, 昭和 46년, 1971), 11~13쪽.

⑦ 종래 한국정부에 속했던 관청은 내각 및 表勳院 등을 제외하고는 조선총독부관서로 간주하고, 당분간 이를 존치한다.

이러한 방침에 따라 1910년 9월 30일 이른바 〈조선총독부 관제〉(칙령 제354호)가 공포되고, 그 이튿날부터 실시되어 조선총독부가 성립되었다. 총독을 아예 육·해군 현역대장으로 임명할 것을 명문으로 규정하였기 때문에, 일제의 식민지 통치기구는 무관총독과 헌병경찰을 중심으로 한 군사적인 통치기구로 확립되었다. 3·1운동 이후인 1919년 8월에 〈조선총독부 관제 중 개정〉이 이루어져 文官도 총독으로 임명될 수 있도록 하는 등 상당한 외형적 변화가 이루어졌으나, 군사적인 통치기구로서의 본질에 있어서는 변함이 없었다.

이러한 경찰제도에도 불구하고 치안상 불안을 느끼자 최후의 절박한 궁여지책으로 한일경찰을 통합하고 통감부하의 일본군사령관으로 하여금 군사경찰을 장악케 하고 주로 한국의 치안유지를 담당케 함으로써 한국에 있어서 일본 군사경찰의 부분적 일원화를 기했으며 다만 일반 한국인·일본인에 대한 경찰사무는 한국정부에 초빙된 일본인이 이를 담당하게 하였다. 뒤이어 1908년 6월 헌병보조원제를 실시하여 헌병의 수는 보조원 4,392명(한국인)을 포함해서 총원 6,761명에 달하여 통감부 설치 당시에 비해 8배가 증가하고 그 분대·분견소도 212개소에서 453개소로 증가하였다.[2] 마침내 1910년 6월 24일 한국경찰사무의 위임에 따라 한국과 일본의 양 경찰조직을 통감부하로 통합시켰으니 여기서 군사경찰인 헌병과 일반경찰이 완전히 합일된 헌병경찰체제가 확립되었던 것이다. 그 헌병경찰기구는 〈표 1〉과 같으며 이 체제는 1919년 사이토(齋藤) 총독의 기구개혁으로 보통경찰제도로 변혁되기까지 병합 후에도 억압체제로서 지속되었다. 이에 의하면 한국주둔군 헌병의 대장인

2) 田保橋潔, 위의 책, 118쪽. 明石 헌병대장이 헌병경찰관을 일원화시켜 병력을 대폭 강화한 것은 의병토벌이 목표였다. 1906년부터 항일운동의 最盛期인 1908년 말까지의 기간에만 被害死者 일본인 120여 명, 한국인 1,250명, 소실가옥 6,800여 호, 토벌에 의한 군대·헌병·경찰관의 손해는 사망 일본인 127명, 한국인 52명, 부상 일본인 252명, 한국인 약간 명, 義兵死者 15,000명에 달했다.

육군장관이 경무총감을 겸임하고 각 도에 파견된 헌병대장인 憲兵佐官이 각 道의 경무부장을 겸임하여 오직 통감의 지휘하에서 경찰사무를 전담케 하였다. 그리고 〈한일병합〉 후인 1910년 9월에는 조선총독부가 정식으로 성립되기도 전에 〈朝鮮駐箚憲兵條例〉가 발표되었으며, 그에 따르면[3] '조선주둔헌병은 치안유지에 관한 경찰 및 군사경찰을 장악'(제2조), '헌병장교·준사관·하사관·상등병에게는 조선통감이 정하는 바에 의하여, 재직 중에 경찰관의 직무를 집행시킬 수 있도록'(제3조) 했다. 그리고 서울에 헌병대사령부를 두고 각 도 헌병관구에 1개의 헌병대를 두도록 했다(제7조). 이어 일제는 이를 토대로 〈조선통감부 경찰관서제〉를 공포하여 통감부의 헌병·경찰제도를 확립하였다.

이와 같은 기구를 갖춘 일제의 헌병경찰은 1910년에 전국에 1,135개의 헌

〈표 1〉 헌병경찰기구(1910. 6~1919)

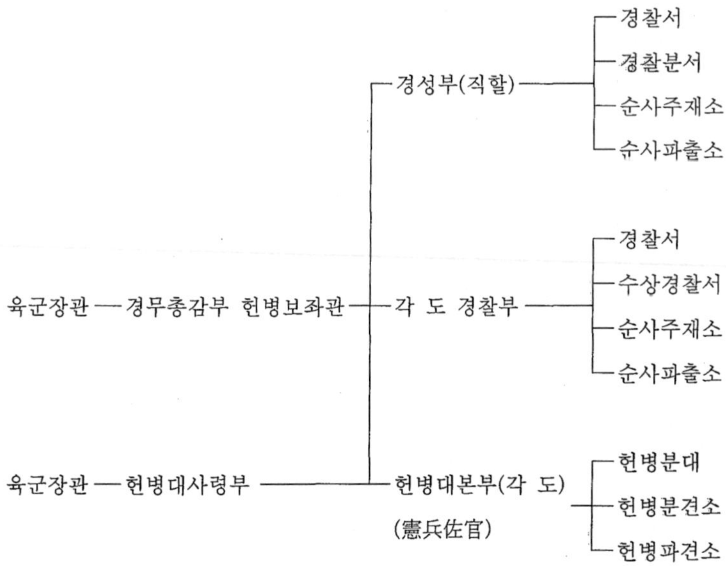

3) 山辺健太郎, 《日本統治下の朝鮮》(東京 : 岩波書店, 1971), 16쪽.

병경찰기관에 경찰 5,694명, 헌병 2,019명, 합계 7,713명으로 당시 한국인 2천명에 1명씩으로 되었다.[4] 또 헌병경찰제도가 제도상 폐지된 1920년에는 경찰의 수가 18,376명으로 되어 한국인 1천명에 경찰 1명씩으로 되었다. 이들 방대한 조직과 인원을 갖춘 헌병경찰은 군사·치안뿐만 아니라 행정·사법 기타 잡무에 이르기까지 모든 분야에 다 간섭할 수 있는 권한을 인정하고 있어 거의 '憲兵萬能'이라고 해도 과언이 아닐 정도였던 것이다.[5]

1) 총독지배체제의 형성

일제의 한국식민지배장치로서의 조선총독부의 설치는 대한제국의 통치권이 완전히 일본정부에게 인수되는 것을 골자로 하는 소위 〈韓國倂合條約〉(1910년 8월 22일 조인, 동월 29일 공포)을 그 근거로 하였다.

〈병합조약〉에 의하여 조선왕조는 개국 519년만에 종언을 고하게 되고 대한제국의 국가상태를 소멸시킨 일제는 자기통치권내에 들어온 한반도에 대한 새로운 통치질서를 제도화하기 위한 입법을 하였다. 이것이 곧 1910년 8월 9일에 발표된 '대한제국'이란 국호를 '朝鮮'으로 개칭한다는 〈勅令〉(칙령 제318호)과 새로운 통치기구를 설치하기 위한 〈朝鮮總督府 設置에 관한 칙령〉(칙령 제319호)이었던 것이다.

조선총독부 설치의 내용은 다음과 같다. ① 조선에 조선총독부를 두며, ② 조선총독부에 조선총독을 두고 조선총독은 일본국 천황으로부터 위임의 범위내에서 陸海軍을 통솔하고 일체의 政務를 통할하는 지위에 있으며, ③ 통치조직의 급격한 변화를 피하기 위하여 우선 기존 '한국통감부'는 '조선총독부'로 명칭을 바꾸고 제3대 통감 테라우치는 그대로 계승해서 초대 조선총독이 되었다. ④ 구한국정부 소속관청들을 점차로 축소시켜 흡수하는 방법을 택하였으며 칙령이 공포된 지 약 1개월이 경과하여 식민통치권을 구축하는 제반준비(각종 기관의 통폐합 등)가 완료되는 1910년 9월 30일에는 곧 〈朝鮮總督府官制〉(칙령 제354호)를 공포하였다. 이리하여 동년 10월 1일을 기하여 육

4) 山辺健太郎, 위의 책, 19쪽.
5) 이태일, 〈일제의 식민지 통치와 관료주의〉(《한국사회연구》 2), 216~218쪽.

군대신겸 통감 테라우치가 육군대신겸 조선총독으로 임명되었다.

〈朝鮮總督府及其所屬官署官制〉에 의하여 완성된 조선식민통치조직은 대만과 같은 다른 일본식민지의 경우와는 달리 한국에 있어서는 치열한 항일운동을 배경으로 성립한 정치조직이며 군사상 중요한 의의를 갖는 지역인 만큼 같은 무관총독이되 조선총독의 지위와 권한은 대만보다 우위에 있었다. 특히 1919년 3·1운동까지의 시기는 강대한 헌병경찰권력을 배경으로 폭력적인 군사통치를 자행한 무단통치기로 특징지울 수 있겠으며 그 권력을 뒷받침으로 한국산업경제를 일본에 예속화하고 한민족을 동화·말살시키는 식민지배체제를 본격적으로 편성하는 초기의 제반 기초작업이 수행된 것이다.

일본국 法制上의 한국의 지위를 살펴보면 일본이 병합 후 추구한 한국에 대한 궁극의 정책기조는 '同化主義', 즉 한국을 "마치 시코구(四國)·큐슈(九州)와 같은 모양을 띠는 지역으로 도달케 하는 일"이었다.[6] 그러나 실제의 법제상의 지위는 민족차별정책을 기초로 하는 한국의 屬領化 및 식민지화였다. 병합 후 한국의 구지배층은 전부 정권으로부터 배제하고 국적은 동일하면서도 한국을 일본헌법의 적용범위 외에 두어 참정권의 제2의 형식인 자치는 물론이고 제1의 형식인 일본의회에의 참가나 한국 내 지방행정에 있어서 종래의 전통적인 지방민의 참여까지도 폐지해서 헌병경찰에 의한 무단정치를 강행한 것이다.

그러나 일본의 對韓政策 중 한국의 법률상 지위에 관하여 규정된 것을 보면 〈병합에 관한 詔書〉나 〈對韓基本方針〉[7]에서는 소위 '一視同仁'을 표방하면서 실제에 있어서는 한국을 헌법적용범위 외에 두는 모순을 범하고 있다.

병합 당시 일본군부는 〈합방 후 한반도통치와 제국헌법과의 관계〉[8]라는 문서에서 양국통치자의 '합의'에 의하여 성립한 〈병합조약〉에 의하여 일본국이 된 한국이기는 하지만 "한반도의 민정·풍속 및 관습 등은 帝國內地와 판이하고 其文化程度는 內地와 동일하지 않기 때문에 …" 다른 속령과 같이

---

6) 大藏省, 《日本人の海外活動に關する歷史的調査》(朝鮮編) 통권 第2分冊, 2~3쪽.
7) 金雲泰, 앞의 책, 143~144쪽, 제3장 제5절 〈총독통치의 책정·병합의 기본방책〉. 《日本外交文書》 第四部の二, 昭和 46년 3월, 351~356쪽.
8) 〈寺內正毅 關係文書〉 書類, 439~455쪽.

일본헌법의 적용범위 외에 두어 조선총독의 '명령'으로 통치하여야 한다는 것을 확인하고 있다. 또한 공법학자 야마다 산료(山田三良)는 테라우치에게 보낸 答申書에서 "합병 후에 있어서 조선인의 법적 지위는 외견상은 일본국적을 취득하나 이 때문에 조선인이 전적으로 일본인과 동일하게 된 것이 아니기 때문에 국내법에서는 차별대우가 가능하다. 다만 외국에 대해서만 일본인이 되는 것에 불과하다"고 하였다.[9]

이와 같은 법이론은 병합 후 대내적으로는 한국인에 대한 민족차별정책을 당연한 것으로 제도화하는 동시에 대외적으로는 해외에서 항일민족독립운동을 하던 한국인을 일본인으로 체포·압송하는 데 이용하였다.[10] 이와 같이 병합 후의 한국인의 법적 지위는 의무에 있어서는 '일본인'으로 취급되고 권리에 있어서는 '일본인'이 아닌 일종의 특이한 존재가 되었던 것이다. 그러나 무단통치시기에 한국민중은 주권의 회복을 최대의 염원으로 생각하고 있었던 만큼 일본국적편입을 큰 수치로 생각하였을 뿐만 아니라 거족적인 반일투쟁을 전개하고 있었던 만큼 참정권 문제가 논의될 시기가 아니었다.

다음 조선총독부의 기구를 간략히 살펴보면 조선총독부는 總督官房 외에 총무부·내무부·탁지부·농상공부·사법부의 5부로 구성되고 각 부의 長을 長官이라 칭하고 또 각 부에 局을 두어 勅任의 局長을 두었다. 그리고 外局으로 取調局·철도국·통신국·임시토지조사국·전매국·인쇄국을 두되 취조국·철도국·통신국에 장관을, 그리고 임시토지조사국에는 총재·부총재를 두었다. 이밖에 조선총독부의 所屬官署를 살펴보면 중추원, 각도 警務總監部 재판소·감옥·세관·전매국·인쇄국·營林廠·의원·평양광업소·勸業模範場·工業傳習所·土木會議·중학교·성균관·법학교·官立師範學校·官立高等學校·官立外國語學校·官立實業學校·官立高等女學校·各直轄普通學校 등이 있었다. 이와 같이 기구의 규모가 팽창하고 특히 상층관리부에 고급관리가 급증한 데 반하여 실제 사무를 담당하는 사무관·判任官급은 비교적 적은 기형적 구조를 띠게 되었다. 이는 오로지 총독부 직속의 5부가 한국정부의

9) 〈寺內正毅 關係文書〉, 山田三良 答申書.
10) 小松外事課長, 〈間島及鴨綠江沿岸ニ於ケル領事裁判ト朝鮮總督府裁判トノ關係ニ關スル意見〉, 위의 書類 二八(ハ) 및 秋山參事官, 위의 書類. 二八(ホ).

각 부를 계승하였기 때문이라고 본다. 조선총독부의 통치체제를 기능별로 중앙행정기관·지방행정기관·탄압기관·자문조사기관·동화정책기관 및 경제약탈기관 등 제 구조로 분류하고 그 직원수를 보면 다음 〈표 2〉와 같다.[11]

〈표 2〉 조선총독부 및 소속관서 분과일람

(1911년 3월 31일 현재)

- 조선총독부
  - 總督官房
    - 비서과
    - 무관실
  - 참사관
  - 총무부
    - 문서과
    - 외사국
    - 인사국
    - 회계국
      - 경리과
      - 營繕課
  - 내무부
    - 서무과
    - 지방국
      - 지방과
      - 토목과 — 토목과 파출소
      - 위생과
    - 學務局
      - 학무과
      - 편집과
  - 탁지부
    - 서무과
    - 세관공사과 — 세관공사과 출장소
    - 司稅局
      - 세무과
      - 관세과
      - 度支部 釀造試驗所
      - 度支部 煙草試驗所
    - 司計局
      - 예산결산과
      - 재무과
  - 농상공부
    - 서무과
    - 殖産局
      - 농무과
      - 산림과
      - 수산과
    - 商工局
      - 鑛務課
      - 商工課
  - 사법부
    - 서무과
    - 민사과
    - 형사과

11) 朝鮮總督府 官制(勅令 354호).
《朝鮮總督府 施政二十五年史》(京城, 昭和 10년), 27~29쪽.
《朝鮮總督府施政年報》 1910(京城, 1912), 34~36쪽(직원수 통계) 참고.

所屬官署

- 중 추 원
- 취 조 국
- 各 道
  - 長官官房
  - 내 무 부
  - 재 무 부
    - 府
    - 郡
      - 面
  - 자혜의원
- 警務總監部
  - 서 무 과
  - 고등경찰과
  - 경 무 과
  - 보 안 과
  - 위 생 과
    - (京城府) 직할경찰서 — (京城府) 경찰분서
    - 경무부 (각도)
      - 경찰서
      - 경찰서의 직무를 행하는 헌병분대
- 재 판 소
  - 고등법원
  - 고등법원 검사국
    - 공 소 원
    - 공소원 검사국
      - 지방재판소
        - 區裁判所
        - 검사
      - 지방재판소 검사국
      - 지방재판소 지부
- 감 옥 — 監獄分監
- 철 도 국
  - 서 무 과
  - 감 리 과
  - 영 업 과
  - 운 전 과
  - 공 무 과
  - 공 작 과
  - 計 理 課
  - 건 설 과
    - 철도국출장소
- 통 신 국
  - 서 무 과
  - 업 무 과
  - 計 理 課
  - 공 무 과
  - 전 기 과
    - 항로표지관리소
    - 관측소 - 測候所
    - 郵便爲替貯金管理所
    - 우편국 - 우편소
- 임시토지조사국
  - 서 무 과
  - 조 사 과
  - 측 량 과
    - 임시토지조사국 출장소
- 세 관
  - 서 무 과
  - 세 무 과
  - 감 시 과
  - 검 사 과
  - 海 務 課
    - 세관지서
    - 세관감시서
      - 세관출장소
      - 釜山稅關移出牛檢疫所

- 전매국
  - 서무과
  - 蔘政課
  - 鹽務課
  - 전매국 출장소
- 인쇄국
  - 서무과
  - 사업과
- 營林廠
  - 서무과
  - 회계과
  - 營林支廠
- 의원
  - 부속의학 강습소
- 평양광업소
  - 서무과
  - 업무과
- 勸業模範場
  - 勸業模範場 支場 – 권업모범장 출장소
  - 농림학교
- 土木會議
- 工業傳習所
- 중학교
- 성균관
- 법학교
- 官立師範學校
- 官立高等學校
- 官立外國語學校
- 官立實業學校
- 官立高等女學校
- 각 直轄普通學校

이와 같이 1910년 〈조선총독부 시정연보〉에 나타난 조선총독부 관서 직원 통계(〈표 3〉 참조)에 의하면, 총식원 15,113명 중 3분의 1 이상인 5,707명이 경제약탈기관에 종사하고 탄압기관인 치안기관(2,600명)·사법기관(1,617명)에 4,217명이 종사하고 지방행정기관에 4,097명, 그리고 중앙행정기관에 974명이 각각 배치되었다. 이 통계를 보면 경제약탈기관이 위주인 것 같으나 실은 탄압기관에 헌병 11,143명, 경찰 5,698명, 계 16,342명이라는 압도적 수의 직원을 두었다.[12] 여기에 탄압기관으로서 군대를 포함한다면 그 인력은 방대한 것이다.

---

12) 朴殷植, 《韓國獨立運動之血史》, 40쪽.

〈표 3〉 조선총독부 기능별 통치체제

- 최고통치기관
  - 총 독 : (무관)
  - 보좌관 : 정무총감(문관)
  - 중앙행정기관
    - 총독관방 · 총무부 · 내무부 · 탁지부 · 농상공부 · 사법부
    - 974명
  - 지방행정기관
    - 도(13개) · 부(12개) · 군(317개) · 면(4,338개)
    - 4,097명
  - 탄압기관
    - 경무총감부 · 사법기관(법원 · 검사국 · 감옥)
    - 4,217명
  - 자문조사기관
    - 중추원 · 취조국 · 참여관 및 참사제도
    - 99명
  - 동화정책기관
    - 각급 교육기관 · 언론기관 · 神社
    - 19명(諸學校의 정원)
  - 경제약탈기관
    - 철도국 · 통신국 · 임시토지조사국 · 세관 · 전매국 등
    - 5,707명

비고 : ① 직원총수 15,113명
② 탄압기관에 속하는 군대는 제외하였으며, 치안담당의 경찰 및 헌병인원도 많이 빠졌음.
③ 동화정책기관에 속하는 언론기관 · 神社 등의 정원은 빠졌음.

이로써 조선총독부의 성격을 개평한다면 탄압적 치안위주, 약탈본위의 武斷統治組織 또는 軍政組織이라고 할 수 있겠다. 여기서 政務總監은 총독의 지휘하에 일체의 政務를 사찰 · 감독하는 최고통제기관의 구실을 하고 문관은 보조기관에 불과하였다. 이와 같은 무단통치조직은 한민족에 대한 극한적인 억압 · 刑獄 · 유린 · 수탈을 자행한 전체주의적 탄압과 그리고 경제적 수탈 및 민족문화의 말살과 동화정책을 강요하였다. 이와 같이 한국의 근대화와는 역행하는 반동적 식민정책을 수행하는 한편 일제의 대륙침략정책을 구

축하는 군사적 기능을 담당한 것이다.

이 통제체제는 1912년 4월과 1915년 4월의 두 차례의 관제개정으로 그 통치기능의 확장·강화를 꾀하였으며 편제상으로는 감원과 기구간소화를 기하였을 뿐 큰 변동은 없었다. 그리고 직원숫자 중 치안기관의 인원수는 자료에 따라 일정하지 않으나 여기에는 헌병(헌병대 본부 이하 653개 기관에 1910년 12월 현재 2,019명, 그리고 1911년 현재는 7,749명으로 격증되었음)과 순사보(한국인으로 3,131명), 그리고 探偵(3,000명) 등 상당수의 기관원이 빠져 있는 것이다.[13] 이 치안담당의 경찰 및 헌병인원은 매년 격증하고 있어[14] 총독부 전체직원 중 압도적 비중을 차지하고 있으며, 그 다음으로 경제약탈기관과 지방행정기관·사법기관 및 중앙행정기관 등의 순위로 직원수 비중이 배정되어 있어 결국 총독부 통치체제의 기본성격이 무단적 치안유지와 경제적 침탈에 중점을 두었음을 드러내고 있는 것이다.

다음 무단통치체제의 특성으로 헌병경찰제도와 직접통치방식을 들 수 있겠다. 즉 헌병경찰제도로서 상징되는 일제의 전대미문의 강압정치는 테라우치가 "조선인은 우리 법규에 복종하든지 아니면 죽음을 각오하든지 그 어느 것을 택하지 않으면 안된다"고 공갈한 말에서도 단적으로 표현되고 있다. 본래 한말 일본의 헌병경찰제도 그 자체는 의병토벌의 과정에서 창설된 '소지역 완전군사점령체제'를 전국적 규모로 적용한 것이었다. 1907년에 전국의 총인원수가 불과 400명이었던 것이 1911년에는 18,100여 건, 1913년에 21,400여 건, 1918년에는 82,121건으로 급증한 것[15]으로 미루어 보아 한민족의 항일독립의 志向이 얼마나 강렬하고 한편 일본의 탄압이 얼마나 가혹하였던가를 증명하는 좋은 증거라고 하겠다. 일본은 후발자본주의 국가로서 원시적 축적을 위하여 무단정치를 강행하여 한국의 富를 철저히 수탈한 것이다. 이

13) 朴慶植,《日本帝國主義の朝鮮支配》上(東京 : 青木書店, 1973), 40~41쪽(조선총독부 통계연감자료) 참고.

14) 1910년에는 헌병기관 653, 인원 2,019명, 경찰기관 481, 인원 5,881명이었으나, 1911년에는 경찰관서 678, 인원 6,222명과 헌병대 935, 헌병인원 7,749명으로 증가하고, 다시 1918년 말에는 경찰관서 738, 인원 6,287명, 헌병대 1,048, 헌병인원 8,054명으로 증가하고 있다(朴慶植, 위의 책, 41~42쪽).

15) 姜德相,《現代史資料》25, 朝鮮 I(みすず書房, 1966), 12쪽.

은 사정에서 일본은 러일전쟁 후 형식상 보호정치체제로 왕조권력을 종속화시키는 과정을 거쳐 병합 후 총독부 체제에서는 조선의 구지배층을 헌신짝처럼 내버리고 어떤 계층에도 정치권력을 나누어주지 않고 모든 중요 관직을 일본인이 독점하는 직접통치체제를 구축한 것이다. 이러한 일제의 지배방식은 3·1운동의 충격을 받은 후에도 기본적으로 큰 변화가 없었다.16)

이와 같이 일본이 총독정치 초기부터 철저한 직접통치방식으로 한민족을 지배한 원인은 첫째, 뒤늦게 제국주의 국가대열에 뛰어든 일본자본주의의 미숙함으로 인해 한국의 정치권력을 완전히 장악하고 한국의 부와 이권을 철저히 수탈하기 위해서였다.

둘째, 일제지배층의 사기행위와 친일지배층의 매국반역행위로 주권이 찬탈당한 데 대하여 분격하고 궐기한 의병투쟁과 3·1독립운동 등 치열한 반침략항일투쟁에 대항하기 위해서 모든 요직을 일본인이 독점하는 절박한 지배방식을 택하였던 것이다.

셋째, 한민족사회가 '복합사회(plural society)'17)가 아닌 역사적·문화적 전

16) 한국인 관리임용상황은 3·1운동 직전의 1918년도 조선총독부 및 소속관서의 직원(囑託·雇員 포함) 총수는 21,302명이었다. 그 중 한국인은 8,437명(39.6%), 일본인은 12,865명이었다(조선총독부, 《조선총독부 통계연보》, 1918년도, 제597표). 그러나 1920년 말에는 총수 36,540명 중 한국인은 14,157명(38.5%)으로서 전체에서 차지하는 비중이 약 1% 감소로 나타나고 있고(위의 책, 1920년도, 제7편, 제70표), 1922년에는 총수 41,803명 중 한국인은 16,464명(39.4%)(위의 책, 1922년도, 제7편, 제78표), 1925년에는 총수41,458명 중 한국인 14,771명(35.6%)(위의 책, 1925년도, 제22편, 제438~439표), 1926년도에는 총수 42,544명 중 한국인은 15,293명(35.9%)(위의 책, 1926년도, 제439표)로 감소하였다.

위의 1920년 말과 1922년 이후의 官公吏 총원수의 증가는 3·1운동 후 헌병경찰제도의 폐지와 보통경찰제도의 신설에 따르는 경찰관의 증원(헌병보조원의 순사채용 등)과 지방제도 개정(1921년 이래 시행)에 따르는 府·郡·面 등 지방청의 기구확장에 기인하는 것이며 증원된 한국인 대부분은 判任官 이하의 囑託·雇員으로서 소수의 친일분자를 제외하고는 정책직위에 충원되지 않았다.

17) J. S. Furnivall은 서구제국주의의 식민지였던 熱帶植民地 사회를 plural society라고 특징지웠다. 한국사회는 구조상 인종적 복합성이나 사회계층간의 신분상 장벽 또는 종교상의 대립 등 분립화나 할거화가 없는 사회이기 때문에 구미제국주의가 흔히 이용한 분할통치정책을 운용하기 곤란하였다(坂垣與一, 《アジアの民族主義と經濟發展》, 4~9쪽)고 보는 학자도 있었다.

통을 계승한 통합적 단일민족사회로서 분할통치정책을 운용하는 데 적합하지 않았기 때문에 일본인 직접통치하에서 친일파를 육성·이용하는 민족분열정책을 구사한 것이다.

넷째로, 일제의 대한식민정책의 기본적 방침으로 소위 동화정책 또는 內地延長主義 정책을 관철하여 한민족을 말살 또는 만주대륙으로 추방하고 그 대신 그들의 과잉인구를 한반도에 이식시켜 점령하기 위해서였다.

다섯째로, 일본인의 대륙문화에 대한 역사적·전통적 열등의식[18]은 일본인의 직접통치를 통한 문화적 침식을 촉구하는 동기가 되었다.

다음 朝鮮總督의 지위와 권한에 관하여 살펴보자. 조선총독은 일본천황을 제외한 누구로부터도 일반적 행정감독을 받지 않는, 환언하면 천황에 直隷하는 최고의 행정관으로서 초연한 지위를 차지하고 있었다. 당시 일본정부에서는 일본천황에 직접 상소하는 권한은 법률상으로 총리대신만이 가지고 있었기 때문에, 일단 조선총독의 경우에도 내각총리대신을 거쳐 상소하여 재가를 받는다고 형식상 규정했지만, 특히 '朝鮮總督은 천황에 直隷해서 조선을 관할'하며 제반 정무를 통리하는 지위에 있었기 때문에 대체로 조선관할에 관한한 개별적으로 내각총리대신과 동등한 권한을 가지고 천황에 직접 보고하여 재기를 받는 지위에 있었다고 해석된다.[19]

이와 같이 조선총독은 일본천황에 직례한 특별한 지위로서 한국에 있어서 全權을 위임받은 통치자였다. 총독은 親任官으로 육해군대장 중에서 임명되며 한국에 있어서의 행정·입법·사법권은 물론 육해군을 통솔하여 한국방비의 군사기능을 관장하였다.[20]

따라서 조선총독은 일본정부에 있어서도 내각총리대신과 거의 동격이었는바 역대총독이 거의 총리대신으로 승격되었음이 그 지위를 단적으로 말해준다. 아울러 육해군대장이므로 일본의 軍部統帥權 독립에 따라 정치적 지위

---

18) 田中正俊, 〈アジア研究における感性と理論〉(幼方直吉 編, 《歷史像再構成の課題》), 268~269쪽.

19) 萩原彦三, 《朝鮮總督府施政の法制上の基礎》(昭和 37년 11월 21일, 朝鮮史料硏究會講述).
友邦協會, 《朝鮮總督府官制とその行政機構》(昭和 44년), 2쪽.

20) 朝鮮總督府官制(1910년 9월 30일) 제1~3조.

에 있어 더욱 安固하였다. 그리고 조선총독은 법제상은 내각총리대신을 거쳐 상소·재가받게 되었으나 사실상 총리대신의 지휘·감독을 받지 않는 것이 관례였으며 천황 이외의 다른 기관의 통제를 받지 않는 초연한 독립적 지위를 차지하고 있었고 그 지위에 상응하는 광대한 권한이 부여되었다.[21]

이상 논급한 바와 같은 일본의 식민지 통치체제의 특징과 조선총독의 지위의 특수성으로 말미암아 조선총독은 다음과 같은 권한을 가지고 있었다.

첫째, 政務統理權이다. 식민지 조선의 통치는 원칙적으로 총독에 위임되어 있으며 총독은 식민지 조선에 대한 '제반의 政務'를 통할한다(관제 제3조). 이 '제반의 政務' 속에는 행정뿐만 아니라 입법·사법 등의 모든 사항이 포함되는 것이며, 따라서 조선총독은 식민지 한국에서 統合行政權을 보유하고 있었다.

둘째, 軍隊統率權이다. 총독은 '위임의 범위내에서 육해군을 통솔하며'(관제 제3조 제1항) 군대통솔권이라고 하여 군대편제나 군정 등을 제외하고 광범한 범위내에서 군대지휘권과 아울러 치안상 필요에 따라 出兵請求權을 가지고 있었다. 이 출병청구권은 1919년의 관제개정에 의하여 총독에 대한 병권위임(1911년)이 해제되면서 새로 부여된 권한이었다. 역대 총독이 육해군대장의 현역에 있는 자였기 때문에 이 권한은 사실상 효율적으로 발휘되었다. 總督官房 武官室에는 무관 2인과 전속부관 1인을 두고 이들이 군사참모의 역할을 맡고 있었다 뿐만 아니라 총독은 필요에 따라서는 조선에 주둔하고 있는 군인과 군속을 만주와 연해주에도 파견할 권한을 부여받고 있었다. 그들은 "당시 조선이 대륙에 대한 국토방위의 제1선에 있었기 때문에, 이와 같은 군사상 커다란 권한을 부여하고 있었다"[22]고 하나, 우리 민족의 독립운동의 진압도 그 한 목적이었다고 볼 수 있다. 그리고 朝鮮駐箚憲兵隊는 신분상 육군대신의 관할에 속하나 그 직무집행에 있어서 총독의 지휘·감독을 받게 되어 있는 것이다(〈朝鮮憲兵條例(1910)〉 제1조). 즉 조선총독은 육해군의 통솔권과 駐箚憲兵의 지휘권을 갖고 한국방비와 치안의 책임을 가진 軍事統帥權者였다.

셋째, 立法權이다. 조선총독에게는 大權의 위임에 의하여 법률과 동일한

21) 朝鮮總督府 官制 및 同 分掌規定(1910년 9월 30일).
22) 田保橋潔,《朝鮮統治史論稿》復刊(성진문화사, 1973), 52쪽.

효력을 가진 법규명령, 즉 制令을 발포하고(1911년 법률 제30호 제1조) 아울러 〈朝鮮總督府令〉을 발할 권한이 있었다. 조선총독의 制令權은 일본헌병질서의 예외적인 특권으로서 일본천황의 재가를 필요로 하나 긴급할 때는 절차를 생략하고 制令을 발할 수 있었다. 더욱이 행정권에 속하는 府令은 하등의 승인이나 절차가 필요 없이 입법할 수 있었다. 또한 부령으로 1년 이하의 자유형이나 200원 이하의 재산형을 恣意로 정할 수 있었으니 총독은 구한국의 국왕보다도 훨씬 강력하고 사실상 절대군주국의 帝王을 방불케 하는 입법권이 보장된 셈이었다.

넷째, 司法權이다. 조선총독은 자신이 발한 制令으로 〈朝鮮總督府 裁判所令〉(1910년 제령 제6호), 〈조선총독부 判事 및 검사의 임용에 관한 건〉(1911년 제령 제5호) 및 〈조선총독부 판사징계령〉(1911년 제령 제5호) 등을 제정하였다. 이들을 통하여 총독은 식민지 한국에 있어서 재판소의 新設改廢와 판사의 임면·징계를 자기재량으로 할 수 있었던 것이다. 다시 말하여 사법기관은 총독부 예하의 행정관서와 같은 위치에 있었으며 사법관의 신분도 일반 행정관리와 다를 바 없었다. 따라서 사법권의 독립이 한국에서는 완전히 무시되었다.

다섯째, 李王職 및 朝鮮貴族에 대한 특별권한이다. 조선총독은 행정기관으로서 광범한 권한을 보유하고 아울러 특별한 위임에 의하여 한국에 있어서 입법권을 비롯하여 군대통솔권, 사법권을 보유할 뿐만 아니라 이왕직 및 조선귀족에 관한 황실기관으로서의 특별권한도 보유하고 있었다.

이상의 조선총독의 지위와 제권한으로 미루어 보아 조선총독은 본국 정부의 통제를 거의 받지 않고 오로지 천황에게만 책임을 지는 지위에서 행정·군사·입법·사법·이왕직 및 조선귀족 등의 모든 정무에 대하여 독재권을 가지고 있었으며, 조선총독은 하나의 독립왕국의 전제군주와 같은 존재였던 것이다.[23] 특히 그의 제령 제정·발포권은 한반도에 있어서 그의 지위와 권한을 절대화시키기 위한 중요 법적 수단이었던 것이다.

다음 中央行政組織을 요약하면 조선총독의 독재적 권한은 조선총독부 통

23) 朴殷植, 앞의 책, 32쪽.

치체제의 근간을 이루는 중앙 및 지방행정기관을 통하여 행사되었다. 그 중 중앙행정기관은 文武 양면에서 총독을 보필하는 總督官房을 비롯하여 外事·인사·회계를 관장하는 총무부, 지방·學務를 관장하는 내무부, 세관·司稅·司計를 관장하는 度支部, 殖産·상공을 관장하는 농상공부, 민사·형사를 관장하는 사법부 등 1房·5部·9局으로 구성되었다(앞의 〈표 2〉 참고).

총독부의 행정사무는 총독의 최고의 보좌관으로서 제2인자인 政務總監에 의해 통리·감독되었다. 그러나 정무총감은 문관의 親任官으로 무관총독제하에서 그 권능이 제약되지 않을 수 없었다. 그 직책은 "총독을 보좌하며 府務를 통리하고 각 部局의 사무를 감독한다"[24]는 정도의 극히 행정적인 권한에 불과하였다.

일본은 '통치방법'[25]에서 "조선에 있어서 관리는 그 계급에 따라 될 수 있는 한 다수의 조선인을 채용하는 방침을 취할 것"을 선언하였으나 실은 다음과 같은 한국인 임용제한의 불문법이 있었다.[26]

① 가급적 한국인 관리의 등용을 요하지 않는다.
② 부득이한 사정으로 임용할 경우에 과학·기능소유자를 반드시 배제한다.
③ 한국인 관리는 아예 중요 지위에는 충원하지 않는다.
④ 한국인 고등관의 봉급이 100원, 그리고 판임관의 봉급이 履歷者로서 30원에 이르면 반드시 퇴직시킨다.
⑤ 재판소 검사에는 한국인을 임용하지 않는다.

朴殷植은 당시의 사정을 "이상의 불문법에 의하여 총독부의 관제가 실시되자 구한국정부관리는 전부 해산되고 그 일부나마 임용된 자는 겨우 287인이었으나 총독부 행정기관에 참여한 사람은 한 사람도 없었고 오직 李王職員, 중추원 및 經學院 직원, 지방청 장관, 군수와 소속관서원, 하급관리, 서기, 통역들뿐이었다. 그리고 이들 287인은 전혀 지식의 수양과 과학기능을 갖고 있지 않았던 자들이었고 단지 순종하는 노예의 자격을 가진 자들 뿐이

24) 朝鮮總督府 官制(1910년 9월 30일) 제8조 3항.
25) 朴殷植, 앞의 책, 31쪽.
金雲泰, 앞의 책, 143~144쪽.
26) 朴殷植, 위의 책, 31쪽.

었다"고 술회하고 있다.[27] 이로써 중앙행정기관 속에는 한국인 관리는 거의 채용되어 있지 않았음을 알 수 있다. 그리고 1911년 조선총독부 발행의 직원록에 의하면 1,000명에 가까운 총독부 내 직원 중 한국인은 44인 뿐이었고, 그것도 대개 촉탁·技手·통역생 등의 말단직위였다.[28] 다시 박은식에 의하면 "일본인 관리의 보수액수는 한국인 관리보다 3배 이상으로 많았으며 일본인의 봉급액은 1,600만 원을 헤아리나 한국인은 불과 100만 원이었으니 이로써 행정기관은 우리 한국인 생활을 침탈하여 일본인을 양육시킨 것"이다.[29] 다시 말하면 총독통치의 모든 주요행정은 일본인만으로 독점적으로 결행되었고 설혹 한국인이 간부직원이 되어도 李王職 長官·參議 같은 유명무실한 직위에 소외시키거나 극소수의 친일 한국인을 地方道長官이나 군수 같은 對民接觸의 직위에 전시효과를 노려 등용하는 데 불과하였다. 말단 한국인 관리도 기계적인 업무 외에는 접근시키지 않았고 신분·보수·대우 등 모든 면에서 한국인의 차별대우는 극심하였다. 이와 같은 일본의 對한국식민통치방법을 '직접통치'라고 특징지을 수 있는데, 이것은 가령 戰前 영국의 對印度 간접식민통치방식과 대조가 된다고 본다.

다음 지방행정조직은 전국의 행정구역을 13道로 구획하고 그 밑에 府·郡·島가 있으며 말단행정단위로 邑·面을 둔 3단계 조직이었다.[30] 조선총독부의 설치에 따라 '倂合'전의 지방제도인 13道·11府·317郡과 이 밖에 理事廳·財務監督 및 財務署 등을 지방 일반관청에 통합개폐하고 중앙의 직원을 감축하여 지방기관에 이동배치하고 중앙과 지방행정체계의 통합을 꾀하였다.

道에는 구한국의 관찰사를 道長官으로 개칭하고 勅任 또는 奏任官인 도장관 밑에 서무와 회계를 담당하고 장관을 보좌하는 長官官房과 지방·勸業·학교를 담당한 내무부, 세무·理財를 담당한 재무부로 조직되었으며 道事務官인 部長을 두었다. 특히 지방경찰제도를 도장관에 부속시키지 않고 경무총장에 직속시켜 독립시킨 것이 특징이며, 이는 이미 병합 전에 경찰권이 일본

27) 朴殷植, 위의 책, 31~32쪽.
28) 朝鮮總督府 編,《朝鮮總督府及 所屬官署 職員錄》(서울 : 1911) 참조.
29) 朴殷植, 앞의 책, 30쪽.
30) 朝鮮總督府 地方官制(1910년 9월 29일 칙령 제357호).

에 넘어가 헌병경찰조직이 지방행정기구와 별도로 경무총장에게 직속되어 지방치안을 담당하고 있었던 제도를 승계했기 때문이다.

지방통치기구의 한 특징으로 관직구조가 철저한 직급제에 입각한 階序制를 이루고 있었다는 점이다. 위로는 최고의 親任官으로부터 高等官 1~2등급의 勅任官과 3~9등급의 奏任官이 있었고, 아래로는 하급관리로서 1~4등급의 判任官이 있었으며, 제일 밑에 雇員이 있었다. 이들 상하계급간에는 엄격한 차별을 두었으며, 전체적으로 철저한 중앙집권주의 형태를 취하고 있었다.

도장관의 자문기관으로 각 도에 한국인으로 임용하는 參與官 1인을 두었으며 또한 도내에 거주하는 한국인으로서 학식과 명망 있는 자로서 參事 3인을 명예직으로 임명하여 臨時命으로 도청사무에 복무하는 동시에 도장관의 자문에 응하게 하였다.

도 밑에 府·郡·島의 중앙행정기관을 두고 부에는 府尹, 군에는 郡守, 도에는 島司가 도장관의 지휘·감독을 받아 施政하였다. 부는 舊理事廳所在地를 그대로 개칭한 것이며 경성·인천·부산·원산·대구·평양·목포·군산·마산·진남포·신의주·청진의 12개소에 설치하였다. 원래 개항장이었던 관계로 주로 일본인이 집단거주하는 특수행정구역이 되었다. 따라서 부윤은 대개 전이사관이었던 일본인이 임명되고 자치적인 특권을 누렸다.[31] 각 府·郡에도 道와 같이 부윤·군수의 자문기관으로서 각 관내에 거주하는 학식과 명망 있는 한국인 중에서 참사 2인을 임명하고, 이들은 일반행정에는 관여하지 못하되 지역의 산업·토목·수리 등 직접적 이해관계사항에 한하여 그 자문에 응하도록 하였다. 그리고 말단 행정기관인 면장은 종래 민선 또는 관선으로서 군수를 보조하고 지방행정, 특히 收稅에 관여하였다. 신제도에서는 지방관 관제 속에 면 및 면장에 관한 규정을 설치하여 부·군 밑에 면을 두고 면장은 判任待遇를 하고 부윤 또는 군수의 지휘·감독을 받아 면내 행정사무를 보조집행하는 하급행정기관으로 규정하였다.[32]

---

31) 府·郡은 제2급 지방행정구역으로서 종래 1首府·11府·317郡이었으나 신관제에서는 종래의 漢城府를 京城府로 개정해서 이를 경기도의 관할에 소속시키고 그 밖에 대구·평양·청진(宣寧)의 3郡을 府로 성진·경흥·용천의 3府를 郡으로 개정한 결과 府·郡의 수는 12府·317郡이 되었다.

32) 1910년 칙령 제357호 제25조 및 同條에 의거한 1910년 11월 1일 부령 제8호로

2) 조선총독 지배하의 탄압기관

(1) 헌병경찰체제

조선총독정치의 핵심은 헌병경찰제도이며 군사조직인 헌병이 경찰권을 장악하는 이 제도의 주역은 총독의 지휘감독하에서 통합적인 이원조직을 형성하고 있는 警務總監部였다. 일본헌병이 한국에 있어서 고등경찰(기밀경찰)과 보통경찰(행정경찰 및 사법경찰직무 管掌)을 담당한 것은 러일전쟁 때부터였다. 그 후 丁未義兵의 구국항쟁이 각지에서 치열해 가자 1907년 10월 顧問警察制를 폐지하고 통감부 경찰관도 폐관하여 韓·日警察을 일원화시킨 후 주차헌병이 통감에 예속되어 전국의 경찰직무를 장악하였다.[33] 일본은 치안유지에 자신이 없어 헌병대를 확장하여 한국주차헌병대로 개편하고 초대 주차헌병대장으로 악명 높은 아카시 겐지로(明石元二郞) 육군소장이 부임하였다. 그리하여 헌병을 일약 5배로 증가시켜 1907년 말에는 2,369명에 달하였으며 한국인 무뢰배 4,065명을 헌병보조원으로 삼아 의병토벌과 정보탐색에 주력하는 동시에 한국에 있어서의 군사경찰·행정경찰 및 사법경찰까지도 장악하였다.[34] 이 때 전국 각지에는 군대해산 후여서 부랑유민이 많았는데 이들은 사실상 반일항거예비군이었다. 아카시 헌병대장은 이들의 '폭도화'를 방지하고 이들을 의병토벌의 주구로서 이용하기 위하여 헌병보조원으로 등용하였는바 이로 인한 양민의 피해는 막심하였다.

이같이 하다가 1910년에 일본육군대신 테라우치 마사타케(寺內正毅)가 제3대 駐韓統監을 겸직하고 '한일병합'을 단행하기 위하여 부임하게 되니 원래부터 그의 지지자이며 또 수년내에 의병 14,500명을 살육하는 등의 공로를

면에 관한 규정을 제정·공포하여 면장은 도장관이 임면하고 면의 명칭 및 구역의 변경은 총독의 인가로 道長官이 정하는 등의 사항이 규정되었다.

33) 日本勅令 제323호 〈韓國駐箚憲兵에 관한 件〉(1907년 10월 7일).

34) 田保橋潔, 앞의 책, 82~84쪽.
李炫熙, 〈3·1운동 이전 헌병경찰제도의 성격〉(《3·1운동 50주년 기념 논집》, 동아일보사), 112~114쪽.

세운 '아카시'를 한국주차군 헌병사령관으로 승진시키고 아울러 경무총감까지 겸임케 함으로써 사실상 헌병경찰을 일원화시켰다.35) 마침내 1910년 6월 24일 경찰권 위임각서를 강요하여 경찰권을 탈취하고, 다시 1910년 6월 29일 〈統監府 警察官署 官制〉가 공포되어 헌병조직을 경찰조직과 통합함으로써 헌병경찰제도가 확립된 것이다. 이로써 한국경찰관은 모두 통감의 관할하에 이관되어 한국주차 헌병사령관인 통감부 경무총장(경무총감)의 지휘·감독을 받게 되었고, 각 도 헌병대장이 도경무부장에 위임되었다.

이와 같이 이미 제도화된 헌병경찰제도는 병합 후 그대로 조선총독부에 계승되어 1910년 9월 10일 勅令 제343호 〈朝鮮憲兵條例〉 및 동년 9월 30일 〈統監府 警察署 官制〉 중 改正件에 의거하여 다음과 같은 원칙으로 무단통치의 핵심조직이 되었다.

① 조선총독부에 경무총감부를 둔다. 경무총장에는 조선주차헌병대 사령관인 육군장관으로 충원하고 총독의 명을 받아 조선에 있어서의 경찰사무를 총리하여 경찰관서의 직원을 지휘·감독한다.
② 각 道에 경무부를 두며, 각 도 헌병대장인 陸軍佐官으로서 部長에 충원하여 경무총장의 명을 받아 도내의 경찰사무를 관장하며, 관내의 경찰관서 직원을 지휘·감독한다.
③ 조선에 在勤하는 헌병장교는 조선총독부 警視에, 헌병준사관 및 하사관은 警部에 임명할 수 있다.
④ 조선주차헌병은 치안유지에 관한 경찰 및 軍事警察을 掌한다(제1조).
⑤ 조선주차헌병은 육군대신 관할하에 속하며, 그 직무에 관해서는 조선총독의 지휘·감독을 받고 군사경찰에 관해서는 육군대신 및 해군대신의 지휘를 받는다(제2조).

이상과 같은 헌병경찰을 통일하여 일원적 체계를 형성하는 원칙에 따라 이루어진 헌병경찰기구는 〈표 4〉와 같다.36)

---

35) 小森德治, 《明石元二郎》 卷上, 416~417쪽.
36) 《警務總監部事務分掌規程》(1910년 10월 1일 공포), 〈朝鮮總督府施政二十五年史〉, 33쪽.

〈표 4〉 헌병경찰기구

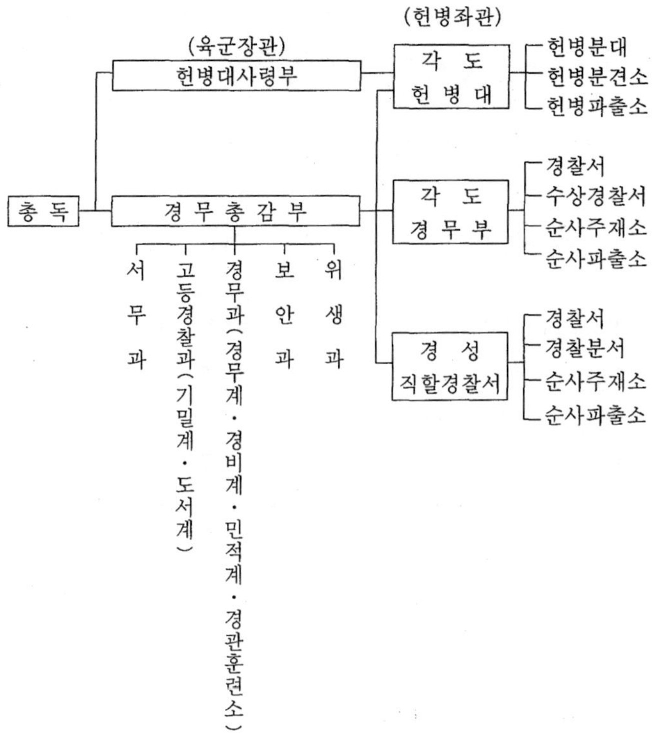

이와 같이 헌병과 경찰의 두 조직체계가 연립하고 헌병이 최고치안책임자로서 두 조직의 長을 겸하여 일원적인 명령계통을 이루고 있었으며 그 운영에 있어서는 양자의 특성을 살려 경찰은 개항지 및 鐵道沿線을 비롯하여 주로 질서를 요하는 도시에 배치되어 행정 및 사법경찰을 주관하고 헌병은 군사경찰상 필요한 지역, 국경지방, 의병이 출몰하는 지방 등에 주로 배치되어 있었다. 그리고 지방경찰권을 각 도 헌병대장이 장악하고 있었기 때문에 지방장관인 道長官이 실질상 관여할 수 없었다. 물론 규정상으로는 각 도 헌병대장도 경무부장으로서는 행정관이고 또 도장관은 관내의 안녕과 질서유지를 위하여 경무부장에게 필요한 명령을 발할 수 있게 되어 있었으나(地方官

官制 제5조), 명령계통을 달리하는 현역 陸軍佐官에게 명령하는 것은 사실상 매우 곤란하였으며 더욱이 도장관이 한국인인 경우에는 경무부장에게 그 명령이 통할 수 없는 실상이었다. 다보하시 기요시(田保橋潔)는 "이와 같이 테라우치 초대총독과 아카시 경무총장이 이상으로 생각한 헌병경찰정치는 완성되었다. 이로써 조선의 헌병경찰관은 일원적으로 총독에게 파악되고 있었다. 이러한 강력한 경찰제도는 전세계에 유례가 없는 것으로 조선통치의 성공 여부는 오로지 그 운용의 방법 여하에 달려 있는 것이다"라고 술회하고 있다.[37)]

헌병경찰의 배치상황은 매우 치밀하고 정연하였으며 그때그때의 치안상황과 행정구역개편에 따라 면밀하게 그 배치와 관할구역을 조절하였다. 즉 1910년 6월 헌병·경찰 통일을 단행한 이래 의병토벌을 위하여 배치에 있어 세력집중주의, 밀집배치제를 채택해 오다가 의병토벌이 종료되었다 하여 1911년 11월부터 분산배치제로 바꾸고 지방에 따라 헌병과 경찰관을 교체 배치하고 또한 주재소에 순사와 순사보 10여 명을 배치했던 것을 일본인 순사 1 내지 2명과 한국인 순사보 2 내지 4명으로 줄여 분산시켰다. 그리고 1914년 3월의 府·郡의 폐합에 따라 헌병경찰의 배치를 대폭 변경할 필요가 생겨 다음과 같이 배치방침을 결정하여 실시하였다.[38)]

즉 ① 府·郡내에 적어도 경찰서 또는 경찰서의 사무를 취급하는 헌병분대 또는 分遣所 1개소를 설치할 것, ② 전항의 관서가 군청소재지와 멀리 떨어져 있는 경우에는 이를 군청소재지로 移設할 것, ③ 경찰·헌병의 관할구역과 부·군행정구역은 가급적 일치시키되 1府·郡 지역을 경찰 또는 헌병으로 분할시키지 않을 것, ④ 1郡내에 헌병분대와 동 분견소가 배치되어 만일 분견소가 군청소재지에 위치한 경우에는 양자위치를 전환할 것 등의 방침에 따라 조정한 결과 헌병경찰관서는 48개소가 증설되고 평균 1郡에 한 개의 경찰서 또는 경찰서 사무를 취급하는 헌병관서를 설치하게 되었다. 이와 같이 管區配置를 대폭 개정·확장함으로써 전국 방방곡곡에 헌병경찰조

---

37) 田保橋潔, 앞의 책, 91~92쪽.

38) 〈朝鮮總督府施政年報〉(대정 2년), 54쪽.
小森德治, 《明石元二郞》 상권, 449쪽.

직의 배치를 완료한 1914년 현재 전국 헌병경찰기관 배치수는 경찰기관이 732(순사주재소 504, 순사파출소 108, 경무부 13, 경찰서 101 등), 헌병기관이 997(헌병파출소 316, 헌병출장소 490, 헌병대 13, 헌병분대 78, 헌병분견소 99 등)이며, 그 병력현황은 경찰병력이 5,756명(경무부장 13, 경무관 3, 경시 36, 경부 269, 순사 2,368, 순사보 3,067명 등)이며, 헌병병력이 11,159명(장교 111, 준사관하사 773, 상등병 2,525, 보조원 4,749, 정탐 3,000 등)이었다.[39)]

1914년 헌병경찰병력 중 한국인은 警視 1인, 警部 100인, 순사 100인이 있을 뿐이고 순사보와 헌병보조원은 전원 한국인이며 정탐은 한국인 · 일본인이 혼합되었다. 그 후 헌병경찰기관과 병력은 매년 증가하였으며 1917년의 병력은 12,423명으로 인구 1,400여 만 명에 대해, 1명이 인구 1,100여 명에 대항하게 되었다.[40)] 한편 1918년의 경찰비가 8,003,967원이었던 것이 1919년에는 17,734,794원으로 2배 이상 증가하였는데, 이것은 3 · 1운동 탄압 경비비가 대폭 증액된 때문이며 1938년대까지 경찰비 2,000만 원선(20,799,681원)을 유지하고 있었음을 보면 소위 그들의 '문화정치'도 실제에 있어서는 여전히 무단적이었음을 알 수 있겠다.[41)] 그리고 헌병보조원제는 1908년 헌병대장 아카시가 창설한 것으로 그 선발대상자는 한국군 해산군인 · 경찰해직자 · 의병투항자 등 무능력한 자 및 무뢰한들이었다. 일본헌병은 이들 보조원에게 의병수색, 민정정찰 등의 반민족적 임무를 부여하고 동족상잔을 강요한 것이다.[42)] 순사보제도는 '병합' 후 경무부장이 된 아카시가 헌병보조원제를 모방하여 만든 것으로 그 임무와 대우는 헌병보조원과 동일하였다.

헌병경찰은 다음과 같이 다양하고 만능적인 기능을 수행하였다.[43)]

---

39) 《朝鮮總督府施政年報》, 55쪽.
《朝鮮總督府統計年報》(1914).

40) 《京城府史》 권 3, 496쪽.

41) 《大正 7年度(1918년)以後 警察費》(제73회 일본제국의회 설명자료).

42) 《每日民報》, 1913년 4월 3 · 5일의 기사에 의하면 "1913년 3월 말일로 추가 해산된 한국군대의 대장 이하 上長官은 헌병장교 또는 警部로 下士卒은 2개월 교육 후 헌병보조원으로 채용키로 되니, 除隊兵 202명 중 199명은 헌병사령부에 인계 4월 1일 입대식을 거행하였다"고 한다.

43) 姜德相, 〈憲兵政治下の朝鮮〉(《歷史學硏究》 321, 青木書店, 1967), 3쪽.

① 軍事警察 : 의병의 토벌, 첩보수집 등
② 政治査察 : 신문지 및 출판물의 단속, 집회 및 결사의 단속, 종교의 단속, 기부금의 단속 등
③ 司法權行使 : 범죄의 즉결, 民事爭訟의 조정, 검사업무의 대리, 執達吏의 업무, 호적사무 등
④ 經濟警察 : 납세독촉, 국경세관업무, 밀수입 단속, 국고금 및 공금의 경호, 부업·농사·산림·광업 등의 단속
⑤ 學事警察 : 학교 및 서당의 시찰, 日語의 보급 등
⑥ 外事警察 : 외국여권 교부, 일본행 노동자 및 在韓 중국인 노동자의 단속, 在留禁止者 단속, 국내외 거주이전 등
⑦ 助長行政 : 법령보급, 納稅義務諭示, 農事植林의 개량, 부업장려 등
⑧ 衛生警察 : 種痘普及, 害獸驅除, 전염병예방, 도축단속 등
⑨ 其他 : 해적경계, 우편호위, 수로수축, 묘지이장, 화장단속, 雨量·수위의 측량, 賭博·巫人·藝唱妓·賣淫婦·풍속 등의 단속

이와 같이 헌병경찰은 군사경찰을 비롯해서 행정·사법 기타 잡무에 이르기까지 간섭하지 않음이 없었으니 가히 헌병만능 또는 至上時代라 하지 않을 수 없었다.[44] 병합 후 총독부 예산을 볼 때 세출 7,751만 원 중 경무비, 헌병보조비로만 510만 원이란 액수가 나간 것을 볼 때 그 비중을 짐작할 수 있다.[45] 특히 민족탄압의 主務課는 고등경찰과로 이 과는 국내의 사찰·정보 등 업무 외에 만주·露領·中國·美洲 등 해외 각지에까지 망명애국인사를 미행, 잠복추격하여 감시·탄압하고 심지어는 密偵을 시켜 암살까지 한 비밀경찰이었다. 고등경찰과의 機密係는 신문·잡지·출판물·저작물에 관한 사항을 취급하여 항일운동과 사상을 탄압하였다.[46]

한편 경무총감부는 일제의 극악무도한 직접통치적 식민지 통치사업을 빈틈없이 관철할 목적에서 1914년 1월 22일 각 헌병대장과 경찰부장에게 경찰사무에 관한 다음의 각종의 보고서(80여 종)를 수시로 제출케 하였다. 이 경찰보고서는 그 이후 약 30년 간 한국내에서 '秘'印의 기밀서류로 취급되어 저들에게는 가장 신빙할 만한 정보로 인정을 받은 것으로 어느 곳 어느 때

44) 小林德治, 앞의 책, 448~449쪽.
45) 朴殷植, 앞의 책, 30쪽.
46) 小林德治, 앞의 책, 486쪽.

의 사소한 사건도 총독부 경무국에 앉아서 일일이 파악·검토할 수 있었다.[47] 즉 그것은 ① 卽報(部令·훈령·고시·論告·민중동정·신문출판물 취체·종교관계 범죄·의병관계·憲警遭難), ② 月報(전염병·화재·민사소송·죄인검거·한국인 이주), ③ 半年報(인구, 여행자 관계), ④ 年報(경찰사무·사망·출생 등 民籍事務·영업취체·각종 범죄) 등으로 구분하여 치밀하고 조직적인 탄압수법을 구사하는 데 이용하였던 것이다. 헌병경찰의 만능적 기능으로 치안경찰뿐 아니라 제반 행정운영 및 행정사무의 입안·심의까지도 헌병경찰의 간섭을 받았으며 아울러 치밀하고 조직적인 탄압수단으로 정보를 확보하고 있었다.

이와 같이 만능적인 헌병경찰의 기능을 실제로 행사하기 위한 한 수단으로 부여된 것이 旣決審判權이었다. 경찰서장 또는 이와 동일한 직무를 수행하는 헌병분대장에게 그 관할구역내에 있어서 범죄를 즉결할 수 있게 다음과 같은 〈犯罪卽決例〉(1910년 12월 制令 제10호)를 제정했다.

① 구류·태형·科料에 해당하는 罪
② 3월 이하의 징역 또는 100원 이하의 벌금 또는 과료의 형에 처할 수 있는 賭博의 죄, 구류 또는 과료에 처할 수 있는 상해에 미달하는 폭행죄
③ 區裁判所의 재판권에 속하는 사건으로서 舊韓國刑法大典에 규정한 3월 이하의 징역형에 해당하는 상해죄
④ 區裁判所의 재판권에 속하는 사건으로 3월 이하 혹은 100원 이하의 형벌에 해당하는 행정법규 위반의 죄

이러한 〈犯罪卽決例〉는 무고한 한국인에게 벌금·태형·구류 등의 억압을 가하기 위한 조치였다. 때문에 한국인의 범죄율이 가장 높은 賭博·傷害未遂·폭행 등에 적용되었으며, 특히 笞刑은 한국인에게만 적용한 탄압의 수단이었다. 이러한 卽決例에 의하여 처벌된 한국인은 1911년에 18,100여 건이, 1913년에는 21,400여 건, 1918년에는 82,121건으로 증가되었다.[48] 소위 문화정치를 표방한 1921년에도 즉결재판에 의해 판결된 건수는 73,262건에 달했다. 그 중 71,802건은 범죄자의 留置로 끝났다. 결국 실제로는 매년 10만이

---

47) 《朝鮮總督府 官報》, 1914년 1월 22일.
48) 姜德相, 앞의 글, 4쪽.

넘는 한국인이 경찰에 의하여 도박・단순한 폭행・교통위반 등 사소한 일로 3개월 이하의 징역이나 100원 이하의 벌금형 또는 태형을 당하였다. 일본에서는 政令違反에도 1개월 이하의 體刑이나 20원 미만의 벌금을 과하면서 가난한 한민족에게는 위와 같은 사소한 죄목에 대해 각기 3개월 이하의 체형이나 100원 이하의 벌금을 과한 것은 한민족을 위협하는 외에 아무런 의미도 없는 것이었다. 즉 한민족을 궁핍화・무력화하기 위한 유력한 무기로 사용한 것이다.

(2) 사법기관

1910년 10월 1일의 조선총독부 官制가 실시됨에 따라 그 칙령 제5호로써 통감부 재판소를 조선총독부 재판소로 개칭하였다. 그러나 총독부 재판소는 약간의 관할구역의 변경을 제외하고는 이미 그들 손으로 만들어진 3심 4급제의 구통감부 시대의 체제와 기능을 그대로 답습하였다(즉 고등법원 1개소 : 경성, 控訴院 3개소 : 경성・평양・대구, 지방재판소 8개소 : 경성・공주・함흥・평양・해주・대구・진주・광주, 지방재판소 지부 12개소, 구재판소 68개소 등 92개소),[49] 이와 같은 3심 4급의 司法組織은 1912년에 고등법원・覆審法院・지방법원 3심 3급제로 개정되었다(3월 制令 제4호).

전술한 재판소들은 민사 및 형사재판 외에 非訟事件을 장악했으며 동 재판소내에 검사국을 부설함으로 사법은 총독을 정점으로 하는 행정부의 일원적인 系線으로 구성되고 행정관서와 같은 위치에 있으며 판사의 신분보장이 없으므로 사실상 사법기관은 총독에 예속되고 있었다.

재판제도 및 재판소는 일제가 합리적 사법을 가장하여 한민족을 탄압하기 위한 절차 및 시설이었다. 일본인 법관이 일본법 내지 총독부 법령에 의하여 한민족에게 일방적으로 중형을 내렸다. 법관은 이미 1909년에 일본인으로 대치되어 일본인 판사 192명에 한국인 판사는 겨우 88명에 불과했다. 1910년에는 일본인 판사 183명에 한국인 판사 71명, 일본인 검사 54명에 한국인 검사 6명 그리고 1912년에는 일본인 판사 161명에 한국인 판사 38명, 일본인 검사

49) 《朝鮮總督府 施政二十五年史》 39~40쪽.
《朝鮮總督府施政年報》(1910년), 93~96쪽.

54명에 한국인 검사 3명밖에 없었다.[50] 또한 같은 법관이라도 민족차별이 심하여 한국인 판사는 일본인이 관련된 재판을 담당할 수 없었으며 민족차별 폐지를 선언한 1920년 이후에도 합의부 재판부 구성에 있어 한국인이 裁判長이 된 일은 없으며, 일본인 재판장이 절대적인 권한을 갖고 있어 사실상 한국인 판사의 재판권은 박탈되어 있었다.

사법제도 및 재판소는 한민족의 탄압과 수탈을 지원하기 위한 것이었으니 법관의 민족별 구성이 문제가 아니었다. 한국인은 일본의 법정에서 일본인 또는 일본인과 다름없는 소수의 친일한국인 판사에 의해 일본의 법률과 사법절차에 따라서 언어조차 이해되지 않는 재판을 받았다. 이러한 재판에서 한국인으로서 정의와 공평을 기대하기는 불가능한 일이었다. 더구나 한국인 중에 정치관계로 피검된 자가 있으면 사실여부를 불문하고 혹형을 가하여 거짓자백을 받으려 하고 친척이나 친구들까지 괴롭혔으며 간혹 정부비판이나 사회개혁에 언급한 사회인사에게는 치안법을 핑계로 악형을 가하였다.[51] 또 일반경제나 산업에 관하여 한국인과 일본인 사이에 소송이 제기되어 그 가격이 1,000원 이상이 되면 재판소는 반드시 총독에 먼저 보고하고 그 訓令을 기다려 심판을 했다. 쌍방의 잘잘못은 논하지 않고 단지 일본인의 신분과 명예를 존중하고 한국인의 재산과 일체의 권리를 희생하는 판결이 났다.[52]

한국에 적용한 형률은 강도·강간에 사형을 규정하는 등 범죄의 성격에 비해 중형을 규정하였다. 한국인이 일단 검거되면 다수의 관련자를 만들어 재판에 이르기까지 장기간 심문하여 고통을 주었다. 가난한 한민족은 장기간에 걸친 심문과 재판과정에서 생존의 위협을 받았고 그간의 옥고와 고문이 체력과 의지를 무기력하게 만들고 가정을 파멸시키는 일이 종종 있었다.[53]

대체로 가난한 한국인은 흔히 민사소송을 제기할 재력을 가지고 있지 못하며 또 일본인 법원의 재판을 신임하고 있지도 않았다. 그 결과 한국인은 심한 경우에만 재판소에 가는 것이다. 그러나 형사사건에 있어서는 사정이

---

50) 《朝鮮總督府施政年報》(1910년), 97쪽 및 (1912년) 63쪽.
J. A. Grajdanzev, Modern Korea. N. Y. : The John Day Co., 1944, p. 251.
51) 朴殷植, 앞의 책, 33~34쪽.
52) 朴殷植, 위의 책, 34쪽.
53) 양영환, 〈일제의 침략기구〉(《한국사》 21), 44~45쪽.

이와 다르다. 여기서는 소수의 예외를 제외하고는 정부가 재판을 제기한다. 그러므로 형사사건의 受理와 유죄판결건수가 매년 크게 증가하였다. 이것은 한국인 중에 죄를 범하는 사람이 많다는 사실과 함께 그만큼 일제의 한민족에 대한 여러 가지 형태의 탄압과 식민지배의 모순이 확대되었다는 것을 입증하는 것이다.

한민족의 항일투쟁이 격화되자 일제의 가중되는 탄압으로 매년 각종 범죄는 격증하였고 감옥은 계속 신축·증설되었음에도 불구하고 감방수용능력은 이를 충족하지 못하였으며 격증하는 한국인 수감자의 차별과 학대로 그 대우는 가일층 악화되었다. 그 현상을 《朝鮮總督府施政年報》는 다음과 같이 보고하고 있다(〈표 5〉 참고).

〈표 5〉 재감자수 각년도 감방수용인원
(매년 12월 현재)

1910	5,232	1914	10,723
1911	7,021	1915	9,796
1912	9,580	1916	11,413
1913	9,993	1917	12,496

1910년에 이르러 대구감옥 및 청주·춘천 양 分監의 신축공사가 낙성되고 기타 각 本·分監의 증수축공사 준공으로 감방수용력 또한 매우 증가하여 入監人員의 증가가 해마다 현저함에도 불구하고 1910년 말에 있어 감방수용인원은 1평당 4.75(4人 7分 5厘)인이 되어 전년 말에 비해서 0.7인 이상이 감소되었다. 이와 같이 일부의 감옥은 설비가 아직 불충분함으로써 歐美人 기타 문명국인의 범죄자는 가급적 설비가 비교적 완전한 감옥에 수용하는 방침을 택했다.[54]

병합 후 조선총독부 치하에서 유례없이 가혹한 감옥제에 관한 법령이 제정·공포된 것이 1912년 3월이었다.[55] 동년에는 또 옥사를 신축해서 서대문감옥(경성감옥의 개칭)을 준공하고 직원도 증가해서 감옥수는 本監 9, 分監 13, 구치감 1, 출장소 5개소가 되고 직원도 수감자의 증가에 대비하여 典獄 9명, 간수장 78명, 간수 105명, 女監取締 31명, 기타의 증원이 있었다.[56]

---

54) 《朝鮮總督府施政年報》(1910), 102쪽.

55) 制令 제14호 〈朝鮮監獄令〉, 府令 제33호, 同令 施行規則 제정 공포, 《朝鮮總督府施政年報》(명치 45년, 대정 원년 合本), 76쪽.

특히 주목할 것은 대개의 감방은 1평에 최대 5인이 원칙이나 15인에서 50인까지 수감하였다. 그러므로 눕고 앉을 수 없어 모두 서서 밤낮을 보냈다. 이 밖에도 식료·반찬의 質粗惡과 量低減 그리고 비인도적 작업환경과 의료시설 등 각종 학대를 받았으며 장기수로 기와공장에서 작업을 하던 사람 중 10분의 1은 각종 학대로 죽어 가고 있었다. 병합 이후 수감자는 10%씩 증가했다.[57]

이와 같이 일본은 감옥을 계속 증설하였음에도 불구하고 절대면적이 부족하여 고민하였음이 그들의 시정보고를 통하여 역력히 드러나고 있다. 일본은 그 대책으로 가석방·집행유예·恩赦 등 궁여지책을 구사했으나 수형자는 매년 계속해서 증가하여 갔다. 병합 전후부터 1917년까지의 기간중 《조선총독부시정연보》에서 보고된 在監者 통계는 애매하고 불명확한 점이 있으나 대체로 〈표 5〉와 같다.[58]

인구 1,600만 명(1909년 현재 13,091천 명, 1917년 현재 16,669천 명)밖에 안되는 나라에 헌병경찰의 준엄한 탄압에 추가해서 형무소가 본감 9, 분감 13, 구치소 1, 출장소 3개소나 설비되어 한민족에게는 차별적인 각종 가혹한 탄압이 자행되었다. 이와 같이 일제는 유례가 드물게 수감자를 차별하고 학대하였기 때문에 외국인의 시찰을 기피하였다. 외국인의 감옥참관은 반드시 총독부의 허가를 받아야 했고 시찰요구를 거절할 수 없을 경우엔 시일을 끌며 그럴듯하게 가장을 한 후 수일이 경과해야만 시찰을 허락하였다. 모든 가장을 다하므로 불법·학대·처참·혹독의 실상이 외국인의 눈에 띌 수가 없었다.[59]

(3) 군대

일제의 한국식민화와 총독통치에 一大支柱의 역할을 한 것이 한국주차일본군이었다. 일제의 침략에 대항하는 한민족의 저항운동이 강인하고 지속적이었기 때문에 한국에 있어서는 군대병력을 배경으로 무단적 통치수법을 구

56) 《朝鮮總督府施政年報》, 78쪽.
57) 朴殷植, 앞의 책, 35쪽 참고.
58) 《朝鮮總督府施政年報》 1909·1910·1912·1913·1914·1915·1916·1917, 監獄欄 참고.
59) 박은식, 앞의 책, 36쪽.

사하지 않고서는 식민지배를 유지하지 못하였던 것이다.

일본육군은 이미 러일전쟁 중부터 한국내에서 사실상 전시군정체제를 구축하고 2개 사단의 한국주차군을 배경으로 〈한일의정서〉·〈을사보호조약〉·〈한일합방조약〉 등 기만적 조약들을 빙자하여 병합을 강행하였으며 결국 한국에서 독특한 무단총독제를 수립한 것이다. 조선총독은 보통 일본의 지도적 군부층의 중요한 한 사람이었다. 초대 총독인 테라우치는 동시에 일본의 육군대신이었으며, 그 당시의 가장 주요한 군국주의자의 한 사람으로 한국주차헌병대장인 아카시 육군소장을 내세워 한국에서 소위 헌병경찰정치를 창시하고 한민족을 가혹하게 탄압한 장본인이었다.[60] 또 2대 총독인 하세가와 元帥는 테라우치와 같은 유력한 長州系의 군벌장군으로 이토 히로부미(伊藤博文) 통감시대 이래 한국치안구축의 주역으로서 한국황제를 비롯 官民에게 위압을 가해 왔다. 테라우치·하세가와 양 총독재임 10년간의 탄압정치로 식민지배의 기초가 구축되었으며 그 후에 사이토 총독 단 하나의 예외는 있었으나 일본육군은 조선총독통치의 핵심이 되었다.

한국에는 헌병기동대를 포함하여 약 2개 사단병력이 주둔하고 총독은 육군대장으로서 군사통솔권을 갖고 있었으며 각 도 장관은 비상급변시에 당해 지방군사령관에게 출병요구권을 가지고 있었다. 한국통치는 일본육군 2개사단과 해군 2개 분대의 지원으로 강행되었다. 육군의 주력은 경성 용산·평양·나남에 두고 지방 각지에는 군청소재지나 각 정류장 등에 수비대를 분산 배치하였다. 해군은 진해만과 영흥만에 防備隊를 두었다가 1916년 4월에는 진해에 軍港部를 두고 이에 구축함을 부속시켰다.

조선주차군이 정식으로 편성된 것은 통감부 설치 후 1906년 8월 〈한국주차군사령부 조례〉에 의해 경성에 사령부를 설치하고 육군대장(또는 중장)을 사령관에 임명하고 주한 제부대를 통솔케 한 데서 연원한다. 병력은 처음 일본 내의 사단이 1개씩 2년 교대제로 한국에 駐箚하였다.

---

60) 테라우치는 명치시대에 야마가타系의 주요 군벌정치가로서 육군의 중추계통에서 지도적 입장을 점하고 육군대신 겸 총감으로 전승의 일본육군을 배경으로 한일병합을 단행한 시기는 그의 위세가 정점에 달한 때였다(田保橋潔, 《朝鮮統治史論稿》, 175쪽).

병합 후 의병토벌을 위해 산간지방에 분산배치했던 수비대를 집결시켜 재배치하는 한편 1915년 12월 24일 이래 조선 2개 사단 증설안이 확정됨에 따라 제19사단·제20사단이 상주군으로 1921년까지 편성됨으로써 한국의 방위와 치안을 담당하였다.

1907년 이후 1917년까지의 朝鮮經營費 통계에 의하면 조선주차군사비 총액은 106,402,646원에 달하고 있으며 이는 같은 기간의 행정비 총액 122,573,522원에 거의 맞먹는 액수이다. 여기서 이 기간의 군사비의 규모가 얼마나 큰 것이었나를 상상할 수 있다.[61] 군사비 대 행정비의 각 연도별 백분율은 〈표 6〉과 같다.

〈표 6〉 조선경영비

(단위 : 원, %)

연 도	군사비	행정비	군사비 : 행정비
1907~9	36,023,821	43,230,293	45.5 : 54.5
1910	10,193,530	15,643,229	39.5 : 60.5
1911	9,652,501	12,350,000	43.9 : 56.1
1912	8,984,045	12,350,000	42.1 : 57.9
1913	8,233,600	10,000,000	45.2 : 54.8
1914	7,069,672	9,000,000	44.0 : 56.0
1915	6,971,097	8,000,000	46.6 : 53.4
1916	8,737,598	7,000,000	55.5 : 44.5
1917	10,536,782	5,000,000	67.8 : 32.2
누 계	106,402,646	122,573,522	46.5 : 53.5

〈金雲泰〉

61) 《朝鮮總督府施政年報》(1917), 12쪽.

2. 식민지 수탈구조의 구축

日本帝國主義가 한국을 강점한 후 실시한 경제정책은 상황에 따라 그 성격을 조금씩 달리해가기는 했지만, 기본적으로는 식량과 원료를 일본으로 반출하고 상품과 자본을 한국으로 반입하는 것이었다. 이른바 식민지 경제구조로의 재편성이 그것이었다. 1910년대는 그 기초를 다지는 단계로서, 토지와 지세 수탈을 원활하게 하기 위해 토지조사사업을 강행하고, 기업의 발흥과 한국인 자본의 성장을 억제하기 위해 〈회사령〉을 시행하였다. 그리고 무단적 지배질서를 방방곡곡으로 확산시키기 위해 교통·운수·통신 등의 사회간접자본을 정비하고, 무역·금융·어업·임업 등의 각 산업부문을 식민지적 수탈에 적합하도록 개편하였다. 일제는 이를 위해 경제원리를 초월하는 정치적·군사적 강제를 한껏 동원하였다. 아래에서는 일제가 1910년대에 추진한 경제정책과 그로 인한 한국경제의 변화 모습을 살펴보도록 하겠다.[1)]

1) 토지조사사업과 토지수탈기반의 마련

(1) 토지조사사업의 전사

토지조사사업은 일제가 한국에서 근대화라는 미명 아래 토지소유권의 확인과 지세부과체계의 정비를 강압적으로 추진한 것이었다. 그 결과 조선총독부는 방대한 토지를 소유하는 최대의 지주가 되었고 안정적 지세 수입을 확보할 수 있게 되었다. 그리고 토지의 상품화가 촉진됨에 따라 자금이 풍부한 일본

---

1) 1910년대에 일제가 추진한 경제정책과 그로 인한 한국경제의 변화 모습을 토지·금융·자본·교통·무역 등의 각 부문별로 검토한 전문연구는 많다. 그렇지만 이것들을 종합하여 하나의 글로 일관되게 정리한 업적은 별로 없다(朴慶植,《日本帝國主義の朝鮮支配》上, 靑木書店, 1973 ; 李憲昶,《韓國經濟通史》, 法文社, 1999 ; 강만길 엮음,《한국자본주의의 역사》, 역사비평사, 2000 등이 대표적 성과라고 할 수 있다). 이 글은 큰 틀의 구상에서 이들의 업적에 힘입은 바가 크다. 다만 이 책의 전체 구성에 맞추어 수탈론적 시각을 견지하였다.

인의 토지 매수가 급증하고, 영세한 한국 농민의 토지 상실이 가속화하여 농촌은 지주－소작 관계가 강화되는 등 중농층의 몰락이 심했다. 삶의 기반을 잃고 도시와 해외로 이주하는 농민의 수가 급증한 것은 바로 이 때문이었다.

일제는 1910년 이전에 이미 한국에서 광범위하게 토지를 차지하고 있었다. 특히 러일전쟁 이래 일본의 회사와 개인은 큰 강 주변의 비옥한 토지를 한국인의 명의로 빌리는 등의 수단을 동원하여 게걸스럽게 매수해 나갔다.

그런데 일제가 한국에서 토지를 마음대로 차지하기 위해서는 외국인의 토지소유를 공권력이 합법적으로 인정하고 또 그것을 배타적 소유로서 확인해 줄 수 있는 법률적·제도적 장치를 마련할 필요가 있었다. 그렇지만 한국정부는 1876년의 국교확대 이래 지정된 지역 이외에서의 외국인의 토지소유를 엄격하게 금지해왔다. 일제가 1906년에 통감부를 설치하고 대한제국을 사실상 半植民地로서 지배하면서부터 토지에 관한 법령과 규칙을 잇따라 제정·공포한 것은 한국정부의 이러한 정책과 정면으로 배치되는 것이었다.[2)]

1906년 10월에 발포한 〈토지가옥증명규칙〉은 일제가 외국인(일본인)의 토지소유를 전국으로 확대하고, 또 그 소유권을 법적으로 공인하도록 만들기 위해 마련한 법령이었다. 이 규칙은 두 가지 특징을 가지고 있었다. 하나는 종래 民間慣行의 거래제도에 관청의 증명제도를 덧붙인 것으로서, 부동산거래 계약에 대한 公的 증거능력을 제공하고자 한 것이다. 다른 하나는 일본인의 토지소유를 합법화하기 위해 마련했음에도 불구하고, 한국인의 저항을 우려하여 潛賣土地를 합법화하지는 못했다는 점이다. 그렇지만 이 증명규칙은 잠매토지 합법화의 사전 정지작업이었으며, 일본인의 투자확대를 겨냥하여 제정한 것이었다.[3)]

한국은 국교확대 이래 거류지 및 그 주변 1리 이내 이외에는 외국인에게 토지소유를 허락하지 않았다. 이것은 한국에서 토지를 장악하려는 일제의 정책에 큰 걸림돌이 되었다. 그래서 일제는 통감부를 설치하자마자 '한국개발'이나 '한국민의 복리증진'이라는 명분을 내걸고 한국의 내륙을 개방하여 어

---

2) 각 법률과 규칙의 내용과 성격에 대해서는 崔元奎,《韓末 日帝初期 土地調査와 土地法 硏究》(연세대 박사학위논문, 1994)에 잘 정리되어 있다.

3) 崔元奎; 위의 책, 355쪽.

편 지역에서도 일본인이 토지를 소유할 수 있도록 만들었다. 〈토지가옥증명규칙〉의 발포는 그것을 국가가 보장하도록 한 조처였다.[4)]

일제가 말하는 '한국개발'이나 '한국민의 복리증진'은 허울좋은 구호에 불과했다. 이 규칙의 진짜 목적은 일본인으로 하여금 '한국내 어느 지역에서나 토지를 소유하고' 또 한국정부로부터 그에 대한 '공증'을 받을 수 있는 길을 여는 데 있었다. 따라서 일제가 한국강점 후에 본격적으로 실시한 토지 획득을 위한 토지조사사업의 단초는 이 때부터 시작되었다고 할 수 있다.[5)]

일제가 러일전쟁에서 승리하자, 일본인 지주와 회사는 1905년경부터 토지조사와 토지매수를 시작하여 大倉농장·東山농장·村井농장·熊本농장 등을 설립했다. 이러한 추세는 일본의 국가자본이 東洋拓殖株式會社를 설립한 1908년 이후 더욱 활발해졌다. 동척은 한국농업을 개발한다는 미명 아래 국가자본과 국가권력을 이용하여 한국의 국유지·민유지를 매수·약탈하고 일본인 농민을 이주시켜 한국침략의 첨병 역할을 하였다.

일제는 1907년 7월 '臨時帝室有及國有財産調査局'을 만들고, 같은 해 12월 〈제실재산정리국관제〉에 따라 제실재산을 정리한다는 명목 아래 역둔토(驛土·屯土 : 驛吏·鎭營의 급여에 해당하는 토지로서 국유지의 주요 부분을 이루었다), 궁장토(1司 7宮에 속하는 궁실의 토지) 등의 관리를 통감부에 이관했다. 일제는 한국강점 이후 이 토지를 조선총독부 소유로 만들었다.

일제는 한국에서 토지를 수탈하는 데 갖가지 기만적 방법과 교묘한 수단

---

4) 不動産法調査會, 《土地家屋證明規則要旨》(1907), 1~2쪽.

5) 일제가 한국에서 실시한 토지조사사업의 전사를 논할 때 유의할 것은 대한제국에서 추진한 양전·지계사업(토지조사사업)을 어떻게 평가할 것인가 하는 점이다. 하나는 한국사의 주체적·내재적 발전을 인정하여 양전·지계사업을 근대적 토지제도 수립의 출발로 위치짓는 한편 일제의 토지조사사업은 이것을 이어받아 식민지적 농업구조를 구축하는 계기로 파악하는 것이다(김용섭, 《한국근대농업사연구》 하, 일조각, 1984 ; 이영호, 《한국근대 지세제도와 농민운동》, 서울대출판부, 2001). 다른 하나는 한국사의 내재적 발전을 인정하면서도 근대적 토지제도의 확립 시점을 일제의 토지조사사업에서 구하고 대한제국의 양전·지계사업을 그 전사로 자리매김하는 것이다(김홍식 등, 《대한제국기의 토지제도》, 민음사, 1990 ; 宮嶋博史, 《朝鮮土地調査事業史の硏究》, 東京大學 東洋文化硏究所, 1991). 이것은 조선사회의 구조와 성격에 대한 이해, 그리고 조선후기 이래의 근대화 방향을 바라보는 시각 등에 따라 발생하는 차이라고 할 수 있다.

을 동원했다. 한국인의 명의를 차용하는 것, 관리에게 청탁하여 자기 명의로 등록하는 것, 반영구적인 토지의 사용수익권을 획득하는 것, 매수인의 이름이 없는 文記를 제작하는 것, 저당증서와 매매문기를 이중으로 제작하는 것[6] 등 다양한 수법이 그것들이다. 또 한국인에게 토지를 담보로 돈을 빌려준 후에 이를 기한내에 갚지 못할 경우 토지를 압류하는 방법도 애용하였다. 당시 금리는 높고 토지는 쌌기 때문에 일본인은 적은 자본으로도 몇 년만에 많은 토지를 취득할 수 있었다.[7] 반면에 일본인으로부터 돈을 빌려 쓴 한국인은 대부분 토지를 팔아 이를 상환할 수밖에 없어서, 한국의 많은 땅은 일본인의 수중으로 옮겨가게 되었다.[8] 전라남도에서는 일본인이 권총과 망원경을 휴대하고 시골을 휘젓고 다니면서 농장지로서 유망한 토지를 매수하고 다녔을 정도였다.[9]

전라북도에서 소자본을 들여 단기간내에 방대한 토지를 집적하여 대농장을 경영했던 쿠마모토 리헤이(熊本利平)의 경우는 일본인이 한국에서 어떻게 땅 부자로 성장해갔는가를 보여주는 전형적인 예라고 할 수 있다.

> 熊本君은 壹州勝本 출생으로 … 37년(1904) 러일전쟁 중에 현금 3천 원을 주머니에 넣고 군산에 파견되어 온 것이 조선 생활의 제1보였지만, … 당초부터 의형 松永安左衛門씨와 大每사장 本山彦一씨의 후원에 힘입어 토지브로커를 하였던 것인데, … 대정 원년(1912)에는 재계가 다소 상승세를 타 地價도 점차 높아지고, 계속하여 대정 3년(1914)에는 세계 대전의 서막에 들어가 조선의 재계도 세계적 팽창의 추세에 자극되어 호전되자, 그 기세를 타고 아침에는 東郊에 천 畝의 토지를 겸병하고 저녁에는 西邊에 만 頃의 논을 겸병하는 기세로 결국 3천 2백 정보라는 대지주가 되었던 것이다(保高正記·村松祐之, 《群山開港史》, 1925, 122쪽).

일본인이 한국에서 토지를 매수하는 가격은 지역에 따라 다르지만, 일본에 비해 대체로 10분의 1내지 30분의 1에 불과했다. 게다가 소작료는 고율이었

6) 全國經濟調査機關聯合會朝鮮支部編, 《朝鮮經濟年報》(1939년판), 38쪽.
7) 農商務省, 《韓國土地農産調査報告書》(慶尙道·全羅道)(1906), 545~546쪽.
8) 農商務省, 위의 책, 279쪽.
9) 久間健一, 《朝鮮農政の課題》(1943), 15쪽.

기 때문에 지주는 높은 수익을 올릴 수 있었다. 그리하여 한국에서 일본인 지주는 1909년 현재 692명, 소유면적은 52,426정보, 지주 1인당 소유면적은 75.8정보였던 것이 1년 후인 1910년에는 각각 2,254명, 69,311정보, 38.6정보로 급증했다. 1909년 6월 현재 30정보 이상을 소유한 일본인 지주는 135명이었는데, 그 중 85명이 100정보 이상을 소유한 대지주였다. 30정보 이상 지주의 창업연대를 보면 1903년 이전이 13명, 1904년 27명, 1905년 25명, 1906년 34명, 1907년 23명, 1908년 18명, 1909년에 1명이었다.[10] 이처럼 일제는 한국 강점 이전에 이미 한국에서 광대한 면적의 토지를 집적하고 있었던 것이다.

(2) 토지조사사업의 실시와 그 성격

일제는 조선총독부가 토지와 지세를 효율적으로 장악할 수 있도록 하기 위해 1910년부터 1918년까지 2,456만 원이라는 거액을 투입하여 이른바 토지조사사업을 전면적으로 실시했다. 토지조사사업은 크게 보아 소유권 조사, 地形地貌 조사, 地價 산정, 토지대장 작성 등으로 구성되었다. 이를 위해 일제는 1910년 3월에 토지조사국 창설, 같은 해 9월 〈임시조사국관제〉(칙령 20호) 공포, 1912년 8월 〈고등토지조사위원회관제〉와 〈토지조사령〉 공포 등을 잇따라 단행했다. 일제는 이미 본토와 오끼나와·대만에서 토지조사사업을 실시한 경험을 가지고 있었다. 그리고 영국이 이집트와 인도, 프랑스가 알제리 등에서 이와 비슷한 사업을 추진한 사례에 대해서도 파악하고 있었다. 그리하여 이러한 노하우가 총동원된 한국의 토지조사사업은 그만큼 철저할 수밖에 없었다.[11] 일제는 토지조사사업의 목적과 그 이유를 다음과 같이 천명했다.

> 토지조사는 地稅의 부담을 공평하게 하고 地籍을 명확히 하여 그 소유권을 보호하고, 그 매매·양도를 簡捷·확실하게 함으로써 토지의 개량 및 이용을 자유롭게 하고 또 그 생산력을 증진시키려는 것으로서 조선의 긴요한 시설이라는 것은 말할 필요도 없다. 조선의 지세제도는 지금도 수 백년 전의 結制度를 襲用하여 현재의 경제상태에 적용할 수 없을 뿐 아니라, 그 제도가 불완전한

10) 淺田喬二, 《日本帝國主義と舊植民地地主制》(御茶の水書房, 1982), 68쪽.
11) 宮嶋博史, 앞의 책 참조.

결과 소위 隱結이라는 것을 생기게 해 왕왕 탈세를 기도하는 자가 있다. 또 경지면적의 칭호는 아직도 종래의 1斗落(1斗의 볍씨를 뿌리는 면적) 혹은 1日耕(사람 1명과 소 1마리가 하루 동안 경작하는 면적)의 단위를 써서 그 실제 면적은 도저히 알 수 없다. 또 토지에 관한 권리 증명 같은 것도 당사자가 작성한 불완전한 文記에 의하던가 아니면 매우 정비되지 않는 서류 장부에 기초한 군수의 증명에 의할 수밖에 없기 때문에 詐欺 또는 불법 이득의 매매 저당 등이 행해지고 있다. 이것을 교정하기 위한 방법으로 明治 39년(1906) 〈토지건물증명규칙〉 및 〈토지건물전당집행규칙〉이 제정·공포되었다. 그 결과 公簿 등록의 길이 열리고 권리공인의 법 정비는 면목을 일신했다 하더라도, 전술한 것과 같이 토지면적을 표시하는 단위는 매우 불확실하여 지세제도가 극히 조잡하고, 토지의 이동 등도 역시 정리되지 않아 地籍의 분란이 심하다. 왕왕 황폐지라 하여도 여전히 부세를 면제받지 못하는 것이 있는가 하면, 旣墾地가 도리어 과세되지 않는 것도 있다. 이는 자연 농사의 개선을 완만하게 하여 토지의 생산력을 저해하는 사태를 초래하고 있다. 그렇기 때문에 상공업이 발달하지 못하였다. 토지를 유일한 생산의 근원으로 하는 조선에서는 토지의 권리를 확실히 하여 지세의 부담을 공평하게 함으로써 토지의 생산력을 증진시킬 필요가 특히 절실하므로 이 목적을 달성하기 위해서는 완전한 대규모의 토지조사를 기다리지 않으면 안된다(朝鮮總督府, 《朝鮮總督府施政年報》, 1910년도판 서문).

일제가 토지조사사업을 추진하면서 내세운 목적은 지세 부담의 공평, 지적의 확정과 소유권의 보호, 토지 개량과 이용의 자유 보장, 생산력의 증진 등이었다. 그렇지만 이것은 어디까지나 표면적인 이유였고 실질적인 목표는 일본인의 토지소유와 조선총독부의 지세수입을 증대시키기에 적합한 토지제도를 만들어내는 데 있었다.

토지조사사업의 근간이 되었던 〈토지조사령〉(1912년 8월, 制令 제2호)의 핵심은, "토지의 소유자는 조선총독이 정하는 기간내에 그 주소·성명 또는 명칭 및 소유지의 소재·地目·字番號·四標·등급·地積·結數를 임시토지조사국장에게 신고해야 한다. 단 국유지의 경우는 보관관청이 임시토지조사국장에게 통지해야 한다"(제4조)였다.[12] 즉 토지 소유자는 조선총독이 정한 기간내에 토지에 관한 모든 것을 신고해야 하는데, 한국인은 절차상의 번잡함과 이민족의 강압적 지배 등등의 이유 때문에 제대로 신고를 하지 않을 수

12) 朝鮮總督府, 《朝鮮法令輯覽》 上(1941).

도 있다는 우려를 자아냈다. 실제로 조선총독부 정무총감 미즈노 렌타로(水野錬太郎)도 그 사실을 인정한 것처럼, 신고인은 서류의 수속을 누락시키거나, 도장을 잃어버리던가, 형식에 잘못이 있어 서면접수를 기한내에 하지 못하여 소유권을 잃어버린 경우가 있었다.[13)]

토지조사는 '면장, 동·리장, 지주총대, 주요한 지주'와 '지방관청 당국자, 경찰 관헌, 해당 지방의 담당 토지조사국 준비원' 등에 의해, 말하자면 일본 관헌과 그 보호를 받던 '지주위원회'에 의해 수행되었다. 일본 관헌과 지주가 중심이 되어 토지조사를 행하면 일본인과 지주에게 유리하고 한국인과 영세 농민에게 불리할 가능성이 있었다.

토지조사사업의 과정에서 토지소유권의 확정을 둘러싸고 일어난 분쟁은 한국인 사이의 토지소유권 다툼이나 경계 분쟁이 아니었다. 오히려 분쟁의 대부분은 민유지 대 국유지이거나 일본인 대 한국인 사이의 경계 다툼 등이었다. 토지소유권을 둘러싼 3만 3천여 건의 분쟁 중에서 일제의 관권에 의해 화해·조정이 이루어진 것은 1만 2천여 건이었다. 일제는 국유지 편입 등에 관한 분쟁사건에서, 관유재산의 득실에 대해 중대한 처분을 내릴 경우 사회의 안녕을 교란할 수도 있다고 단정하여 경찰을 통해 단속과 탄압을 강화하였다.[14)] 그 결과 이러한 분쟁에서 농민이 패배하는 경우가 많았다. 토지소유권 분쟁의 대강은 분쟁지건수 33,937건 99,445필지, 화해건수 11,648건 26,423필지이었다. 그 내역은 소유권분쟁 99,138필지(99.7%), 경계분쟁 307필지(0.3%), 국유지와의 분쟁 64,570필지(65%), 민유지 상호분쟁 34,875필지(35%)였다.[15)]

토지조사사업은 결국 실제로 토지를 경작하고 있는 농민으로부터 전통적으로 형성된 여러 가지 권리를 빼앗고, 한 마을 한 집안의 공유지였던 동중·문중의 토지를 국유지로 만드는 결과를 초래했다. 왕실의 소위 1사 7궁의 궁장토 중에서는 투탁지와 混奪入地라고 증명된 것 8건(약 160정보)만이 환급되었을 뿐, 그 외의 전답·蘆田 약 25,800정보, 산림·평야 19,400정보, 주택 190호, 택지 약 50정보는 모두 국유지에 편입되어 총독부의 소유가 되

13) 朝鮮總督府,《道知事會議速記錄》(1919년 8월 10일), 6쪽.
14) 李在茂,〈朝鮮における「土地調査事業」の實體〉(《社會科學硏究》 7-5, 1955).
15) 朝鮮總督府,《朝鮮土地調査事業報告書》(1918).

었다. 한국인이 궁장토의 국유지 편입에 대해 이의를 제기한 것은 3,132건(14,232필지)으로서, 분쟁지 중에서 가장 많은 부분을 차지했다.

종래 공전·역토·둔토·목장토 등은 농민이 선조 대대로 경작하여 이 토지에는 사유지와 크게 다르지 않은 농민의 권리가 형성되어 있었다. 그럼에도 불구하고 일제가 역둔토라는 이름으로 이 토지를 국유지에 편입시킨 것은 식민지 지배권력이 경작농민으로부터 토지를 빼앗은 것과 마찬가지였다. 그것의 총면적은 1912년 현재 133,633정보로서 그 해 경지 총면적의 약 20분의 1에 해당할 정도로 방대하였다. 이 토지를 경작하는 소작인은 331,748명이나 되었다.[16]

토지조사사업의 또 하나의 주요 목적은 지가를 사정하여 과세의 표준으로 삼고 빠짐없이 지세를 거둘 수 있는 장부체계를 만드는 것이었다. 지가의 산정은 수확·地勢·지질·水利, 경작의 난이도, 교통의 편리 등에 따라 결정할 방침이었다. 그렇지만 이와 같은 정밀한 사정은 현실적으로 불가능하여, 결국 기왕의 5년 간 백평당 평균 수확고에 기초하여 지가의 등급을 매기는 방법을 사용했다. 지가의 산출 과정에서 한국의 서북부보다는 남부가 비싸게, 그리고 한국인 소유지보다는 일본인 소유지가 싸게 사정되었다는 비판이 제기되었다. 1918년에는 〈지세령〉이 발포되어 지가의 2천 분의 1이 지세로 확정되었다. 그리하여 종래와 같이 풍흉에 따라 증감되는 지세의 代金納은 사라지고 지가에 따른 화폐납이 자리잡게 되었다. 토지조사사업의 결과 과세지는 52% 증가하고, 지세징수액은 1911년 6,245,000여 원이, 1920년에는 11,570,000여 원으로 약 2배나 증가했다.[17]

토지조사사업과 더불어 일제는 〈토지수용령〉 등을 통해서도 토지를 집적했다. 1911년 4월에 발포된 〈토지수용령〉(制令 3호)은 관공청사 설립, 도로·철도시설, 국방군사 및 제철·광산업 등에 필요하다고 여겨지는 토지를 무제한으로 私有 여부를 불문하고 수용할 수 있도록 했다.[18]

---

16) 印貞植,《朝鮮の農業機構》(白揚社, 1940), 60쪽.

17) 趙錫坤,《朝鮮土地調査事業에 있어서의 近代的 土地所有制度와 地稅制度의 確立》(서울대 박사학위논문, 1995).

18)《朝鮮法令輯覽》上.

토지조사사업은 조선총독부와 일본인이 토지소유를 증대시키는 중요한 계기가 되었다. 1918년 12월 현재 조선총독부의 소유지는 272,076정보,[19] 일본인의 소유지는 236,586정보였다.[20] 일본인 농사경영자는 1909년에 692명이었던 것이 1915년에는 6,969명으로 10배가 증가하고, 소유면적도 5만 2천 정보에서 20만 6천 정보로 증대하였다. 그 중 전답만을 보아도 4만 3천 정보에서 17만 1천 정보로 약 4배, 그리고 투자액은 약 800만 원에서 약 4,600만 원으로 약 6배나 증가했다. 토지조사사업은 자작농과 자작 겸 소작농을 몰락시킨 반면, 소작농과 농업노동자 및 이농민을 증가시켰다. 토지조사사업이 종료된 1918년 현재 논의 65%, 밭의 436%가 소작지였다. 자작농은 19.7%, 자소작농은 39.4%, 소작농은 37.8%, 완전 지주 0.6%, 자작 겸 지주 2.5%였다. 그리하여 3.1%의 지주가 경작지의 50.4%를 소유하는 극단적으로 불균등한 토지소유관계가 체제적으로 자리잡게 되었다.[21]

토지조사사업은 그 역사적 중요성 때문에 해방 이후 경제사연구의 중요과제가 되어왔다. 그렇지만 연구의 시각과 방법은 시대상황과 연구자의 처지에 따라 조금씩 달랐다. 1950~1970년대의 연구를 대표하는 이재무[22]·김용섭[23]·신용하[24] 등은 일제가 토지조사사업을 통해 조선 후기 이래 내재적으로 발전해 온 토지소유 관계를 침략에 적합하도록 재편하고, 토지 위에서 성장해 온 농민의 여러 권리를 부정하였다는 점을 중시했다. 따라서 토지조사사업의 본질은 일제가 근대라는 이름을 빙자하여 토지와 지세를 수탈하기 위해 실시한 식민지 농정에 불과하였다는 것이다. 이들의 주장은 토지의 측량이나 소유권의 신고·사정 과정에서 민족적·계급적 자의성이 작용했다는 것을 전제로 삼고 있다.

1980년대 중반 이후에는 토지조사사업의 원자료가 발굴됨에 따라 수탈론적 시각에 수정을 가하는 연구도 진척되었다. 배영순[25]은 조선 말기의 토지

---

19) 《官報》, 1919년 2월 18일.
20) 《官報》, 1919년 11월 27일.
21) 小早川九郎 編著, 〈發達編〉(《朝鮮農業發達史》, 1959), 592쪽.
22) 李在茂, 앞의 책.
23) 金容燮, 〈수탈을 위한 측량 : 토지조사〉(《韓國現代史》, 신구문화사, 1956).
24) 愼鏞廈, 《조선토지조사사업연구》(지식산업사, 1982).

소유 관계가 임의적 혹은 자의적 신고를 허용하지 않을 만큼 배타적이고 명확하게 성립되어 있었기 때문에, 결수연명부의 작성과 이에 준거한 토지신고는 기존의 토지소유 관계를 그대로 반영하였고, 특정의 민족적·계급적 이해관계를 관철시킬 수 없었다고 보았다. "또 토지소유권을 사정했던 지주총대에는 대지주와 무토지 농민이 함께 참여했기 때문에 소유권과 경계에 대한 분쟁을 처리함에 있어서도 지주나 국가에게 유리하게 판정한 것은 아니었다. 따라서 토지조사사업의 역사적 의의는 토지소유 관계의 변혁에 있는 것이 아니라 결부제의 폐기를 통해 근대적 지세제도를 확립하는 데 있었다. 즉 결가제를 개편하고 필지당 세액을 재조정함으로써 지세부담의 상대적 형평을 기하고, 지주경영의 수익성과 안정성, 총독부 지세수입의 증대와 효율성을 보장하였다. 이것은 조선 말기 이래의 均稅論的 田政釐整策, 즉 지주적 개혁 방안을 계승하였다"는 것이다.

배영순은 토지조사사업 연구에 내재적 발전론을 접목시킴으로써 수탈론적 연구가 안고 있던 논리적 모순을 해소했다. 그러나 토지조사사업에서 확립된 토지소유 관계와 조선 말기의 그것을 완전히 동일한 것으로 파악함으로써, 토지조사사업의 근대성을 토지제도 그 자체에서 찾는 것이 아니라 지세제도의 변혁에서 구하는 부자연스러움을 초래했다. 이에 미야지마 히로시(宮嶋博史)[26]는 토지조사사업이 근대적 토지소유를 성립시켰고 토지의 상품화와 자본전환을 현저하게 촉진시켰다는 주장을 내놓았다. 조선시대의 토지제도는 수조권 분급에 기초한 국가적 토지지배였고, 이것은 토지조사사업을 통해 최종적으로 해체되었다. 미야지마는 일제가 토지조사사업을 입안하고 장부체계를 확정하는 과정을 면밀히 분석하여, 일제의 방침이 조선 토지제도의 발전을 수용하는 방향으로 수정되어갔음을 밝혀냈다. 그리고 토지조사사업과 다른 식민지에서의 그것을 비교·검토한 끝에, 한국의 토지조사사업이 세계사에서 유례를 보기 어려울 만큼 철저하고 신속하게 이루어졌다는 점을 제시했다. 결국 토지조사사업은 조선시대이래 발전해 온 근대적 토지변혁의 도달

25) 裵英淳,《한말·일제초기의 토지조사와 지세개정에 관한 연구》(서울대 박사학위논문, 1988).

26) 宮嶋博史, 앞의 책.

점이었다. 그가 말하는 근대적 토지변혁이란 근대적 토지제도와 지세제도를 만들어내기 위한 일련의 제도변혁을 총괄하는 개념으로서, 그 내용은 근대적 토지소유제도의 확립, 지적제도의 확립, 토지등기제도의 확립, 근대적 지세제도의 확립 등이었다.

미야지마의 연구는 토지조사사업의 근대성과 연속성을 토지제도 그 자체의 변화과정을 통해 파악했다는 점에서 진일보한 것이었다. 조석곤[27]도 비슷한 문제의식을 가지고 토지조사사업을 근대적 토지소유제도와 지세제도의 확립이라는 관점에서 정리하였다. 조석곤은 "토지조사사업에서 토지소유자를 신중하게 파악했기 때문에 신고주의가 토지약탈을 위한 도구로 사용되었을 가능성은 거의 없었다. 등기제도의 확립은 토지소유권의 법적 보장이라는 측면에서 획기적인 것이었다. 분쟁지 심사과정에서 국가가 아닌 개인의 소유를 인정하는 경우가 많았기 때문에 소유권을 부당하게 빼앗긴 사람은 거의 없었다. 근대적 지세제도를 수립하려는 움직임은 甲午改革 당시부터 나타났는데 그것이 최종적으로 완료된 것은 〈지세령〉이 개정되는 1918년이었다. 과세지가제로의 전환은 불균등하게 부과되던 지세를 균등하게 부과하였다는 점에서 진보적이었다"는 것 등을 주장했다.

그러나 미야지마·조석곤 등에 대해서는 토지조사사업이 기본적으로 제국주의 권력이 추진한 식민지 농정의 일환이었다는 엄연한 사실을 간과한 채 근대성만을 강조하고 있다는 비판이 제기되었다. 최원규[28]는 대한제국기로부터 일제 초기에 걸쳐 실시된 토지조사와 〈토지법〉 제정이 일본 〈민법〉의 체계하에 배타적 토지소유권을 확정하고 이를 자유롭게 유통할 수 있도록 함으로써, 일본인의 토지소유권을 안정시키고 지주자본가의 투자활동과 금융자본의 대부활동을 원활하게 만들었다고 주장했다. 그리하여 토지조사사업과 등기제도는 일본 금융자본이 민의 생활권을 개편하고 모든 소유를 개별·분산·고립적인 형태로 해체시켜 자본수탈체제를 구축하고, 나아가서 한국사회 전체를 일본 자본주의에 예속시키는 토대로 기능하였다는 것이다.

토지조사사업에 관한 연구는 1980년대 중반이래 수탈론적 시각으로부터

27) 趙錫坤, 앞의 책.
28) 崔元奎, 앞의 책.

근대론적 시각으로 전환되었다. 이에 대해서는 식민지 근대화론의 재판이라는 등의 비판도 있지만, 토지조사사업을 한국사의 내재적 발전과 세계사적 시야에서 파악하였다는 점에서는 기여한 바도 있다. 앞으로는 토지조사사업에 대한 다양한 사례를 발굴하여 그 실체를 좀더 분명히 밝히고, 그것이 농촌과 농민에게 어떤 영향을 끼쳤는가를 종합적으로 해명해야 할 것이다.

(3) 동양척식주식회사의 토지 집적

일제는 러일전쟁을 틈타 한국의 황무지개간권을 요구한 바 있다. 이것은 전 국토의 4분의 1에 해당한다고 일컬어질 정도로 광대한 면적이었다. 그러나 개간이라는 그럴듯한 명목으로 한국의 토지를 수탈하려던 일제의 기도는 보안회 등을 중심으로 한 한국인의 열렬한 반대에 부딪쳐 뜻을 이루지 못했다.[29] 그 후 일제는 한국에 통감부를 설치하여 실질적 지배권을 확립하자, 1908년 12월 마침내 동양척식주식회사(동척으로 약칭)를 설립하여 본격적인 토지 수탈에 나섰다.

일본정부는 1907년 "한·일의 정치적 관계를 공고히 하고 경제적 관계를 발전시키기 위한 방책으로는 拓地殖民을 제외하고는 다른 좋은 방책이 없다"라는 뜻의 동척 설립안을 결정하였다. 그리고 다음 해 3월 "한국 농업의 개량·진보를 촉진하고 한국의 토지를 개척함으로써 그 富源으로 한·일 양국의 화친을 두터이 하고, 양 국민간의 경제적 관계를 발달시키기 위해 당장 필요한 조치임을 인정한다"라는 취지서와 함께 〈동양척식주식회사법〉을 제24회 제국의회에 제출하여 가결시켰다. 같은 해 8월 東京에서 열린 동척 설립위원회 총회는 회사의 定款을 결정하고, 설립위원(한국인 23명, 일본인 82명)을 임명하였다. 동척의 처음 자본금은 1천만 원(납입자본 250만 원)이었다. 한국정부도 대주주로 참가하여 토지(역둔토 5,700정보, 당시의 평가액 300만 원)를 출자했다. 일본정부는 동척에 대한 보조금으로 매년 30만 원을 8년간 지출하고, 정부의 원리보증 아래 社債 2천만 원을 발행하였다. 동척의 총재로는 현역 육군중장 宇佐川一正를 임명하고, 부총재 2명, 이사 4명을 두었다. 한국인

29) 윤병석, 〈일본인의 황무지개척 요구에 대하여〉(《歷史學報》 22, 1964).

으로는 민영기(부총재)·한상용(이사)이 여기에 포함되었으나, 이들은 허수아비에 불과하였다.[30]

동척의 설립목적은 '한국에서의 척식사업의 경영'이었다. 동척의 업무는 농업은 물론이고, 척식을 위해 필요한 토지의 매매와 貸借, 토지의 경영과 관리, 건축물의 축조와 대차, 한·일 이주민의 모집과 분배, 이주민과 한국 농업자에 대한 물품의 공급과 그 생산 및 획득물품의 분배, 자금의 공급 등이었고, 부대사업으로는 수산업, 기타 척식을 위해 필요한 사업의 경영 등이었다.[31] 여기에서 언급되고 있는 '한국'이라는 단어는 일본의 수탈을 은폐하기 위해 동원한 修辭에 불과했다.

일제가 동척을 설립하면서 내세운 명목상의 목적은 "內鮮人 교류의 역사는 유래가 극히 오래된 것이지만 명치 37·38년(1904·5) 전승의 결과 및 명치 39년(1906, 사실은 1907) 〈한일신협약〉의 체결을 계기로 일본은 정치뿐 아니라 경제적으로도 한국을 지도·인도해야 할 중책을 맡기에 이르렀다. 그리하여 먼저 한국의 부강을 꾀하고 일반 민생이 문화의 혜택을 입을 수 있는 가장 유효 적절한 방법으로 한국의 산업을 개발하는 것을 목적으로 한다"[32]라는 것이었다. 여기에서 말하는 한국을 지도·인도한다거나, 한국의 부강을 꾀한다는 것은 한국을 완전히 장악하여 경제적 富源을 지배한다는 것에 다름 아니었다. 당시 한국에서는 동척이 한국을 이롭게 한다고 이해하는 사람은 극히 적었고, 오히려 동척이 한국의 토지를 빼앗는 것으로 생각하는 사람이 많았다.[33] 한국의 흉흉한 분위기에 두려움을 느낀 동척의 사원은 모두 제복에 권총을 차고 경영활동에 임하지 않으면 안 될 정도였다.[34]

동척의 토지는 한국정부가 출자한 토지와 동척이 매수한 토지로 구성되었다. 한국정부의 출자지는 전술한 것처럼 역둔토 전답 5,700정보였다. 이것은 역둔토·궁장토 10만 정보 중에서 사업경영상 가장 유리하고 우량하다고 하

30) 朴慶植, 앞의 책, 75쪽.
31) 東洋拓殖株式會社, 《東拓十年史》(1918), 8쪽.
〈東洋拓殖株式會社法〉(《日本外交文書》 41-2, 1908), 297~301쪽.
32) 《農務要覽》(東拓).
33) 青木香代子, 〈東洋拓殖株式會社の設立〉(《朝鮮近代史料硏究集成》 3), 121~122쪽.
34) 青木香代子, 위의 글, 123쪽.

여 선정된 토지였다. 동척은 1913년까지 이미 소유하고 있던 역둔토에 근접한 민간인 소유 토지를 대량으로 매수했다. 매수지는 1913년 현재 47,000여 정보(1,076만여 원)였다. 일제는 매수과정에서 국가 권력을 배경으로 하여 불법 행위를 저질렀다. 예를 들면 전라남도 영산포 부근의 宮三面에서는 사실상 민유였던 토지를 동척이 慶善宮이라는 宮家로부터 매수하여 문제를 일으켰다. 동척이 목포라는 개항장을 배후지로 가지고 있는 영산강 주변의 토지를 집중적으로 매수한 것은 일본인 이민을 유치하기 위함이었다. 동척은 1913년 이후에도 매수를 계속하여 1919년 현재 소유한 토지는 78,520정보나 되었다.[35)]

동척의 사업의 하나는 출자지와 수매지에 일본인을 이주시켜 지주경영을 하는 것이었다. 일본 의회는 매년 1만 명 이상을 농업이민으로 내보내야 한다고 떠들어댔다. 일제는 1910년 〈이주민취급규칙〉을 정한 이래 매년 농업이민을 모집하였다. 1910~20년 동안 모집호수 10,995호, 응모호수 19,483호, 승인호수 8,508호, 정착호수 약 3,500호였다. 이주민은 처음 갑종(자작), 을종(소작)으로 구분되었는데, 1914년 이후로는 자작(2정보)을 목표로 하는 제1종과 소지주(10정보)를 목표로 하는 제2종으로 나누어졌다(1921년 이후는 제2종만으로 모집했다). 동척은 이들이 지주로서 성장하도록 자금이나 이주비 등을 지원하고 그밖에도 다른 보호와 원조를 많이 베풀었다.[36)]

동척은 또 자금의 융자를 비롯하여 수리·토목·산림 등을 경영하였다. 일제는 1917년 동척의 〈회사법〉을 개정하여, '한국에서의 척식사업'이라는 항목을 '조선 및 외국에서의 척식자금의 공급, 기타 척식사업의 경영'으로 바꾸었다. '동양척식주식회사'라는 이름에 걸맞게 이제 영업활동의 범위가 중국을 비롯한 필리핀·남양제도·말레이반도 등으로 확장된 것이다. 그리고 사업의 제1목표가 농업에서 금융으로 바뀌어, '척식은행'의 형태로 자금을 공급하는데 주력하였다. 1919년 현재 동척은 7천만 원의 대부금을 보유하였다. 같은 해 동척의 자본금은 5천만 원으로 증자되었다.[37)]

---

35) 이규수, 〈전남 나주군 '궁삼면'의 토지소유관계의 변동과 동양척식주식회사의 토지집적〉(《한국독립운동사연구》 14, 한국독립운동사연구소, 2000).
36) 君島和彦, 〈朝鮮における東拓移民の展開過程〉(《日本史研究》 161, 1976).
37) 朴慶植, 앞의 책, 78쪽.

동척의 수익은 대부금 이자, 유가증권 수입, 농지·산림의 수입 등 세 가지였다. 그 중에서도 토지를 저당잡고 대금업을 하거나, 저당에 잡힌 토지를 수탈하는 것이 주요 이익원이었다. 동척은 일반은행과 같이 예금을 취급하는 금융기관이 아니었다. 따라서 농민이 돈을 빌릴 때는 토지를 저당으로 잡혀야 했다. 당시 한국에서 저당을 잡힐 만한 물건으로는 토지밖에 없었다. 그런데 토지를 저당잡히고 돈을 빌린 한국농민은 이 돈을 상환할 수 없었다. 따라서 저당 잡힌 토지는 대개 동척의 수중에 들어갔다. 동척은 이러한 수법으로 토지를 집적했다. 이와 비례하여 한국농민의 원한도 쌓여갔다.[38]

동척이 세운 이주식민계획은 실패한 감도 없지 않았지만, 대륙침략정책의 측면에서는 성공적이었다. 그 이유로서는 동척이 한국내에서 최대 지주이자 금융기관으로서 한국의 농촌과 농민을 지배하고 있었던 점, 1917년 이후 사업의 범위를 확대하여 奉天·大連에 지점을 설치하고 만주와 몽고 방면으로 진출한 점을 들 수 있다.[39]

2) 수탈을 위한 농업정책과 한국농민의 고난

(1) 관권의 농사 개입

1910년대에 일제가 한국에서 실시한 농업정책은 기본적으로 식량과 원료를 일본으로 최대한 많이 반출하려는 것이었다. 이를 위해서는 일본인의 입맛에 맞는 식량과 일본의 산업에 도움이 되는 원료를 많이 생산할 수 있도록 농업기반을 재편할 필요가 있었다. 그리고 이렇게 하여 생산된 식량과 원료를 값싸고 신속하게 수집하여 가져갈 수 있는 거래 시스템을 구축하는 것이 급선무였다. 일제가 한국농민의 농사와 가공 및 거래에 강압적으로 개입한 것은 이 때문이었다.

일제가 한국의 농업과 농민에게 가한 경제외적 강제에는 다음과 같은 것

38) 水田直昌·土屋喬雄 編述,《財政·金融政策から見た朝鮮統治とその終局》(1962), 51쪽.

39) 青柳綱太郎,《總督政治史論》(1928), 194~211쪽.

이 있었다. 지형·지목의 변경에 관한 제한, 경작물 종류에 관한 제한, 경작물 품종의 제한(일본품종 경작 강요), 경작방법(소갈이·씨뿌리기·못자리·모내기·김매기·피뽑기·수확), 시비(판매비료 사용·시비회수 증가), 水利, 제초·꼴베기·잡곡조제·포장 등에 관한 제한, 畦作방법의 이용에 관한 제한, 소작권의 매매 및 소작지의 임대에 관한 제한 등, 또 소작 농민은 마름에 대한 보수, 미곡 검사의 수수료, 지주·마름·추수원(소작료 징수를 위해 임시로 고용한 사람)의 향응접대비, 斗量賃 및 조제장 사용료, 지주와 마름에 대한 선물, 지주와 마름 댁의 수리·소제의 수발 및 관혼상제시의 노력 제공 등의 잡역을 부담하지 않으면 안되었다.40)

일제는 한국의 농업을 지도한다는 명목으로, 관의 지시에 따라 못줄을 대고 정사각형으로 모내기를 하지 않으면 모를 밟아버리거나 뽑아버렸다. 그리고 벼의 수확과 가공에 이르는 전과정에 일일이 간섭하고 철저히 감시했다. 당시 한국농민의 생활에 실제로 접촉했던 조선총독부의 일본인 소작관은 권력행사의 실상을 이렇게 회고했다.

> 벼를 탈곡 조정할 때 멍석을 펴지 않은 것은 道令으로써 벌금을 물게 한다고 하는 등의 간단한 법령으로 실행을 강요하고, 위반자를 처벌했던 사례는 미작지대인 각 도에서 이미 경험한 바이다. … 정말로 조선의 미작농업의 개발은 팽창하는 내지 인구에 대한 식량공급이라는 국방경제적인 자급정책의 필요 때문에 무엇보다도 먼저 개시돼야 할 것이었다. 그러나 지도의 대상인 농민은 기술면에서나 자력면에서나 아무것도 소유하지 못했기 때문에 가장 극단적인 권력적 지도를 가했던 것이다. 게다가 그 권력적 개발은 일본인적인 성급함을 갖고 시행했기 때문에, 농민의 이해라고 하는 것 등은 고려되지 않았고, 뒤돌아볼 여유도 없었던 것이다. 농민은 오직 관청적 지도의 명하는 바에 따라 배급받은 종자를 배운 모판에 뿌리고, 주어진 못줄에 따라 正條植을 하고, 정해진 날에 비료를 뿌리고, 제초를 하고, 명령받은 날에 기장을 뽑고, 풀을 베고, 제시된 방법에 따라 건조 조사를 행할 뿐이었다. 거기에는 오직 감시와 명령만이 있었다. 설령 있을 법한 것이라 하더라도 농민의 창의 같은 것은 전혀 존재하지 않았던 것이다(久間健一, 《朝鮮農政の課題》, 1943, 7~8쪽).

40) 朝鮮農會, 《朝鮮の小作慣習》, 119~120쪽.

일제가 한국의 농사를 개량하고자 한 이유는 일본 국내 인구에 대한 식량 공급이라는 국방적·경제적 자급정책의 필요 때문이었다. 한국농민의 처지를 개선하기 위한 것이 결코 아니었다. 이 점을 꿰뚫어보고 있던 한국농민이 일본식 농법의 도입에 적극적일 까닭이 없었다. 일제는 한국농민을 설득하거나 계몽하기보다는 권력을 행사하여 한국농민에게 일본식 농법을 강요했다. 농산물 증산을 위한 우량품종의 보급, 경작기술의 개선, 비료의 增施, 퇴비의 조성 등 모든 지도는 관청적 획일성과 권력적 강압성을 갖고 上命下達式으로 추진되었다. 한국농민은 자신의 농사에 흥을 낼 수 없었다. 그저 지주와 관청이 시키는 대로 모를 내고, 비료를 뿌리고, 김을 매고, 풀을 뽑고, 벼를 말리면 그만이었다. '농민의 창의 같은 것은 전혀 존재하지 않은 것'이 1910년대 식민지 농정의 본질이었다.[41]

(2) 면화재배의 강요

일제는 일본에서의 미곡 부족을 보충하기 위해 한국에서 식량증산을 획책하는 한편, 면화·양잠 등 일본 자본주의 공업의 원료를 싼값으로 얻기 위해 강제적인 수단을 동원하였다. 1906년에 〈勸業模範場官制〉를 공포하고 수원에 권업모범장을 개설하여(목포에 출장소를 둠), 쌀·면화·양잠·과실·축우의 증산을 독려하였다.

일제는 1905년에는 '면화재배협회'를 설치하고, 주로 한국의 남부지방에서 육지면 재배를 강제하였다. 일제가 육지면 재배를 강요한 이유는, 한국이 일본과 인접하여 운수·교통이 편리한 데다가 면화재배에 적합하여 生産棉의 품질이 아주 양호했기 때문이다. 물론 더 근본적인 목적은 한국에서 저렴한 면화를 가져감으로써 원료수급의 안정을 기하고 국제수지를 개선하려는 데 있었다. 일본의 면방직 공업이 독자적으로 발전하기 위해서는 한국의 값싸고 품질 좋은 면화가 필요했던 것이다.[42]

일제는 한국에서 면작을 강요하기 위해 지극히 난폭한 방법을 동원하였다. 헌병이나 순사까지 나서서 면화를 재배하지 않고 보리나 콩을 심은 농가에

41) 鄭然泰, 《日帝의 韓國 農地政策》(서울대 박사학위논문, 1994), 112~127쪽.
42) 鈴木武雄, 《朝鮮の經濟》(日本評論社, 1942), 157쪽.

대해서는 콩과 보리를 발로 밟아 부러뜨리는 일도 자행했다.[43] 일본인의 강제적인 소위 농사지도는 한국인에게 원성의 대상일 수밖에 없었다. 의병은 곳곳에서 일본인을 공격했다. 그리하여 일본인은 총이나 칼을 휴대하고 다니며 면화재배를 강요했다.[44]

일제는 한국을 강점한 이후에도 면작을 장려하는 방침을 고수했다. 일제는 한국의 기후와 풍토에 알맞는 품종 선정, 종자 개량, 비료 증시 등의 기술적 방면의 개선에 힘을 쏟았다. 조선총독부는 권업모범장을 설치하고 지방청의 종묘장(種苗·種畜·種禽) 등에 일본인 기사·기수·조수를 파견하여 강권적인 '지도'를 하였다. 이것은 테라우치 총독의 무단통치에 필적할만한 것으로서, 무단적 농정이라고 일컬어도 이상할 것이 없었다.[45]

일제는 면화가 일본의 국책상 긴요한 것이라 하여, 1912년에 '육지면장려 제1기 계획'을 세워, 1918년까지 경작면적 10만 정보를 대체로 달성하였다. 연이어 1919년에는 제2기 10개년 계획을 세워, 경작면적 25만 정보, 생산분량 약 2억 5천만 斤을 목표로 내걸었다.[46] 총독 테라우치는 훈령 〈육지면 장려에 관한 건〉(1912년 3월)에서 면화재배가 일본 방적공업의 원료인 외국산 면화의 수입을 대체함으로써 국가경제의 신장에 기여하는 바가 다대하다는 것을 강조했다.[47] 총독이 이렇게 독려했으니 총독부 관리가 보리를 밟아버리는 등 갖은 수단을 동원하여 면화재배를 강요한 것도 당연한 일이었다고 할 수 있다.[48]

일제는 면화의 유통에도 간섭하였다. 즉 일제는 한국에서 생산된 면화를 전량 흡수하기 위해 공출제도를 시행했던 것이다. 총독부 관리들은 목표한 수매량을 달성하기 위해 면화 재배 농가를 점검하고 숨겨진 면화까지도 수색하였다. 그리고 일제는 한국농가의 자가 소비를 억제하기 위한 조치로 繰

43) 久間健一, 앞의 책, 8~9쪽.
44) 久間健一, 위의 책, 6쪽.
45) 大藏省管理局, 《日本人の海外活動に關する歷史的調査》 朝鮮篇, 제4분책(1946~1948), 52쪽.
46) 權泰檍, 《韓國近代綿業史硏究》(一潮閣, 1989), 103~114쪽.
47) 朝鮮總督府, 《朝鮮農務提要》(1931), 10쪽.
48) 久間健一, 앞의 책, 67쪽.

綿機 사용을 금지하였다.[49]

한국농민은 면화의 증산을 기뻐하지 않았다. 수매독점권을 가진 면화업자나 면방적업자만 이익을 얻었기 때문이다. 그들은 수매하기 위해 면화의 품질을 평가할 때도 1등을 2등이라 하고, 2등을 3등이라 하는 등의 전횡을 일삼았다. 또 면화재배 농민이 애써 2~3일을 걸려 먼 곳에서 면화를 판매소로 운반해 와도 관권을 휘둘러 시간이 늦었다거나 등의 핑계를 대어 값을 후려깎았다. 더구나 당시는 〈회사령〉이 시행되고 있어서 기존의 면방적업자는 이익을 더욱 독점할 수 있었다.[50]

(3) 식민지적 수탈의 강화

동척을 비롯하여 일본인이 지주로서 경영하는 각 농장은 반봉건적 지주-소작 관계를 규정한 〈소작규정〉을 가지고 있었다. 〈소작규정〉에는 본래의 소작조건 외에 농장의 조직, 경영 방법, 농장 내의 질서에 관한 사항, 각 규정을 위반했을 경우의 제재 사항 등이 주로 기록되어 있었다. 즉 농장내에서의 소작인의 사회적 지위, 신분적 종속성이 그 중심을 이루었다. 이것은 결국 일본인 대지주의 한국인 소작농민에 대한 민족적 지배관계를 성문화시킨 것에 다름 아니었다.[51]

한국인 소작농에 대한 일본인 지주의 엄격한 통제는 한국인 지주에게로 확산되어 갔다. 그리하여 소작농은 이전보다 더 많은 노동과 생산비를 부담하지 않으면 안되게 되었다. 반면에 분배과정에서는 지주의 수탈 강화로 단순재 생산비조차 건지기 어려운 상태에 처하게 되었다.[52]

소작농민을 수탈한 것은 지주뿐만이 아니었다. 상업자본과 고리대자본도 소작농민을 수탈했다. 그리하여 빈곤한 소농들은 곡식을 거의 비축하지 못하

---

49) 久間健一, 위의 책, 10쪽.
50) 中野正剛, 《我が観たる滿鮮》(1915), 23~26쪽.
51) 淺田喬二, 앞의 책, 107~111쪽.
朝鮮總督府, 《朝鮮の小作慣行》 下(1932).
朝鮮農會, 《朝鮮の小作慣習》.
52) 1920년대에 지주의 수탈이 어떻게 강화되어갔는가에 대해서는 鄭然泰, 앞의 책, 122~127쪽.

고, 모내기 때는 種穀조차 없어서 우선 고리대를 얻어 모내기를 마쳤다. 그 후 푸른 논은 점차 고리대의 담보로 압류되어 추수가 끝나더라도 농민의 수중에 들어갈 만한 것은 아무 것도 남지 않았다. 그들은 또 고리대로 양식을 구해 연명해야만 했다. 따라서 농민들은 눈앞의 위급함 때문에 채무만 늘어날 뿐이었다. 당시 금융조합이 농민금융을 표방하고 있었지만 가난한 농민에게는 문턱이 너무 높았다. 오히려 지주들의 배를 불려주는 역할을 하고 있었다.[53]

한국농민은 설상가상으로 각종 세금과 공과금 등에 시달렸다. 그들이 부담한 세금과 공과금에는 국세(지세, 地價의 1,000분의 13), 지방세(戶稅·가옥세·지세부과세·시가지세부가세·시장세·屠場稅·도축세·차량세·부동산취득세), 面費(地稅割·市街地稅割·戶別割·특별부과금), 조선학교비(지세부가금·호세부가금·가옥세부가금) 등이 있었다. 그밖에 간접세와 여러 가지 농촌단체(농회·수리조합)의 조합비 등이 덧붙여졌다. 또 수리조합의 水利費, 소작지의 修理費 등도 소작인과 그 가족의 노동으로 부담하는 경우가 많았다. 그리하여 1915~20년 사이에 농민 1호당 국세 부담액은 2배, 지방세 부담액은 6배나 상승했다. 지세를 내지 못해 재산을 몰수당한 농민은 1912년에는 556명이었는데 1914년에는 7,913명으로 증가하였다. 지주가 경작시기 이외에는 소작계약을 마음내로 해제할 수 있도록 한 것도 소작인의 지위를 열악하게 만든 주요 원인이었다.[54]

(4) 몰락 농민의 증가

일제의 권력과 지주에 의한 토지 수탈은 한국농민의 생활에 심대한 타격을 주었다. 토지를 잃은 농민은 소작인·머슴·화전민이 되거나, 가두로 쫓겨나 실업자 또는 노동자로 전락하지 않을 수 없었다. 그리하여 한국농촌은 일제의 권력·지주와 한국농민이 정면으로 대립하면서, 다른 한편으로는 한국인 지주·부농과 한국인 소작농·자소작농·실업자가 반목하는 현상이 두드러지게 되었다.

토지조사사업을 거치면서, 한국농촌의 계급구성은 지주와 소작농이 증가하

53) 中野正剛, 앞의 책, 20~21쪽.
54) 朴慶植, 앞의 책, 93쪽.

고 자작농·자소작농이 감소하는 양극분해의 추세를 여실히 보여주었다. 즉 1919년에는 1914년에 비해 전 농가 호수에서 차지하는 지주 호수의 비율이 1.8%에서 3.4%로, 소작농은 35.2%에서 37.6%로 증가한 데 반해, 자작농은 22.0%에서 19.7%로, 자작 겸 소작농은 41.0%에서 39.3%로 감소하였다. 1913년 9월 현재 2정보 미만의 토지소유자가 81.4%였는데, 1920년에는 그것이 82.3%로 되었다. 특히 5단보 미만이 5.1%나 증가하였다. 1910~20년 사이에 지주 소유지의 증가는 그 對極에서 소작지 면적을 42%나 증대시켰다. 그렇지만 소작농 호수가 더욱 증가함에 따라 농가 1호당 경지면적은 1910년에 평균 1.63정보였던 것이 20년에는 1.42정보로 감소하였다.[55]

토지를 상실한 농민 중에서 산지로 숨어들어 화전을 일구어 경작하는 화전민도 증가하였다. 1916년에는 그 수가 24만 5천여 명에 달했다. 게다가 생활수단을 상실하여 국내에서의 삶에 희망을 잃고 해외로 이주하는 한국인도 해마다 급증하여, 1911~20년 사이에 그 수는 40만 명을 훨씬 상회하였다.[56]

일제 통치 10년 만에 도처의 전답은 일제의 특수회사나 일본인의 손에 몰수되고, 한국인은 그 토지에서 추방되었다. 일제의 회사와 일본인은 농사를 개량한다는 명목으로 한국인을 소작에서 추방하고 일본인을 대신 충당했다. 이것은 한국인의 풍속·관습을 무시한 처사였다. 그리하여 일본인 한 집이 들어오면 다섯 집의 한국인이 떠나지 않으면 안 되고, 다섯 집의 일본인이 오면 스무 집의 한국인이 생계를 잃는 게 당시의 풍경이었다. 이렇게 추방된 한국인은 일본에 대해 무한한 원한을 품고 오랫동안 살아 온 고향을 떠나 국내의 다른 지방이나 또는 국경 밖으로 떠났다.[57]

제1차 세계대전 이후 급격히 진행된 미곡 가격의 앙등, 소작료의 상승, 각종 세금의 증대 등은 지주와 부농보다는 영세한 한국농민에게 더 큰 타격을 주었다. 그리하여 한국의 영세농은 최저한의 생계를 유지할 수 없을 만큼 피폐하여, 언제 어떠한 폭동을 일으켜도 이상하지 않을 정도로 인심이 흉흉해졌다.

---

55) 朝鮮總督府, 《朝鮮の小作慣行》 下.
56) 朴慶植, 앞의 책, 92쪽.
57) 同光會本部, 《朝鮮民情視察報告》(1923), 10쪽.

(5) 한국농민의 저항

일제의 무단적 식민농정은 자연히 한국농민의 원한과 불만을 샀다. 토지조사사업의 과정에서 토지를 동척에 빼앗긴 한국농민의 항일투쟁으로서는 나주군 궁삼면의 예를 들 수 있다. 궁삼면의 한국농민 1,500여 명은 1912년부터 동척에 대해서는 소작료납부 거부투쟁, 관청에 대해서는 토지반환 청원운동, 법원에 대해서는 토지소유권확인 소송운동을 각각 전개했다. 일제는 이들을 무력으로 탄압하고 토지소유권이 동척에 있음을 확인해줌으로써 한국농민의 꿈을 좌절시켰다. 그렇지만 투쟁의 과정에서 한국농민은 민족모순에 대한 자각을 높여갔다. 그들이 외친 "동척 사원을 죽여라. 영산포 헌병분대를 파괴해버리자"[58]라는 구호는 이러한 사정을 잘 반영한다고 할 수 있다. 이렇게 고양된 민족의식이 바로 3·1민족운동 때 한국농민을 항일투쟁의 전면에 나서게 한 배경이 되었다고 할 수 있다.

3·1민족운동 때 일본 관헌이 조사한 바에 따르면 한국농민은 공동묘지규칙, 화전의 단속, 잠란지·뽕나무 모종의 강제 배포와 식수, 각종 세금의 부과, 도로공사 등 부역의 과중, 민족차별과 일본인의 모욕적인 태도, 육지면의 강제 경작 등에 대해 불평·불만을 품고 있었다.[59] 일제의 무단적 식민농정은 한국농민의 전통적 관습과 배치되고, 한국농민의 생활을 위협하는 요소가 많았기 때문이다.

그렇지만 일제의 무단통치로 한국이 창살 없는 감옥으로 변한 상황에서 한국농민이 합법적으로 이에 항거할 수는 없었다. 한국농민은 비합법적인 조직(비밀결사)을 만들어 불평·불만을 삭여나갈 수밖에 없었다. 한국농민이 1910년대에 어떠한 경제투쟁을 전개했는가에 대해서는 자료적 제약 때문에 현재로서는 그 전모를 알 수 없다. 다만 일제에 대항했던 농민항쟁의 사례로서는 강원도 철원군 마장면 농민의 면사무소 습격(1918. 3), 전라북도 남원군 금지면 농민의 풀베기폭동(1918. 8), 강원도 춘천군 서하면 농민의 면사무소 습격(1918. 5), 강원도 문천군 운림면 농민의 헌병분견소 습격(1918. 6) 등을 들 수 있다.[60]

58) 全羅南道 警察部 高等警察課, 《宮三面土地問題の概要》(1925), 18쪽.
59) 朝鮮憲兵隊司令部·朝鮮總督府 警務總監部, 〈朝鮮騷擾事件ノ概況〉(其三).

3) 임야조사사업과 국유림의 창출

한국의 산이 민둥산이 된 것은 일제의 지배자가 말한 것처럼 온돌을 위한 남벌 때문만이 아니었다. 한국의 산림은 조선총독부가 1912년에 조사한 바와 같이 전국의 73%에 달하는 1,620만 정보가 무성·울창했다. 한국이 민둥산으로 뒤덮이게 된 것은 일제의 침략적 벌채정책에 기인하는 바가 컸다. 한국의 산림은 19세기 말 20세기초의 청일전쟁과 러일전쟁의 과정에서 일본이 군사상의 수요를 채우기 위해 대량으로 벌채함으로써 수난을 당하기 시작했다. 일제는 한국통감부를 설치한 이후 1906년 10월 〈압록강 및 두만강 연안 산림경영 협동약관〉을 강제로 체결하고 안동현에 營林廠을 설치하여 매년 25만 본에 달하는 대대적인 삼림벌채를 단행했다. 또 일본인 자본가에 의한 산림벌채도 진척되었다. 1910년 12월 현재 일본인이 한국에서 소유한 산림·평야의 면적은 1만 3천여 정보에 달하였다.

일제에 의한 식민지적 산림정책이 본격적으로 추진된 것은 1908년 1월의 〈삼림법〉 제정에서 비롯되었다. 〈삼림법〉의 핵심은 "삼림·산야의 소유자는 본 법 시행일로부터 3년 이내에 삼림·산야의 지적 및 면적의 견적도를 첨부하여 농상공부 대신에게 계출해야 한다. 기한내에 제출하지 않는 것은 모두 국유로 간주한다"(제19조)에 있었다.[61] 여기에서 지정된 기일내에 삼림·산야의 지적도와 견적도를 계출하라는 것은 임야의 대부분을 차지하고 있던 소위 '無主公山'의 국유화, 즉 일반 민중의 공유림에 대한 권리의 박탈을 의미할 수도 있었다. 실제로 한국인 산림 지주나 일본인 산림 자본가들이 자신의 소유라고 계출한 것은 전체 산림면적 1,600만 정보의 13.7%에 불과한 220만 정보였고, 나머지 대부분의 산림은 '국유임야'로 편입되었다.[62] 그리하여 한국 민중은 1910년 이전에 이미 많은 사유림이나 공유림을 약탈당하여

60) 임경석, 〈1910년대 계급구성과 노동자·농민운동〉(한국역사연구회·역사문제연구소, 《3·1민족해방운동》, 청년사, 1989).

61) 《舊韓國官報》, 隆熙 2년 1월 24일.

62) 朝鮮總督府農林局, 《朝鮮林野調査事業報告》(1938), 9쪽.

임야의 공동이용이 불가능해졌다. 이제 매일 사용해야할 연료 채취에도 곤란을 겪게 된 셈이었다.

일제는 1911년 6월 〈삼림령〉을 공포했다. 이 법령은 30조로 구성되었는데, 임야의 소유권 재확인 규정, 일반임야에 대한 보안림접수규정, 삼림특별형벌규정, 국유임야에 대한 제3자의 이용규정 등이 주요 내용이었다.[63] 일반임야에 대한 보안림접수규정은 "국토의 보안, 기타 필요하다고 인정될 때는 삼림을 보안림에 편입시킬 수 있다"(제1조)고 했다. 이것은 법률적으로 보면 삼림의 소유권에 대한 중대한 제한이며, 일제가 식민지 통치기구를 통해 수시로 임야를 '보안림'에 편입시켜 그 소유권을 박탈할 수 있게 한 것이었다. 또 삼림 특별 형벌 규정에서는 방화죄·절도죄·毁棄罪 등을 규정하여, 지주의 사유림을 보호하고 민중의 임야 이용을 단속하였다. 이것은 한국민중의 火田을 박멸하려는 것이었다. 국유임야에 대한 제3자의 이용규정은 특별조림대여에 관한 것이었는데, "조선총독은 조림상 국유삼림을 대여 받은 자에 대해 사업이 성공한 경우에 특별히 그 삼림을 양여할 수 있다"(제7조), "공용·공익사업을 위해서는 양여할 수 있다"(제11조)고 규정하여, 일본인 독점자본(예를 들면 住友·東拓·三井 등)에 대한 대부·양여의 길을 열어 놓은 것이었다. 따라서 이 법령은 일제가 한국에서 추진한 식민지적 林政의 헌법과 같은 존재였다고 할 수 있다.[64]

일제는 또 1912년 8월에 〈조선국유삼림미간지 및 삼림산물특별처분령〉[65](칙령 제6호)을 공포하여 일본인에게 국유림과 그 임산물을 수시로 불하하는 원칙을 확립했다. 이 법에서 말하는 '삼림산물'이라는 것은 종이·성냥·무늬목·코르크·탄닌·건류액·칠기·염료·약품 등의 재료, 椎茸·철도 침목·포장 상자 및 그 상판을 의미했다. 그리고 '제조업자'라는 것은 자본금 1만 원 이상의 회사 또는 회사가 아닌 경우는 1년 이상 중요 산물 제조업을 경영한 자를 가리켰다. 또 '목재업자'라는 것은 자본금 2만 원 이상의 회사 또

63) 〈삼림령〉의 내용과 특징에 대한 자세한 분석은, 姜英心, 《日帝의 한국삼림수탈과 한국인의 저항》(이화여대 박사학위논문, 1998), 50~53쪽.
64) 朝鮮山林會, 《朝鮮林業逸誌》(1933), 435쪽.
65) 朝鮮山林會 編, 《朝鮮林務提要》(1930), 107쪽.

는 회사가 아닌 경우는 2년 이상 영업을 한 자를 말했다.66) '삼림산물'을 다루는 '제조업자'와 '목재업자'는 대부분 일본인이었다. 그렇기 때문에 이 법은 일본인 자본가의 이익을 보호하기 위해 마련한 것이었다고 볼 수 있다. 일제가 이렇게 국유림을 일본인에게 수의계약으로 대부·불하함에 따라 한국 민중은 산에 들어가 연료와 약초를 채취하는 공동 이용권까지 빼앗기게 되었다.

한편, 일제는 〈삼림법〉으로 손에 넣은 국유림에 대해서 1911년부터 〈국유림구분조사〉를 행하고, 1912년 2월에는 〈삼림·산야·미간지 국유 사유 구분표준〉 등을 결정하였다. 그러나 국유림에 대해서는 임야조사가 불충분하여 소유권을 둘러싼 분쟁이 끊이지 않았다. 그리하여 일제는 1917년 2월부터 임야정리조사를 착수하였다. 그리고 1918년 5월에는 〈조선임야조사령〉과 시행규칙을 공포하였다. 이 법령의 핵심은 "임야의 소유자는 도장관이 정하는 기간내에 성명(또는 명칭)·주소, 임야의 소재 및 지적을 府尹 또는 면장에게 신고해야 한다"(제3조)는 것이었다. 일제는 임야조사위원회를 설치하여, 신고주의에 따르지 않는 임야를 모두 국유지에 편입시켰다. 일제는 1924년까지 임야조사사업을 완료했다. 일제는 국유림의 法認을 확정하는 과정에서 약 160만 정보의 사유림을 강제로 국유지로 만들었다. 이로써 한국에서는 식민지적 임야소유제가 확정되고, 산림 수탈의 기반이 구축되었다.67)

4) 광업과 어업의 장악

(1) 광업의 장악

일제는 한국강점 이전에 미·영 諸國의 광산채굴권 획득에 대항하여 직산 금광을 비롯해 은율·재령, 철원의 철광, 창원·안변·송화·장연 등의 금광을 장악했다. 통감부는 1906년 7월 〈광업법〉을 공포하여 이들 광산의 장악을 법적으로 공인하였다. 〈광업법〉의 주요 내용은, 채굴치 않은 광물·폐광·광

66) 朝鮮總督府, 《朝鮮總督府統計年報》(1912年度版), 952쪽.
67) 姜英心, 앞의 책, 62~67쪽.

재는 국유로 하고, 광업상 필요할 경우 타인의 토지도 강제 사용할 수 있으며, 광업권을 확보하면 그 권리의 매매·상속·저당도 가능하고, 광업세·광구세와 출원 수수료를 설정하며, 외국인에게도 광산권의 출원을 허가하고, 궁내부 소속의 광산을 정리한다는 것[68] 등이었다. 일제가 〈광업법〉을 마련한 것은 일본인에게 많은 광업권을 허가하고, 또 국유라는 명목 아래 한국의 광산을 장악하기 위함이었다. 1907~1910년의 광산권 출원 허가 건수를 보면, 한국인 792건, 일본인 1,738건, 외국인 175건이었다.[69]

일제는 한국강점 이후 광산 독점권을 한층 강화시키기 위해 1915년 12월 〈조선광업령〉과 그 시행규칙을 공포하였다. 이 법령의 요점은, 광업권자는 종래 특허를 받은 자를 제외하고는 제국 신민 및 제국 법령에 의해 성립한 법인에 한함, 구래의 광업권은 존속시킴, 광물의 종류는 종래 17종에 11종을 추가함, 광업상 필요한 토지의 사용이나 수용에 관한 〈토지수용령〉 규정을 준비함, 광업권의 등록제도를 설정함[70] 등이었다.

일제는 〈조선광업령〉을 근거로 하여 종래 한국정부의 소관이었던 평양의 사동·고방산의 석탄광산을 조선총독부 평양광업소로 이관하였다. 그리고 1911~17년에는 대대적인 鑛床調査를 실시하고, 1918년에는 조선총독부 지질조사소를 설치하여 선면적으로 조선의 지하자원을 조사했다. 이것이 일제의 광공업 수탈의 기초가 되었음은 물론이다.[71]

제1차 세계대전으로 군수물자의 수요가 격증하자 광물의 수요도 아울러 늘어났다. 이에 따라 일본 자본의 한국 광산 진출도 현저해지고, 본격적인 광물 수탈을 위한 신식기술의 도입도 진행되었다. 진남포에서는 久原鑛業株式會社(일본광업주식회사)의 진남포제련소(1915년), 노량진에서는 일본금속주식회사(1918년)의 金銀選鑛場 설치, 겸이포의 三菱合資會社 제철소(1918년) 등의 사업 개시는 그 대표적 사례였다. 1919년을 전후하여 새롭게 침투해 온 일본의 광산자본은 三井광산주식회사의 개천광산·금강산광산, 古河광업합명회사

68) 朝鮮總督府, 《韓國施政年報》(1906~1907년) 부록.
69) 朝鮮總督府, 《第四次統監府統計年報》.
70) 朝鮮總督府, 《朝鮮法令輯覽》 下.
71) 李培鎔, 《韓國近代鑛業侵奪史硏究》(一潮閣, 1989), 245~254쪽.

의 평안광산소, 久原광업주식회사의 갑산동광 등이었다. 이들 일제의 광산 자본은 무연탄·흑연·동·아연·텅스텐·몰리브덴 등과 각종 유용광물(水鉛·석면·錫鑛·운모·활석 등)을 게걸스럽게 채굴하였다. 이에 따라 금·은·철광·텅스텐광·흑연 등 광물의 일본으로의 수출도 급증하여, 1912년 약 1,022만 원이었던 것이 1918년에는 약 3,700만 원이나 되었다.[72]

(2) 어장의 장악

일제는 통감부로 하여금 1908년 10월 〈한일어업협정〉을 체결하게 하고, 같은 해 11월 〈한국어업법〉을 공포케 하였다. 이로써 한국의 어업은 면허 혹은 허가제가 되었는데, 1909년(4~11월)의 허가건수는 한국인 5,436인, 일본인 2,861인이었다. 같은 해의 어업상황을 보면, 한국인 어업은 일본인 어업에 비해 어선수, 인원수에서 각각 3.3배, 4.8배이었지만, 어획고의 총량은 서로 비슷하였고, 1인 평균 어획고에서는 한국인이 일본인의 4분의 1에 불과했다.[73]

일제는 한국강점 이후 1911년 6월 〈조선어업령〉[74]을 공포하여, 어업을 면허어업과 허가어업으로 나누었다. 그리고 어업에 대한 기득권을 부인하고 새로 면허나 허가를 받지 않으면 조업을 하지 못하도록 했다. 이것은 한국인 소유의 유망한 어장과 한국황실 소유의 어장을 약탈하여 일본인에게 재분배하려는 의도를 가진 것이었다. 또한 트롤어업·저인망어업·잠수기어업 등 근대적 기계어업은 일본인에게만 허가하고, 한국인에게는 오직 조어업만 허가함으로써, 한국인을 영세어민으로 전락케 했다. 일제는 〈어업조합규칙〉을 만들어 어업조합을 설치하고, 이의 실권을 장악한 3만 명의 일본인 어민으로 하여금 20만 명의 한국 어민을 억압하도록 했다. 그 결과 1918년의 어업상황을 보면, 한국인 어업은 일본인에 비해 배 1척 당 어획고가 약 4분의 1, 1인 평균 어획고는 약 5분의 1에 불과했다.[75]

72) 朴慶植, 앞의 책, 116~117쪽.
73) 朴慶植, 위의 책, 119쪽.
74) 外務省條約局, 《舊條約彙纂》 第3卷.
75) 朴慶植, 앞의 책, 119~120쪽.

5) 금융・재정의 식민지적 재편

(1) 금융의 장악

일제는 1905년 1월 한국의 재정고문 메카타 다네타로(目賀田種太郎)에게 한국의 '화폐정리'를 강행시켰다. 이것은 한국과 일본의 화폐제도를 동일한 것으로 만들고, 한국화폐를 일본화폐로 대체시킴으로써 금융・재정을 장악하려는 기도였다. 제일은행 한국지점이 구체적인 실무를 담당한 '화폐정리'사업은 제일은행권을 발행하여 한국의 법화로 만들고 이를 종래의 한국화폐와 교환・유통시키는 것으로부터 시작되었다. 일제는 '화폐정리'사업을 통해 일본상품의 유통과 일본자본의 수출을 보증・강화함으로써 한국을 일제의 경제권으로 편입시키는 기초를 닦았다.

일본의 제일은행은 한국정부에 대해 거액의 대부를 해주는 채권자로서의 위세를 몰아, 은행권의 발행뿐만 아니라 공채의 인수, 국고금 취급 사무의 수탁, 정부 대부금, 海關稅 취급 등의 광범위한 권한을 행사했다. 문자 그대로 한국에서 중앙은행의 역할을 담당했다. 그러나 한국인이 제일은행권을 배척하자, 1909년 10월에 한국인 주주를 배제한 채 '한국은행'을 설립하여 중앙은행으로 만들고, 제일은행 대신 한국은행권을 발행하도록 했다.

일제는 한국강점 직후인 1911년 〈조선은행법〉을 공포하여, '한국은행'을 '조선은행'으로 개칭하고, 조선은행권 발행과 금융통제 등 중앙은행의 역할을 수행하도록 했다. 일본의 대장대신은 조선은행의 중역 임명권과 업무상 감독권을 장악하였다. 조선총독은 특정사항에 대해서만 권한을 행사할 수 있을 뿐이었다. 조선은행은 보통예금도 취급했으며, 그 영업지역도 일본・중국에까지 미쳐, 일제의 중국침략을 금융적 측면에서 지원하는 역할을 담당했다. 조선은행의 영업활동에서 특히 주목해야 할 것은 영업 방식에서 대부・담보의 범위가 넓고, 국채・증권과 상품을 담보로 한 대부가 가능하며, 조선총독의 인가를 얻어 공공단체에 대한 무담보 대부, 다른 은행의 업무 대행도 할 수 있었다는 점이다. 이것은 일본인 거류민의 경제활동과 생활기반을 보장하

기 위한 방편이었다.[76]

일제는 1912년 10월 〈은행령〉을 공포하고, 보통은행의 설립 기준을 강화하여 한국인의 은행설립을 저지하였다. 일제가 금융기관을 식민지적으로 재편해가기 시작한 것은 한국강점 이전부터였다. 일제는 1906년 3월 〈農工銀行條例〉를 공포하여 농공은행을 본격적으로 설립했다. 농공은행은 1906년 6월~1907년 1월에 한성·평양·대구·전주·진주·광주·충주·해주·鏡城·공주·함흥 등 11군데에 설립되었다. 이들은 1907년 6월~1908년 8월에 한호·평안·경상·전주·광주·함경의 6군데로 통합되었다. 그리고 1911년 말에는 지점·출장소를 30개로 확장시키고 자본금도 증대시켰다. 농공은행은 조선식산은행으로 합병되는 1918년 10월에는 본점 6개, 지점 및 출장소 41개를 소유하여, 한국내 은행 점포수 112개소의 40%를 차지하였다.[77]

한국에서 최다의 지점망을 가지고 있던 농공은행의 업무는 명목상으로는 '농공업의 개량·발달'을 위한 자금의 공급이라고 했으나, 장기 부동산담보 대부와 공공단체에 대한 무담보 대부가 주업무였다. 그러나 그 자본금은 일본정부의 출자 및 무이자 대부금이었다. 농공은행은 지주와 비교적 부유한 농민에 대한 고리대적 착취를, 그리고 토지와 원료 등 자원의 수탈과 유통망 장악을 위한 자금을 지원했던 것이다. 나중에는 어음할인 및 보통은행 업무도 겸임했다. 일본정부의 대부금도 증가하여 1912년에는 소액대부까지 하게 되었다. 일제는 1914년 5월에 〈농공은행령〉을 공포하여 보통은행 업무와 생산물에 대한 대부 등 업무를 확장하였다. 농공은행의 점포가 철도역과 항구에 집중적으로 설치된 것은 일본인 상인을 주고객으로 확보하려는 전략 때문이었다.[78]

일제는 제1차 세계대전을 계기로 하여 일본의 금융자본이 확립됨에 따라 1918년 6월 〈조선식산은행령〉을 공포하여, 농공은행을 조선식산은행으로 개편하였다. 조선식산은행은 지주·자본가의 농민 수탈, 식민지적 공업에 대한

---

76) 오두환, 〈일제하 한국의 화폐제도〉(《省谷論叢》 19, 1988).
―――, 〈조선은행의 발권과 산업금융〉(《國史館論叢》 36, 1992).

77) 鄭昞旭, 《日帝下 朝鮮殖産銀行의 産業金融에 관한 硏究》(고려대 박사학위논문, 1998), 94쪽.

78) 鄭昞旭, 위의 책, 89~100쪽.

자금지원을 담당하였다. 또한 조선총독의 감독 아래 부동산 혹은 농공업을 대상으로 한 장기금융을 하고, 조선총독부·일본대장성의 적극적 보호와 지원 아래 보통·저축·권업·흥업은행의 역할을 담당하는 종합은행으로 성장하였다. 특히 조선식산은행은 채권을 발행하고, 그 자금을 대지주·농업경영회사, 〈산미증식계획〉의 '토지개량'·'수리조합', 금융조합연합회 등에 대부하여 막대한 이익을 거두었다.[79]

한편 금융조합은 농공은행의 보조기관으로서 중소농민을 대상으로 한 금융업무를 담당했다. 일제는 1907년에 〈금융조합규칙〉을 제정하여 지방금융조합을 만들었다. 이것은 1914년 〈지방금융조합령〉에 의해 한층 더 확장되었다. 일제는 1918년 6월에 〈지방금융조합령〉을 개정하여 지방금융조합을 금융조합으로 개칭하고, 道金融組合聯合會와 都市金融組合을 설립했다.[80]

금융조합은 한국 민중을 장악하려고 한 조선총독부의 정치적 목적에 따라 각별한 보호를 받았다(무이자 자금 대부, 경비 보조). 그리고 조합원에 대해 "경제의 발달에 필요한 자금을 대부한다"는 명목 아래 농촌의 중류계급으로부터 고리대적 착취를 했다. 금융조합은 하층농민의 금융을 표방했지만, 조합원이 되려면 1인당 10원의 출자 의무가 있었기 때문에 한국농민이 가입하기에는 어려움이 많았다. 금융조합은 조합원수에서는 자소작농·자작농이 많았으나, 운영의 실권과 자금 배분은 지주를 비롯한 지역 유지에 편중되어 있었다. 그리하여 당시 금융조합은 '전당포 또는 고리대업자',[81] '망국적 착취기관',[82] '조선농촌의 吸血管'[83] 등등의 통렬한 비판을 받았다. 일본인의 눈에서조차 금융조합은 이렇게 비치고 있었다.

> 그들은 곤궁한 때에 자기가 지은 곡물을 모두 먹어버릴 뿐 아니라, 볍씨까지도 팔아 조나 보리·오이로 바꾸지 않으면 안 되었다. 이런 모습을 본 대지주

---

79) 鄭昞旭, 위의 책, 112~170쪽.
배영목, 〈조선식산은행과 농업〉(《國史館論叢》 36, 1992).
80) 정용욱, 〈1907~1928년 지방금융조합활동의 전개〉(《韓國史論》 16, 서울大, 1987).
81) 車田篤, 《朝鮮協同組合論》, 56쪽.
82) 阿部薰, 《朝鮮統治の解剖》, 83~84쪽.
83) 靜田均, 〈朝鮮に於ける金融組合の發達〉(京城帝國大學法學會, 《朝鮮經濟の硏究》 第3卷, 1937).

들은 열심히 볍씨를 매점한다. 매점에 착수하여 돈이 부족하면 금융조합에서 인출하는 일까지 있다. 물론 금융조합에서는 1구좌 당 50金까지만 대출해주지 않지만, 대지주는 一族一門·下僕·使喚의 이름까지 이용하여 몇 구좌라도 빌릴 수 있다. 거기다가 모내기 전이 되면 벼와 쌀은 매우 등귀한다. 5할 오르는가 하면 배가 오르는 일도 있다. … 이미 벼와 쌀을 살 때에 5, 6할이나 지나치게 돈을 더 내고, 그 돈을 빌리는 데에 연리 7, 8할을 지불하고, 생산한 쌀을 반액으로 팔고 있기 때문에, 소농의 고통이라는 것은 참으로 참담한 것이다. 그런데 소농에게 자금을 융통해 줄 목적으로 세워진 금융조합은 소농의 구제는 하지 않고, 도리어 소농의 생피를 빨아먹는 大農에게 흉기를 주는 상황이 되어 있다(久間健一,《朝鮮農政の課題》, 1943, 381~382쪽).

일제는 "조선은행·동척회사·식산은행은 우리 정부가 이들에 의거하여 조선의 진흥과 발달을 도모하려는 기관임에 틀림없는데 조선인은 이들을 가리켜 조선인을 몰아내는 무기·흉기라 말하고 있다"[84]고 푸념했다. 일본은 한국의 발전을 위해 애쓰고 있는데 한국인이 이것을 알아주지 않고 오히려 매도하고 있다는 것이다. 그렇지만 일본인이 볼 때도 지방 금융조합들은 조선총독부에 기생하면서 빈농에게 자금을 융통하는 게 아니고 중농 이상의 부자들에게 빈농을 괴롭힐 고리대 자금을 융통해주고 있었다. 금융조합은 사실상 고리대업의 두목격이었던 것이다.[85] 그 위에 조선은행과 식산은행이 버티고 있었으니 일제의 금융은 조선은행→식산은행→각도 금융조합연합회→금융조합의 체계를 갖추고 한국농민에게 고리대 조직으로서 군림했다고 해도 과언이 아니었다. 여기에 동척마저 가세하였으니, 어느 지역에 동척이 토지를 매입하고 1戶의 일본인 이민을 유치하면 5호 이상의 한국인이 홀연히 衣食의 방도를 잃고 만주나 연해주 방면으로 정처없이 떠나게 되는 상황이었던 것이다.[86]

(2) 재정의 재편

한국정부는 1894년 갑오개혁 때 근대적 재정제도를 수립했다. 즉 내각의

84) 同光會本部,《朝鮮民情視察報告書》, 18쪽.
85) 中野正剛, 앞의 책, 378~380쪽.
86) 同光會本部, 앞의 책, 49쪽.

한 부서인 탁지부가 司稅·司計·출납·회계·서무의 각 사무를 담당하고, 국가의 회계·출납·납세·국채·화폐·은행 및 지방재정을 관장하도록 했다. 그러나 왕실과 정부의 재정이 명확하게 구별되지 않는 등 전근대적 요소가 다분히 남아 있었다.

일제는 한국에 대해 정치적·군사적 침략을 진척시키는 동시에 재정을 식민지적으로 재편했다. 일제는 1904년 10월 〈財政顧問傭聘契約〉의 체결을 강요하여, 재정고문으로서 메카타 다네타로(目賀田種太郎, 대장성 主計局長)를 한국에 파견했다. 그는 이른바 화폐정리, 宮中·府中 재정의 정리, 금고의 설치, 국고금 취급에 관한 계약, 예산 편성, 外劃 금지, 재정고문 지부설치, 일반회계법규 정비, 회계검사국 신설, 특별회계법규의 제정, 일본국채의 도입 등을 단행했다. 이러한 모든 조치는 일본이 한국의 재정을 장악하는 것은 물론이고, 일제가 한국을 침략하는 데 필요한 막대한 비용(예를 들면 철도 등 사회간접자본의 확충)을 일본의 국고지출을 삭감하는 대신, 한국인의 호주머니를 털어서 충당하려는 음모의 일환이었다.[87]

일제는 한국통감부를 설치한 후 〈조세징수규정〉을 만들어 징세기관을 확장하였다. 각 도의 재정고문지부 아래 분청을, 서울·평양·대구·전주·원산 등 중요지역에는 재무감부를 설치하고 재무감사관을 배치하였다. 1907년 7월에는 〈한일신협약〉을 강제로 맺어 한국정부에 일본인 관리를 임명하도록 하고, 전국에 231개의 재무서를 설치하여 재정기관의 집행권을 직접 장악하였다. 이리하여 한국정부는 징세와 세입·세출의 처리, 금전출납 사무 등에 대해 아무런 권한도 갖지 못하게 되었다. 일제는 이와 병행하여 황실재정과 국가재정의 분리·정리사업을 추진했다. 일제는 이를 통해 막대한 토지, 금·은, 문화유산들을 수중에 넣었다. 일제는 1906년 이후 한국통감부의 재정을 확충하기 위해 종래의 稅目을 정리하고 새로운 稅種을 설정하여 세입원천을 확대시켜갔다. 소위 징세체계의 정비가 그것이었다. 일제는 또 한국정부에 막대한 차입금(1908~10년에 1,968만 원)을 빌려주어, 1910년 8월 현재 국채 및 차입금 합계는 4,559만여 원에 달했다. 그리하여 한국의 재정은 일

87) 이윤상, 〈일본 제국주의에 의한 식민지 재정의 형성과정〉(《韓國史論》 14, 서울大, 1986).

제에 완전히 종속되고 말았다.[88]

일제는 한국강점 직후인 1910년 9월 〈조선총독부 특별회계에 관한 건〉(칙령 제406)이라는 법령을 발포하여 새로운 회계제도를 만들었다. 이 법령의 제1조는 조선총독부의 회계는 특별회계로 하고, 그 세입 및 일반회계의 보충금을 가지고 그 세출에 충당한다, 제2조는 전조의 수입지출에 관한 규정은 〈칙령〉에 의해 결정한다고 되어 있었다. 일제는 이를 통해 한국 재정을 법적으로 완전히 장악하였다. 조선총독부의 세입·세출은 한국 민중의 의사와 관계없이 일제의 〈칙령〉에 따라 마음대로 처분되는 식민지 재정으로 변한 것이다.

일제는 곧 '일반회계로부터의 보충금 배제를 목적으로 한 독립재정계획'을 마련하고, '재정 自營의 방침'을 표방하였다. 그것은 조선총독부가 일본 정부로부터 받는 보충금을 1914년부터 5개년 간에 걸쳐 매년 체감하여 1919년에 전면적으로 종식시키기 위한 것이었다. 한국내에서 조선총독부 재정을 충당하기 위해서는 세입 원천을 확대·증강할 수밖에 없었다. 그것은 세입의 대부분을 점하는 조세수입(약 27.4%)의 확대를 의미하는 것이었다. 조세수입 가운데는 지세의 비중이 컸으므로(1914년, 60.2%), 한국인의 세 부담은 자연히 무거워질 수밖에 없었다.[89]

지세는 1914년의 〈지세령〉에 의해 1913년부터 14년까지 44.7%나 증가했지만, 반대로 쌀값은 떨어져 1914~17년의 3년간 지세 체납으로 차압을 당한 자가 36,061명에 달했다. 그리하여 자작농으로부터 소작농으로 전락하는 자가 증가하였다. 지세는 지주·자작농 등 토지소유자의 부담이었는데 그것이 소작농에게 전가되는 경우가 많았다. 1918년 6월에는 새 〈지세령〉이 만들어져 지가의 1,000분의 13을 지세로 납부하게 했다. 그리고 지가가 오르면 지세도 오르게 만들었다. 1911~19년 사이에 지세는 1.6배 인상되었다.[90]

일제는 재정수입을 확대·증강하기 위해 지세 외에 소비세를 인상하고 공

88) 堀和生, 〈日本帝國主義の朝鮮植民地化過程における財政變革〉(《日本史硏究》 217, 1980).

89) 禹明東, 《일제하 조선재정의 구조와 성격》(고려대 박사학위논문, 1987).

90) 배영순, 앞의 책, 201~216쪽.

채 등을 발행했다. 조세수입의 내용을 보면 지세가 주류를 이루고 있었지만, 간접세 중심의 임시 조세로 옮겨가는 추세였다. 1910~1919년 사이의 세입구조를 보면, 총세입 6천 9백 23만 7천 원 중에서 조세는 27.8%, 관업·관유재산은 24.3%, 공채수입 16%, 보충금 10%, 기타 21.8%, 전년도 잉여금 16.4%이었다. 1910~1919년 사이의 세출 구조는 총세출 5천 4백 70만 1천 원 중에서, 통치비 34%, 관업사업비 43.1%, 산업경제비 6.4%, 공채상환비 8.0%, 기타 2.8%이었다.[91] 이것을 통해 알 수 있듯이, 일제가 말한 '조선 재정의 확립'이라는 것은 한국에 대한 정치적·경제적 지배를 관철시키기 위한 비용을 한국민중으로부터의 수탈로 충당하겠다는 것에 다름 아니었다. 또 일제는 제철업·광업 등을 육성한다는 명목으로 조세를 감면해 주고 보조금까지 지출하였기 때문에, 한국민중의 세금으로 일본인 기업을 살찌웠다고 할 수 있다.[92]

6) 〈회사령〉과 기업활동의 억압

(1) 한국강점 이전의 일본자본 침투

일본자본은 한국강점 이전부터 한국에 침투하여 막대한 초과이윤을 획득하였다. 즉 값싼 地價, 풍부한 노동력, 저렴한 임금, 값싼 원료, 취약한 한국자본의 경쟁력 등 유리한 조건이 널려 있었기 때문이다. 일본자본은 한국을 일본상품의 판매시장, 원료와 식량의 공급기지로 재편하는 동시에 직접 투자를 감행하여 한국민중을 착취하였다. 일제는 특히 러일전쟁을 계기로 한국의 교통·운수·통신기관, 시장, 금융 기관 등을 장악하여 식민지적 경제지배체제를 확립했다.

1910년 이전의 한국의 주요 공업은 면포·絹布·麻布 등의 직물, 염직, 제지, 도자기 제조, 금속제품, 編細工, 화문석, 정미, 종이, 인쇄 등이었는데, 외

91) 禹明東, 앞의 책, 〈표 3-4〉·〈표 4-1〉.
92) 鄭泰憲, 〈식민지시대 조선의 자본제적 조세제도 성립에 관한 연구〉(《經濟史學》 11, 1987).

국상품이 유입됨에 따라 압박을 받으면서도 일부는 자본주의적 공업으로 발전하고 있었다. 대한제국도 근대공업을 발전시키는 데 일정한 노력을 기울였다. 예컨대 1902년 한성전기회사, 1904년 인쇄공장, 1906년 마포 煉瓦공장, 영등포 土管제조공장 등을 설립했다. 또 염색・도기・목공・金工・응용화학・토목 등의 관립 공업교습소를 설립하여 기술혁신을 꾀하였다 1905~1910년간 한국인이 설립한 회사수는 금융업 36개, 농림업 37개, 제조업・광업 96개, 상업 116개, 운수업 45개, 수산업 9개, 청부・토건업 24개, 기타 62개 등 모두 425개였다.[93]

그렇지만 직물・염직・도자기・금속제품 등 외국상품의 수입 증가가 수공업적인 한국의 공업 생산에 미친 타격은 컸다. 더욱이 한국통감부의 설치 이래 한국자본에 대한 일본자본의 압박이 급속히 강화되자, 한국인이 경영하는 회사와 공장은 역경에 처할 수밖에 없었다. 그렇지만 한국인 회사와 공장은 어려운 상황에서도 置廢를 거듭하면서 양적・질적 성장을 거듭해나갔다.[94]

일본자본은 한국의 간선철도를 부설・지배하고, 바다와 강의 교통・운수도 장악했다. 일본정부는 보조금・대부금의 형식으로 이들을 적극적으로 원호했다. 러일전쟁 이후 개항장과 철도연선에는 일본인의 중소공장이 급격히 증가하였다. 특히 정미업・식료품가공업・피혁・연초제조업 등이 활발했다. 일본자본은 1905년의 이른바 화폐정리사업을 계기로 국가권력의 적극적 원조 아래 은행업에도 진출하였다. 제일은행이 지폐를 발행하여 중앙은행에 맞먹는 역할을 하면서부터 대한천일은행・한성은행 등 한국인의 금융기관은 종속적 지위로 떨어졌다.

일본의 상업자본도 각 도시 개항장에 진출하여 한국인 상업을 압박하였다. 일본상인은 사금・소가죽・인삼・미곡을 값싸게 사들이고, 일본산 면사・잡화를 비싸게 팔아 넘겼다. 일본인 중에는 잡화상・여관・운수업・음식점 등을 경영하는 자가 많았고, 그들은 고리대・지주를 겸하는 경우도 있었다.

1908년 현재 한국에 거류하는 일본인의 직업별 인구 구성은 상업이 약 47,000명, 雜業이 약 17,000명, 관공리가 약 15,000명, 공업이 약 11,000명, 농

93) 全遇容, 《19世紀末~20世紀初 韓人 會社 硏究》(서울대 박사학위논문, 1997), 205쪽.
94) 全遇容, 위의 책, 204~210쪽.

업이 약 4,800명, 무직 약 4,400명, 기생·작부 약 4,200명, 어업 약 3,000명, 의사·산파가 1,100여 명 등으로 되어 있었다.[95]

(2) 〈회사령〉의 시행과 기업발흥의 억압

일제는 한국을 강점하자마자 한국에서의 공업발전을 억압하는 정책으로 〈회사령〉을 공포했다. 〈회사령〉은 한국내에서 회사를 설립하거나 한국 외에서 설립한 회사의 본점이나 지점을 한국에 설치할 경우에는 조선총독의 허가를 받아야 한다는 것이었다. 일제가 이러한 조처를 취한 것은 당시 일본의 자본축적이 미약했다는 조건도 있었지만, 한국에서의 자본축적과 공업발전을 억제함으로써 한국을 식량·원료의 공급지이자 일본상품의 판매시장으로 묶어 두려는 데 있었다. 즉 제국주의 본국과 식민지의 산업구조를 확연히 구분하려는 의도가 개재되어 있었다.

조선총독부는 〈회사령〉을 공포하는 이유로서, 한국인은 법률상·경제상의 지식·경험이 부족하여 복잡한 회사조직의 사업을 경영할 수 없고, 일본인 자본가 또한 한국 실정을 몰라 예측치 못한 손해를 입을 우려가 있으므로, 이를 미연에 방지하고 조선산업의 건전한 발달을 기할 필요가 있기 때문이라고 했다.[96]

이것은 겉으로는 대단히 친절한 대접같이 보이지만 속내를 살펴보면 전혀 그렇지 않았다. 〈회사령〉에는 회사가 본령 혹은 본령에 근거하여 발한 명령·허가의 조건에 위반하거나 공공질서 혹은 선량한 풍속에 반하는 행위를 했을 때는 조선총독은 사업의 정지·금지, 지점의 폐쇄 또는 회사의 해산을 명할 수 있다(제2조), 허가를 받지 않고 회사의 설립행위를 한 자는 5년 이하의 징역 또는 금고, 5천 원 이하의 벌금에 처하고, 부실신고를 하여 허가받은 자도 이와 같다(제12조)[97] 등과 같은 독소조항이 들어 있었다. 이것만 보아도 총독이 민간인의 경제활동에 간섭할 수 있는 권한이 얼마나 강대하고 포학했는가를 알 수 있을 것이다.

---

95) 朴慶植, 앞의 책, 105쪽.
96) 朝鮮總督府, 《施政二十五年史》, 116~117쪽.
97) 《官報》, 1910년 12월 30일, 號外.

〈회사령〉은 형식상으로는 한국인이나 일본인에게 모두 적용되었다. 그렇기 때문에 〈회사령〉은 일본경제와 한국경제를 분리하려는 테라우치의 의도를 반영한 것이라든지,[98] 일본의 유력한 자본은 유치하되 歐美 열강의 광산자본을 저지하기 위한 것이었다는 설이 있다.[99] 그렇지만 〈회사령〉은 한국인 기업의 설립과 성장·발전을 억압하고, 전통적 도시의 발달을 저지하는 한편, 개항장·개시장·철도연선·군사기지 등 일제의 침략과 관련된 신흥도시의 발전을 조장하며, 이들 도시부에서의 일본자본의 팽창·확대를 촉진했다.[100]

제1차 세계대전을 겪으면서 일본이 막대한 초과이윤을 획득하자 일본자본은 한국으로 투자를 확대하였다. 1914년에는 〈회사령〉의 시행규칙이 개정되어 회사설립의 허가조건이 완화되었다. 그 과정에서 일제의 권력과 자본이 야합하는 경우도 발생했다. 전북 輕便鐵道株式會社의 추문이 그것이었다. 조선총독부는 자신이 허가한 일본 회사에 대해서는 어떻게 해서든지 지원했다. 전라북도에서는 1府 28郡의 공무원과 경찰서장·순사·헌병까지 나서 해당 회사의 주식을 모집했다. 그 과정에서 수뢰사건이 발생했던 것이다.[101]

〈회사령〉의 적용은 이처럼 자의적인 면이 있었다. 일본인 기업 특히 식민지지배 정책을 추진하는 데 직접적 도움이 되는 사회간접자본에 대해서는 유연하게 대응했다. 〈회사령〉이 실시된 이후(1910~1919년)의 회사설립 상황을 살펴보면, 한국 외 회사의 지점설치 신청 91건(허가 85건), 한국 외 회사의 본점설치 신청 11건(전부 허가), 한국 내의 회사설치 신청 676건(허가 556건), 기존설치 회사에 대한 해산명령 7건, 기존설치 회사의 지점 폐쇄명령 1건이었다.[102]

〈회사령〉의 실시 기간에 회사설치의 허가를 받은 것은 일본인 회사 쪽이 훨씬 많았다. 1911~1919년까지 8년간 한국인 회사의 증가수는 36개로, 일본

98) 小林英夫, 《植民地への企業進出－朝鮮會社令の分析》(栢書房, 1994).
99) 小林賢治, 〈朝鮮植民地化過程における日本の鑛業政策〉(《經濟科學》 34－4, 1987).
100) 孫禎睦, 〈會社令硏究〉(《韓國史硏究》 45, 1984).
101) 中野正剛, 앞의 책, 46~47쪽.
102) 大藏省管理局, 《日本人の海外活動に關する歷史的調査》－朝鮮編 제6分冊, 7쪽.

인 회사의 180개에 비해 아주 적었다. 또 한국인 회사의 납입자본도 일본인 회사보다 훨씬 적어, 그 규모가 상대적으로 영세했음을 알 수 있다.[103)]

(3) 일본자본의 왕성한 침투

1910년대 한국의 공업 추세를 개관하면, 1910~1919년 사이에 공장수는 12.6배, 자본금은 16.2배, 종업원수는 6배, 생산액은 24.4배 증대했다. 이들이 특히 1916년 이후에 급증하고 있는 것은 일제가 제1차 세계대전을 계기로 자본축적을 가속화하여 여유자금이 대거 한국으로 침투해왔기 때문이다.

1910년대 한국의 공업은 정미업, 피혁 및 피혁제조업, 繰綿業 및 방적업, 요업, 금속공업(철공업·농구류), 제재업, 연초제조업, 농·수산물 가공업, 양조업, 제염업, 통조림업, 한천(우무)제조업 등 경공업이 주류를 이루고 있었다. 그리하여 한국에서 공업생산이 경제 전체에서 차지하는 비중은 극히 낮았다. 공업생산액의 농업생산액에 대한 비율은 1917년 15.6%, 1919년 18.2%에 불과했다.[104)]

1910년대 초에 한국에 침투한 일본인 공업은 정미업·양조업·조면업·방적업이 주된 것이었다. 일본은 러일전쟁 직후부터 방적업의 원료를 확보하기 위해 전라남도를 중심으로 육지면 재배를 장려하는 동시에 조면공장을 다수 설립했다. 1916년 현재 조면공장 17개, 자본금 1,171,000원, 원동력 582마력, 조면기 수 481대였고, 1917년 11월에는 부산에 조선방적주식회사(자본금 5백만 원)를 설립하였다. 1916년 이후 일본자본은 방적업·硬質製陶業·시멘트제조업·제철업·펄프업·양조업·연초·피혁·통조림·유리·성냥제조업·제당업 등에 적극적으로 진출하였다. 이리하여 한국에서는 공업발흥의 제1차 파도가 넘실대기 시작했다.[105)]

한국의 공업에서 일본인 공업이 차지하는 비중은 조선인 공업보다 월등히 높았다. 1911년부터 1920년까지의 일본인 공업의 변화를 살펴보면, 공장수는

---

103) 孫禎睦, 앞의 글 참조.
104) 허수열, 〈조선인자본의 존재양태〉(《경제논집》 6, 충남대, 1990).
105) 허수열, 〈식민지 경제구조의 변화와 민족자본의 동향〉(《한국사》 14, 한길사, 1994).

185개에서 1,125개로 약 6배, 자본금은 982만 6천 원에서 1억 4,022만 9천 원으로 약 14.25배, 종업원수는 10,613명에서 41,772명으로 3.9배, 또 생산액은 16,920원에서 154,100원으로 약 10배 증대되었다.[106] 한국인 공업도 그 절대 수치에서는 크게 성장했지만, 일본인 공업에 비할 바가 못 되었다.

일본인 공업의 지배적 지위는 한·일 공업회사의 자본금을 비교해 보면 분명히 알 수 있다. 납입자본에서 한국인의 경우 1917년은 1911년에 비해 그 비율이 17.2%에서 12.3%로 감소했는 데 반해, 일본인 자본은 같은 기간에 31.8%에서 79.6%로 증대되었다. 여기에 합작 자본금을 덧붙이면 일본인 자본이 약 83%나 되었다. 또 1919년의 일본인 공장수는 929개, 한국인 공장수는 965개로 거의 같은 수였지만, 자본금은 한국인 공장이 758만 원인 데 비해 일본인 공장은 1억 1,751만 원으로 약 15.5배였다. 그밖에 종업원수는 3.5배, 생산액은 6.2배로서, 한국인 공업은 일본인 공업에 비해 영세성과 취약성을 면치 못하고 있었다.

업종별로 보면, 한국인 공업은 염직업·제지업·피혁제조업·요업·금속공업·토목업·製穀業·제분업·재봉업 등이 많고, 일본인 공업은 제사업·제면업·연초제조업·양조업·인쇄업·정련업·가스·전기업 등이 많았다. 제사업·제분업·통조림업·과자제조업 등에서 웬만한 것은 대부분 일본인 공업이었다. 한국인 공업의 경우, 공장수에서는 44.5%, 자본금액은 4.8%, 생산액은 8.5%인 데 비하여, 일본인 공업의 그것들은 각각 54.2%, 86.2%, 85.3%를 차지하고 있었다.[107]

1916~1919년에 한국에 침투해 온 일본인 대자본은 다음과 같았다. 三井系로서 조선방직주식회사·조선생사주식회사·남북면업주식회사·小野田세멘트주식회사 등, 三菱系로서 三菱제철주식회사·조선무연탄주식회사·西鮮중앙철도주식회사·東山농사주식회사 등이 있었다. 또 자본금은 적지만 西鮮조면공장·三邑주조주식회사·足立흑연·석면제련소, 합자회사 京谷상점(내화煉瓦)·熱田상회·長津제일공장(전분)·城田정미소·조선물산주식회사(정미업)·조선성냥주식회사·조선정유주식회사·조선전분주식회사·片倉제사 대구공장 등

106) 朴慶植, 앞의 책, 108~109쪽.
107) 허수열, 앞의 글(1994).

이 설립되었다. 이밖에 전부터 있어 온 큰 회사로서는 조선제면주식회사·경성전기주식회사·동아연초주식회사·조선피혁주식회사·부산경질도기주식회사·조선우선주식회사·조선가스전기주식회사 등이 있었다.[108]

1919년의 일본인 공업회사를 보면, 회사수에서는 주조업·정미업·제재업이 많고, 자본금액에서는 방적업·주조업·제재업·도자기업·정미업의 순서로 많았다. 특히 정미업의 비중이 커서, 그 공장수가 전체의 23%, 생산액이 전체의 56%를 점하고 있었다는 데 주의할 필요가 있다. 이와 같이 일본인 자본이 지배적인 한국의 공업은 약간의 제철·광산업을 제외하고는 주로 방적업·주조업·정미업 및 농수산물가공업·경공업 등 원료 약탈과 관련되는 것이 많아, 식민지적 성격을 농후하게 띠고 있었다.

한국인 공장은 시간이 지남에 따라 일본인 공장에 비해 규모가 차츰 영세해지는 데 반해, 일본인 공장은 점차 대규모화하여 가는 경향을 보였다. 1911년에 한국인 공장은 공장수에서 전체의 26%, 생산액에서 10%를 차지했는데, 1921년에는 공장수에서 46%, 생산액에서 15%를 차지하였다. 이에 반해 일본인 공장은 같은 기간에 공장수 6.8배, 생산액 8배 이상으로 증대하였다. 또 한 공장당 평균 생산액을 보면, 한국인 공장은 1911년에 3만 원에서 1921년에 1만 원으로 감소하고, 일본인 공장은 같은 해에 9만 1천 원에서 10만 9천 원으로 증대하였다.[109]

(4) 노동구조와 노동쟁의

1910년대 일제의 공업억압정책은 노동자계급의 성장을 저해하였다.[110] 그러나 제1차 세계대전을 계기로 일본자본의 한국 침투가 증대되어 식민지적 공업이 어느 정도 발달하자 한국에서도 노동자계급이 일정하게 성장하게 되었다. 한국의 노동자수는 1911년에 1만 2천여 명이었는데, 1919년에는 4만 1천여 명으로 증가하였다. 이것은 노동자 수 5인 이상의 통계일 뿐이고, 관영

108) 朴慶植, 앞의 책, 111~114쪽.

109) 全錫淡·崔潤圭, 《19世紀 後半期－日帝統治末期의 朝鮮社會經濟史》(1959), 134~137쪽.

110) 정진성, 〈일제하 조선에 있어서 노동자의 존재형태〉(《한국자본주의와 임금노동》, 화다, 1984).

공장의 노동자수는 포함하지 않은 것이다. 여기에 광산노동자·토목노동자·운수노동자를 덧붙이면 약 15만 명 정도가 될 것이다.

1922년 8월 현재 한국의 노동자 총수가 954,832명(이 중 한국인 노동자가 918,603명－남자 882,291명, 여자 36,312명)이라는 통계로부터 유추해 보면, 1910년대 말의 한국의 노동자 총수는 80～90만 명 정도였을 것으로 보인다. 1922년의 통계에 따르면, 노동자 수 5백인 이상의 공장은 전 공장 수 2천여 개 가운데 불과 10여 개에 불과하였다. 그것도 일본 관영공장, 일본인 공장에서 1만 7천여 명 정도의 노동자가 있었다. 또 常時 10인 이상의 노동자를 고용하고 있는 664개 공장에는 4만 8천여 명의 노동자가 일하고 있었다. 나머지 약 80만 명의 노동자는 수공업적 영세 소공장·광산 혹은 각종 토공인부로서, 열악한 근로조건 아래서 일하고 있었다고 여겨진다. 즉 대부분의 노동자가 장시간 노동, 민족적 차별에 의한 저임금 등 식민지적 膏汗勞動을 강요받고 있었던 것이다.[111]

한국인 노동자의 임금은 일본인 노동자의 약 절반에 불과했다. 토공인부의 경우 일본인에 비해 한국인은 1912년 일금 93전 대 49전, 1919년 2원 11전 대 1원 27전이었고, 철공은 1912년에 1원 53전 대 79전, 광산 노동자는 1919년에 2원 4전 대 1원이었다. 특히 한국인 여자노동자의 경우에는 그 절반인 50전 정도였다. 더구나 제1차 세계대전을 계기로 물가가 높아져 실질임금은 급격히 낮아졌다. 그리하여 1917·18년에는 1910년의 약 2분의 1로 되었다. "지금 물가등귀는 멎을 줄 모르는 상태이고 비참한 생활난으로 인한 절규가 전국 도처에서 들리고 있다. 특히 각 관아의 하급관리를 비롯하여 일반사회의 하층민들은 점점 암담한 기아지경에 짓눌려 가고 있다"[112]라고 하는 보고는 이런 상황을 잘 말해 주고 있었다.

한국인 노동자는 저임금으로는 최저의 衣料費는 물론 식비조차 충분히 마련할 수 없었다. "음식은 좁쌀과 보리, 그리고 예의 참외·오이, 일본인이 먹다 버린 수박 껍질, 부식은 고추·된장으로, 1인 하루 생활비가 3전

111) 朝鮮總督府,《會社及工場に於ける勞働者の調査》.
112)《朝鮮公論》, 1917년 9월호(小林英夫,〈1910年代 後半期 朝鮮社會經濟狀態〉,《日本史硏究》118에서 재인용).

정도, 1개월에 1원으로 보면 년 12원"이라고 하는 열악한 상태였다. 특히 광부의 경우 1일 좁쌀 5홉, 팥 1홉과 소량의 부산물마저도 잘 구할 수 없었다.113)

고용주나 작업 지휘자는 노동자들에게 하루 12~16시간의 노동을 강요했다(16~18시간인 경우도 상당히 많았다). 특히 한국인 노동자는 일본인 노동자보다 장시간 일했으며, 임금에서는 차별을 받았다. 또 한국인 노동자는 미숙련·단순 육체노동에 종사했을 뿐 기술부문·관리직에는 채용되지 않았다. 따라서 노동재해를 만나는 경우가 많았다. 재해의 원인은 갱 내부의 落盤, 기계사고, 갱차사고 등이 많고, 갱 밖에서도 기계사고, 갱차나 공중 케이블 사고에 의한 것이 많았다.

1910년대는 '무단통치'가 기승을 부리고 있었기 때문에 노동자는 조직적 역량을 충분히 발휘할 수 없었다. 당시 만들어진 주요 노동조합은 상호부조와 경제생활 향상 등을 목표로 내세웠는데, 제국주의적 억압이라는 조건하에서 민족적·계급적 성격을 강하게 띠지 않을 수 없었다. 한국인 노동자는 저임금과 민족적 차별임금, 장시간 노동 등에 반대하여, 주로 미지급 임금의 지불, 노동감독·지배인의 폭력 금지, 임금 인상 등의 요구를 내걸고 노동쟁의를 벌였다. 따라서 노동자의 투쟁은 표면적으로는 경제투쟁적 성격이 강했지만, 본질에서는 정치적 색채를 띤 항일투쟁의 일환이었다.

동맹파업은 1912년에 9건, 참가인 1,573명이었던 것이 1918년에는 50건, 4,443명으로 각각 증가하였다. 1919년에는 3·1독립운동과도 관련하여 84건, 8,283명으로 격증했다. 1919년의 대표적 투쟁은 용산인쇄·奧田인쇄·동아연초회사·경성철도국·경성시내전차·인천부두·동양합동광업회사·조선가스 등의 노동자 파업이었다. 노동쟁의는 인쇄직공·제화공·사진공·정미소 인부·연초제조공 등이 많았고, 규모로는 광산노동자·연초제조공·부두노동자·철공·정미소 인부 등이 주로 일으켰다.114)

113) 中野正剛, 앞의 책, 364쪽.
114) 임경석, 앞의 글 참조.

7) 교통·운수·통신의 지배

일제는 한국을 침략하고 지배하는 수단으로서 철도를 비롯한 교통·운수를 아주 중요시했다. 일제가 러시아와 대항하면서 한국을 정치적·경제적·군사적으로 독점하기 위해서는 상품과 병력을 단시간에 대량으로 수송하고, 연선에 정치력을 확산시킬 수 있는 철도의 장악이 무엇보다도 긴요했기 때문이었다. 일본은 청일·러일전쟁을 계기로 한국에서의 철도부설권을 장악하고, 우여곡절 끝에 1899년 경인선(서울-인천), 1905년 경부선(서울-부산), 1906년 경의선(서울-신의주), 1905년 삼마선(삼랑진-마산), 1910년 평남선(평양-진남포)을 개통시켰다. 이 중에서 경인선과 경부선은 민간인 자본이 대거 투입된 半官半民의 철도였고, 경의선과 삼마선은 군대가 직접 부설한 군용철도였다. 일제는 철도의 소관이 이렇게 분립되어 있으면 한국을 침략하고 지배하는 데 지장이 있다고 생각하여, 1906년 7월 이 철도들을 모두 국유화하여 한국통감부 철도관리국의 소관으로 만들었다. 그리하여 일제는 한국강점 이전에 이미 한국에서 1,000㎞가 넘는 장대한 철도망을 소유하게 되었다.[115]

일제는 한국강점 이후 조선총독부에 철도국을 설치하고 기존 철도를 개량함과 동시에 새로운 철도망을 급속히 확장해나갔다. 예를 들면, 호남선(대전-목포)은 1914년 1월, 경원선(서울-원산)은 1914년 8월, 함경선(청진-회령)은 1917년 11월, 평양탄광선은 1918년 5월, 박천선은 1919년 11월에 각각 개통되었다. 일제가 철도망을 이렇게 확장한 목적은 한국통감 테라우치 마사타케(寺內正毅)가 한국을 강점하자마자 발표한 〈포고문〉에 잘 나타나 있다.

> 지금 조선의 地勢를 두루 보건대 남쪽 땅은 비옥하여 農桑에 적합하며, 북쪽 땅은 대개 광물이 풍부하고, 내륙의 하천과 외부의 바다는 또한 어종이 많으니, 이익과 혜택을 남기는 수확물이 적지 않은지라, 그 개발의 방법이 적합하면 산업의 진작을 기대할지어다. 그런데 산업의 발달은 오로지 운수기관의 완성을 기다려야 할지니, 이는 산업을 일으킬 계제가 될지어다. 이번에 통로를 13도 각지에 열며 철도를 京城·元山 및 삼남지방에 신설하여 점차 전 국토에 미치게

115) 정재정, 《일제침략과 한국철도, 1892~1945》(서울대출판부, 1999), 374~376쪽.

함에 이와 같이하여 큰 성공을 장래에 기하고 모두 開鑿敷設의 공사로서 민중에게 생업을 부여하면 궁핍을 구제하는 一助가 됨은 의심할 것이 없는 바이라 (《純宗實錄》, 순종 13년 8월 29일).

일제는 철도망을 확장하여 한국의 농업은 물론 광업이나 수산업까지도 장악하려고 획책하였던 것이다. 그리하여 철도연장은 1915년에 1,600㎞를 돌파하고, 1919년에는 1,856㎞에 달하였다. 이제 한반도의 사방 끝까지 철도망이 연결되어 일제 식민통치의 위력이 구석구석까지 미치게 되었다. 흔히 5대 간선이라고 불렸던 경부선(경인선·삼마선)·경의선·호남선·경원선·함경선은 새롭게 확충된 진남포·인천·군산·목포·마산·부산·원산·청진 등의 항구를 통하여 일본과 연결되었다. 그리고 신의주·회령 등의 국경 종단역을 거쳐 만주철도와 접속하게 되었다. 한국철도를 매개로 일본~한국~만주의 연락이 그만큼 원활하게 된 것이다.[116]

또한 일제는 세력을 만주 등으로 확대하기 위해 경의선과 남만주철도와의 연결을 꾀하였다. 일제는 1909년 8월 압록강 가교의 부설에 착수하여 1911년 10월 이를 완공했다. 그리하여 한반도의 철도 특히 경부선·경의선은 남만주철도의 안봉선과 동일궤간으로 연결되어 대륙침략의 동맥이 되었다. 일제가 한반도의 철도에 얼마나 신경을 썼는가 하는 점은 철도의 폭, 즉 궤간이 일본 국내의 협궤보다도 우수한 표준궤를 택했다는 것에서도 알 수 있다. 일제는 한반도 종관철도를 대륙침략의 간선으로서 육성하기 위해서는 중국과 동일한 표준궤를 택해야만 한다고 일찍부터 고려하고 있었다.[117]

일제는 한국철도와 만주철도를 효율적으로 운영한다는 명목으로 1917년부터 1925년까지 한국철도를 남만주철도주식회사가 경영하도록 위탁하였다. 당시 조선총독 테라우치는 열렬한 대륙 확장론자였다. 그는 국방상·정치상의 관점에서 한반도와 만주는 통합하여 지배하는 것이 낫다는 지론을 가지고 있었다. 그 槓杆을 이루는 것이 바로 한국철도였다. 그리하여 여러 가지 반대를 무릅쓰고 테라우치 총독은 한국철도와 만주철도를 통합시켰던 것이다.[118]

116) 정재정, 위의 책, 145쪽.
117) 정재정, 위의 책, 58~61쪽.
118) 賀田直治, 《朝鮮ノ鐵道政策ニ關スル硏究》, 12쪽.

일제는 철도뿐 아니라 도로·해운도 함께 정비하기 시작하여 침략과 지배의 중요 수단으로 삼았다. 일제가 도로를 건설함에 있어서도 군사적 측면을 철저하게 고려하고 있었음은 다음의 회고담에서 잘 알 수 있다.

> 기타 寺內씨의 훌륭한 점은 많이 있지만, 지금 마음 깊이 느껴고 있는 것은 寺內씨가 군인이기도 해서인지, 그때부터 이미 군사를 움직이는 데 어떻게 할 것인가 하는 것을 항상 염두에 두고 있었던 점이라고 생각한다. 그 하나의 기발함으로서, 도로의 폭은 포병의 제일 큰 砲車가 충분히 서로 비켜갈 정도의 것을 만들지 않으면 안 된다. 따라서 교량도 아무리 작은 것이라 해도, 최대의 포차가 서로 비켜가도 아무런 지장이 없는 폭을 갖춘다, 또 포차의 통과를 감당할 만한 강도를 지니지 않으면 안 된다고 하는 것을 늘 시끄럽게 말씀하셨습니다. 물론 그 당시엔 전차도 없고, 자동차도 없었기 때문에, 중량물로서는 포병의 가장 큰 포가 목표로 되어 있었다. 이것을 목표로 하여 모든 도로 설계를 만들어내지 않으면 안된다는 것을 끊임없이 말하고 계셨습니다(林茂樹, 〈溫故知新〉, 《朝鮮の回顧》, 近澤書店, 1945, 70쪽).

일제는 통감부 시절(1907~10년) 이미 1,993㎞의 간선도로를 개수했다. 그리고 한국강점 이후에는 수많은 한국인을 동원하여 도로를 더욱 확장시켰다. 일제는 1911년 4월에 〈도로규칙〉(府令)을 발포하여, 도로를 1·2·3등 및 等外로 나누고, 총독부와 지방 행정청으로 하여금 등급별로 도로의 축조·유지·수선을 책임지도록 했다. 연선 부락의 한국인을 강제로 부역에 동원했음은 말할 필요도 없다. 일제가 이렇게 도로의 건설과 관리에 신경을 쓴 것은 한국민중의 반일 의병투쟁을 진압하고 정치적·군사적·경제적 지배를 방방곡곡까지 전파하기 위함이었다.

일제는 봄·가을에 도로 수선공사를 명목으로 호별세의 등급에 따라 매호당 수명씩 부역노동을 부과했다. 빈자는 노동으로, 부자는 금전으로 부역에 응했다. 부역에 동원된 가난한 한국인은 때로는 점심도 거르며 몇 리나 되는 먼 길을 걷거나 노숙하면서 지정된 날짜까지 공사를 완성해야만 했다. 부역을 기피했을 경우에는 헌병경찰이 笞刑을 가하였다. 이렇게 가혹한 부역을 통해 일제는 1910년대에 방대한 도로망을 구축하였다. 제1기 치도사업(1911~16년, 1천만 원 투입)에서 34선 2,690㎞, 제2기 치도사업(1917~22년, 3천만 원 투입)에서 26선 2,308㎞의 도로가 개수되었다. 치도사업을 통해 한국인 소유의 상당한 소유지가 〈토지수용령〉에 의해 몰수되었다.119)

일제는 육상교통뿐만 아니라 해운·수운에서도 지배를 강화했다. 해상·하천항로 및 항만시설의 정비·강화가 그것이었다. 한국강점 이후 일제는 한국의 해운사업을 통일적으로 지배하려고 기도하였다. 즉, “유사시에는 명령 하나로 선박의 징발, 또는 매수에 응하게끔 하여, 군대·병기의 수송에 차질이 없도록 할 필요”120)에서, 몇 개의 선박회사를 통폐합하여, 1912년 1월 ‘조선우선주식회사’를 설립하였다. 그리고 이 회사에 대해 연안항로를 통일적으로 운행하도록 명령했다. 동시에 내륙 하천항로는 이에 대한 보조명령항로로 규정했다.

일제는 한국강점을 전후하여 부산·인천·진남포·평양·원산·신의주·군산·목포·청진·성진·마산 등 11군데의 항만을 수축하고 세관설비를 개수했다. 이 사업은 더 확장되어 1911년부터 9년간이나 계속되었다. 특히 원산항은 1915년부터 150만 원의 예산과 5년간의 사업으로 다시 축조되었다.

일제는 1905년 4월 한국에 〈한국통신기관 위탁에 관한 협정〉을 강요하고, 다음 해 〈통감부통신관서관제〉를 공포하여 한국의 통신망을 장악하였다. 한국강점 이후 일제의 통신망은 전국으로 확장되었다.

일제에 의해 정비된 도로·항로·항만·통신시설은 철도망과 연결되어 정치·군사·경제의 식민지적 지배를 관철시키는 데 크나큰 역할을 담당했다. 그 과정에서 한국인의 철도·해운·강운·운수·통신사업이 억압당하였지만, 이를 통해 근대문명에 대한 자각을 높이고 경제적 향상을 위해 분투하는 측면도 없지 않았다.

8) 무역의 대일 종속

일제는 한국을 강점하기 이전부터 한국무역을 거의 독점하고 있었다. 즉,

---

119) 정재정, 〈한말·일제초기(1905~1916) 철도운수의 식민지적 성격(상)〉(《韓國學報》 28, 1982).
120) 朝鮮總督府, 《施政二十五年史》, 147쪽.

1901년부터 러일전쟁까지만 보더라도 일본은 한국무역에서 수입의 62~74%, 수출의 약 87~78%를 차지했다. 또 한국의 항구를 드나드는 선박의 80% 이상과 商館의 태반을 일본인이 장악하고 있었다. 일제는 한국무역을 통해 식량과 원료를 반입하는 한편 값싼 일본상품을 한국에 반출하였다. 특히 한국산 쌀을 반출하고 영국산·일본산 면제품을 반입하는 현상이 두드러졌다. 이러한 식민지적 무역구조는 러일전쟁 이후 더욱 심화되었다.

일제는 한국강점 이후에도 1920년까지 대한제국의 관세제도를 부분적으로 존속시켰다. 그 이유는 일제가 구미 열강의 반발을 무마함과 동시에 한국무역이 급격하게 변하는 것을 막기 위해서였다. 일례를 들면, 한국강점 당시 수입액 중 영국제 면제품은 53%로서 일본제 면제품 47%를 능가하고 있었다. 그러나 일제가 제1차 세계대전에서 막대한 자본을 축적하고, 한국에서 정치적·경제적 지배기반을 확립하자 영국으로부터의 수입은 격감하여 1919년에는 일본제 면제품이 93%를 차지하게 되었다.[121]

한국강점 이후 무역액은 급증하였다. 특히 일본과의 무역액이 더 큰 폭으로 증가했다. 1910년의 수출액 중 외국은 453만 원, 일본은 1,538만 원이었는데, 1919년의 그것은 각각 2,210만 원, 1억 9,984만 원으로, 4,9배, 13배씩 증가했다. 한국의 무역총액에서 일본이 점하는 비율을 보면, 1910년에 수출이 77.2%, 수입이 63.7%였는데, 1919년에는 그것이 각각 90%, 65.3%로 되었다. 수출입 총액에서 일본이 차지하는 비중은 76.1%이었다. 이로써 한국의 무역은 일본에 한층 더 종속되었다. 다음으로 한국의 상품종류별 수출입을 보면, 수출에서 식료조제품(쌀·잡곡·수산물 등)이 압도적으로 많았다. 총수출액에서 이것의 비율은 1910년에 66.4%, 1919년에 67.8%였다. 식료조제품 가운데 곡물은 총수출액의 64.2%(1910년), 60.9%(1919년)를 차지하였다. 이 곡물은 반 이상이 일본으로 수출되었다. 대일 곡물수출의 대부분은 쌀이었으며, 총수출액에 대한 비율은 1912년에 20.3%였던 것이 1919년에는 48%로 증대하였다.[122]

121) 宋圭振,《日帝下 朝鮮의 貿易政策과 植民地貿易構造》(고려대 박사학위논문), 11~19쪽.

122) 朴慶植, 앞의 책, 120~122쪽.

일제는 자국내에서 쌀이 부족해짐에 따라 한국의 쌀을 값싸게 대량으로 수입했다. 그 결과 한국쌀은 일본 곡물시장에서 주요한 지위를 차지하게 되었다. 한국쌀의 대일 수출량은 매년 증가하여 1919년에는 생산량의 22%에 달했다. 그리하여 한국인의 1인당 미곡 소비량은 점차 감소되는 데 반해 일본인의 그것은 증가하여 한국인의 약 2배나 되었다. 이 때문에 한국인은 값싼 만주산 좁쌀을 수입해서 연명해야만 했다. 일제는 한국민중의 희생을 통해 식량 위기를 넘기려고 했던 것이다.

수출품 중 미곡 다음으로 많은 것은 공업원료 및 원료용 제품이었다. 이것들은 1910년에 19.8%, 1919년에 22.3%를 차지하였다. 繰綿·누에고치·소가죽 등 경공업원료와 중공업·군수공업에 필요한 철광·석탄 등 지하자원이 이것들이었다. 금·은도 대단히 중요한 수출품이었다. 금·은 수출액은 1910년에 712만 3,518원이었는데, 1916년에는 1,444만 9,558원으로 증가했다.

한국의 수입품을 보면, 완제품이 총수입액의 과반수를 차지하였다. 그 비율은 1910년에 56.3%, 1919년에 51.6%였다. 또 완제품 중 직물 및 경공업 일용품의 수입액은 1910년에 총수입의 46.6%, 1919년에 41.0%이고, 광물·철은 각각 5.5%·9.2%, 금속제품은 각각 3.6%·3.7%, 차량 및 선박은 각각 0.5%·3.3%, 기계류는 각각 4%·4.2%였다.

한국에서 수입하는 상품의 대부분은 일본산이었다. 총수입품 중 일본제품은 1910년에 59.3%, 1919년에 75.6%였다. 특히 직물·일용품 등은 1910년 64.4%, 1919년 85.6%를 차지하여, 한국은 일본 자본주의의 경공업제품 판매시장으로 전락되고 말았다. 금속제품·차량·선박·기계류 등의 일본제품 비율은 1910년에 50.9%, 1919년에 61.5%였다. 이것은 일본의 중공업 발전이 약체임을 반영하는 동시에, 한국의 공업이 별로 발달하지 못하고 있었음을 보여주는 지표라고 할 수 있다.[123)]

1910년대의 한국무역은 국내시장의 발전에 어느 정도 촉진제 역할을 했지만, 일본인이 주로 상품유통을 장악하여 식민지적 기형성을 띠고 있었다. 수출부문에서는 일본으로의 편중화가 노골화되었던 반면, 수입부문에서는 특별

123) 宋圭振, 앞의 책, 27~53쪽.

관세제도의 시행으로 일본상품과 외국상품 특히 영국상품이 경쟁했다. 그러나 제1차 세계대전 이후에는 일본상품이 압도적 우위를 차지하게 되었다. 그리하여 일제가 한국시장을 독점적으로 장악하면서 공동판매와 독점판매 그리고 부등가교환 등을 통해 한국민중의 재화를 훑어가는 무역구조가 정착된 것이다.

〈鄭在貞〉

3. 식민지 지배체제의 특질

1) 일제의 조선침략과 식민주의

제국주의의 보편적 식민지 지배원리는 '최소의 비용에 의한 최대의 수탈'이다. 이러한 보편적 식민주의에 입각하여 서구 열강은 '개척'과 '문명화'라는 미명하에 비백인·비유럽 지역 각처에서 새로운 영토를 획득하여 갔다. 그리고서 필요에 따라 간접통치 혹은 직접통치를 통하여 '자기목적'을 충족시킨다.

일본은 메이지(明治)유신을 통하여 천황제 통일국가를 수립하자 그 순간부터 주변지역에 대한 침략을 자행하여 이민족이 살고 있던 북쪽의 蝦夷地(현재의 북해도)와 남쪽의 琉球王國(현재의 오키나와현)을 병합하여 일본의 영토에 편입시켰다. 그리고 나서 침략의 방향을 조선으로 돌려 정한론(1873년) 이후 줄곧 침략적 행위를 자행하여 오다가 청일전쟁(1894년)과 러일전쟁(1904)을 치르고서 1910년 조선을 불법적으로 강점하였다. 40여 년만에 조선침략의 '숙원'이 달성된 것이다.

근대 일본은 아시아 지역에 대한 침략을 자행하면서, 대외적으로는 "백인의 서구열강의 침략으로부터 황인종의 아시아를 보호하기 위하여"라는 아시아주의를 표방하는가 하면,[1] 대내적으로는 "일본의 독립과 부강을 위한 대륙

---

1) 竹内好 編集, 《アジア主義》(筑摩書房, 1963).

국가화"를 명분으로 내세웠다. 이를 주도한 것은 특히 군벌세력과 대륙팽창주의자들이었는데 이들은 이 침략을 통하여 국가권력을 장악하여 갔고 근대 일본을 군국주의 국가로 만들어 갔다. 군국주의란 다름 아니라, 대내적으로는 군사최고주의이고 대외적으로는 아시아에 대한 군사적 패권주의를 뜻한다.

해군 군벌이 남진론에 서서 남방진출을 도모하는 데 반해, 조선을 출발점으로 하여 대륙침략을 주장하고 주도한 것은 육군 군벌 특히 죠슈(長州)閥이었다.[2] 이들에게 조선은 지배의 대상이었을 뿐만 아니라 대륙 침략의 기지로 자리 매겨졌다. 이것은 조선지배 이데올로기와 지배정책 및 지배권력의 성격을 규정하는 결정적 요인으로 작용하게 된다.

일본은 1910년 조선을 병합하면서 천황의 조서에서 '완전히 그리고 영구히' 지배할 것을 천명하는가 하면,[3] 강제적으로 체결한 병합조약에서는 "한국 황제폐하는 한국정부에 관한 일체의 통치권을 완전히 그리고 영구히 일본국 황제폐하에 양여한다"라고 하였다. 그리고서는 一視同仁·內地延長主義·內鮮融和·內鮮一體化·皇國臣民化 등을 표방하면서[4] 조선을 통치하여 갔다. 이것은 곧 '조선인의 일본인화', '조선의 일본화'를 통하여 북해도나 오키나와처럼 일본의 한 지역으로 편입시켜 조선을 영원히 지배할 것을 목적으로 하는 것이었다. 여기에서 일제의 식민주의는 조선민족 말살을 통한 영

강창일, 〈근대 일본의 사상흐름과 조선침략론〉(역사학연구소 엮음, 《오늘에 본 친일문제와 일본의 조선침략론》, 거름, 1993).

2) 죠슈벌의 수령으로서 근대 일본의 대륙침략을 선도하여 온 야마가타 아리토모(山縣有朋)는 총리대신으로 재직하던 1890년에 이미 시정방침 연설에서, 일본의 독립과 자위를 위해서는 '이익선'인 조선을 보호국화해야 한다고 주장하고 있다(山縣有朋, 〈외교정략론〉, 大山梓 편, 《山縣有朋意見書》, 原書房, 1966, 196~201쪽 ; 山縣有朋 〈施政方針演說〉, 1890년 12월 6일, 같은 책, 201~204쪽 ; 山縣有朋, 〈帝國の國是に就ての演說〉, 1891년 2월 16일, 같은 책, 204~207쪽).

3) 〈倂合ノ詔書〉(1910. 8. 29)·〈韓國倂合ニ關スル條約〉(1910. 8. 29) 第1條.

4) 이상의 슬로건은 '동화주의'의 다른 표현에 지나지 않은 것인데. 일제는 이를 '시혜적인 무차별주의'라고 선전하였다. 3·1 운동이 발발하자 天皇은 '一視同仁'을 선전하였고(〈官制改革ノ詔書〉), 수상 原敬는 '內地延長主義'(原敬, 〈朝鮮統治私見〉)를 천명하였다. '內鮮融和'는 宇垣一成 총독(1931~1936) 때에, '內鮮一體化'와 '皇國臣民化'는 南次郎 총독(1936~1942)에 의해, 특히 주창되었다.

토확장주의[5]라고 할 수가 있다.

민족말살주의에 의한 제 정책은 전통적 '조선'의 파괴와 해체를 통한 일본에의 편입을 목적으로 하고 있지만 이것이 바로 그들이 주장하는 시혜적인 '무차별의 경지'도 아니었고 문명화·근대화를 뜻하는 것도 결코 아니었다. 이 민족말살의 본질은 '조선'의 斷裂化를 통한 천황제 국가체제에의 노예적 편입 바로 그것이다.

단열이란, 통일·통합과 대비되면서 分裂을 포괄하는 개념이다. 분열이 '집단적으로 갈라지는 것'을 뜻한다고 하면, 이는 파쇄화하여 해체되는 것을 표상한다. 때문에 사회구조 전체를 논할 때는 정치·경제·사회·문화 제 구조가 통합성과 정합성을 상실하여 단층화되는 현상을 뜻하며, 정치사적인 분석개념으로 사용될 때는 분할지배(divide and rule)에서 더 나아가 斷轄지배 즉 이온화하여 지배하는 정치형태를 뜻한다. 식민지 사회를 포함한 종속사회의 필연적 사회현상인 이중구조화를 비롯하여 정치적·사회적 분열현상, 문화적 정체성의 파괴, 경제 각 부분간의 비접합성과 경제적 제 공간의 식민지 본국에의 직접적 편입, 비자립적인 이온적 개체의 양산 등은 모두 단열사회의 현상이다.[6]

일제의 조선민족 말살은 조선사회를 철저히 단열화시킴으로써 비로소 가능한 것이었다. 전통사회가 근대적이든 봉건적이든 간에 그것이 하나의 독립

---

5) 민족말살의 용어는 단지 생물학적인 살해만을 뜻하는 것이 아니라, 지연공동체, 혈연공동체, 언어·문화 공동체, 역사공동체로서의 '민족'을 부정하여 이를 해체·파괴하는 일체의 행위를 뜻한다. 때문에 여기에서는 민족문화 및 민족성의 말살에서부터 민족차별·노예화·추방·아파르트헤이트·혼거·혼혈 등의 제 정책을 포함하는 포괄적인 개념으로 사용한다. '내선일체'라는 미명으로 포장된 민족말살주의가 어떠한 이론적 배경을 갖고 있으며 그 실체가 무엇인가에 대해서는 다음의 자료를 참조한다.
국민총력 조선연맹, 《(秘) 內鮮一體の具現》(1941).
조선총독부 경무국장, 《(極秘) 內鮮一體の理念及其實現方策要綱》(1941).
강창일, 〈일제의 조선지배정책－식민지 유산문제와 관련하여－〉(《역사와 현실》 12, 한국역사연구회, 1994).

6) 이 글에서 표상하는 단열의 개념과 일치하지는 않지만 이미 라틴아메리카의 국가와 사회 형태를 분석한 알렌 토래누의 《종속사회》를 《단열사회》로 번역하여 사용한 경우가 있다(佐藤幸男 譯, 《斷裂社會》, 新評論社, 1989 ; Alain Touraine, *Les Societes Dependantes*).

된 민족공동체로서 갖는 통일성과 통합성 그리고 정체성을 모든 분야에서 해체시켜야만 하였다.

일제의 단열을 통한 민족말살은 오랫동안 민족공동체로서 독립된 역사를 영위하여 왔던 조선민족에게 쉽게 받아들여질 수 있는 것이 아니었다. 민족적 저항은 충분히 예상되었다. 이를 관철시키기 위해서는 철저한 통제체제를 구축하여 물리적인 강권통치를 통해서만 비로소 가능하였다.

일제의 조선지배의 권력, 통치기구 및 정책은 이 민족말살주의가 관철되는 범위내에서 내외의 현실적 조건에 규정되면서 결정된다. 그러면 일제의 이러한 지배이데올로기는 어떻게 관철되어 갔고 지배정책은 어떻게 전개되었는가. 다음과 같이 3시기로 나누어 살펴보기로 한다.[7]

(1) 무단통치에 의한 지배체제 구축기(병합~3·1독립운동)

일제는 러일전쟁 이후 통감부를 설치하여 한국을 보호국화하면서 병합의 토대를 마련하여 갔다. 조선군대를 해산하고 러일전쟁 때의 일본군을 계속 주둔시켜 항일의병투쟁을 진압하면서 그들로 하여금 조선의 치안을 담당케 하였다. 이 치안유지란 반일저항운동을 억누르는 것을 뜻한다.

일제는 1910년 무력으로 조선을 완전히 강점하고 나서 영구히 지배하기 위하여 구왕조체제를 해체시켜 식민지체제로 재편성하여 갔다. 이에 대한 민족적 저항은 치열하였고 그 대응수단으로 헌병경찰제라는 특이한 무단통치기구를 만들어내었다. 헌병은 본래 군의 치안유지를 담당하는 군사조직의 하나이다. 그럼에도 군의 통수체계와는 전혀 다른, 천황에 직속하는 조선총독의 권력체계 속에 편입시켜 일반적 치안유지 업무를 수행하게 하였다. 이것은 총독에게 조선주둔군의 통수권을 부여한 것과 궤를 같이 하는 것으로, 군

7) 종래에 이 시기구분은 일반적으로 3·1독립운동과 경제공황·'만주사변'을 결정적인 계기로 삼아서 1910년대 무단통치기, 1920년대 '문화통치'기, 1930년대 이후 '황민화'정책기 혹은 대륙병참기지화기로 되어 있다. 이러한 구분법은 '만주사변' 이후 패망 때까지를 '15년 전쟁'으로 묶어 한 기간으로 설정하는 일본 근현대사의 시기구분을 그대로 한국사에 적용한 것이라 할 수 있다. 구체적인 연구성과를 토대로 한 것이 아니기 때문에 그대로 적용하기에는 많은 문제점이 있어서 전면적인 재검토가 필요하다고 생각한다(강창일, 앞의 글, 1994).

사적 무단통치를 통하여 식민지 지배체제의 기반을 구축하여 나가는 것을 의미한다.

일제는 조선을 '영구히 그리고 완전히' 지배하기 위하여 以夷制夷적인 분할지배정책을 전개하였다. 조선민족 내부에 일정한 부분을 식민지 지배의 지지기반으로 삼아 이들을 통하여 조선을 지배하여 나가는 방식이다. 그렇다고 하여 이것이 영국식의 간접통치방식을 뜻하는 것은 결코 아니었다. 직접통치 방식에 의하면서도 일본과 이해를 같이하는 세력을 구축하여 나감으로써 지지기반을 공고히 하고 친일적인 구관료를 포섭하여 그들로 하여금 단순한 대민업무를 담당케 함으로써 민족적 저항을 약화시켜 나가는 것이었다.

일본은 조선의 전통적 지주전호제 생산관계와 토지소유제를 그대로 둔 채 식민지 지주제로 변형시켰다. 총독부라는 지배권력이 조선 최대의 지주가 되고 일본인을 이주시켜 지주 등의 경제적 지배계급으로 성장시켜 나갔다. 이것은 식민지 수탈을 뜻하는 것인데, 아울러 그들은 조선인 지주의 이익을 어느 정도 온전시켜 줌으로써 그들로 하여금 일제와 이해관계를 같이하게 하여 식민지 지지기반으로 삼고자 하였다.

이런 경제적 토대의 구축과 함께 일본은 조선을 병합하자마자 구지배계급의 최상층부인 왕족과 정부고관에 대한 회유책을 마련하여 자금을 공여하고 작위를 부여하기도 하였다.[8] 그리고 총독의 자문기관이라는 명목으로 중추원을 설치하여 작위받은 자를 포함하여 고위급 매국인사 69명을 고문·贊議·副贊議의 직책에 참여시켰다.[9] 그 외에도 총독부의 중앙 및 지방의 행정기구에 많은 조선인을 채용하였다(예를 들면, 1915년 총독부관계 직원 수는 총 30,081명인데 이 중 조선인은 12,839명). 지방군수급 이상의 고등관의 경우에도 무려 353명(고등관 합계 1,079명)에 이른다. 그런데 이 조선인 고등관의 부서는 대민업무를 담당하는 재판소와 지방군수에 집중되고 있다. 총독부 중앙부서와 폭력적 통제기구인 경찰이나 헌병대에서는 거의 찾아볼 수가 없다. 이들은 중추원에 들어간 자들처럼 구정부의 고관은 아니었으나 그에 버금가는

8) 大村友之丞 編,《朝鮮貴族列傳》(朝鮮總督府, 1910).
牧山耕藏 編,《朝鮮紳士名鑑》(日本 電報通信社 京城支局, 1911).

9) 牧山耕藏, 위의 책.

지위를 갖고 있으면서 친일매국에 앞장 선 자들로 그에 상응한 '논공행상'이었다. 일진회 등 지방 차원에서 일제의 강점에 앞장섰던 자들도 촉탁·고원 등의 신분으로 대거 통치기구에 참여시키고 있다.

이처럼 대민업무를 담당하는 지방의 통치기구에 조선인을 대대적으로 채용하고 있다는 것은 언어와 관습 등의 차이 때문에 일본인에 의한 직접통치가 불가능하다는 인식과 함께 이를 극복할 수 있다는 현실적 필요성에 의한 것임은 재언을 요하지 않는다. 아울러 그들은 조선인을 통치의 전면에 내세움으로써 분할지배의 이점을 극대화시킬 수 있었기 때문이었다. 요컨대 일제는 병합을 하면서 종래의 경제적 지배계급인 지주층과 정치적 지배계급인 관료층, 그리고 매국에 앞장섰던 자들을 포섭하여 이들을 일제의 조선지배와 이해를 같이하는 세력으로 만들어 내었던 것이다.

(2) 회유정책에 의한 민족개량화기(3·1독립운동~중일전쟁)

주지하다시피 거족적이고 전국적인 3·1독립운동의 발발은 일제의 무단적 통치방식이 한계에 부딪혀 있음을 뜻하는 것이었다. 그들은 국면의 전환을 위하여 기존의 통치방식과 지배정책을 수정하였다. 천황은 조서를 통하여 시혜적인 '一視同仁'을 천명하였고 수상 하라 사토시(原敬)는 무차별의 '내지연장주의'의 통치방침을 공표하였다. 관제를 개정하여 총독의 군통수권을 폐지하여 출병요구권만을 부여하였고 무단통치의 상징인 헌병경찰제를 보통경찰제로 바꾸었다.[10] 그리고 현역 육군대장 하세가와 요시미치(長谷川好道) 총독을 인책·경질하여 해군대장 출신의 사이토 마코토(齋藤實)를 신임총독으로 임명하였다.

사이토 총독은 부임하자마자 '문화정치'를 표방하면서 민심수습에 나섰다. 조선어신문 발행허가는 사전검열제라는 법적 장치를 전제한 것으로, 민족분열과 사회적 지도엘리트 특히 민족부르주아지에 대한 개량화를 획책하면서

10) 〈朝鮮總督府 官制〉(1919. 8. 20. 개정·공포, 칙령 제386호). 경찰관서는 독립적 존재로서 총독부의 外局이었으나, 1919년 관제개정 때 〈朝鮮總督府 警察官署官制〉를 폐지하고 內局에 편입시켰다(日本外務省 條約局 法規課, 《日本統治時代の朝鮮》, 1971, 163쪽).

회유책으로 제시된 것이었다. '문화창달'이라는 것은 전통적 문화와 관습을 파괴하여 '문화적 일본화'를 도모하는 것이었다. '조선사 정립'이라는 것은 조선사를 왜곡시켜 일본사의 한 지역사로 편입시키려는 의도 속에 획책된 것에 지나지 않았다.[11] 교육제도 개혁을 통한 교육의 문호개방은[12] 일본어 보급과 정신적 동화를 전제로 하여 '황민화'된 식민지 관료(교사 포함)와 농촌지도자를 포함한 전문기능인을 배출시키는 것을 목적으로 하고 있었다.[13] 이 '문화정치'의 본질은 민족말살주의의 범주 속에서는 민족문화말살책이고 또한 민족의 상층 및 중간계층에 대한 개량화정책이라고 자리매김할 수 있다.[14]

이 시기에 특히 주목되는 것은 '지방자치제'의 실시였다. 일제는 1920년에 지방제도를 대폭 개정하여 府·道·面에 의회·협의회 등의 의결기관·자문기관을 설치하였다. 이것은 제한선거 혹은 간접선거로 구성되는가 하면 그 자격과 기능에서도 자치제도로서의 요건을 갖추고 있지 못하는 등, 형식과 내용 모두 자치제 본래의 모습과는 동떨어진 것임은 주지하는 바이다.[15]

이 의사적 지방자치제는 경제적 지배계급으로서 조선에 거주하는 일본인을 정치적 지배계급으로 성장시키기 위한 대책이었고,[16] 병합 이래 '참정권운동'을 끊임없이 전개하여 온 附日세력 및 개량주의자들의 불평·불만을 무마하고 회유하기 위한 방책의 일환이었다.[17] 그런데 더욱 주목해야 할 점은

---

11) 일제는 1922년 12월 〈총독부 훈령〉(제64호)으로 조선사편찬위원회를 설치하였으나 1925년 6월 〈칙령〉(제218호)으로 〈朝鮮史編修會官制〉를 공포하여. 정무총감을 위원장으로 하는 독립관청으로 승격시켰다. 이 편수회에서 1938년 현재까지 《朝鮮史》(35권), 《朝鮮史料叢書》(20종), 《朝鮮史料集》(3질)을 발간하였다(朝鮮總督府 朝鮮史編修會, 《朝鮮史編修會事業概要》, 1938).

12) 朝鮮總督府, 《施政三十年史》(1940), 202~208쪽.

13) 橋谷弘, 〈1930~1940年代の朝鮮社會の性格をめぐって〉(《朝鮮史研究會論文集》 27, 1989).

14) 姜東鎭, 《日本の朝鮮支配政策史研究》(東京大 出版會, 1978).

15) 孫禎睦, 《韓國地方制度·自治史研究》 上(一志社, 1992).

16) 지방세 5원 이상 납부자에게만 선거권을 부여하는 제한선거였기 때문에, 상대적으로 일본인의 진출이 압도적이다. 의결기관인 부회 및 읍회의 1931년 선거결과를 보면, 부회(14개 부)는 일본인이 62%, 읍회는 일본인이 49%를 차지하고 있다(《大野綠一郎文書》 No. 1280, 〈朝鮮·臺灣人の參政權に關する參考資料〉).

17) 《大野綠一郎文書》, No. 1281, 〈參政權問題〉.

식민지 지배에 대한 민족적 저항을 막기 위한 수단으로서, 민족개량화정책을 최하위의 지방단위에까지 관철시켜 지방의 경제적 상층계층까지도 지배기구 속에 포섭하여 지지기반으로 삼고자 하였고 그러한 소기의 목적이 충족되고 있었다는 점이다.[18)]

1930년을 전후한 세계공황의 여파는 식민지 지주제의 필연적 결과로서 나타나는 농민층의 하향분해를 더욱 가속화시켜 농촌의 궁핍화는 식민지 지배를 위기로 몰아넣을 정도로 심각한 것이었다.[19)] 거기에다, 이러한 경제적 한계상황은 민족해방운동의 고양, 민중의 민족적 각성 등과 결부되어 소작쟁의·노동쟁의의 형태를 통한 생존권 투쟁이 가열차게 전개되었다.

1931년 '만주사변' 직후 육군대신에서 조선총독으로 자리를 바꾼 육군대장 우가키 가즈시게(宇垣一成)는 '내선융화'를 표방하면서 종래의 민족개량화정책을 계승, 발전시켜 나갔다. 그는 우선 긴급한 현안인 '수탈을 위한 최소의 생존'의 조건을 구축하기 위하여 궁핍농가의 자급자족을 명분으로 하는 '농촌진흥운동' 정책을 펼쳤다.[20)] 그러나 궁핍화의 근본원인인 토지소유관계를 개혁하는 것도 아니었고 소작권을 보장하는 것도 아니었다. 모든 책임은 농민들 스스로에게 전가되었고, 거기에서 그 구제책으로서 부업장려와 '사회교화'를 통한 '자력갱생'의 방안이 제시될 따름이었다. 결국 이 운동은 기만적인 농민회유책에 지나지 않았다. 또한 총독부 당국은 이 운동을 추진하는 데 지방의 지주나 유지들을 앞장세우지 않고, 새로 커 나오는 보통학교 졸업자를 선정, '중견인물'로 교육시켜 전위적 역할을 담당케 하였다. 이것은 곧 식민

18) 1920년 제1회 부회 선거는 지방세 납부 5원 이상의 제한선거이었기 때문에 조선인 거주자에 대한 조선인 유권자의 수의 비율은 1.17%이다. 지정면(24개월 후에 읍으로 개칭)의 협의회 선거에서는 납부액을 2원 혹은 4원으로 각각 낮추었음에도 불구하고 유권자수의 비율은 0.79%에 지나지 않았다. 이것은 각각의 지방에서 극히 상층 계층의 인사들에게 해당되는 사항이었다(孫禎睦, 앞의 책, 204~205쪽).

19) 朝鮮總督府, 《施政三十年史》 303쪽에, "반도 총인구의 약 8할은 농민에 의해 점해지고 있는데 이들 농민의 약 8할은 細農계급으로서 … 소위 춘궁기에는 야생의 초목에 의해 겨우 일가가 입에 풀칠하는 상태에 있다"라고 기록될 정도였다.

20) '농촌진흥운동'의 실시상황과 성격에 대해서는, 宮田節子, 〈1930年代日帝の朝鮮における農村振興運動の展開〉(《歷史學硏究》 297, 1965).

지 지배를 떠받치는 새로운 세력으로서 농촌의 중간계층 출신의 청소년들을 '황민화'시켜 양성할 것을 목적으로 한 것이었다.

농촌의 파탄은 농민의 궁핍화뿐만이 아니라 과잉인구를 누적시켰다. 여기에서 만주로의 자연이동이 급증하게 되는가 하면 만주침략의 첨병으로 조선인을 활용하는 정치적 의도와 함께 과잉인구 해소책으로써 조선인의 만주방출이 정책적 차원에서 추진되었다.[21] 그리고 자원수탈과 군수공업화의 토대를 구축하기 위한 '北鮮開拓' 사업에 남쪽의 농촌과잉인구를 이주시켜 활용하였다.[22] 이러한 현상은 전통적 농업공동체를 해체시키는 결과를 초래함과 동시에 자립적 주체로서의 농민을 공동체로부터 유리시켜 비자립적이고 이온적인 개체로 전락시켰다. 이것은 또한 조선에 일본의 하층 농민을 이주시키고 조선인을 만주에 방출하여 일본인과 조선인이 함께 거주하게 하는 혼거정책의 일환이기도 하였다.

(3) 민족말살을 통한 전시강제동원기(중일전쟁~패전)

1937년 중일전쟁 이후 패전까지의 전시강제동원기는 조선의 총체적 해체와 완전한 일본화를 목적으로 '황민화' 정책 곧 완전한 민족말살정책을 전개하는 시기였다.[23]

1936년에 부임한 미나미 지로(南次郎)총독은 '내선일체화'를 내걸어 '무차별의 황국신민화'라는 미명 아래 총체적인 민족말살정책을 전개하여 모든 영역

---

21) 조선인의 만주이민에 대해서는, 이형찬, 〈1920~1930년대 한국인의 만주이민 연구〉(한국사회사연구회, 《일제하 한국의 사회계급과 사회변동》, 문학과 지성사, 1988). 일제는 만주국을 세우고 나서, 조선의 과잉인구를 해소하고 아울러 조선인을 이용하여 '만주개발'을 도모할 목적으로 정책적 차원에서 만주에의 집단 이민을 획책하였다(朝鮮總督府, 《朝鮮の狀況》, 1941, 271~277쪽).

22) 총독부는 '북선개척'의 목적을 다음과 같이 열거하고 있다. ① 남북 조선인의 인구조절, ② 富庫의 개척, ③ 조선인의 북향발진, ④ 內地(일본)도항자 감소, ⑤ 만주 진출의 발판 구축(〈統治沿革 : 第6代 宇垣 總督時代〉, 《朝鮮年鑑》, 京城日報社, 1942년도 판).

23) 제7대 총독 미나미 지로(1936~1942)는 부임하자마자 최고통치이념으로 '내선일체화'를 내걸어 "물심양면에 걸쳐서 반도민중을 황민화하고 반도를 완전한 황토이게끔" 하는 철저한 민족말살정책을 시행하였다(《朝鮮年鑑》, 1945년도판, 28쪽).

에서 '전통'과 '민족'을 해체시켜 나갔다.

일제는 戰時期임을 빙자하여 廢姓奪名을 단행하였다(사회적 동화). 조선민족에게 姓관념은 언어나 종교 혹은 지연성보다도 더욱 중시되는 민족구성원으로서의 필요충분 조건이다. 그런데 이 성을 사용하지 못하게 하여 새롭게 일본 가족주의의 氏제도를 강제한 것은 혈통주의에 의한 민족공동체로서의 조선을 해체하여 천황을 정점으로 하는 가부장적 국가체제 속에 조선인을 편입시키기 위한 것이었다. 그리고 폐성탈명을 단행하면서 〈민사령〉 개정, 호적 개정, 壻養子제도의 도입 등을 통하여 전통적 가족제도를 파괴하기도 하였다.

신사참배와 황국서사를 강제하였다(종교적 동화). 천황을 신앙의 대상으로 하는 일본의 종교체계에 조선인을 세뇌시켜 포섭하기 위한 종교적 동화정책이었다.

조선어 사용을 금지하고 일본어를 강제하여 언어공동체로서의 조선민족을 해체시켰고 조선의 역사를 왜곡하여 편입시켜버린 일본사를 주입시켰다. 그리고 조선의 관습과 문화를 파괴, 해체하면서 일본화시켜 나갔다(문화적 동화).

일제는 중일전쟁의 도발과 함께 교육제도를 대대적으로 개혁하여 학교와 학생 수를 늘리고 교과과정도 개편하였다(정신적 동화). '충량한 황국신민을 육성'하기 위한 이 조치는 조선인을 정신적으로 동화시키는 것을 전제로 하여 일본어 습득률을 제고시키고, 전시동원이라는 현실적 필요성에서 기술교육을 강화시켜 전시 노동력으로 활용하기 위한 것이었다. 그 결과 일본어 습득률은 크게 제고되었다.[24)]

이상과 같은 동화책에도 '만족'하지 못하여 그들은 완전한 '내선일체화'의 최종의 완결책으로 '통혼장려'라는 혼혈정책을 권력적 차원에서 입안·전개하였다(생물학적 동화).[25)] 이 혼혈정책은 '조선의 황토화'를 목적으로 하는 혼

24) 《朝鮮年鑑》, 23쪽.

25) 종래에 양 민족간의 결혼에 대하여 방조 내지 억제적이었던 일제가 1937년부터는 이를 '내선일체화'의 완결로 자리매기고 이를 정책적 차원에서 추진하고 있음이 확인된다. 《(秘) 朝鮮に於ける敎育に關する方策》(1937)에서, "(7) 내선인 결혼의 장려—내선융합의 근본적인 것은 혼인에 의한 결합인 것은 말할

거정책과 함께 매우 주목되는 부분이다. 종래에 일본인과 조선인과의 결혼에 대하여 소극적 내지는 억제적이었던 총독부 당국이 중일전쟁 이후 이를 정책적 차원에서 장려하고 있는 것은 전쟁으로 인한 남성감소와 상대적 여성과잉의 현상에 대응한 일본인 여성구제의 필요성 때문이기도 하였다. 그런데 민족말살주의의 통치이념 속에서 이것은 '내선일체'의 완결로 자리 매겨졌다.

이상과 같은 제 방면에서 '일본화'를 통한 민족말살정책은 더 나아가 조선인을 군인·군속·노무자·군위안부로서 강제 연행하여 전쟁소모품화함으로써 민족학살적인 말살책을 취하기도 하였고, 지역공동체의 구성원으로서 개인을 유리시켜 비자립적 개인들을 양산하는 결과를 초래하기도 하였다.

이러한 민족말살정책을 수행함에 있어서 총독부는 특히 지원병을 비롯하여 일본 천황제 군대에서 '충량한 신민'으로 개조된 자들을 '황민화' 및 전시강제동원의 중추적 핵심세력으로 재활용하고자 하였다. 국가 총동원체제에서 급증하는 동원관료의 수요를 이들로 충당하여 판임관(동 대우) 및 고원이라는 최하위 식민지 관료로 '우대'하는 대책을 강구하는가 하면, 이들을 '향군' 및 '총력연맹애국반의 추진분자'로 조직하여 나갔던 것이다.[26]

이상과 같이 민족말살주의에 입각하여 '조선의 영원한 그리고 완전한 지배'를 수행함에 있어서는 강력한 권력과 철저한 통제체제를 구축하지 않으면

필요도 없다. 그렇지만 그 실제에 있어서는 곤란한 사정이 많고 그 중 특히 언어·풍속·관습이 다르기 때문에 그 실행에 어려움이 많다. … 내선인 결혼자의 우대의 방법을 고려하려고 한다"라고 하고 있다.
朝鮮總督府 警務局長, 《內鮮一體の理念及其實現方策要綱》(1942)에서는, "내선일체의 인구정책상 실현의 방책으로, 첫째 반도 주재 일본인의 증가책, 둘째 조선인의 내지 이주 규제책(우량한 이주자는 도항을 장려하고 조악한 만성적인 도항자는 엄히 제한하는 것), 셋째 내선통혼의 장려책(내선일체의 완성)"이라고 하고 있다. 이 정책의 결과로, 실제로 혼인 수가 증가하고 있음을 알 수 있다. 1936년까지 조선내에서 혼인수가 1,192쌍에 지나지 않았는데 1942년에는 2,015쌍에 달하고 있고, 일본에서는 1944년 3월 말 현재, 10,700쌍(조선남자와 일본여자 10,428쌍, 조선여자와 일본남자 272쌍)에 이르고 있다(〈朝鮮·臺灣人と內地人の通婚狀況〉, 《朝鮮·臺灣人の參政權に關する參考資料》).
상세한 것은, 강창일, 앞의 글(1994)을 참조할 것.

26) 조선총독부, 〈朝鮮人志願兵の入營後の狀況及退營後の指導〉(《朝鮮の狀況》), 267~268쪽.
橋谷弘, 앞의 글.

불가능하였다. 이를 위하여 어떠한 제도적·법적 장치를 마련하였는가, 그리고 지배권력과 통치구조를 어떻게 구축하여 나갔는가 하는 문제를 살펴보기로 한다.

2) 조선 총독의 권력

조선의 총독은 親任官이고 천황에 直隷하며 上奏權을 갖는다.[27] 총독은 천황이 직접 임명하고 천황에게만 책임진다는 것을 뜻한다. 임기가 없음은 물론이다. 총독의 지위는 패망 때까지 변함이 없었다. 대만총독이 천황에 직예하지 않았고 상주권을 갖고 있지 않은 것과 대비된다. 또한 총독은 현역 육해군 대장으로 충원하도록 규정되었다. 이는 조선이 일본 군벌(특히 육군)의 지배영역으로서 대륙침략의 기지로 자리매겨졌음을 뜻하는 것이기도 하다.[28] 조선의 역대 총독 8명중에서 사이토 해군대장을 제외한 7명이 모두 육군인 것도 여기에 연유한다.

하나의 민족공동체로서 오랫동안 단일독립국가를 유지하여 왔던 조선민족의 강력한 저항에 직면하여 일제는 군사력에 의하여 지배하여야 했다. 무관총독제는 원활한 군 통수를 통해 군사적 지배를 관철시키기 위한 조처이기도 하였다. 무단통치·헌병경찰제도 등이 이를 잘 설명하여 준다.

3·1독립운동이 발발하자 일제는 〈칙령〉 제386호(1919년 8월)를 공포하여 총독부 관제를 일부 개정하여 사이토(1914년 예비역에 편입되었는데 1919년 8월 현역으로 복귀)를 총독에 임명하였다. 지위에 관해서는, 종래 〈관제〉 제2조의 "총독은 친임으로 한다. 육해군 대장으로 이에 충원한다"라는 구절에서, "육해군대장 …"을 삭제하였다. 그러나 이것은 문관총독제로 관제를 개정한 것

27) 〈朝鮮總督府 官制〉(칙령 제354호, 1910. 9. 30, 공포).
일본의 官等제도는 1886년 3월 제정된 〈高等官官等俸給令〉(칙령 제6호)과 〈判任官官等俸給令〉(칙령 제36호)에 의해 골격이 잡혀 1945년 패전 때까지 계속되었는데, 조선의 총독, 정무총감, 군사령관은 모두 친임관이다(戰前期官僚制硏究會 編, 《戰前期日本官僚制の制度·組織·人事》, 東京大學出版會, 1981).

28) 森山茂德, 〈日本の朝鮮統治政策(1910~1945)の政治史的硏究〉(《法政理論》 23~3·4, 新潟大學, 1991).

이 아니라, 단지 문관도 총독에 임명될 수 있다는 것을 적시한 것에 지나지 않았다. 그 후 실제로 한번도 문관이 총독에 임명된 적이 없었다는 것을 고려하면 이는 단지 민심수습을 위한 기만적인 진무책에 불과하였음을 쉽게 간파할 수 있다. 오히려 주목해야 하는 점은, 육군군벌의 지배영역인 조선에 해군대장이 임명되었다는 것이다. 이는 제1차 세계대전 이후 새롭게 전개되고 있는 일본내의 제 정치집단간의 권력투쟁과정 속에서 죠슈 육군벌의 퇴조와 정당정치의 활성화 및 해군세력의 부상이라는 정황과 맞물려 3·1운동에 대하여 육군 측에 책임을 물은 것이라고 할 수가 있다.[29] 그 이후 일본에서 육군세력이 다시 권력의 중추에 자리잡고 대륙침략 기운이 비등하면서 조선이 육군군벌의 독립적 지배영역으로 원상 복귀되어 모든 총독이 육군으로 충원되고 있음은 익히 알려진 대로이다.

조선이 육군의 지배영역이었기 때문에, 총독은 일본 정치권력집단 및 육군내부 파벌의 역학관계에 의하여 결정되었다. 야마가타 아리토모를 수령으로 하여 가쓰라 다로·테라우치 마사타케·하세가와 요시미치·다나카 기이치·야마나시 한조 등으로 형성된 육군의 죠슈벌은[30] 메이지·다이쇼기에 걸쳐 육군을 장악하고 있었을 뿐만이 아니라 근대 일본의 정치권력을 이토 히로부미 등의 문민정치가 및 정당세력과 함께 분점하여 공유하고 있었다.

일제는 조선을 강점한 후 이들 죠슈벌의 핵심들이 조선총독을 역임하였다. 그런데 1920년대 이후 육군 내부의 세대교체로 죠슈벌이 해체되면서 이 군벌의 방계로 성장하여 온 우가키가 육군 본류의 실력자로 등장하여 하나의 파벌을 형성하게 된다. 이른바 우가키－미나미(宇垣－南) 계보가 그것이다.[31]

---

29) 北岡伸一,《日本陸軍と大陸政策》(東京大學出版會, 1978).

30) 죠슈벌이라는 것은 메이지유신의 주도세력인 죠슈번(현재의 山口縣) 출신들을 가리킨다. 근대일본의 정치권력은 伊藤博文·山縣有朋를 위시한 죠슈번 출신들에 의하여 장악되고 있었는데, 그 내부에서도 이토 등의 文民 정치세력과 야마가타 등의 군벌정치세력으로 나누어져 권력을 분점·공유하였다(강창일, 앞의 글, 1994).

31) '宇垣－南' 계보의 인적 구성과 성격에 대해서는 다음을 참조할 것.
北岡伸一, 〈陸軍派閥對立〉(1931～35)の再檢討－對外·國防政策を中心として－〉(《年報·近代日本硏究 1, 昭和期の軍部》, 山川出版社, 1979).
佐佐木隆, 〈陸軍革新派の展開〉, 앞의 책.

1930년대에 들어와서 육군 내부에서 극우적인 皇道派가 등장하여 '국가개조'를 주창하였다. 이에 대응하여 근대적인 파시스트라고 할 수 있는 統制派가 등장하여 권력투쟁을 벌이고 여기에서 통제파가 승리하였고 이 집단이 육군은 물론 정치권력까지 장악하여 침략전쟁을 일으켰음은 주지하는 대로이다.

우가키－미나미 파벌은 육군 내부에서 주류로 잠시 자리를 잡는 것 같았으나 얼마 안 있어 비주류로 전락하게 된다. 우가키가 총리대신의 대명(천황의 명령)을 받고서도 육군의 반대로 수포로 돌아간 것은 여기에 연유한다. 1930년대 이후 이 파벌은 군부 및 중앙정치에서는 밀렸지만. 그 대신에 조선을 그들의 지배영역으로 하여 패전 때까지 조선총독은 이 계보에서 충원되었다.[32] 일본의 전형적인 권력분점의 정치현상이라 하겠다.

조선총독은 일본의 수상에 버금가는 지위와 권위를 향유하였다. 그들은 모두 백작·남작이라는 최고의 작위를 갖고 있는 자들이었다. 그리고 9명의 총독 중 수상을 지낸 자들이 테라우치·사이토·우가키(천황의 하명을 받았으나 육군 군부 내의 갈등으로 정식으로 취임하지 못했음)·고이소(小磯)·아베(阿部) 등이었고 그 외의 자들도 이미 대신을 지냈던 자들이었다. 그 지위는 宮中席次에도 잘 나타난다. 궁중석차는 제1계에서 제10계까지 지위 순에 따라 나누어지고 있는데 조선총독은 최고 상계인 제1계에 자리잡고 있다(대만 총독인 경우에는 명시조차 되지 않았다). 제1계 중에서도 외지의 총독에 지나지 않음에도 불구하고, 元帥·대신의 다음 석차인 제6위를 차지하고 있었다. 이는 전 수상·추밀원 의장(제7위)·추밀원 부의장(제9위)·친임관(11위)·귀족원 의장·중의원 의장(제12위) 등보다도 상위로 가히 그 위상을 추량할 수가 있다.[33]

총독은 일본국 헌법이나 법률에 구애받음이 없이 조선지배에 관한 한 입법권·행정권·사법권·군통수권 등 일체의 권력을 독차지하여 조선을 통치하였다. 우선 입법권에 대하여 살펴보면, 〈조선에 시행할 법령에 관한 법률〉(〈긴급칙령〉 제324호, 1910. 8. 29)에서 천황의 '명령'인 칙령과 천황에게만 책임지는 총독의 제령에 의하여 조선을 통치하도록 하고 있다.[34] 일본 국내에서

32) 최근에, 이러한 관점에서 조선총독의 성격에 접근하는 연구성과가 나오고 있다. 이승렬, 〈역대 조선총독과 일본군벌〉(역사문제연구소, 《역사비평》 24, 1994).
33) 黃昭堂, 《臺灣總督府》(東京 ; 教育社, 1981), 209~210쪽.

시행되는 칙령은 하위법으로 법률을 변경할 수 없고 제국의회의 승인을 필요로 하고 있다. 그런데 조선총독의 '명령'인 制令은 조선내에서는 물론이고, 본국에서조차도 "내각총리대신을 거쳐"라는 절차만이 있을 뿐 내각이나 의회의 승인이나 견제를 받음이 없이 오로지 천황의 재가만을 필요로 할 뿐이었다.

조선총독은 의회의 견제나 내각의 지휘·감독을 일체 받음이 없이 관리의 임면권 및 행정권 일체를 장악하였다. 대만이 행정권에 있어서는 일본수상의 지휘·감독을 받고 있는 것과 대비된다.

일제는 1937년 중일전쟁을 도발하고 나서 1941년 태평양전쟁으로 확전되자 효율적인 전시동원을 위하여 '행정간소화 및 내외지 행정일원화' 조치를 취하였다. 이 조치는 조선총독이 일본내각의 지휘·감독을 받도록 하는 것으로 총독의 권한이 제약당하는 것을 뜻하기는 하나 이는 어디까지나 전시중의 비상조치였음에 지나지 않는다.[35]

조선총독은 조선에 주둔하고 있는 일본 육해군의 통수권을 장악하였다. 조선에는 통감부 설치 이후, 항일투쟁을 진압할 목적으로 한국주차군 사령부를 두어 일본군을 주둔시키고 있었다(병합 후에는 조선주차군 사령부로, 1918년 5월 29일에는 조선군 사령부로 개칭함).[36]

통감부 〈관제〉 제4조에는, "통감은 한국의 안녕 질서를 유지하기 위해 필요하다고 인정될 때는 한국주차군의 사령관에 대해 병력의 사용을 명할 수 있다"라고 정하였다. 이것은 군정권 및 군교육권은 육해군 당국에 있지만 軍令權 즉 군통수권은 통감이 장악하고 있음을 보여주는 것이다. 뿐만 아니라, 군 스스로도 자의적으로 '조선방비'가 아닌 '치안유지' 등에 군사력을 사용할 수 있도록 하고 있다.[37] 이는 군대가 조선의 '치안유지' 기구임을 뜻한다. 그

34) 천황의 통치대권에 속하는 칙령으로 총독에게 입법권을 위임할 수 있는가 하는 법리적 문제가 제27회 제국의회에서 논란이 되어, 결국 〈일본법률〉 제30호(1911. 3. 25, 공포)로 총독에게 위임입법권이 부여되었다(日本外務省 條約局 法規課, 《日本統治時代の朝鮮》, 52~59쪽).

35) 日本外務省 條約局 法規課, 위의 책, 171~175쪽.

36) 朝鮮軍司令部, 《朝鮮軍概要史》(宮田節子 編, 《朝鮮軍概要史》, 復刻版, 不二出版社, 1989).

37) 〈朝鮮駐箚軍司令部條例〉(칙령 제205호, 1906. 8), 日本外務省 條約局 法規課,

래서 한국주차헌병대도 통감의 예하에 배속시키고 동 사령관을 경무총감에 겸임시켰던 것이다.[38] 치안유지라는 미명하에 헌병대를 포함한 군대의 통수권을 장악한 폭력지배의 제도적 장치는 병합 이후 계승·강화되어 이른바 헌병경찰제로 상징되는 무단통치를 전개하였던 것이다.

일본에서는 수상이 내각수반임에도 불구하고 군사권에 관한 한 어떠한 권한도 갖고 있지 못한 채, 군은 천황에 직예하는 체제로 되어 있다. 그런데 조선에서는 조선총독이 행정권과 입법권뿐만 아니라 군통수권까지도 장악하게 된 것이다. 이것은 조선 민족의 식민지 지배에 대한 저항의 치열함에 대응한 것으로 군사력을 바탕으로 강압적이고 폭력적인 통제체제를 구축하여 통치하여 갔음을 보여주는 것이라고 하겠다.

3·1운동 이후 일제는 마지못해 관제를 개정하여 군통수권을 폐지하고 출병요구권만을 부여하였다. 이를 가지고 무단통치에서 '문화통치'로 바뀌었다고 대대적으로 선전하였으나, 실제 이 개정의 의도는 해군총독과 육군인 조선군사령관과의 미묘한 관계를 해소시키기 위한 조처였다. 앞에서 언급한 조선군의 '치안유지' 기능과 역할은 규정의 개정 없이 줄곧 계속되었고, 1930년대 대륙침략 이후에는 더욱 강화되어갔다.

조선총독은 재판소 구성권·관리권·인사권과 감독권 등 일체의 사법권을 장악하였다.[39] 사법권의 독립은 입법부 및 행정부로부터 사법부를 독립시키는 것과 함께 신분보장 등을 통한 법관의 독립을 전제로 하는 것이다. 그런데 '충량한 제국신민'이 아니면 언제든지 퇴직시킬 수 있도록 규정을 만들어 신분조차도 보장하지 않았다(일본 국내에서는 법관은 법률로써 신분보장을 받고 있음). 그리고 재판소는 총독부 통치기구의 한 부서로 편제되었고 집행권에 해당하는 검찰권을 사법권 속에 포함시켰다. 재판권과 집행권을 독립시켜 권력집중으로 인한 권력남용과 악용을 방지하여 기본권적 가치를 실현한다는 사법권 독립의 목적에 상치되는 것으로 근대적 사법제도와는 거리가 먼, 전제군주제하의 그것과 흡사하다.

앞의 책, 233쪽.

38) 〈韓國に駐箚する憲兵に關する件〉(칙령 제323호, 1907. 10. 8).

39) 〈조선총독부 관제〉(칙령 제354호)·〈조선총독부 재판소령〉(제령 제15호).

입법·사법·행정·군통수권을 비롯한 통치권 일체를 한 몸에 지닌 조선총독은 전제군주적인 절대권력을 행사하는 권력의 화신이었다. 뿐만 아니라 총독은 식민지 본국인 일본에서도 천황에게만 책임을 질 뿐, 내각이나 의회로부터도 통치권 행사에 관한 한 간섭이나 견제를 당하지 않는 존재였다.

일제의 식민지 관리(사무통리)기구는 외무성(1905~1910. 5), 拓殖局(~1913. 6), 내무성(~1917. 7), 척식사무국(~1922. 12), 척식국(~1929. 6), 척무성(~1942. 11), 내무성(~패전)이었다.[40] 이 기구들은 '천황 혹은 총리대신을 보필'하고 본국과 식민지간의 연락창구의 기능과 역할만을 할 뿐으로 그 자체가 식민지 통치권력의 상급기관이라든지 감독권을 갖는 것은 아니었다. 대만총독부의 경우는 그 관제에 "총리대신의 감독을 받고 제반의 정무를 통리한다"라고 되어 있기 때문에 본국과의 관계가 명확히 드러났다.

그런데 조선총독의 경우는 "총독은 천황에 직예하고 … 제반의 정무를 통할하며 내각총리대신(전담의 省이 설치되었을 때는 拓務大臣 혹은 內務大臣)을 거쳐 상주하고 재가를 받는다"라고 되어 있을 뿐이다. 본국과의 관계가 상주의 절차만을 가지고 이처럼 모호하게 규정되었기 때문에 그 해석이 분분하였고 줄곧 논란이 되어 왔다. 그것은 총리대신(혹은 척식성·내무성)에 감독권이 있는가, 조선총독의 지위가 척식성 혹은 내무성 대신의 아래에 놓이는가 하는 문제들이었다. 결국에는 본국의 식민지 관리기구에 조선에 관한 한 감독권이 없는 것으로 결착되었다.[41]

1942년 '내외지 행정일원화' 조치로 인하여 조선총독은 각 성의 지휘·감독을 받게 되었다. 이것은 태평양전쟁으로 전선이 확대되면서 행정의 일원화와 일관성을 통하여 전시동원체제를 효율적으로 구축하기 위한 비상조치였다. 그럼에도 본국의 각 성에 개별적인 행정감독의 권한을 부여하고 있을 뿐으로 일반적 행정감독권은 여전히 조선총독에게 있었다. 이 조치로 조선총독의 전제적 권력행사에는 많은 제약이 있었으나, 천황에 직예하는 최고의 행

40) 日本外務省 條約局 法規課, 〈(第六節) 朝鮮統治の中央機構〉(앞의 책).

41) 日本外務省 條約局 法規課, 위의 책, 47쪽. 그 이전 1917년에도 내무성에서 조선총독부에 대한 감독권을 주장하여 훈령을 내렸는데, 총독부에서 근거 없다고 이를 반려하여 문제가 되었으나 결국 총독부의 입장이 관철되었다(위의 책, 160~161쪽).

정관청으로서의 지위와 권력에는 변함이 없었던 것이다.

앞에서 살펴보았듯이, 조선총독은 기본적으로 천황 이외에는 어느 누구로부터도 견제나 간섭을 받지 않고 입법권·행정권·사법권 등 조선통치에 관한 일체의 권력을 장악하는 전제군주적 존재였다. 이처럼 배타적으로 절대권력을 행사하는 총독의 자리는 현역 군인대장 혹은 그 출신자에게 돌아갔다. 이것은 민족적 저항을 억누르면서 조선을 영원히 지배하기 위해서는 권력집중과 군사적 지배를 통하여 철저한 통제체제를 구축하고 강권통치를 해야만 가능하였기 때문이었다.

3) 식민지 통치구조

일제는 병합 직전 廟議에서 〈병합의 기본방책〉을 정하여 조선을 일본의 헌법이나 법률을 적용하지 않고 천황의 대권에 의해 통치되는 지역인 法域外지역으로 규정하였다. 그리고서는 천황의 통치대권에 해당하는 긴급칙령(제324호) 〈조선에 시행할 법령에 관한 건〉을 공포하여 조선통치법의 대강을 그려놓았다. 이에 의하면, 헌법에 해당하는 최상위법은 천황의 명령인 칙령으로 대체하고 총독에게 입법권을 위임하여 그 명령인 제령을 통하여 조선을 통치하게 하였다. 그리고 일본법률을 조선에 적용할 때에도 이를 칙령으로 정하도록 하였다.

조선은 결국 칙령·제령·부령·도령이라고 하는 통치기관의 명령체계 아래 통치되었다. 이러한 '명령'에 의한 통치구조는 주민의 의사가 입법과정에 반영되는 제도적 장치를 전혀 갖추고 있지 않았을 뿐 아니라 식민지 본국에서조차 견제받고 있지 않다는 점에서 일제가 '자기목적'을 관철시키기 위해 반법치주의적인 人治主義 통치체제를 구축한 것을 뜻한다.

일제는 이러한 '명령'에 의한 인치 지배의 권력전횡을 은폐하기 위하여, 의사자문제와 의사의회제를 채택하였다. 중추원과 도평의회·부회·읍면회 등 그들이 소위 '자치제'라고 선전하는 것들이 그것이다.

일본은 조선을 병합하자마자 중앙행정기구내에 총독의 자문기관으로 중추원을 설치하였다. 관제상의 기구임에도 불구하고 총독이 의원을 임명하고,

의원은 신분보장이 되어 있지 않아 총독이 언제라도 해임할 수가 있으며, 자문사항조차 법령으로 정하지 않아 총독이 자의적으로 운용할 수 있도록 하였다.[42]

또한 1913년 〈부제〉(제령 제7호)를 공포하여 부윤의 자문기관으로 부협의회를 설치하였다. 1920년에는 〈부제〉(제령 제12호)와 〈면제〉(제령 제13호)의 개정을 행하고 〈도 지방비령〉(제령 제15호)을 새롭게 제정하였다. 이를 통하여 도의 자문기관으로 도평의회를, 면(지정면)의 자문기관으로 면협의회를 설치하였다. 그리고 부의원은 선출직으로, 그 외 협의회원은 임명직으로 하였다. 이들 지방의 자문기관은 각 지방단체의 세출입과 起債·지방세·사용료 등 부과세에 대한 사항만을 자문하도록 되어있다.

그 후 1930년 12월 1일 도제, 부제 및 면제의 개정을 행하였다. 여기에서 우선 도평의회를 도회로 바꾸어 의결기관으로 하면서 3분의 1은 도지사의 임명에 의해, 3분의 2는 부회의원·읍회의원·면협의회 회원의 간접선거에 의해 구성하였다(1934년에 시행). 그리고 부회 및 읍(종래의 지정면)회를 의결기관으로 하고 면(지정면 이외의 면)협의회를 자문기관으로 각각 설치하였다(1931년에 시행).

이러한 각각의 지방의회는, ① 중요한 사항을 의결하고, ② 공익에 관한 의견서를 관계관청에 제출하고, ③ 관청의 자문에 답신하고, ④ 예·결산을 심의하고 검사하는 권한 등을 갖고 있었다.[43] 그 전의 자문기관보다는 질적·양적으로 훨씬 큰 권한을 향유하고 있었으나, 당시 그들이 선전하고 있는 바처럼 '중앙집권적 통치방침을 고쳐 지방분권의 실현'을 위한 것이라든지 '지방자치제도의 創定'[44]은 결코 아니었다.

자치입법권은 매우 제한적인 것이었으며 그것조차도 지방단체장이 자의적으로 그 의결을 취소할 수 있다. 조선총독은 도회나 부회 등을 마음대로 해산시킬 수도 있다. 선거권과 피선거권은 당시로서는 상당한 고액인 지방세 5

42) 중추원의 구성과 업무에 대해서는, 〈朝鮮總督府 中樞院 官制〉(칙령 제355호, 1917. 9. 30).

43) 日本外務省 條約局 法規課, 앞의 책, 212쪽.

44) 朝鮮總督府, 《施政に關する諭告, 訓示竝演述》(1930).

원 이상 납부자에게만 부여하는 제한선거제였는데, 이는 조선 거주 일본인을 의회에 진출시키기 위한 자의적 획정이었다.

또한 읍·면의 행정단위를 일본인 거주자의 많고 적음에 따라 자의적으로 정하여 읍에는 의회를 설치한 반면 일본인이 별로 거주하지 않는 면에는 자문기관인 협의회만을 두었다. 아울러 도회의 경우에도 조선인이 다수를 차지할 위험성 때문에 간접선거제 및 임명제를 채택하였을 뿐만 아니라 〈제령〉을 공포하고 나서도 2년이나 뒤늦게 시행하였다.45)

이상과 같이 자문기관, 의결기관을 형식으로는 갖추고 있었으나 실제는 의사적이고 허위적인 것에 지나지 않았다. 그 본질은 앞에서 언급한 것처럼 일본인의 정치적 지배계급화 및 조선인 상층계층의 개량화에 있다고 해야 할 것이다.

통치권력의 '명령'에 의해 지배되는 반법치적 인치주의는 통치기구에도 그대로 반영되었다. 중앙에는 총독의 최고 보좌관으로 정무총감(친임관)을 두었는데 이들은 대부분 총독과 진퇴를 같이하였다. 정무총감 밑에 총독의 명령을 집행하는 총무부·내무부·탁지부·농상공부·사법부의 일반 부서를 두었고 이 부서는 정황과 필요에 따라 수시로 바뀌었다. 그리고 총독에 직속하는 특별기구로 경무총감부·재판소 등을 설치하였다.

지방에는 총독에게 직예하는 道長官(1919. 8. 29, 〈칙령〉 제391호에 의해 도지사로 개칭됨)을 두었는데 도장관은 지방통치에 관한 한 입법·행정·사법권을 전유하고 해당 지방의 주둔군의 출병요구권도 갖는 '가히 小총독'이라 할 만한 지위와 권한을 장악하였다. 초기 헌병경찰제도하에서 각 도의 경무부는 도장관에서 독립하여 중앙의 경무총감의 관할하에 놓였다. 이것은 1910년대에 지방장관 대부분이 조선인이었기 때문에 이를 일본인 경무부장이 견제하는 의미도 지니고 있었다. 1920년 관제개정으로 보통경찰제가 실시되면서 도경무부는 도지사의 관할하에 놓이게 된다. 도지사가 경찰권도 완전히 장악한 것을 의미한다.

도장관 밑에 최말단의 통치기구(법령으로 규정된 공법인의 지방단체)로서 부

---

45) 孫禎睦, 앞의 책.

와 군을 두었고 그 밑에 보조집행기구로 면을 두었다. 그러다가 1930년의 지방관제 개정을 통하여 읍·면을 공법인의 최하위 지방단체로 규정하게 됨에 따라 읍·면→부·군→도→총독의 위계체계가 확립되었다. 읍·면이 공법인화된 지방단체로 되었다는 것은 식민지 통치권력이 최하위의 면단위까지 침투하여 식민지 지배체제가 그만큼 공고히 되었다는 것을 뜻하기도 한다. 이들 각각의 지방통치의 수장들은 총독의 조선에서의 지위와 권한처럼, 해당 통치영역에서는 절대권력을 행사하는 전제군주적 존재였고 상급 권력에게만 책임질 뿐이었다.

일제는 이러한 통치기구를 두고서 경찰력과 군사력을 행사하여 식민지 지배체제를 구축하고 '자기목적'을 실현하여 나갔다. 일본의 조선지배에서 경찰이 어떠한 비중을 차지하고 있었는가 하는 문제는 경찰 수와 예산만을 살펴보더라도 여실히 알 수 있다.

초기에는 전체관리수의 절반 이상을 경찰인원이 점하고 있고 보통경찰제가 채용된 이후에도 3분의 1 이상을 차지하고 있다. 단, 1940년 통계에서는 경찰관의 비중이 5분의 1 정도로 떨어지고 있으나 이는 전시강제동원에 군이 직접 그 동원기구에 참여하게 됨에 따라 더 이상 증원의 필요가 없었기 때문이었다. 그리고 총독부 직원은 물론, 경찰에 일본인이 다수를 점하고 있음도 주목해야 할 것이다.

경찰은 치안 및 위생의 일반업무 외에 위임된 범위내에서 사법재판권과 집행권을 장악하고 있었다 검사가 없는 지역에서의 검찰사무, 민사쟁송 조정사무(〈제령〉 제11호, 1910), 집달리사무, 범죄즉결례(〈제령〉 제10호, 1910. 12) 및 경찰범 처벌규칙(〈부령〉 제140호, 1912. 3)에 의한 사법재판권 등이 그것이다. 이외에도 학사·경제·보건·언론·종교 모든 분야에 결쳐 지도·감독하는 권한을 가지고 있을 뿐만 아니라 일반 행정기관의 고유업무에까지 지원이라는 명목으로 관여할 수 있었다.[46] 이처럼 경찰의 無所不爲의 권능은 경찰 지배체제라고 해도 지나치지 않을 정도였다.

헌병경찰제에서 알 수 있는 것처럼, 일본은 조선통치를 위하여 군사력을

46) 경찰의 업무와 기능에 대해서는 金敏喆, 〈日帝 植民支配下 朝鮮警察史 硏究〉(경희대 석사학위논문, 1994).

사용하였다. 조선주둔군은 그 〈조례〉에, "한국(후에 조선)의 안녕 질서를 보지하기 위해 통감(후에 총독)의 명이 있을 때는 병력을 사용할 수가 있다. 단, 일이 급할 경우에는 편의상 이를 처리하고 나서 통감에 보고해야 한다. 전항의 경우에는 바로 육군대신 및 참모총장에게 보고해야 한다"[47]라고 되어 있다. 이 조례는 그 후 계속 적용되었고, 조선주차군(후에 조선군사령부로 개칭)의 기본업무로서 '대외 및 대내경비'를 규정하고 있다. 이는 조선군이 '국토방비'라는 본래의 업무 외에 조선의 치안유지도 기본업무로 부여받고 있음은 물론이고 나아가 조선군이 독자적 판단 아래 자의적으로 조선 내의 치안유지에 군사력을 사용할 수 있음을 뜻한다. 이상에서처럼 군은 '안녕·질서유지'라는 명목 아래 군사력이라는 물리력을 가지고 경찰과 함께 조선통치의 중요한 일익을 담당할 수 있게 되었던 것이다.

일본군은 러일전쟁이 끝나자 1907년 전시체제를 평시체제로 바꾸면서 조선에 1개 사단의 병력을 주둔시켰다. 그러다가 1910년 병합을 전후하여서는 2개 사단으로 병력을 증강하였다가 어느 정도 민족적 저항에 대한 무력진압이 끝나자 1개 사단으로 감축하였다. 그러나 1916년에는 다시 2개 사단으로 증강하기로 하여 1918년 이후부터는 2개 사단(제19사단과 제20사단)이 상주하게 되었다. 만주의 국경지대에 '대외경비'의 목적으로 1개 사단을 주둔시키고 '대내경비'를 목적으로 서울 용산에 사단사령부를 두고서 대구·부산·광주·대전 등 주요 도시에 각 부대를 주둔시켰다. 그 주둔군은 해당 지역에서 대민 정보수집을 할 뿐만이 아니라 통제와 감시를 주 업무로 하였다. 그리고 3·1독립운동에서 알 수 있는 것처럼 직접적으로 치안유지라는 명목으로 군사력을 빈번히 사용하였다.[48]

1937년 중일전쟁을 도발하고 나서 조선이 물적·인적 자원의 보급지로 자리 매겨져 전시 강제동원체제가 구축되면서 군이 조선통치의 전면에 부상하게 된다. 총독부 및 지방관서에 협조와 연락의 명목으로 군에서 요원을 파견하는가 하면, 모든 정책결정과정에도 직접 참여하여 주도하였다. 국민정신총동원 조선연맹(1938. 7)·국민총력 조선연맹(1940. 10)은 군·관·민 삼위일

47) 〈朝鮮駐箚軍司令部條例〉(칙령 제 205호, 1906. 8).

48) 조선군사령부, 앞의 책.

체의 전시동원기구로서 여기에서는 군이 주도권을 장악하여 이끌어가고 있었다. 이 군사통치적 양상은 전쟁이 확대되고 장기화될수록 심화되어간다. 중일전쟁 이후를 전시 강제동원을 위한 군사통치기라고 하여도 지나치지 않다.

이와 같은 군사력과 경찰력에 의한 강권통치와 계급적인 식민지 관료제는, 식민지 지배에 대한 조선민족의 저항이 그만큼 강고하였음을 여실히 보여주는 것으로, 이러한 물리적인 강압통치를 통하지 아니하고서는 조선은 지배할 수 없다고 하는 그들의 한계에 대한 반증이기도 하다. 이것은 곧 민족말살정책, 곧 '조선'을 신속히 효율적으로 해체시켜 일본의 천황제체제의 최말단 피지배계급으로 편입시키려는 일본형 식민주의의 정책적 반영이던 것이다.

〈姜昌一〉

Ⅱ. 1910년대 민족운동의 전개

Ⅱ. 1910년대 민족운동의 전개

1. 국내민족운동

1) 1910년대 국내민족운동의 배경과 경향

(1) 배경

1910년대는 일제 식민통치라는 전혀 새로운 현실적인 여건하에서 잃어버린 국권을 되찾아야 하는 민족문제해결이 최급선무로 인식되었던 시기였다. 그러므로 이 시기에는 지금까지의 민족운동방략을 반성하고 문제점들을 검토한 위에 폭압적인 일제의 식민통치에 적극 대항할 수 있는 민족운동체제를 재정비하고 독립쟁취를 위한 새로운 운동방략 정립과 구현을 위한 기반구축이 필수적이었다. 이같이 철저한 반성과 재정립단계의 준비과정을 통과한 까닭에 1919년의 3·1운동이 전민족적인 항일투쟁으로 확대·발전할 수 있었다는 사실은 1910년대의 민족운동이 한국민족운동사에서 차지하는 역사적 의의를 가늠케 해준다.

일제는 조선을 식민지로 강점한 직후 역사상 전례없는 폭압적 식민무단통치를 감행하였으니, 한국인은 일체의 민족적, 정치적 권리는 말할 것도 없고 인간적 자유조차 박탈당한 채 헌병·경찰을 비롯한 거미줄같은 감시체제하에 갇히게 되었다. 때문에 국내에서는 민족운동을 위한 조직결성은 물론 운동체제의 재정비나 활동전개는 결코 쉽지 않았으며, 대체로 사전발각으로 운동자체가 축소되거나 은폐되는 경우가 대부분일 정도로 제약이 많았던 시기였다.

제반 여건의 어려움 속에서도 1910년대는 비밀결사를 중심으로 한 투쟁이 비밀결사체의 조직원이 체포되었거나 조직이 해체당한 후에도 간단없이 이어졌다. 이같은 조직력과 투쟁력을 기반으로 한 까닭에 3·1운동이 단기간에 전국적, 전민족적인 민족운동으로 발전될 수 있었다고 하겠다. 그러므로 1910년대 국내에서 전개되었던 민족운동의 구체적 실상과 그 특징을 규명하는 과제를 통해 민족운동사란 커다란 흐름 속에서 한국민족운동의 분수령이라고 하는 3·1운동과 더불어 1910년대 민족운동 특히 국내민족운동의 역사적 위치가 올바르게 자리매김될 것이다.

1910년 무력으로 조선을 강점한 일제는 각지에서 지속되는 한국민의 저항을 근절시키고 식민지 조선지배의 정치경제적 기초를 확고히 다지기 위해 專制的 軍國統治體制인 武斷統治란 식민지 통치체제를 확립하였다. 일제는 식민지 지배의 핵심 통치기구로 조선총독부를 설치하고 총지휘자인 총독을 두어 통치를 담당케 하였다. 그런데 조선총독은 일본관제내에서 최고의 親任官으로 일본 조선 주둔 육해군 대장 중에서 임명되며, 일본정부의 통제를 받지 않는 천황 직속직으로 육해군을 통솔하는 막강한 권한을 가지고 있었다. 그러므로 조선총독은 조선에서 행정권뿐만 아니라 입법·사법 및 군통수권을 지님으로써 식민지 한국의 정권과 병권 등 모든 권력을 가진 "독립된 왕국의 土皇帝" 같은 존재로 군림하였다.[1] 이렇게 일제는 총독에게 무제한적인 권한을 부여하여 식민통치의 무단성을 강화시켰던 것이다. 아울러 총독부의 관료행정기구는 다양한 법적·제도적 장치가 뒷받침된 식민지 민중의 억압과 수탈을 수행하는 물리적 폭력기구나 다름없었다.[2]

또한 안정된 식민지배를 보다 확고히 하기 위해 행정조직의 체계화와 함께 상비적인 무장폭력이 필요하였다. 이러한 시책에 부응키 위해 마련된 장

1) 朴慶植, 《日本 帝國主義의 朝鮮支配》(청아출판사, 1986), 42쪽.
게다가 총독은 법률사항에 관한 명령을 발할 수 있었는데, 이는 동서고금에 없는 특별권한으로 총독의 법률효과를 가진 명령을 특별히 〈制令〉이라 하였다(朝鮮總督府, 《朝鮮法令輯覽》 上).

2) 1914년에 실시된 지방행정 정리조처로 인해 민족내의 관료적 친일집단의 재생산구조가 형성되었다. 일제의 식민지 지배에 참여한 관료들의 경우 3·1운동시기 투쟁에 적극 가담한 이도 적지 않지만 3·1운동 이후에는 거의 지배구조에 기생하는 매판집단으로 전락하고 말았다.
조재희, 〈일제 초기 식민지 국가기구의 형성과 그 성격〉(한국역사연구회·역사문제연구소 엮음, 《3·1민족해방운동연구》, 청년사, 1989), 92쪽.

치가 헌병경찰제도와 군대였다. 헌병은 그 임무가 첩보수집·의병토벌·검사사무대리·범죄의 즉결을 비롯해 민사소송조정·집달리업무·산림감시·어업단속·징세원조·묘지의 단속·노동자단속 그 밖에 일본어보급·농사개량 업무까지 관여하여 지방에서는 완전히 조선민중의 生死與奪을 관장하는 無所不爲의 권한을 행사하였다.[3] 특히 고등경찰은 조선 내의 사찰·정보 업무 이외에 만주·노령·중국·미주 등지에까지 그 손길을 미쳤다. 더구나 이에 그치지 않고 한민족의 모든 생활을 철저히 탄압하고 규제하기 위해 헌병경찰에게 범죄즉결권을 비롯한 일정한 사법관의 특권을 부여하여 벌금·태형·구류등의 형을 부과·집행할 수 있게 하였다. 일제는 막강한 권한을 부여한 헌병경찰을 전국 각지에 빈틈없이 배치하여 한국인의 동향을 감시케 하였다. 즉 총독부의 식민통치는 강제와 폭력에 기반을 두었던 것인 만큼 한국민중의 저항이 존재하는 한 헌병경찰의 수가 증가할 수 밖에 없다.[4]

일제는 이같은 방대한 조직과 인원을 가진 헌병경찰과 조선총독부만으로도 부족하여 이를 무력으로 뒷받침하고자 전국의 요소요소에 일본정규군을 배치하였다. 朝鮮駐箚軍이 러일전쟁 이래 의병에 대한 무자비한 탄압을 목적으로 파견되었는데 강점 이후에는 일본육군 제19사단을 나남에 주둔시켜 북부지역를 관장케 하고 제20사단을 용산에 주둔시켜 중부와 남부지역을 관장케 하니 각각 그 지역의 주요도시에 연대병력 혹은 대대병력을 주둔시켰다. 이어 경상남도 진해와 함경남도 영흥만에 해군요새사령부를 설치하여 군사적으로도 한반도를 완전히 장악한 것이다. 헌병경찰과 군대배치 외에 헌병경찰의 보조기관으로 의무소방대가 조직되었으며, 총독부 관리 이하 소학교

---

3) 朴慶植, 앞의 책, 44쪽.
4) 朴慶植, 위의 책, 46쪽.
점령 직후인 1910년 헌병기관은 653개소, 인원은 2,019명 경찰관서는 481개소, 인원수가 5,881명이었으나 1911년에는 헌병기관 953개소, 인원 7,749명, 그리고 경찰기관 678개소, 인원 6,222명으로 급증하였으며, 3·1운동 발발 전인 1918년에는 헌병기관 1,048개소 인원 8,054명 경찰기관 738개소 인원 6,287명으로 증가하였다. 헌병·경찰기관의 수를 비교해 보면 시간이 흐를수록 헌병경찰의 비중이 일반경찰보다 커져 1910년 경찰 74.4명 대 헌병 25.6명이던 것이 1911년에는 경찰 44.5명 대 헌병 55.5명의 비율로 바뀌었음을 알 수 있다(조재희, 앞의 글, 91쪽).

교원에 이르기까지 칼을 차게 하여 전 민중을 총칼의 武力으로 위협하는 식민통치를 감행하였다.

이와 같은 물리적인 통제를 바탕으로 일제는 민족운동을 강력히 근절코자 획책하였던 것이다. 특히 1905년 이래 전국에서 봉기하여 1907년 군대해산 이후 고조되어 가던 의병전쟁에 대해서는 강점 이전인 1909년 9월부터 2개월간 자행되었다. 일본정규군에 의한 '남한대토벌작전'이 있었는데 이 토벌작전은 병합을 앞두고 의병활동을 근절하려는 데 그 목적이 있었다. 의병 '토벌'을 빙자하여 일반민간에 대해서도 철저히 탄압하였고 이 작전을 통해 전국을 공포분위기로 몰아 넣어 식민지지배의 기초를 구축해 나갔다.5)

또한 정치활동은 물론 집회·결사·언론·출판의 자유도 완전 박탈하였으니, 1910년 8월 25일 〈집회취체에 관한 건〉을 공포하여 일체의 정치결사·집회를 금지시키고 9월 대한협회·서북학회·진보당·일진회 등 모든 계몽운동단체의 강제해산을 명하였다. 뿐만 아니라 1907년 〈신문지법〉, 1909년 〈출판법〉을 공포하여 출판의 자유도 억압하여 《초등대한역사》·《동국역사》 등의 역사서, 《이순신전》·《프랑스혁명사》 등의 서적을 폐간, 발매금지 혹은 압수하였으며, 《황성신문》·《제국신문》·《만세보》 등 계몽운동을 주도하던 모든 신문도 폐간조치하였다. 단지 《京城日報》·《매일신보》·《서울프레스》 등 총독부 대변지인 어용신문만 남겨 모든 여론조직의 전위역할을 담당케 하여 완전 통제하에 두었다.

조선총독부는 또한 대한제국 시기에 왕성했던 근대적 민족교육에 대한 열기를 철저히 탄압했다. 통감부시기에 이미 각종 〈학교령〉을 만들어 학제를 개악하는 한편 관공립학교를 증설하여 일본인 교사를 배치하고 친일교육·일본어교육을 강화시켜 나갔다. 이어 1908년 8월 〈사립학교령〉·〈서당에 관한 훈령〉을 공포해 서당과 사립학교의 설립 및 민족교육에 대한 통제를 가능케 하였다. 이 때문에 1909년 6월 말까지 인가를 출원한 1995개교 중 인가된 학교는 겨우 820개였다. 그것도 종교계 학교가 대부분이고 민족계 학교는 42개에 불과했다. 1908년 당시 전체 사립학교가 약 5천개였으나, 〈사립학교

5) 강만길, 《고쳐쓴 한국현대사》(창작과 비평사, 1994), 23쪽.

령〉이 적용된 후인 1910년 8월에는 1900여 개 교로 절반 이하로 줄어들게 되었다.6)

일제는 이에 만족하지 않고 식민지 노예교육을 강제하기 위한 조치를 서둘러 실시하여 우선 1911년 8월 〈朝鮮教育令〉, 이어 〈사립학교규칙〉을 제정·공포하여 국권회복운동의 구심점이던 사립학교를 탄압하는 한편 교육내용도 강제로 개편시켜 갔다. 이에 따라 사립학교 수는 3·1운동 직전에는 742개 교로 줄어들었고 학생 수도 반으로 감소되었다. 강력한 법적제재와 일제의 가혹한 탄압에도 불구하고 사립학교의 민족교육은 독립운동의 기초정립이나 민족적 역량증대에 기여한 바 적지 않아 사립학교 혹은 그 학생들이 3·1운동 때 중요한 역할을 담당했던 것이다.7)

사립학교에 대한 일제의 통제가 강화되자 오히려 서당교육이 신장되어 서당 수가 1911년 16,540개소 학동수가 141,604명에서 1917년 24,294개소, 학동 264,835명으로 급증하였다. 이 시기의 서당은 전통교육이나 봉건교육 일색이 아니라 외형상의 서당에서 근대교육을 실시하는 경우가 많았으며 항일교육이 가능하여 민족교육의 중요한 몫을 담당하게 되었다. 이러한 서당교육의 신장세에 당황한 일제는 서당교육을 통제하고자 1918년 〈書堂規則〉을 발동하여 서당의 설치억제와 교과과정에 대한 간섭 강화를 통해 민족교육을 봉쇄했던 것이다.8)

식민지 시기 전기간을 통해 일제의 교육정책은 문명적인 교육보급이란 명목하에 민족말살을 목표한 것이었으므로 이 시기 공교육으로서의 학교교육은 군신일체의 충효사상과 천황제 이데올로기를 강제로 주입하기 위한 하나의 수단에 불과했다.

아울러 조선에 대한 경제정책은 식량·공업원료의 약탈 및 상품판매시장으로서의 식민지적 경제로 재편성하는 방침이 그 특징이었다. 이러한 일제의 경제적 침략은 먼저 농업부문에서 이루어졌는데 1910년대는 그 기초 정지작

---

6) 朴慶植, 앞의 책, 143쪽.
7) 趙東杰, 〈1910년대 獨立運動의 變遷과 特性〉(《韓國民族主義의 成立과 獨立運動史硏究》, 지식산업사, 1989), 378쪽.
8) 趙東杰, 위의 글, 382쪽.

업으로서의 토지약탈과 지세수탈을 위한 이른바 토지조사사업을 감행한 것이다. 조선총독부가 1910년 임시토지조사국을 설치하고 1912년에는 〈토지조사령〉을 발표하면서 본격적으로 시행된 토지조사사업은 9년이란 긴 세월과 2,456만 원의 거액을 투입하여 1918년 11월에 완료되었다.[9)]

토지조사사업은 일본인, 일인기관의 소유 농토를 많게 하며 토지에 대한 자본제적 배타적 소유권을 수립하는 한편, 일본 농촌을 대신해 식량공급지화하여 쌀생산을 증대시키려는 의도를 담고 있었다. 토지소유권을 재조사하고 토지가격과 지형을 조사한다고 하면서 신고주의의 약탈적인 방법으로 임야 및 민간인 공유지 약 1,369만여 정보와 미개간지 약 102만 정보, 농경지 13만 정보의 토지를 약탈하였다. 이것은 당시의 국토 면적 약 2,225만여 정보의 약 62%에 해당하는 실로 방대한 것이었다. 신고하지 않거나 신고에 필요한 증빙서류를 다 갖추지 못한 한국농민의 토지는 모두 조선총독부 소유로 확정하였다. 그리고 이 사업을 통해 종래 농민의 권리였던 관습상의 경작권·賭地權·개간권·入會權 등을 부정하고 소멸시켰다. 즉 소유권의 귀속을 둘러싼 분쟁이 일어났을 경우 명확한 증거를 제시할 수 없었던 대부분의 농민들은 일방적으로 자신의 권리를 빼앗기고 말았던 것이다. 뿐만 아니라 일제는 이 사업을 지주의 권한을 강화하는 방향으로 추진해 조선 후기 이래로 다양한 방법으로 증진되어 왔던 농민들의 권리를 소작권 부정이란 방법으로 인정하지 않았으며, 게다가 지세 산정과정에서 50%란 고율 소작료를 공식적으로 인정해 줌으로써 식민지 지주제의 기반을 마련해 주었다.

---

9) 토지조사사업의 성격과 본질에 대한 견해의 차이로 다양한 연구가 이루어져 있으며, 최근 식민지 '근대화론', '수탈론' 논쟁과 관련지어 대립적인 주장들이 제기되면서 재검토작업이 활발해졌다. 주요논문을 소개하면 아래와 같다.
신용하, 《朝鮮土地調査事業硏究》(한국연구원, 1979).
宮嶋博史, 《朝鮮土地調査事業の硏究》(東京大 東洋文化史硏究所, 1991).
장시원, 《일제하 대지주의 존재형태에 관한 硏究》(서울대 박사학위논문, 1989).
조석곤, 《조선토지조사사업에 있어서의 근대적 토지소유제도와 지세제도의 확립》(서울대 박사학위논문, 1995).
김홍식 외, 《조선토지조사사업의 연구》(민음사, 1997).
최원규, 〈한말, 일제초기의 토지조사사업연구와 문제점〉(《역사와 현실》 21, 1999).

토지조사사업을 통해 조선총독부는 130여 만 정보의 국유지를 소유한 대지주가 되었으며 이를 동양척식회사 및 일인들에게 헐값으로 또는 무상으로 넘겨 주어 일인이나 동척 같은 토지회사의 토지소유를 급격히 증가시키는 결정적 계기가 되었다.[10] 즉 동척의 토지소유가 1910년 11,035정보이던 것이 1914년 70,144정보, 1919년에는 78,520정보로 증가하여 대부분이 조선인 소작농으로 구성되는 반국가적·식민지적·반봉건적인 조선 최대의 지주가 되었다.[11] 그 결과 조선 농민들은 토지를 빼앗기고 소작농이 되거나 농촌을 떠나게 되었다. 토지조사사업으로 소유권이 확정되면서 지세수입도 급증하여 식민지지배의 재정적 뒷받침을 마련해 주었던 것이다.[12]

일제는 토지약탈과 함께 산림도 약탈하고자 하여 우선 1908년 〈삼림법〉을 제정·공포하고 임야소유자로 하여금 지적과 면적도를 첨부해 신고케 하되 기한내에 신고하지 않거나 증거불충분한 것은 국유·민유의 구분에 의해 대부분의 임야를 국유화하였다. 1911년 기창출된 국유림을 보다 효과적으로 정리·경영하기 위하여 〈산림령〉을 반포하였다. 이어 1912년 8월 〈조선국유산림미간지 및 삼림산물특별처분령〉을 공포하여 일인에게 국유림과 그 임산물을 수시 불하하는 길을 열었다. 그 결과 일인에 대한 국유림의 대부 및 불하가 대대적으로 행해졌고 이들에 의한 산림소유의 확대가 점증하였다. 반면에 조선민중은 그대로 무주공산에 입산하여 薪炭과 採草를 거두는 입회권까지 박탈당하였다. 또한 일인사업가에게 경영상 안전을 보장하고 보다 계획적인 국유림경영을 확립하고자 1917년 조선임야조사사업을 계획·실시하여 조선임야의 소유권확립과 그 이전을 근간으로 하는 근대적 임야소유관계로의 재편성을 시도하였다.[13]

또한 일제는 일본공업발전의 원료공급지와 독점상품시장으로 착취하기 위한 경제체제개편에 착수하였다. 우선 1910년 12월 〈회사령〉을 공포하여 조선

10) 신용하, 위의 책, 246쪽.
11) 朴慶植, 앞의 책, 77~78쪽.
12) 과세지는 52% 증가하였고 지세 징수액은 1911년 6,245,000여 원에서 1920년 11,157,000여 원으로 약 2배가 증가하였다.
13) 강영심, 〈日帝下 '朝鮮林野調査事業'에 관한 硏究〉(《韓國學報》 33·34, 1984).
　　———, 《일제의 한국삼림수탈과 한국인의 저항》(이화여대 박사학위논문, 1998).

총독의 허가 없이는 회사를 설립할 수 없고 '총독의 명령'·'공공질서'·'선량한 풍속'에 反하는 경우 회사의 정지·금지·폐쇄 및 해산시킬 수 있도록 하여 조선인의 자유로운 기업활동을 막고자 하였다. 〈회사령〉 공포는 조선인 자본의 성장을 억제하고 일본자본의 적극적 진출을 꾀해 한국을 상품시장화하는 동시에 한국산업을 장악하기 위한 것이 그 근본 목적이었다. 실제 1918년까지 한국인회사의 경우 63개를 허가한 데에 반해 일인회사는 289개가 설립허가를 받았다는 통계상의 수치로도 민족산업의 탄압실상을 간파할 수 있다. 또한 1915년 12월 〈조선광업령〉을 제정·공포하여 광업독점권을 더욱 강화하는 동시에 광업권의 등록제를 통하여 광산인가에 있어서 일인에게 우선권을 주어 일인에 의한 광산업독점의 길을 열어 놓았다. 심지어 어업부문에서도 어업면허·허가제를 도입하여 한국인 소유의 유망한 어장과 왕실소유의 어장은 일인에 의해 약탈당하고 어장구역을 일인이 독점할 수 있게 재편성하였다.

이처럼 물리적 폭력은 물론, 경제적 침탈을 위한 기초정지작업을 목표한 1910년대 무단통치로 인해 한국민은 일체의 민족적·정치적·경제적 권리는 물론 인간이 가져야 하는 최소한의 기본권마저 박탈당한 채 식민통치에 복종해야 하는 노예적 상태로 전락해 버렸다.

(2) 국내민족운동의 경향과 특징

1910년 국권을 강탈한 일제는 전대미문의 무자비한 감시와 탄압으로 식민정책의 기초를 구축하고자 하였다. 더구나 일제는 앞서 살핀대로 경찰과 군대는 물론 유사조직을 활성화시켜 한민족의 항일민족운동이 확대·발전되는 것을 사전에 억제하고자 한반도 전체를 창살없는 감옥과 같은 '병영국가'로 만들어 놓았다.[14] 그러므로 최소한의 기본적인 생존권조차 박탈당한 한국인은 한민족의 자존을 위한 투쟁이 더욱 어려운 상황하에 놓여 있었다.

그러므로 1910년대 민족운동은 이같은 현실을 직면하면서 이전까지의 민족운동에서 노정된 한계를 극복하고 새로운 방략을 모색하지 않을 수 없었

14) 윤경로, 〈1910년대 독립운동의 동향과 그 특성〉(《한국독립운동의 이해와 평가》, 독립기념관 한국독립운동사연구소, 1995), 245쪽.

다. 우선 한말의 의병전쟁과 계몽운동으로 전개된 구국운동을 정비하는 작업으로 시작되었다. 즉 1910년 8월 식민지라는 상황변화에 따라 非武裝 實力養成論에 기초한 구국계몽운동 계열의 운동노선과 武裝鬪爭을 주창하였던 의병계열의 운동론 모두가 그 한계를 인식하지 않을 수 없었다. 그러므로 이를 반성하며 의병전쟁을 독립군적 조직으로 발전시키거나 계몽운동을 독립군양성교육으로 개편하려는 것이 일반적인 추세였으나 기존의 노선을 고집한 경우도 적지 않았다.

물론 전체적인 흐름을 살피면 국권을 상실당한 상황은 민족운동가들에게 이전시대의 구국계몽운동계열의 비무장·실력양성론적인 운동노선 일변도나 의병전쟁계열의 무장투쟁노선만으로는 식민지체제를 극복할 수 없다는 점을 인식케 해 주었다. 노선상의 대립을 반성하고 상호보완하려는 방향으로 추구된 방략이 바로 독립전쟁론이었다. 독립전쟁론은 국외에 독립운동기지를 구축하여 독립군을 양성한 후 적당한 시기에 일제와의 혈전을 통해 빼앗긴 국권을 되찾는다는 방략이다. 물론 이 방략은 준비론적인 성격이 강한 것이어서 즉각적인 독립전쟁을 목적한다기 보다는 향후 발생할 전쟁에 대비해 전쟁에 필요한 인적·물적자원을 축적해 독립역량을 강화시키려는 운동론이다. 또한 일본이 러시아나 미국과 일전을 겨루어야 할 경우 이 기회를 이용하려는 기회포착적인 성격을 띤다. 이처럼 독립전쟁론은 기존의 민족운동론인 실력양성론과 무장투쟁론을 상호보완한 통전적인 운동론이라 할 수 있다.

이처럼 1910년대 민족운동에서 볼 수 있는 가장 큰 특징은 과거의 운동체간 차별성과 분파성이 점차 희석되면서 독립전쟁론을 기조로 한 새로운 민족운동의 장을 열었다는 점이다. 그렇지만 앞서 본 바와 같은 일제의 무단통치하에서는 독립전쟁론을 실천에 옮기는 데에는 많은 제약이 따랐으므로 교육·계몽활동을 통한 실력양성론적 방법과 형태를 취하기도 하였다.

또 하나의 특징은 민족운동의 공간을 해외로 확장하면서 한편으로 민족운동의 전열을 정비하고 역량을 축적하는 방향으로 전개해 나갔다. 이를테면 한말의 의병전쟁계열은 1910년을 전후해 근거지를 국내에서 활동이 자유로운 만주나 연해주로 이동해 갔다. 계몽운동계열은 1907년 고종의 강제퇴위와 군대해산 등 일제의 노골적인 침략에 직면하면서 좌우로 분화되었고, 신민

회를 중심으로 한 계몽운동좌파 인사들은 해외독립군기지 개척을 추진해 갔다.[15)]

우선 의병투쟁의 흐름을 보면 1909년 소위 '남한대토벌작전'으로 쇠퇴해 가던 의병의 유격전은 전과 같은 규모는 아니라도 1910년 합방 이후에도 계속 이어졌다. 이 시기의 의병은 주로 황해도·강원도·함경도·평안도 등 중부 이북지역에서 10여 명 혹은 7~8명 정도 소부대의 전력으로 투쟁을 전개하였다. 그들은 공격대상으로 일부 친일지주나 부호 등도 목표로 했으나, 대개 헌병분견소·경찰서·국경수비대를 습격하면서 1915~16년까지 투쟁하였던 것이다.

다른 한편으로 한말의 계몽운동을 계승한 계열은 민족의 근대적 역량향상을 도모하고 독립운동에의 인적자원을 공급하면서 독립전쟁구현을 위해 국외독립운동의 발판을 구축해 갔다. 이러한 움직임은 헌병경찰체제의 철통같은 감시하에서 그나마 민중이 모일 수 있는 종교조직이나 학교, 그외 친지간의 친분을 이용한 비밀결사를 중심으로 이루어지는 경향이 강했다.

따라서 1910년대 국내민족운동의 일반적인 경향은 비밀결사의 결성 및 그와 유사한 결사체를 통한 활동이란 형태를 띠게 된다. 이러한 모습은 식민지 상황에서 전개되는 일반적인 민족해방운동의 특징이기도 하다. 우리 나라의 경우 비밀결사의 원류는 구한말에 조직된 신민회에서 찾아 볼 수 있다.

그런데 조선총독부는 조선을 식민지화하기 이전부터 이같은 비밀결사 결성의 위험성을 감지하고 있었다. 1910년 7월 당시 통감부의 警務總長 겸 헌병대사령관인 아카시 겐지로(明石元二郎)가 헌병대장에게 행한 훈시를 보면 그 점을 분명히 알 수 있다.[16)] 통감부시절부터 계몽운동과 의병전쟁을 직접

15) 趙東杰, 앞의 글, 387~389쪽.

16) 그의 훈시내용은 아래와 같다.
"고등경찰에 대하여 약간 말해 두어야 할 것이 있다고 생각되어 … 대체로 보아 今日은 폭도봉기(의병전쟁)의 시기는 지났다. 물론 다시 봉기하는 일이 없다고 보증키는 어렵지만, 내가 살핀 바로는 장래의 위험은 인민의 문명진보에 따라 일어날 無政府主義·社會主義 등의 위험한 사상에 빠지는 것이다. 원래 한국 사람은 우리 일본 사람의 성질을 닮아 학문을 좋아하고 관리가 되는 것을 바라며, 堅實한 實業에 종사하는 것을 바라지 않는 성질이 있는데, 이러한 풍조는 국가 變遷의 시기에 있어 더욱 심하고 많은 사람이 배운 문학, 법률학

경험한 바 있던 아카시 사령관은 향후의 항일투쟁 방향을 통찰하고 무력투쟁인 의병전쟁은 앞선 대대적인 토벌작전에 따라 그 세가 수그러져 고비를 넘겼으며 앞으로는 비밀결사의 결성이 가장 우려되는 투쟁방법이 되리라는 예상하에 이에 역점을 두어야 한다는 방침을 밝힌 것이다.

이러한 방침을 민족운동 탄압에 적용한 일제는 곧바로 신민회의 존재를 탐지하게 되었다. 이에 일제는 무단통치하에서 일체의 항일조직을 용납하지 않겠다는 입장에서 1910년 전후 평안도·황해도지역을 중심으로 국권회복운동을 전개하던 新民會 및 이 지역 민족운동의 조직기반을 파괴하기 위한 음모를 획책하였다. 그리하여 1910년 12월 '安岳事件'을 필두로 '梁起鐸 등 保安法違反事件' 등을 날조하여 애국투사·청년학생 등 수백여 명을 체포해 국내 항일민족운동의 맥을 압살하려 하였다. 이어 1911년 이른바 '105인사건'을 조작하여 그 회원들을 체포, 고문함으로써 반일민족세력을 뿌리뽑고자 한 것이다. 그 결과 민족운동을 주도할 중심적 지도자 및 그 실행 조직기반도 철저히 파괴시켜버렸고 이를 기화로 예비검속도 더욱 강화시켰던 것이다. 그러나 일제의 의도와는 달리 이 사건에서 드러난 일제의 잔악성으로 인해 일제에 대한 적개심은 더욱 커졌으며 이후 다양한 형태의 민족운동단체, 특히 비밀결사의 결성을 촉진시키는 계기로 작용하였다. 즉 일련의 탄압 이후에도 전국각지에서 국권회복, 항일독립투쟁을 목표로 한 민족운동 및 비밀결사투쟁은 끊임없이 전개되면서, 민족운동의 명맥을 유지해 나갔던 것이다.

그런데 이같은 조직은 대체로 지연·혈연적인 모임이나 종교단체 혹은 학교 등을 활용하여 결성되는 경우가 대부분이었다. 이런 양상은 당시 일체의

은 국가의 수요공급에 맞지 않고 이를 사용할 길이 없어 학식은 있는데 지위를 얻지 못한 인재가 많이 생겨난다. 이 많은 失意者는 곧 不平分子가 되어 歐美에서 社會主義者·無政府主義者 또는 혁명을 꾀하는 음모를 품은 무리들도 모두 이러한 사람이며, … 그러나 그 불평분자가 폭도로 나타나 활동하는 경우 오히려 제어하기 쉬우나 그 제어하기 어려운 것은 비밀결사의 발생이다. … 현재 한국에서 달아나 블라디보스톡·상해·芝罘에 있는 망명자들은 항상 이 나라의 惡政을 비판하고 있고 또 한국내에서도 學才가 있는 한국 사람 3명만 모이면 언제나 政事를 논의하는 형편이다. 실로 한국은 人心攪亂의 소질을 지닌 나라이다. … 때문에 諸氏는 오늘부터 철저히 管內의 인물에 주의하여 連絡의 保持를 확실히 하여 틀림없도록 하라(姜德相, 《現代史資料》 25 朝鮮1, みすず書房, 1966, 11~12쪽).

집회결사가 허용되지 않는 무단통치하에서 활용될 수 있는 조직은 그나마 지연·혈연적인 모임이나 집회가 허용된 종교단체 혹은 학교 뿐이었기 때문에 나타나는 현상이었다. 따라서 소규모의 지역·혈연위주의 조직이나 종교조직, 및 학교를 활용한 민족운동의 가능성과 방법론이 제기되었던 것이다. 그 결과 1910년대의 민족운동단체들이 지닌 조직상의 특성에서도 이런 측면을 엿볼 수 있다.

또한 이 시기는 다양한 정치사상이 전개되었으나 주목할 만한 것은 한말 공화주의 이념의 전통을 이었고, 또 신해혁명의 영향이나 해외동포와의 교류 그리고 러시아혁명의 영향도 받아 성장한 민주공화주의 사상이다. 공화주의 사상의 성장에 따라, 大韓光復會나 朝鮮國民會 같은 혁명단체도 일어나 활동함으로써 독립운동의 근대국가 이념을 심화시켜 갔다.[17)]

물론 1910년 8월 국권을 상실당한 초기에는 의병계열의 무장투쟁이 주된 흐름을 이루었다. 한말에 활약하던 의병들 중 국외로 근거지를 이동하지 않은 세력들을 중심으로 지역분산적으로 게릴라식 의병투쟁이 명맥을 이었으며 특히 채응언의 의병부대는 1915년까지 적극적인 항일투쟁을 전개했던 것이다.[18)] 그러나 점차 일제의 강력한 탄압 및 현실적 상황의 어려움으로 의병계 투쟁은 서서히 비밀결사조직체로 탈바꿈해 갈 수밖에 없는 형편이었다.

지금까지 살핀 바와 같이 1910년대 민족운동은 독립전쟁론을 주된 방략으로 한 비밀결사의 활동을 그 특징으로 하지만 그 밖에 교육·계몽활동을 통한 실력양성론적 방법과 형태를 취하는 단체들도 한 몫하였으므로 크게 의병계열·계몽운동계열 그리고 혁명적 경향의 운동으로 대별하여 그 특징을 정리하였다.

2) 의병계열의 민족운동단체

한말의 의병투쟁은 1909년 9월부터 2개월간 전개된 남한대토벌작전으로 탄압당한 후 그 세나 수적으로 크게 줄어들었고 활동범위도 좁아져 1910년

---

17) 趙東杰, 앞의 글, 388쪽.
18) 윤경로, 앞의 글, 248쪽.

식민지로 전락될 무렵에는 국내에서의 항전은 거의 불가능한 상태로 위축되었다. 이에 장기항전을 대비해 北計策을 추진하여 중국 만주나 연해주에 항전의 근거지를 확보하고자 하였으며 지리산을 근거지로 삼아 의병을 정예의 독립군으로 훈련시키고자 하였다.[19] 그러나 소규모, 산발적인 의병항쟁은 강원도·황해도·경상도의 산악지대를 중심으로 전투를 수행하며 1915년 혹은 1919년 3·1운동 당시까지 지속되었다. 구체적 활동상을 살피면 1910년 9월부터 12월까지의 의병활동은 교전회수가 128회, 참가의병수는 1,832명이었으며(1910년 9월~1911년 8월 교전 50회, 의병수 390), 1911년 9월에서 1912년 8월까지는 13회 교전, 70명의 의병수를 기록하고 있으며, 1912년 9월~1913년 8월 교전 5회, 의병수 45명으로 되어 있다.[20] 1911년 이후의 의병활동은 경기지방에 姜基東·田聖根·崔永宇, 강원지방에 朴文術·權泰鼎, 충북지방에 崔益三, 경북지방에 盧炳稷·史相斗, 전북지방에 鄭世昌·金學俊, 황해도지방에 韓貞萬·蔡應彦, 평남지방에 董宗贊 등의 부대가 활약하였다.[21] 그 중에서 일제가 '희세의 巨賊'이라 할 만큼 눈부신 활약으로 신출귀몰하여 일본군경을 놀라게 한 의병은 강기동·채응언·鄭敬泰 등이었다. 때문에 일제는 현상금을 걸고 특별헌병수사반을 조직하여 이들 의병장을 체포하려 한 것이다. 강기동은 본래 한국군 기병이었는데 의병을 조직하고 크게 활약하여 한때는 예하 의병이 수백 명에 이르렀었다. 그는 경기도를 근거지로 하여 강원·함경도에서 맹활동하였으며 1911년 2월 원산에서 체포당한 후 용산에서 처형되었다.[22]

채응언은 한국군 보병대 군조였는데 군대해산 후 의병부대를 조직하여 3,400명의 의병을 거느리고 평남·황해·강원·함경도 등에서 활약하였다. 국권상실 후에도 100여 명의 의병을 규합하여 신출귀몰한 게릴라식 항전을 전개하였으므로, 채응언 체포에 현상금 280원을 걸 정도였다고 하니 그의 활

---

19) 김상기, 《한말의병연구》(일조각, 1997).
20) 朝鮮總督府, 《朝鮮統治三年間成績》(1914), 7~9쪽.
21) 國史編纂委員會 編, 《韓國獨立運動史》 2(1968), 71~74쪽.
趙東杰, 《韓國民族主義의 成立과 獨立運動史硏究》(지식산업사, 1989), 68~69·365쪽.
22) 國史編纂委員會 編, 《韓國獨立運動史》 2, 74쪽.

약상을 짐작하고 남음이 있다. 마침내 채응언도 1915년 7월 체포되었다.

한편 이들과 달리 의병근거지를 해외로 이동한 경우는 만주나 연해주로 망명하여 13도의군 같은 전국의병의 통합체를 조직하며 만주지역에서의 독립군투쟁으로 전환하여 무장독립전쟁으로 맥을 이어갔다. 직접적인 무장투쟁으로 항일전선에서 활약한 이들 의병계열과는 달리 국내에 잔존하였으나 직접 활동하지 않고 잠적한 의병들은 독자적 혹은 계몽운동계열과 연합하여 민족운동을 선도하였다. 그중에서도 독자적으로 이루어진 척사적 성격의 조직이 결성되었으니 大韓獨立義軍府와 民團組合이 그 대표적 비밀결사였다.

(1) 대한독립의군부

1912년 고종황제로부터 〈密詔〉를 받은 낙안군수를 역임한 林炳瓚이 중심이 되어 조직한 결사체였다. 임병찬은 1906년 순창에서 최익현과 같이 의병을 일으켜 항전하던 중 피체되어 대마도에 유배되었던 의병장이었다. 유배에서 풀려나 귀국한 후 재기를 모색하던 중 1912년 9월 충청도 공주유생 이친이 전해온 고종의 밀조를 받게 되었다. 이 밀서에는 〈교지〉와 〈칙령〉 제3호로서 비밀리에 대한독립의군부를 조직하라는 내용이 적혀 있었다.[23] 임병찬은 독립의군부 전라남도 巡撫大將의 직함으로 대한독립의군부를 조직하고 격문을 발표하는 한편 동지를 규합하였다. 곧이어 잠적한 호남지방의 의병 및 유생들과 접촉하여 고종의 밀조에 의한 독립의군부 결성의 취지를 전달하여 이들의 적극적인 호응으로 그 조직을 확대 강화시켜 나갔다. 1913년 1월 전참판 李寅順이 또 〈밀칙〉을 받들고 찾아왔는데 밀칙에서 임병찬을 다시 단체의 전라남북도 순무대장으로 임명하여 독려하였다. 이에 임병찬은 아들 임응철을 경성으로 급파해 前참판 이인순·李明翊·郭漢一·田瑢圭 등과 활동방략을 구체적으로 협의케 하는 한편 전라남북도의 의병조직 결성에 착수하였다. 2월 4일 아들 응칠이 다시 고종황제로부터 〈황칙〉을 받아 왔는데 임병찬을 전라남북도 순무총장겸 사령장관으로 격상시킨 밀지였다. 이로써 임병찬은 호남지방의 조직구성을 완료하고 이듬해 2월 서울로 올라와 이명익 등

23) 교지의 내용은 "從二品嘉善大夫林炳瓚命獨立義軍府全羅北道巡撫大將者"라고 되어 있다.

과 독립의군부의 편제를 완결지었다.

독립의군부의 편제는 중앙 元首府에 兵馬都總將과 參謀總約長을 두고 서울을 비롯하여 강화·수원·개성·광주에 5영을 설치하여 사령총장과 참모부약장을 두었으며, 각도에는 순무총장과 참모약장을, 각부에는 관찰사와 도약장을, 각군에는 군수와 군약장을 두되 그 휘하에 약장·면장·이장·통장을 배치하여 동지를 규합하기로 하였다. 마침내 1914년 2월 23일 각도·각군 대표를 선정하고 곧바로 항일투쟁을 전개하고자 하였다.

총대표는 임병찬·민정식·채상덕·전용규 등 27명과 각도 각군 대표 302명을 합쳐 329명에 달하였다. 각도 대표는 경기도에 崔永高, 충청도에 柳濬根, 경상도에 權鎭遠, 전라도에 李曾翊·崔永豊·吳啓曄·朴在球·李權濟, 강원도에 徐相烈, 함경도에 金性文, 황해도에 柳應斗·吳昌根·宋洛善이 각각 선정되었다.

조직구성을 완비하는 한편 투쟁방법으로 의병의 무력항거에 그치지 않고 다양한 항일투쟁을 모색하였다. 우선 총독부·각국공사·일본정부에 각각 국권반환요구서를 제출하여 일제 관헌들에게 한일합방의 부당성을 설명하고 한국통치의 곤란함을 인식시키고자 하였다. 또한 국외에 한국민이 일본의 통치에 계속 항거하면서 국권회복을 위해 투쟁하고 있다는 사실을 널리 알리기 위해 전국민 투서운동을 준비하였다. 이후 거사준비가 순조롭게 진행되었으나 조직원이 일경에게 체포되어 조직의 실체가 드러나고 말았다. 1914년 5월에 사전 발각되어 독립의군부 조직은 봉쇄당하고 말았으니 항일의병을 일으켜 거사를 도모하기 전에 유림세력이 큰 타격을 입게 되었던 것이다. 의군부 조직의 민족운동계획이 결실을 맺지 못하게 되자 임병찬은 총독 테라우치 마사타케(寺內正毅)에게 단독 면회를 요청하였다. 5월 29일 총독대리로 온 경무총감에게 한일합병의 부당함을 통박하고 국권반환과 철병을 요구하였으며 일본의 한국독립과 원조만이 동양평화를 유지하는 유일한 방법임을 역설하였다.

임병찬은 이 사건으로 일제에게 피체되었는데 통분을 이기지 못하고 자결하고자 하였으나 실패하였으며 보안법 위반으로 1년 감금형을 선고받고 거문도로 이송되었다. 그런데 일제는 1년 간의 감금이 끝난 뒤에도 그의 민족운동 재개를 우려해 다시 2년간 유배기간을 연장하여 임병찬을 격리시켰다. 임병찬은 유배 중인 1916년 5월 순국하였다.24)

의군부의 중심지도세력은 임병찬을 비롯한 유생, 의병출신과 대한제국의 전직관료들로서 고종황제의 밀명에 따라 항일투쟁을 모의하였던 점 등으로 보아 척사적 성격의 단체였다 할 수 있겠다.

(2) 풍기광복단

1913년 경북 함창 사람인 채기중이 주도하여 조직한 것이다. 채기중이 풍기에서 庾昌淳·柳璋烈·韓焄·姜順必·金炳烈·鄭萬敎·金相五·鄭雲洪·鄭鎭華 등과 함께 뜻을 합하여 결성하였다. 이 중 강순필은 이강년의진의 의병이었고, 유창순·한훈도 민종식의진의 의병이었으므로 의병적 성향의 인물들로 연결된 조직으로 성격지을 수 있다. 광복단의 방략은 독립군양성을 위한 무기구입과 군자금모집에 있었다. 이를 위해 채기중은 姜秉洙와 함께 자금탈취를 계획하여 한때 일본인이 경영하는 영월의 중석광에서 광부로 잠입하여 활동했으며 부호가를 대상으로 자금수합 활동을 전개하기도 했다. 또한 후일 대구의 박상진이 관여한 영주의 대동상점을 이용하여 각처와 연락하고, 독립군기지와 연락이 잦은 안동의 李種蕨家도 거점으로 이용하면서 만주의 독립군기지와 연락을 취하기도 하였다.25) 풍기광복단은 1915년 大韓光復會로 합류하였다.26)

(3) 민단조합

民團組合은 1915년 경북 聞慶새재 주변에 거주하던 유생들이 국권부흥을 목적으로 조직한 결사였다. 민단조합의 중심인물은 한말 의병대장 이강년의

---

24) 國史編纂委員會 編,《韓國獨立運動史》2, 85~93쪽.
慶尙北道警察部,《高等警察要史》(1934), 177~179쪽.
申圭秀, 〈大韓獨立義軍府에 대하여〉(《변태섭박사화갑기념사학논총》, 삼영사, 1988).

25) 趙東杰, 〈大韓光復會의 結成과 그 先行組織〉(《韓國民族主義의 成立과 獨立運動史硏究》, 지식산업사, 1989), 262~265쪽.

26) 趙東杰, 〈大韓光復會硏究〉(위의 책), 281쪽.

참모장으로 충북·강원·경북지방에서 활동한 李東下, 이강년의 조카 李湜宰, 이강년의 軍資長이었던 崔旭永, 의병대장 李麟榮의 친동생인 李殷榮, 순국의사 金濟欽의 아들 金洛文 등인데 이 중 대부분이 전술한 대한독립의군부에 관여하였던 점이 주목된다.

이들은 한말 국권회복운동의 일환으로 전개된 의병투쟁에서 활약하다가 국권상실 이후 재기의 거사를 암중 모색하던 중 1912년 국내에서 조직된 의병계열의 독립운동단체였던 대한독립의군부에도 가담하였거나 독자적으로 모종의 투쟁을 기획하기도 하였다.

우선 한말 의병대장 이강년의 참모장으로서 경북·충북·강원 각지에서 활동하던 이동하는 이강년이 일경에 피체된 후 강원도 방면으로 도주하였다가 이강년의 군자장 최욱영·이명선 등과 재거를 도모했으나, 뜻을 이루지 못하였다. 이동하는 국권상실 이후 1912년에도 국권회복운동을 기도했으나 실패하자 음력 12월 중국 안동현으로 망명하였다. 이후 간도 회인현·통화·유하현 등을 주류하다 1914년 9월 귀국하였다. 귀국 후 경북 문경·안동지역, 충청도 충주, 경기도 여주지역을 탐사하며 비밀결사를 계획하였다.

한편 의병대장 이인영의 친동생인 이은영은 형이 1910년 경성감옥에서 순국하자 형의 유지를 계승하여 국권회복을 위해 1913년 전북 유생 임병찬이 조직한 독립의군부에 가담하였다. 조직이 발각되어 중심인물들이 피체되자 잠적하였다. 이후 경기·강원·충북·경북지방의 동지를 두루 방문하며 종적을 감추고 있던 중 이동하가 간도로부터 귀래한 뜻을 간파하고 민단조합결성에 찬동·기획하였다.

이식재는 이강년의 생질로 최욱영으로부터 국권회복을 기획하고 의병을 준비중이니 참가하라는 권유를 받고 최욱영, 그 부하 등과 1914년 12월 충북 제천군 근북면 소재 면사무서를 습격하여 1백여 원을 강탈하는 활동을 전개한 바 있다. 1914년 8월 김낙문의 권유를 받아들여 이동하의 계획에 가맹하였다.

또한 1909년 9월 국운의 쇠퇴를 개탄하고 단식자살한 김제흠의 아들인 김낙문은 자결한 아버지의 원수를 갚기 위해 항일의 뜻을 품고 상복을 벗지 않았던 인물이다. 서당에서 후학을 양성하는 한편 1912년 이래 이동하와 교제하면서 이동하의 국권회복계획을 위해 자금과 수하를 조달하는 등 이동하의 배하인 노병식·김동연·강병수 외 수십 명과 기맥을 통하며 1914년까지는 자택을 비밀회의 장소로 제공하면서 각종 운동을 원조한 바 있다. 일찍이 독립의군부에도 가맹했던 김낙문은 민단조합결성에 가담하게 되었다. 그 외에 이세영은 헌병 정위로 임병찬의 독립의군부사건에 가맹하였다가 중심인물의 피체 당시 다행히 체포를 면하고 간도로 도주하였다가 후에 민단조합에 참여하였다.

한편 이동하는 민단조합결성에 앞서 이은영과 그 동생 李茂榮, 충청북도 영동군 횡간면에 거주하는 李鍾晃 및 경성 출신으로 횡간에 거주하던 權寧直과 사전에 비밀리에 협의하여 민단조합의 본거를 경성에 두기로 정하고 아울러 자금조달방법도 강구하기로 하였다. 그리하여 이동하는 권영직과 함께 경성으로 올라가 본거를 정하고 조직구성과 자금모집방안을 협의한 결과 권영직은 경상북도 지역에 동지를 규합하여 단세의 확보에 주력하면서 자금을 조달키로 하였다.

문경으로 내려온 이동하를 비롯한 전술한 중심인물들이 모여 민단조합을 결성한 뒤 충청남도·충청북도·경상북도 지역을 총괄할 조합장을 선임하여, 이동하는 충청남도 민단조합장, 이은영은 충청북도 민단조합장, 이세영은 경상북도 민단조합장을 맡기로 하였다. 이들이 중심이 되어 각지에 격문을 교부하여 동지규합에 주력하면서 활동을 전개하기로 결의하였다.

민단조합의 주된 활동은 주로 경상도와 충청도 지역의 유력자를 포섭하는 한편 운동자금수합이었다. 경성에서 이동하와 협의를 마치고 경상도로 내려간 권영직은 경상남도 밀양군에 거주하는 朴仁根·金康年·柳永奉을 찾아가 '李太王殿下'의 칙명이라 칭하고 경성으로 誘出하여 박인근에게 義軍府正尉, 김강년에게 義軍府參尉, 유영봉에게 義軍府參領에 임명한다는 辭令을 교부하고 거사에 찬동케 하였다. 그런데 이 사령에는 '德壽宮'이란 인장이 날인되어 있었다. 사령을 받은 3인은 자금제공을 약속하고 귀향하였다.

이동하는 1915년 12월 귀향한 3인의 자금제공약속을 완수케 하기 위해 박인근을 방문하여 자금 2백원을 조달케 하여 함께 경성으로 올라오는 도중 충남 성환역에서 헌병대의 검문에 박인근이 소환당하자 이동하는 이를 피해

도주함에 자금조달계획이 수포로 돌아갔다.

그 뒤 1916년 6월 이동하는 자신의 명의로 군자금 2백원을 제공하라는 취지의 격문을 작성하여 단원 이식재로 하여금 경상북도 예천군에 거주하는 부호 朴尋洙를 대상으로 군자금조달계획을 실행케 하였다. 이식재는 이 격문을 휴대하고 박심수를 찾아가 군자금제공에 협조하도록 수차례에 걸쳐 청하였으나 목적을 달성치 못하였다. 그 밖에도 경상북도 안동군에 거주하는 부호에게 수백원의 군자금을 제공하라고 위협을 가했지만 역시 목적을 달성치 못하였다.

이처럼 자금조달계획이 어려움에 처하자 김낙문은 1916년 10월 중 강원도 영월군내에서 중석광을 경영하는 일본인의 경영자금을 강탈하고자 계획을 세웠다. 그리하여 경남 함창군의 채기중 외 부하 10여 명을 坑夫로 위장시켜 광산으로 파견하는 한편 이식재와 경북 영주군 풍기면의 趙禹卿도 영월로 파견하여 자금모집 활동케 하였으나 목적을 달성치 못하였다.[27]

민단조합의 활동이 드러나면서 조직의 실체도 발각나고 이동하를 비롯, 이은영·김낙문·이식재·최욱영 등 중심인물의 피체로 사실상 해체되었다. 이동하·이은영·이식재·김낙문은 제천경찰서에서 취조당한 후 보안법위반으로 재판에 회부되었다.[28]

문경에서 결성된 민단조합의 중심인물들은 60대와 40, 50대의 양반 유림들로서 구체적인 투쟁을 전개하기보다는 의병재기를 위한 자금조달에 주력하고 있음을 알 수 있다. 특히 군자금 모집시 고종황제의 칙명을 빌어 낸 사령에 '의군부정의'·'참의'·'참령' 등을 칭하여 독립의군부조직과 그 투쟁방략을 계승하려 한 면모를 엿 볼 수 있다. 대체로 독립의군부가 전라도와 충청남도 등 서남부지방의 복벽주의적 유림의 단체라고 한다면 민단조합은 충청북도와 경상북도 등 동남부지방의 유림조직이라 할 수 있다.[29] 양자의 차이는 전

27) 國史編纂委員會 編,《韓國獨立運動史》2.
28) 姜德相,《現代史資料》25 朝鮮 1, 50~53쪽.
朝鮮總督府 慶北警察部,《高等警察要史》, 259~260쪽.
國史編纂委員會 編,《韓國獨立運動史》2.
29) 姜德相,《現代史資料》25, 50~53쪽.
朝鮮總督府 慶北警察部, 위의 책, 259~260쪽.

자가 의병활동의 재기에 중점을 둔 단체인데 비해 후자는 주로 의병활동을 위한 준비론적인 입장에서 군자금모집을 주된 활동계획으로 세운 점이며 이는 1910년대 독립운동론의 가장 기본적인 방략이던 준비론과도 그 맥을 같이 하는 것이라 할 수 있겠다. 군자금 모집 도중 발각되고 말았는데 이처럼 척사적 복벽주의가 계획단계에서 봉쇄되고 만 것은 여러 가지 이유가 있겠지만 복벽운동이 이미 대중적 기반을 상실하고 있음을 의미한다.[30]

(4) 이증연의 비밀결사

1916년 6월 말 전라도 남원군 지리산에서 李增淵·黃海轍·崔鎭永 등 12명이 모여 국권회복을 위해 비밀결사체를 결성하였다. 이증연 등은 조선이 일본에게 병합당한 것은 당시의 대신들의 잘못이므로 그 불충한 신하를 암살하고 국가 독립을 도모함을 임무로 삼고자 다음과 같이 결의하고 각자 오른손 食脂를 잘라 결의사항을 혈서하여 이를 휴대하였다.

① 병합에 찬성한 구한국 각 대신을 암살할 것.
② 조선의 독립을 도모할 것.
③ 병합에 관한 조약문을 일본으로부터 가져올 것.
④ 병합 당시 작위를 받은 자를 암살할 것.
⑤ 建陽 元年 12월말일 까지 다음 각항을 실행할 것(건양 원년은 1916년).

조직원인 金炳祐가 1917년 2월 피체되어 조직이 발각되었으며 이증연·황해철·최진영은 이에 앞서 1916년 음력 8월 각기 조직확대를 위해 해외로 간다고 출발하였다고 하여 체포를 면하였다.

이들은 거사에 필요한 자금을 모금하기 위해 자산가를 대상으로 과거 조선 황실의 은덕을 입은 이들에게 금전을 기부하여 大事의 성취를 도우라는 내용을 三國大都督 이증연, 朝鮮大元帥 황해철, 朝鮮副元帥 최진영의 명의로 보낸 문서를 남기고 있다.

구한국 시절 일제에 협력한 부류들을 처단한다는 입장에서 의협투쟁방법

趙東杰, 〈大韓光復會硏究〉, 367~368쪽.
30) 姜德相, 《現代史資料》 25, 368쪽.

을 시도하고자 했으며 조선의 독립을 쟁취해야 한다는 목적을 분명히 하였지만 그 구체적인 실행방안은 파악되지 않는다. 다만 모종의 대사를 계획하고 그 실행을 위한 자금조달을 도모하였음을 알 수 있으며 드러난 조직 명칭을 미루어 볼 때 척사유림적 성향의 인물들이 중심이 된 의병적 투쟁을 전개하려 한 면모를 엿 볼 수 있다.

이 조직에서 피체된 김병우는 1917년 4월 대구지방법원에서 보안법 위반으로 징역 6월을 언도받고 복역하였으며 출옥 후 다시 충남 부여·홍산·서천 등지를 다니며 기존의 조직을 기반으로 동지를 포섭해서 국권회복을 목적으로 自進會를 결성하여 활동 중 체포당하였다.[31]

3) 계몽운동계열의 단체

(1) 기성볼단

기성볼단은 1914년 5월 평양에서 대성학교 학생 및 대성학교와 관련된 청년, 학생들이 조직한 비밀결사이다. 평양을 중심으로 한 서북지방은 역사적으로 보아 정치적으로 소외된 지역이었으나 일찍부터 상업활동과 신문화 도입에 적극적이어서 서구문물과 기독교의 수용이 순조롭게 이루어졌다. 따라서 민족교육을 담당할 교육기관이나 각종 단체가 조직되었다. 그 결과 구국계몽운동이 활발히 전개될 수 있는 제반여건이 조성되었으며 아울러 새로운 민족운동의 중심지로 부상하게 되었다. 그 때문에 일제는 이 지역을 항일의 소굴로 여겨 민족운동의 근거지를 없애고자 '안악사건'·'105인사건' 등을 날조하여 서북지방의 지도층인사 및 민족운동조직을 뿌리뽑았던 사실은 주지한 대로이다. 이처럼 계몽운동 및 국권회복운동의 중심지인 서북지방은 안악사건·105인사건 등으로 인해 민족운동조직이 파괴당한 후 그 활동이 미미해졌다. 그 대신 이 지역에서는 신민회의 구국운동의 정신적·물질적 기반을 계승해 직접 교육을 받은 지식청년들을 중심으로 비밀결사가 결성되는 양상을 띠게 되었다.

---

31) 姜德相,《現代史資料》25, 21~23쪽.

대체로 1910년대 국내에서의 비밀결사는 1915년을 전후한 시기에 다수가 결성되는 추세였다. 이는 제1차 세계대전의 발발, 아울러 일본의 중국 山東지역 출병으로 중일전쟁의 開戰說이 널리 전해지던 당시의 국제정세변화를 독립운동의 適機로 포착하기 위한 전략의 일환으로 나타난 결과였다. 그런데 국내에서 최초로 발각된 기성볼단의 경우는 이보다 조금 앞선 시기에 결성되었던 것이다. 물론 이들은 조직결성 이후 단시일내에 일제측에 발각된 까닭에 조직확대나 활동상 괄목할만한 성과를 거두기는 어려웠던 한계점을 갖고 있었지만 청년학생들이 국권회복을 위해 발빠른 대오정비에 앞장선 것은 높이 평가할만 하다.

기성볼단은 1914년 5월 평양에서 金永胤이 뜻을 같이 하는 여러 동지와 함께 결성한 비밀결사조직이었다. 조직 당시 동지들의 협의에 따라 김영윤이 총무가 되었다. 기성볼단은 대개 평양 대성학교 출신자 및 학생이 중심이 되어 조직된 결사체인 까닭에 주도 인물들이 당시 대성학교 교사였던 동암 車利錫과 협의하여 그에게 고문직을 위임하였다. 이후 김영윤을 비롯한 주무자들은 우선 단원확보에 총력을 기울이는 한편 일제와의 투쟁을 위해 가장 시급한 것이 바로 무력양성이란 판단하에 구체적인 방법을 모색하게 되었다. 우선 총무인 김영윤 등은 단원을 독려하면서 애국청년에게 "지금 우리는 안일을 탐할 때가 아니라 해외에 유학하여 우국지사와 일을 함께 하지 않으면 안된다"라고 설득하면서 미국의 네브라스카(Nebraska) 무관학교나 서간도 무관학교에서 배워야 함을 강조하였다. 그리하여 솔선수범으로 姜原燮 등 수명을 이끌고 만주로 건너가 무관하교에 입학하였다. 이들은 무관학교 외에 북경·상해 혹은 노령 방면 또는 미국 등지로 건너가 학업에 전념하면서 후일 국권회복운동에 투신할 준비를 위해 투쟁역량을 키우는데 그 목적을 두었다. 대성학교 출신자 이외에 평양지역 청년 약 25명 정도가 단원으로 활동하였다.

결성 이후 비밀리에 단원확대와 준비론적인 운동역량 강화에 노력하던 중 불행히도 1915년 3월에 일경에 의해 피체되었다. 이들 단원들의 피체 당시 일제측에 압수된 증거물 중 무관의 계급·복제를 帝國제도와 대조해서 기재하거나 미국 네브라스카 무관학교의 교과목을 기재한 수첩과 中文으로 된 군대교육에 관한 문답서가 들어 있었다.32) 이러한 면은 기성볼단이 신민회의 독립전쟁론적인 운동방략을 이어받아 독립만회를 위해 선택한 투쟁방법이 무엇이었나를 짐작케 해 준다.

기성볼단은 동시기에 결성되어 활동하던 다른 비밀결사처럼 합방 이전의 의병투쟁적 전통이나 애국계몽운동의 전통을 계승 발전시켜 국권회복운동을 전개하고자 하였으며 동단의 경우 계몽적인 성향도 보이나 단원들에게 군사교육을 강조하고 군사조직 등에 지대한 관심을 나타내고 있던 흔적들이 엿보이므로 투쟁적인 성향도 갖추고 있다고 하겠다.

동단이 존립했던 1910년대는 일제의 폭압적인 무단통치와 주밀한 감시체제하에서 독립운동을 전개해야 하는 어려움으로 인해 비밀결사 중심의 투쟁이 주류를 이루었다. 물론 기성볼단을 위시한 여타의 비밀결사운동은 활동상 여러 가지 제약을 갖고 있고 그 지도인물의 사상적 차이 등으로 인해 복잡성을 내포한다는 한계점도 가진다. 그렇지만 각 계층의 우국지사들과 청년학생들을 중심으로 조직되어 민족주의사상을 이념적으로 무장한다는 점과 각 단체의 영향권내에 속한 국내 각지에서 비밀리에 회원을 조직하고 자금을 모집하는 한편 국권회복을 위한 각인각양의 힘의 결집을 호소하면서 국내 민족역량을 축적코자 하였다는 점에서 그 의미를 찾을 수 있다.

(2) 조선국권회복단

朝鮮國權恢復團은 1913년 1월 경북 달성군에서 尹相泰·徐相日 등이 중심이 되어 국권회복을 목적으로 결성한 비밀결사였다. 즉 1913년 1월 15일에 서상일이 달성군 수성면의 안일암에서 정월대보름의 詩會를 가장해 모인 윤상태·서상일·李始榮·정운일·홍주일 등과 국권회복을 위한 결사체 조직을 협의한 것이 그 출발이었다. 그런데 서상일은 대구출신으로 보성전문학교 법과에 입학해 신학문을 이수한 후 한말에 대구지역의 계몽운동단체인 달성친목회를 이끌며 구국계몽운동 일선에서 활동하였던 것이다. 서상일은 이후 재정적인 능력을 갖춘 자산가이면서 항일의식을 겸비한 윤상태를 영입하면

32) 姜德相,《現代史資料》25, 1~4쪽.

서 단의 기초를 다졌다. 1914년 초 의병출신인 김규·황병기 외 무장투쟁적 성향이 강한 홍주일·김재열 등을 합세시킨 뒤에 달성친목회의 기존 조직기반을 적극 활용하면서 단세를 확장시켰던 것이다.

국권회복단의 결성 초기에는 국내에서의 단세확장, 해외운동세력과의 연계 및 지원, 궁극적으로는 독립쟁취란 목표를 정하였다. 또한 국권을 회복할 것, 단군의 위패 앞에 목적수행을 기도할 것, 단원은 임의탈퇴 엄금, 비밀누설 엄금 및 위반시 단죄 등의 내용을 적은 서약서를 작성하고 각기 연서한 후 단군위패 앞에서 독립투쟁에 진력할 것을 맹세하는 등 강력한 투쟁조직으로서의 면모를 갖추고자 하였다.

1914년 1월 15일 안일암에서 연례회합을 갖고 조직구성을 구체화하였다. 본부격인 중앙총부와 지부로 편제하여 중앙총부를 대구에 두고 總領 휘하에 외교부·교통부·기밀부·문서부·권유부·결사대를 두었다. 지부가 설치된 곳은 마산 뿐이지만 그 외 지역에는 대구에 태궁상회·향산상회 등을 연락거점으로 활용하고 있었다.[33] 총령에는 윤상태, 외교부장에 서상일, 교통부장에 이시영·朴永模, 기밀부장에 홍주일, 문서부장에 서병용·이영국, 권유부장에 鄭舜永, 결사대장에 황병기, 마산지부장에 안확이 각각 선임되었다.[34]

기구조직을 완비한 후 구체적인 활동을 전개하기에 앞서 단원확보를 위한 방법으로 종교조직을 적극 활용하기로 협의하고 천도교는 홍주일, 기독교는 정순영이, 불교측은 서상일·서병룡 등이 단원규합에 앞장섰다. 국권회복단의 활동은 대략 결성 이후 1915년 4~6월 경 군자금모집사건을 계기로 방략상의 갈등이 표면화되어 일부 단원이 이탈하기 전까지와 1919년 3·1운동 발발 이후의 활동으로 구분지을 수 있다.

---

33) 양 상회 이외에 서상호의 미곡상(통영) 등이 연락거점 및 재정조달의 기지역할을 맡았던 것으로 보인다. 그 외에 원산의 원흥상회에 윤창기가, 부산 백산상회에는 남형우, 마산의 원동상회에는 마산지부원 이형재가 각각 그 경영에 혹은 관계를 맺고 있어 이 상회들도 그와 유사한 기능을 가졌다고 추측할 수 있다(강영심, 〈朝鮮國權恢復團의 結成과 活動〉,《한국독립운동사연구》 4, 1990, 150~151쪽).

34) 국사편찬위원회,《한민족독립운동사자료집》 7(1988), 국권회복단 1.
———,《한민족독립운동사자료집》 8(1989), 국권회복단 2.
———,《한민족독립운동사자료집》 9(1989), 3·1운동과 국권회복단.

초기의 활동으로는 講遊園懇親會란 청년단체를 조직하여 달성친목회와 더불어 동단의 표면단체로 활용하여 단세를 확대시켜 나갔던 것과 군자금모집활동이 있다. 간친회는 1913년 3월에 서병룡·윤창기·홍주일 등의 발기로 이루어졌는데 독립운동가들과 기맥을 통하고 해외유학생 및 조선내 학생을 대상으로 항일사상을 고취시켜 이들을 단결시키는 것이 진정한 목표였다. 이를 위해 매주 1회씩 집회를 열고 학술강의를 통한 지식계발, 체육활동을 통한 신체단련을 도모해 독립운동역군으로서의 자질을 향상시키고자 한 것이다. 회원수가 40~50명에 달했던 점으로 미루어 활동이 활발했음을 엿볼 수 있다. 특히 달성친목회가 중견인사들의 단체였다면 간친회는 혈기왕성한 청년들의 조직이었다 할 수 있다. 그렇지만 양 단체는 1915년 정운일·김재열의 군자금모집활동이 발각난 이후 그해 9월 일제에 의해 강제해산당하였다.

국권회복단은 또한 만주나 노령 등 해외 동지에게 군대양성과 무기구입을 위한 군자금 조달을 통한 독립군지원에 역점을 두었다. 그리하여 1915년 4월에 정운일과 김재열은 최준명·최병규 등과 대구의 부호를 대상으로 군자금 모집활동을 전개한 바 있다. 하지만 목적달성에 실패하고 조직이 발각될 위기에 처하자 단 내부에서 운동방략을 둘러싼 갈등이 심화되어 갔다. 이에 무력투쟁적 성향이 강한 정운일·김재열 등이 단을 이탈하여 박상진의 대한광복회에 합세하였으며 이후 의병출신의 김규와 황병기·정순영·이시영도 단을 떠나게 되었다.

이렇게 국권회복단의 거점의 하나였던 강유원친목회나 달성친목회가 해산당하면서 단의 조직력에 타격을 입은데다가 1916년 9월 대한광복회의 군자금모집사건의 영향으로 단의 조직과 활동도 더욱 위축당할 수밖에 없었다. 그리하여 국권회복단은 운동실행계획에 일대 차질이 생겼고 주위상황도 여의치 않아 이후 사태를 관망하면서 단세를 보존하던 중 1919년 3·1운동을 계기로 비로소 활동을 재개하게 된 것이다.

3·1운동이 발발한 이후 윤상태·서상일을 중심으로 안확·이형재·김기성·南亨祐·卞相泰·申相泰·金應燮·배중세·이순상 등이 모여 거족적인 이 운동에 적극 동참하기로 결의하고 구체적으로 협의하였다. 우선 상해 대한민국임시정부와 연락을 취하는 한편, 국권회복단의 활동지역을 중심으로

독립운동을 결행하고 마산지역은 지부장인 안확을, 신상태・변상태는 경상남도 통영과 창원지역의 3・1운동 확산을 담당케 하였다.

임시정부를 지원하기 위한 일환으로 군자금을 모집할 것과 아울러 외교적인 방법으로 파리강화회의에 보낼 〈조선독립청원서〉를 작성하기로 계획하였다. 군자금모집은 서상일과 김재열이 담당하였고 〈독립청원서〉 작성은 윤상태가 주도하기로 결정하였다. 군자금모집을 담당한 서상일은 서상환을 통해 통영의 대부호인 친척 서상호에게 자금지원을 종용하여 일정금액을 지원받았으며 서창규・배상연 등으로부터도 일정액을 확보할 수 있었다. 한편 김재열은 달성친목회원으로 친분이 있던 김유덕을 통해 그의 친척인 김유경으로부터 자금지원을 약속받는 등 두 사람의 활약으로 적지 않은 군자금을 확보할 수 있었다. 이렇게 수합된 자금은 남형우와 김응섭이 상해 임시정부에 전달한 것으로 추측된다.[35)]

또한 서상일은 임시정부에서 정부수립사실을 일반 민중에게 알리고 그 협조를 종용케 하는 포고문의 배포활동도 전개하였다. 이 문서는 안동현의 박광이 경영하는 곡물상의 고용원인 文相直이 임정 통신원으로부터 전달받은 것으로 국내 남부지방에 반포할 임시정부 선포문과 강령이었다. 이 문건에는 임시정부의 설치를 선포하면서 조선민족은 일본통치를 벗어났으니 일본의 명령을 따를 필요가 없으며 또한 이후로 유혈의 참상을 보더라도 독립운동을 수행하여 완전한 정부를 조직할 때까지 조세 등 일체를 납부해서는 안된다는 내용이 담겨져 있었다.[36)] 임시정부의 선전문을 전달받은 서상일은 이를 경상도 일대 동지들을 통해 배포하는 한편 통영의 서상호에게 배포를 부탁하였다.

아울러 국권회복단은 독자적으로 〈독립청원서〉를 파리강화회의에 전달하는 한편 국내외에도 배포하여 조선민의 독립의지를 전세계에 천명코자 한 것이다. 청원서는 월탄면의 유생 張錫英에게 작성을 의뢰하였으며 작성된 청원서는 상해 임시정부로 파견되는 김응섭이 비밀리에 반출키로 하였다. 상해로 가져가 이를 번역・인쇄하여 파리강화회의에 제출하였으며 아울러 국내

35) 강영심, 앞의 글(1990), 161~162쪽.
36) 국사편찬위원회, 《한민족독립운동사자료집》 7, 197쪽.

외 각지에도 배포할 수 있었다.

창원지역의 독립운동을 주도한 변상태는 진전면 진동리로 돌아왔다. 이에 단의 계획을 실현하고자 변상섭·권영대 등과 협의하여 4월 3일 삼짇날을 기해 독립만세운동을 협의하여, 인근 각리의 구장을 통해 면민들에게 거사의 취지와 실천방법을 주지시키도록 하였다. 마침내 거사당일인 4월 3일 아침 양촌리 천변에 대형 태극기가 세워지자 일암리·양촌리·봉암리의 군중들이 운집하기 시작하였다. 변상태의 독립당위성에 대한 선포를 시작으로 변상섭의 〈독립선언서낭독〉에 이어 독립만세를 불렀다. 시위군중이 읍내로 전진하면서 인근 진북 진동면의 면민까지 합세해 1천 수백 명으로 늘어났다. 오후 2시 경 진동주재 헌병 및 보조원 재향군인들이 무장한 채 시위군중을 향해 발포하여 8명이 순국하고 20여 명이 부상당하였으며 시위대는 무력으로 강제 해산되었다. 진동·진북·진전면민이 함께 의거에 참여한 삼진의거는 수원·선천·수안의거와 함께 4대 의거로 일컬어질 만큼 규모가 컸던 투쟁이었다. 이렇게 삼진의거는 국권회복단의 활동의 일환으로 3·1운동 시기 남부지방에서 독립운동을 전개하려던 계획에 의해 추진되었으며 단원들의 신속한 활약으로 대규모 항일투쟁으로 발전할 수 있었던 것이다.

국권회복단의 이념은 뚜렷이 드러나지 않지만 독립실현의 당면과제를 해결키 위해 민족이 聖祖인 단군을 奉祀하는 대종교의식을 빌어 단원의 일체감을 형성코자 하였다. 즉 단군교가 새롭게 태어났다는 重光 속에서 단군이 세운 조국의 국권을 되찾아야 한다는 논리적인 근거를 찾는 대종교적 민족의식을 국권회복단의 강령처럼 받들고 있다.[37]

이렇게 국권회복단은 1910년대 망국으로 인한 독립운동의 주객관적인 변화 속에서 새로운 독립운동방략을 정비키 위한 일환으로 경상도 일대의 계몽주의적인 중산층과 의병적 성향이 강한 인사들을 중심으로 독립쟁취를 목적으로 결성되었던 것이다. 대구를 거점으로 결성되었지만 점차 경북 서남부와 경남지방에 분포되어 있었던 조직이다. 활동도 계몽활동과 상업활동이나 무력에 의한 군자금조달 등으로 전개되었다. 그러나 동단은 후자가 주류를

37) 강영심, 앞의 글(1990), 156쪽.

이룬 상황 속에서 노선상의 갈등이 표면화하자 의병계열이 이탈함으로써 무장투쟁적인 측면은 약화되고 점차 계몽주의적인 성향이 강한 단체로 변모되어 갔다.[38] 이후 활동을 재개한 3·1운동 시기에는 독립운동 자금조달과 임시정부 선전문 배포를 통한 임시정부 지원활동, 외교적 방략으로 파리강화회의에 보낼 〈독립청원서〉 작성, 남부지방의 독립운동 결행계획의 일환으로 三鎭義擧주도 등으로 전개되었던 것이다. 이러한 국권회복단의 변화 모습 속에서 1910년대 국내민족운동이 새로운 이념과 전략을 모색하면서 무단통치란 극한 상황에 적극적으로 대처해 나가는 면모를 살필 수 있다.

(3) 조선산직장려계

朝鮮産織奬勵契는 1915년 3월 京城高等普通學校敎員養成所에 재학중인 李用雨가 중심이 되어 조직한 경제사상 운동조직이었다. 경성 교원양성소 학생들은 1914년 10월 일본으로 수학여행을 갔다가 당시 일본의 현대적 문물제도의 발달을 살펴보게 되었으며 이제 우리 민족도 상당한 각오를 하지 않으면 영구히 일본의 노예로 전락하게 될 것임을 인식하게 되었다. 그리하여 귀국하자마자 이를 실천에 옮기고자 방법을 강구하던 중 1915년 1월 학생들의 회합에서 이용우는 양성소를 수료하고 학교 교사로 발령을 받게 된 후에도 경제사상운동을 펼쳐야 함을 강조하였다. 이어서 학동 및 청년층에 대해 조선혼을 고취시키고 정신적 결합을 도모하며 일본인에게 빼앗긴 각종 사업을 조선인 스스로 흥하게 할 조직을 결성하여 민족부흥의 길을 도모할 것을 결의하였다. 또한 이들은 일본에 탈취당한 경제권을 다시 탈환하기 위하여는 각종 사업을 전개하여 민족의 실력을 양성하여야 한다는 점도 결의하였다.

이를 실현하고자 이용우는 당시 휘문중학교 교사인 南亨祐와 상의하였으며 다시 그의 소개로 崔南善에게 자문을 구하여 찬동을 얻었다. 그러나 취지에 걸맞는 조직구성은 경성훈련원 생도들의 힘만으로 설립에 한계가 있다고 인식한 후 남형우가 중심이 되어 각 중등학교 교사들 중 조직결성의 취지에 뜻을 같이하는 이들과 협의하였다. 마침내 1915년 3월 학교 교사가 주주가

38) 국사편찬위원회, 《한민족독립운동사자료집》 7~9.

되어 조선산직장려계를 조직하였다.

창립 당시의 임원으로는 계장에 중앙학교 교사인 崔奎翼, 총무에 尹昶植, 회계에 최남선·閔溶鎬, 서기에 李鎭石(보성중학 졸업)·嚴柱東(보성중학 졸업), 協議員에 柳瑾·남형우·金昌德(직물업)·吳相鉉(한성병원 주인)·金枓奉·白南雲(청년회원)·安鍾建(청년회원)·李康現(중앙학교 교사)·金駉(보성학교 교사)·朴重華(휘문의숙장) 등이 선임되었다. 계의 운영은 주식제도를 채택하여 1주에 20원으로 하였으며, 계원 한 사람이 10명의 주주를 모집하기로 하였다. 회원은 각지의 학생과 교사로 구성되었는데 그 수가 130여 명에 이르렀다.[39] 130명 중 44명이 보통학교 혹은 사립학교 교원이었고 17명이 경성양성소 학생이었다. 특히 최규익·김덕창·이강현은 직물업에 대한 지식과 실무경험을 가진 인물들로서 산직장려계를 이끌 수 있는 중추적인 인물들이었다. 또한 이 장려계에는 당시 국내의 이름있는 신지식청년층은 거의 망라되었다고 할 정도로 많은 인사들이 일반계원으로 참여하였다. 그 대표적인 인물로는 유근·白南奎(중앙학교 교사)·李用雨(興海公立 보통학교 훈도)·金性洙(중앙학교 설립자)·安在鴻(중앙학교 학감)·張志暎(경신학교 교사)·申錫雨·朴勝喆 등이 있다.

이들은 해외에서 간행되는 독립운동신문인《國民報》를 비밀리에 반입하여 구독하게 하였으며, 일본에 수학여행을 다녀와서 보고 느낀 것을 기록한《東遊誌》90부를 비밀리에 만들어 배포함으로써 민족적 토론의 광장을 마련하였다. 이강현이 산직장려계의 창립동기를 "조선의 원료로 조선에서 조선인이 방적하여 조선인이 製織하여 조선인이 착용하자"라고 언급한 바와 같이 自給自作을 통해 한국인 민족자본의 성장을 궁극적인 목표로 하고 있었던 것이다.[40] 따라서 조선산직장려계는 1920년대 초에 경제적 실력양성운동으로 전개된 물산장려운동과 그 취지와 목적에서 궤를 같이하고 있다고 하겠다.[41]

---

39) 朝鮮總督府 慶北警察部, 앞의 책, 260~264쪽.

40) 이강현, 〈朝鮮産織獎勵契에 대하여〉(《學之光》 6, 1915).

41) 박찬승은 일부 연구자들이 조선산직장려계를 1910년대 각종비밀결사 가운데 포함시키는 경우가 있다고 지적하면서 이 단체는 어디까지나 공개된 단체였음을 지적하였다(박찬승,《한국근대정치사상사연구》, 역사비평사, 1992, 142~145쪽).

1911년 105인 사건으로 서북지방의 중산층 지식청년이 큰 타격을 받은 뒤 여타의 청년들은 산직장려계로 일단 연락망을 갖춘 셈이었다. 105인 사건의 관련인사가 대개 한말 신민회와 관련이 깊었다고 보면 한말 계몽주의의 좌파적 인사였다고 할 수 있는데 1915년의 산직장려계의 조직은 계몽주의 우파모임이었다고 할 수 있다.[42] 이들은 1916년 3월 보안법위반으로 고생하였지만 대부분이 교원이었으므로 일선에서 남긴 민족교육의 영향은 3·1운동에도 미쳤다고 보아야 한다.

(4) 단천 자립단

端川 自立團은 1915년 8월 함경남도 단천에서 姜明煥·方周翼·朴承赫 등 기독교인사들이 중심이 되어 국권회복을 목적으로 결성한 비밀결사체이다.

1915년 5월부터 함남 단천군내 기독교계 인사인 崔錫熙와 李洪容 등이 강명환을 동지로 포섭한 후 강명환은 평소 친분을 맺어오던 방주익과 박승혁에게 비밀조직 결성의 뜻을 전했다. 그리하여 뜻을 함께 한 이들이 중심이 되어 단천읍내와 水下面·廣泉面 등지를 두루 다니면서 일본의 한국침략을 내심으로 거부하고 국권회복의 의지를 품고 기회를 엿보던 사숙교사 劉昌律·李恒根·원처상·이임배·이동섭 등과 합심하여 독립에의 의지를 펴기로 결의하였다. 이후 9월 15일(음력) 방주익·강명환·유창율·이항근 등은 이임배·이동섭·최석희·이홍용 등과 함께 단천군 福歸面 용암리의 산상에 모여 자립단 조직에 관한 협의를 시작하였다. 단원은 決死로 구한국을 광복시킬 목적을 담은 맹약서인 〈자립단규칙서〉를 작성하고 이후로 수 차례 밀회를 거듭하여 국권회복을 목적으로 하는 비밀결사인 자립단을 조직하기로 계획하였다.

1915년 음력 11월 5일 방주익·박승혁·강명환·유창율·沈恒基·崔泰亨·薛寬學은 전성익·전율봉·최만종 등과 함께 단천군 수하면 하농리 장

---

42) 趙東杰, 앞의 책, 380~381쪽.
이 글에서 '우파'란 개인적으로 민족적 양심과 민족독립을 지향하지만 직접적으로 체제부정적 혁명전략을 취하지 않는 온건파라고 할 수 있으며 일제와 타협하는 개량주의와는 다르나 개량주의로 변질될 가능성을 배제할 수 없는 부류로 그 성격을 규정하고 있다.

암촌에 있는 서당에서 비밀회합을 개최하고 단조직과 운동노선에 관한 동지간의 의견이 접근되자 곧 자립단 맹약가입과 규칙서를 제정하고 임원을 선출하였다. 단장에 방주익, 부단장에 全性翊, 총무에 박승혁, 조직에 강명환, 재정에 심항기, 서기에 최태형이 각각 선임되었다.43)

자립단을 결성하는 데 주도적인 역할을 한 인물들의 연령은 20대의 젊은 청년들이 대부분이며 그 외 30대가 2명이 포함되어 있다. 이들의 직업은 농업, 상업이나 숙박업, 그외 사숙교사 등으로, 다양하나 상업에 종사하던 인물들이 다수 포함되었던 점이 아마도 상업투자에 따른 이익금으로 운동자금마련의 한 방편을 채택하도록 한 요인으로 작용한 것으로 보인다. 또한 단편적인 자료에서 기독교계 인사들의 단체라는 점과 함께 비밀회합을 하는 경우 기도를 한다는 점 등을 미루어 기독교계 인사들이 종교적인 친분관계를 이용한 까닭에 비밀결사조직을 완수할 수 있었다.

단 창립 이후 제일 먼저 군내조직을 강화하는 한편 단천군에 인접한 利原·北靑·城津·吉州·豊山·甲山 등지에로 조직을 확대하여 많은 단원을 포섭하는 데 성공하였다. 자립단은 운동자금확보를 위해 단원들로부터 단비를 갹출하는 방법을 택하였다. 단원들로부터 특별희사금과 입단금 1원, 그리고 月捐金 20전씩의 단비를 받아 단의 기금으로 마련하였다. 이를 바탕으로 구체적인 활동방향을 결의한 것이다. 자립단의 활동은 주로 준비론적 실력양성론에 입각한 교육계몽활동으로 이루어졌다. 우선 확보된 단의 기금을 상업경영에 투자하여 利殖을 꾀하여 이를 활용하는 방안을 모색하고 그 자금으로 단원의 자제 및 인근 청년들을 위한 교육사업을 전개하고자 하였다. 즉 자제를 위시한 학생들에게 구국교육을 실시하여 장래의 혁명에 대비한다는 준비론적인 교육계몽활동에 주력하였던 것이다. 아울러 국권회복을 위한 항일 기질 배양을 목적으로 수하면에 '光復靑年練成所'를 설치하고 대한독립군에서 배속시킨 교관의 지도하에 독립군을 양성해 왔다.

이들은 항일투쟁을 위한 비밀활동을 전개하던 중 1916년 3월 불행하게도

---

43) 《判決文(형사재판원본 京畿覆審法院)》, 大正 5년 4월분·大正 5년 刑控 제116호.
《每日新報》, 1916년 3월 19일·4월 2일.
단천군지편찬위원회 편, 《端川郡誌》(1971),

일본헌병대에게 조직이 발각되어 단원 19명이 단천헌병대에 피체되었다. 이때 체포를 면하고 노령 블라디보스톡으로 망명한 지사만도 200여 명에 달했다는 기록이 전한다.[44] 피체된 단원들은 심한 고문을 받은 뒤 함흥지방법원 永興支廳에 송치되어 이른바 '保安法違反嫌疑'로 재판을 받았다.[45]

단천 자립단이 추진하려던 운동방법으로 미루어 한말 계몽운동의 전통을 이은 기독청년들이 실업진작, 구국교육에 역점을 둔 계몽운동을 전개하려던 단체로 규정지을 수 있다.

(5) 영주 대동상점

1915년 경북 영주군의 풍기공립보통학교 교사인 박제준과 權寧睦이 영주시장에 大同商店이란 잡화점을 경영하여 독립운동자금을 조달하고 일본관헌의 감시를 피할 수 있는 독립운동의 연락거점으로도 이용하고자 하였다. 박제준은 감독에, 권영목은 경영주임이 되어 유명수·정응봉 등을 포섭하여 상점을 경영하였다. 그러면서 기회를 보아 만주로 망명하여 항일운동을 전개하기로 하고 먼저 국제정세의 변화와 만주에서의 독립운동 상황을 살피기 위해 박제준과 김노경이 만주를 다녀왔다. 그리고 이듬해 3월까지 만주로 전원 망명키로 결정하고 상점을 정리하여 폐쇄한 후 광복회 총사령 박상진과 협의하였다. 그 후 권영목을 선발대로 만주에 보내 군사훈련을 받게 하는 등 활동하다가 1918년 일본관헌에게 발각되었다. 대동상점은 박상진이 이끄는 대한광복회의 연락소가 되었는데 이런 상점을 거점으로 활용하는 것은 군자금출납을 위장함에 적절한 방법이었으며 당시 〈회사령〉으로 인해 다른 민족기업이 봉쇄당하고 있던 경제적 탄압하에서 잡화상이나 곡물상 이외에 다른 경영체를 설립키 어려운 중산층이 채택한 지혜였다고 할 수 있다.

---

44) 단천군지편찬위원회 편, 위의 책.

45) 《判決文(형사재판원본 京畿覆審法院)》, 大正 5년 4월분·大正 5년 刑控 제116호. 재판에서 단장 방주익, 총무 박승혁, 조직 강명환은 각각 징역 2년 6월을 선고받았다가 경성복심법원의 2심판결에서 방주익·박승혁·강명환과 심항기가 각각 징역 1년 6월, 유창율은 징역 1년에, 설관학은 징역 6월의 실형을 선고받았다.

(6) 송죽회

松竹會는 1913년 평양의 崇義女學校 교사 黃愛德·李孝德, 崇賢여학교 교사 金敬熙, 기독교도 安貞錫 등이 朴賢淑·李馬大·蔡光德·宋福信 등 20여 명의 학생을 포섭하여 숭의여학교 기숙사내에서 조직한 비밀결사이다.46) 1910년대 여성들이 조직한 유일한 비밀결사였으며 일제시대 민족운동조직의 시발점이기도 하였다. 조직형태는 철저한 점조직으로써 회원명부도 만들지 않고 이름도 별명을 사용하는 등 비밀유지에 만전을 기하였다.

회원들이 방학을 이용하여 수예·편물 등으로 자금을 마련, 월회비를 납부케 하여 적립된 자금을 해외 독립운동자금으로 송금하였으며 국내에 잠입하여 활동하는 애국지사들에게 필요한 자금으로 제공하기도 하였다, 또한 평양시내 교회부인회와 접선하여 민족정신과 독립정신을 함양시켜 여성에 대한 계몽운동을 추진해 갔다.

1916년 동회는 지방조직에 착수해 대부분 동교 졸업생으로 장로교계통 여학교 교사로 근무하는 회원을 지방책으로 삼아 조직을 확대시켜 나갔다. 조직을 성공리에 이끌어 일제 말기에는 일본·하와이·미국 본토에까지 조직이 확대되었다.

(7) 애국창가집 편찬, 배포와 관련된 민족교육투쟁

1910년대는 철통같은 무단통치의 감시체제하에서는 정치·경제 등 민족적 기능이 봉쇄당한 까닭에 교육을 통해 그 돌파구를 찾고자 하였다. 주로 민족교육이념이 투철한 사립학교의 교사들이 중심이 되어 학생들에게 민족의식과 항일의식을 고취시키려는 목적하에 다양한 방법으로 민족교육강화를 추구하였던 것이다. 사립학교 교사들은 조국사랑 노래나 독립군가·애국가 등을 수집하여 비밀리에 唱歌集을 편찬한 뒤 이를 학생들에게 배포·전파하였으며 이외에 금지된 민족역사서나 인물전 등도 비밀리에 교육시킨 유형의 투쟁이 적지 않게 나타나고 있다.47)

---

46) 숭의여자중고등학교, 《숭의60년사》(1963), 128~132쪽.
47) 姜德相, 《現代史資料》 25, 8~16쪽.

가. 한영서원 애국창가집 발매반포투쟁

1914년 경기도 개성 사립 韓英書院 교사 申永淳·李常春 등이 배일사상양성에 일조하고자 국권회복을 고무하는 창가 편찬을 협의하였다. 신영순·이상춘은 수편의 애국창가를 作歌하고 동간도에서 창가를 수집해서 갖고 있던 이경중 목사에게 이를 제공받은 다음 윤치호가 지은 〈애국가〉를 포함해서 1914년 8월 제1권 40부를 인쇄하여 한영서원 및 호수돈여학교 생도에게 발매·반포하였다. 이어 1915년 9월 제2권 90책을 인쇄·반포하였다. 1916년 신영순·이상춘 등 6명은 이 사건으로 보안법위반 및 불경죄로 피체되었으며 이후 음악교사 鄭士仁, 학감 李萬珪, 음악대 생도 10명, 사립 호수돈여숙 교사 등 22명이 추가로 피체되었는데 음악교사와 생도들은 창가를 연주한 행위를, 尹滋亨과 李致善은 1912년 10월 이와 유사한 창가집을 편찬한 사실을, 그외는 창가집의 배포와 관련된 활동을 문제시하였다.

창가집 편찬취지에 대해 밝힌 내용을 살피면 다음과 같다.

> 국가의 흥망성쇠는 국민정신에 있고 국민의 정신을 感發하는 것은 가곡이 제일이다. 故로 구미제국에서 巨擘의 시인 및 음악가의 미묘한 시조와 가곡으로서 국민의 정신을 함양한다고 한다. … 현시 유식대가의 저작에 계한 미묘한 가곡이 적지 않으나 각지에 산재해서 통일되지 못해 … 가곡 백여 종을 수집편찬하여 … 청년동지에게 소개한다(姜德相, 《現代史資料》 25, 10쪽).

이처럼 국가흥망성쇠의 열쇠는 곧 국민정신에 있다고 인식하고 이를 중요시하면서 그 함양을 위해 조국을 생각하는 노래·독립군가·애국가를 모아 창가집을 만들었음을 밝히고 있다. 그리하여 이같은 취지를 담은 애국창가를 수집·정리하였으니 그 중에는 일본의 황제나 황가에게 모욕적인 내용을 담은 곡이나 역대 영웅적인 인물의 척왜상을 표현한 곡들이 대부분이었다. 곡의 내용을 일부 소개하면 아래와 같다.

제46. 영웅의 모범

2. 일본황제를 家僕으로 삼고, 일본황후를 下婢로 삼는다.
사역시킬 것을 맹세한 昔于老의 壯心을 우리는 모범으로 해야한다.

7. 賊 이등박문을 노령에서 피습하여
三發三中 사살하고 대한만세를 부르짖은
안중근의 그 의기는 우리가 모범으로 해야 한다.

제66. 善竹橋

1. 선죽교 그 血橋, 개성읍 외 선죽교
鄭圃隱 죽어 그 몇 년
유혈순국의 원한은 千載에 이르는 때라.

6. 선생은 이에 서거하여 백골은 진토로 화해
혼백 모두 흩어져 남음이 없으나
빛나는 일편단심은 지금 오히려 잊혀지지 않고 忠血은 이에 오래라.

제129. 구주전란

1. 1914년 하 7월 격렬한 腥風 서에서 온다.
극동 반도청년의 惰眠을 깨우고 신경을 자극하며 미몽을 흔든다.

7. 우리 조모의 고영웅에게 묻노니, 너의 나라를 사랑하여 상제에게 기도해
너, 독립국의 영웅을 찬미하고 우리 역시 너를 계승할 것을 맹세한다.

구체적인 역사속의 애국지사와 역사적 사건을 내용으로 한 창가를 통해 애국심과 민족적 자긍심을 일깨워 주는 것들이었다. 한국역사 중 대대로 대일항쟁에서 큰 승리를 거둔 朴堤上·이순신 등을 영웅의 모범으로 칭송하고, 당시의 애국지사로 최익현·안중근 등을 독립국의 영웅으로 찬미하면서 이들을 계승함을 맹세케 하는 항일의식을 심어주었다. 더 나아가 국권회복운동에 앞장설 것을 호소하기를 "文에 능한 자는 문으로 國光을 揚하고, 武에 능한 자는 무로써 국권을 복하고, 권모에 능한 자는 권모로서 국광을 양하고, 勇에 능한 자는 용으로써 국권을 회복하는 것이니"라고 하여 각계 각층의 인사들에게 단결 협력하자고 주창하였던 것이다.

나. 함북 종성 사립 온천학교 애국창가 교수활동

함북 종성군 주을면 온천동 소재 사립 溫泉學校 교사인 崔鵬南·鄭周煥·朴庸淮 등은 학생들에게 민족의식과 민족혼을 고취시키기 위한 방법을 모색

하던 중 일제의 간섭을 피하기 쉬운 음악과목을 활용코자 하였다. 우선 종래부터 유포되어 오던 창가들을 수집하여 교과목 중에 창가란 과목을 만들었다. 그리하여 온천학교 학생들에게 〈조국생각가〉 혹은 안중근을 칭양한 수편의 민족정신이 깃든 창가 등을 비밀리에 가르쳤다.

그런데 이 학교의 경우에는 애국창가 뿐 아니라 역사나 지리 등의 일반적인 과목에서도 민족교육을 강화하여, 1910년 이후 출판이 금지된 《초등본국략사》·《초등본국지리》 등을 3·4학년 학생의 교과서로 사용하였던 것이다. 또한 《조선사》와 《대조선사》란 교재도 만들었는데 이는 경성 사립 五星學校 교사였던 張道斌이 기록한 것을 당시 오성학교 재학 중이던 박용희가 필기해 두었는데 이를 학생들에게 가르쳤다. 그 밖에 박용희가 오성학교 재학 중 지방유세 때 대중에게 민족정신을 고무하고자 작성해 둔 것을 학생에게 교수하는 등 다양한 방법으로 민족교육을 강화시켰으나 1916년 말에 일제에 의해 교사들이 불온교수혐의로 피체되어 어려움을 겪었다.[48]

다. 함남 이원 사숙 일신재의 민족의식 고취활동

함남 이원군 남면에서 교사로 재직하던 朴元東은 1914년 북간도로 건너가 화룡현 五原洞 소재의 한인학교인 德城學校에서 수학하고 1915년 4월 귀향하였다. 향리에 돌아온 박원동은 민족운동의 방법을 도모하던 중 사숙 일신재 교사 金昌衍·李根東과 국권회홍에 관해 논의하고, 우선 이지역 학생들에게 민족의식을 고취시킬 것을 결의하였다. 그리하여 북간도에서 가져온 《新韓獨立史》와 《최신창가집》을 김창연에게 전달하였다. 이후 김창연은 이를 학생들에게 교수하던 중 1916년 말 발각되어 보안법위반으로 피체되었다.

《신한독립사》는 전편 모두 조국회홍을 고무격려하는 내용으로 구성되었으며, 《최신창가집》은 경기도 개성 한영서원에서 사용하였던 창가집과 그 내용이 대동소이하다.

---

48) 姜德相, 《現代史資料》 25, 15쪽.

라. 함남 영흥 사립 문명학교 애국창가교육투쟁

함남 영흥군 홍인면 소재 사립 문명학교 교사인 李學龍은 경성의 보성학교에서 학업을 마친 후 이 학교에 적을 두었다. 이학용은 학생들에게 애국심과 민족의식을 심어주기 위해 노력하였으며 그 일환으로 1915년 10월부터 매주 토요일마다 학생들에게 창가를 가르쳤다. 이학용은 보성학교시절 얻었던 《애국창가집》을 사용하였는데, 민족적인 내용이 담긴 창가가 많은 책이어서 이를 사용하여 애국사상을 고취시키는 데 주력하였던 것이다. 이후 車南奎 등 문명학교 학생 수명이 창가를 필기해 학교에서 함께 부르곤 했다. 1916년 말에 발각되어 피체되었다.

문명학교 창가집에 실린 〈독립군가〉 중에는 "요코하마·오사카를 攻陷하고 동경으로 공격해 들어가 동서남북 적을 쳐부수고 국권을 회복할 우리독립군, 凱歌와 만세의 소리는 천지를 흔든다"라는 가사의 곡도 있다.49) 이처럼 직접적으로 일본 본토를 공략해 일제를 단 한번에 멸망시켜 조국의 해방을 도모하려는 결의에 찬 의지를 다지려는 의도를 담은 경우가 당시 독립군가의 일반적인 특징이었다. 1910년대에 이르러 독립전쟁론이 확고한 독립운동방략으로 정립되면서 이를 민족운동가 뿐 아니라 민족구성원 모두에게 심어주려는 의도가 독립군가로 표현되었던 것이다. 또한 이런 의지의 표현인 독립군가가 학생들에게 교수됨으로써 민족교육의 중요한 역할을 담당할 수 있었다고 하겠다.

4) 혁명적 경향의 민족운동단체

(1) 대한광복회

大韓光復會는 군자금을 조달하여 만주의 독립군기지에서 혁명군을 양성하고 국내에 혁명기지를 확보한 후, 적시에 무력투쟁으로 독립쟁취를 목표했던 1910년대의 혁명단체였다.50) 대한광복회는 1915년 7월에 결성되었는데, 1913

---

49) 姜德相, 《現代史資料》 25, 18~19쪽.
50) 姜德相, 《現代史資料》 25.
國史編纂委員會 編, 《한국독립운동사》 2, 427~489쪽.

년 풍기에서 의병적인 인사들에 의해 조직된 풍기광복단과 1913년 대구의 조선국권회복단 중 일부 과격한 인사들이 노선상의 갈등으로 이탈하여 함께 조직한 것이었다.

대한광복회는 한말 의병장 許蔿의 제자인 朴尙鎭 주도하에 운영되었다. 박상진은 유가출신으로 척사적인 성리학 공부를 마친 후에 경성 양정의숙의 법과를 졸업하여 판사시험에 합격한 혁신유림이었다. 또한 국권상실 이후 의병거사 계획을 추진한 경험으로 미루어 의병적 기질을 지녔던 것을 알 수 있다. 다시 말해 척사적 경험을 바탕으로 신교육을 수학한 혁신유림이 되었으며 혁신유림임에도 계몽주의적 성향에 경도되지 않고 의병의식을 모두 겸비한 인물이었다. 박상진의 이같은 기질 때문에 풍기광복단과 국권회복단 일부의 통합을 이끌어 낼 수 있었으며, 이를 더욱 발전시켜 보다 적극적인 민족운동방략으로 전개해 나갈 수 있었다. 대한광복회는 풍기광복단과 국권회복단의 의병적 인사를 주축으로 결성한 무장조직이었던 것이다.

"우리 조국을 광복하고 우리의 대대 원수를 물리쳐서 우리 동포를 구하는 것이 우리 민족의 천명으로 우리가 해야 할 의무이다. 이것이 본회가 성패나 利鈍을 생각지 않고 죽음을 무릅쓰고 본회를 창립한 소이로 …"라고 한 광복회의 포고문은 광복회 창립의 취지를 짐작케 한다. 아울러 아래와 같은 대한광복회의 〈강령〉을 살피면 그 취지를 더욱 잘 파악할 수 있다.

① 부호의 의연금 및 일인이 불법 징수하는 세금을 압수하여 무장을 준비한다.
② 남북 만주에 군관학교를 세워 독립전사를 양성한다.
③ 종래의 의병 및 해산군인과 만주 이주민을 소집하여 훈련한다.
④ 중국·러시아 등 여러 나라에 의뢰하여 무기를 구입한다.
⑤ 본회의 군사행동·집회·왕래 등 모든 연락기관의 본부를 상덕태상회에 두고 韓滿 각 요지와 북경·상해에 그 지점 또는 여관·鑛務所 등을 두어 연락기관으로 한다.
⑥ 일인 고관 및 한인 반역자를 수시 수처에서 처단하는 行刑部를 둔다.
⑦ 무력이 완비되는 대로 일인 섬멸전을 단행하여 최후 목적의 달성을 기함.

趙東杰, 〈대한광복회의 결성과 그 선행조직〉·〈대한광복회연구〉(앞의 책, 1989).
朴永錫, 〈대한광복회연구〉(《한국민족운동사연구》 1, 국사편찬위원회, 1986).

이와 같이 대한광복회는 군자금조달-군관학교 및 잡화상 등 혁명기지건설-무기비축, 독립군양성-혁명(독립)달성 이라는 구도의 민족운동계획을 준비하고 있었다. 다시 말해 민족운동의 방략을 독립전쟁론에 두고 이를 준비하기 위해 독립군양성에 목적을 두고 군자금모집과 무기구입에 초점을 두었으며 일제통치하에 안일하는 친일부호의 처단 등 의협투쟁을 목표로 삼았던 것이다. 이러한 목표의 실행을 위해 조직도 총사령·부사령 등의 명칭을 사용해 무장조직의 특성을 보여주고 있다. 즉 대한광복회는 국내에서 결성된 독립군단체였으며 기존의 의병이나 해외의 독립군과는 다른 혁명을 계획한 점에서 혁명단체였다 하겠다.

결성 당시의 인사로는 박상진, 국권회복단의 정운일, 풍기광복단의 채기중·유창순·유장렬·韓焄·강병수·김병렬·정만교·김상오·정운홍·정진화·황상규·이각 등과 양 단과 관련없는 金漢鍾·엄정섭·禹在龍·梁濟安·權寧萬·金敬泰 등이 있다. 1916년 이후 충청도의 金漢鍾, 황해도의 李觀求, 전라도의 李秉昊 등이 가입하여 새로운 중심인물로 주목받았다.

광복회의 조직은 1916년 서울을 중심으로 크게 확대되었다. 이 때 노백린·김좌진·申鉉大·尹洪重·신현두·金鼎浩·권태진·임병한·윤형중·김홍두·尹致晟·이현·박성태·명기섭 등이 가입한 것이다. 그러나 이들은 곧 해외로 망명하여 활동에 크게 참여할 기회를 갖지 못하였나. 즉 그 해 칠곡의 부호 장승원과 대구부호 徐祐淳에 대한 처단이 실패하고 박상진은 그 여파로 만주에서 무기를 구입하여 귀국하는 길에 서울에서 체포되었다. 이 사건으로 광복회는 큰 타격을 받았으며, 노백린은 미주로, 김좌진은 만주로 망명하는 등 많은 인사가 해외로 탈출해 갔다.

또한 대한광복회는 1916년 예산을 중심으로 한 충청도지방 일대와 해주를 중심으로 한 황해도 일대, 보성을 비롯한 전라남도 일대 그리고 삼척·인천 등 국내는 물론 해외의 길림·장춘·안동 등 서간도의 독립군기지로까지 확대되어 갔다. 충청도조직은 김한종·장두환·庾昌淳·김경태 등이 중심인데 그 중 김한종은 예산 유가출신으로 1906년 민종식의 홍주의진에 종군했던 인물이다.[51] 그를 따르는 충청도 회원 중 14명이 상민이었다는 점은 그가 척사적인 의병인식을 어느 정도 탈피했으리라는 추측을 가능케 한다.

황해도 책임자인 이관구는 황해도 송화 출신으로 유가집안에서 성장하였으며 20세 무렵 평양의 대성학교와 숭실전문학교에서 수학하면서 신학문을 접하게 되었다. 국권상실 이후 중국에 망명해 중국혁명에 참가한 바 있던 혁신유림의 인물이다.52) 이처럼 대한광복회의 구성원은 한훈·유창순·김한종 등 의병출신자가 주류를 이루었고 박상진·김좌진 등 신교육을 받은 인사들도 많았다. 특히 박상진·이관구 등은 중국 신해혁명에 참가한 바 있던 혁명적 인사였다. 광복회의 주도자들은 대부분 구시대의 양반, 유가에서 자란 구시대를 경험한 연령의 인사들이지만 이에 머물지 않고 세대를 뛰어 넘어 새시대의 건설을 위한 변혁적인 성향을 띤 인사들이었다. 아울러 구성원의 연령도 30, 40대를 중심으로 20대와 50대도 함께 참여해 신구세대를 대변한 조직의 모습을 갖추었다고 할 수 있다.53)

조직구성은 총사령에 박상진, 부사령에 이석대로 진영을 이루었으며 뒤에 부사령은 만주에 상주하며 독립군양성을 담당케 하였다. 이석대가 전사한 1917년 이후에는 김좌진이 이를 이어 부사령을 맡았다.

초기에는 대구를 중심한 경상도 일대에 조직이 결성되었으나 1916년부터 예산을 중심한 충청도·경기도, 해주를 중심한 황해도 일대, 강원도, 보성을 비롯한 전남 일대, 평안도 등지로 확대하여 전국적인 조직으로 발전하고 있었다. 그 외에 길림·장춘·안동을 비롯한 서간도의 독립군기지로 확대되고 있었다. 이같은 확대조직은 각지에 혁명기지로서의 거점확보를 토대로 하여 이루어졌다.

즉 대한광복회는 각처에 혁명기지의 거점을 설치하고자 계획하여 국내의 100여 곳에 거점을 확보하고 무기를 준비하여 신해혁명과 같은 혁명을 달성

51) 광복회의 인사 중 민종식의진에 종군했던 사람은 김한종 이외에도 한훈·유창순·권상석·윤병일·정태복 등이 있다(조동걸, 〈대한광복회연구〉, 앞의 책, 284쪽).

52) 조동걸, 위의 글, 286쪽.

53) 각종 자료 및 경찰조서에 표기된 연령의 집계를 보면 결성당시의 인사 16명은 30대(5), 40대(8), 50대(3)이며, 황해도는 20대(4), 30대(12), 40대(6), 50대(2)이었고, 충청도는 20대(8), 30대(14), 40대(9), 50대(3), 미상(3)으로 구성되어 있음을 보여준다(慶北警務部, 《高等警察要史》, 181~183쪽 ; 《독립운동사자료집》 10, 독립운동사편찬위원회, 1109쪽 ; 《독립운동사자료집》 11, 673~674쪽).

한다는 것이었다. 이를 위해 대구(상덕태상회)·영주(대동상점)·광주(이명서)·삼척(김동호)·인천(이재덕, 미곡취인소)·인천(황학수, 미곡중개소)·용천(文應極)과 만주의 안동(三達양행)·장춘(상원양행)에 곡물상점을 설치하여 거점으로 삼았다. 그 외에 서울이 魚在河, 경북 안동의 이종영, 고령의 김재열 私家, 아니면 여관이나 음식점 등도 활동거점으로 활용하고 있었다. 이러한 조직상의 특징은 광복회 〈강령〉 제5항에서 밝힌 연락기관 설치를 실현한 점에서 주목할만 하다. 그리고 각처의 거점에서는 무기도 수십 정 확보하였고, 만주에 인재를 보내 훈련하게 하였고, 그에 필요한 군자금을 수합하였다. 또한 행동지침으로서 비밀·폭동·암살·혁명의 4대 요강이 시달되고 있다.

대한광복회는 우선 군자금조달을 위한 활동은 부호의 의연금이 대종을 이루지만 그외에 세금탈취와 일인광산습격을 도모하기도 하였다. 광산습격은 풍기광복단의 상동광산건이 있었으나 광복회의 광산습격은 실현되지 못하였다. 다만 우재룡·권영만이 경주에서 우편차를 습격하여 세금일부를 탈취한 적이 있었다.[54] 그런데 광복회의 계획을 실현하기 위해서는 상당한 군자금이 필요하였으므로 이를 충당하려면 각지의 부호를 대상으로 의연금을 수집하는 것이 최선책이란 입장에서 전국의 부호명단을 작성하여 각각 배당액을 산정해 자발적인 모금과 강제모금의 방법을 택하였다. 그리하여 1917~18년경 광복회 등의 이름으로 군자금모금을 통고하는 포고문을 발송하였는데 당시 일제측에 보고된 수만도 100여 통이 넘는 것을 보아도 전국적으로 포고문이 송달되었음을 짐작케 한다.[55]

이러한 군자금모금과 더불어 광복회가 주력한 것이 혁명군의 기지건설이었으며, 이는 전국에 1백 곳에 1만 원씩의 자금으로 건설하려던 잡화상이 바로 그 기지로 무기구입과 혁명군집결지로 만들고자 계획하였던 것이다. 그렇지만 군자금 조달이 용이하지 않게 되자 국내에 설치된 곡물상은 연락장소의 역할에 그칠 뿐이었다. 그러므로 광복회는 반민족적인 의식과 태도가 심화되기 전에 친일부호를 처단하여 지주들에게 경각심을 심어주고자 하였다. 더불어 조선총독 암살계획을 추진시켜 의협투쟁방법도 활용코자 하였다. 황해도

54) 조동걸, 〈대한광복회연구〉(앞의 책), 293쪽.
55) 姜德相, 《現代史資料》 25, 33~34·58~59쪽.

책임자 이관구가 1916년 6월부터 추진한 암살계획은 추진과정에서 차질을 빚어 성공하지 못했으며 이후 이관구는 군자금 수합에 열중하던 중 뜻하지 않게 1918년 6월 밀고로 일경에 체포되어 황해도 조직이 파괴당하고 말았다.

광복회는 여러 가지 어려움 속에서도 1917년과 1918년 군자금모금에 응하지 않는 칠곡의 부호 장승원·아산군 고면장 박용하 등의 악성부호를 처단하기도 하였다. 이들 악성부호의 처단현장에 〈宣告狀〉을 두었기 때문에 광복회의 소문이 전국으로 퍼져 나갔다. 그 결과 일제의 수사도 강화되어 1918년 초부터 관련자들이 드러나면서 박상진·채기중·김한종·장두환 등의 인사들이 피검되었으며 이를 면한 이들의 이탈로 대한광복회의 조직이 파괴되었던 것이다.56)

그리고 체포를 면한 회원은 한훈·우재룡·김상옥처럼 만주로 망명하여 암살단·疇備團 등을 결성하여 1920년 義俠鬪爭을 전개하여 그 운동의 맥을 이어가거나, 혹은 의열단의 일원이 되기도 하였다. 이렇게 볼 때 의협투쟁의 측면에서 보면 대한광복회가 암살단과 의열단으로 이어지는 그 선구적인 조직이었다고 할 수 있다. 대한광복회는 국내외에 기지를 건설하여 혁명군을 양성하고 일본이 국제적으로 고립하게 될 경우 일시에 혁명을 일으켜 독립을 쟁취하려던 계획을 추진했던 강력한 무력투쟁단체였다. 이런 면은 1910년대 국내민족운동전선에서 찾아보기 어려운 광복회만의 특징이라 하겠다.

끝으로 대한광복회는 그의 목적이 "국권을 회복하여 공화정치를 실현하는데 있다"라고 박상진 등이 주장한 바와 같이 공화주의의 건국이념을 표방한 단체였다는 점에서도 이미 1910년대에 엄존하고 있던 척사이념이나 복벽주의를 탈피하였음을 엿볼 수 있다. 또한 성리학적인 민족주의에서 벗어나 단군의식을 주류로 한 자주적 민족의식을 표방하고자 하였다. 이러한 광복회 주도층의 자주의식은 1910년 전후 단군 정통의 역사의식 계승을 현실 독립운동상의 요구에 따라 대종교로 발전시킨 당시의 상황하에서 혁신유림을 비롯한 많은 독립운동가들이 대종교에 귀의하였던 점과 같은 의미로 이해할

56) 피검된 인사중 박상진·채기중·김한종은 사형이 언도되어 순국하였고 이후 1920년 피검된 한훈·우재룡·이병온 등 대부분의 회원들은 무기나 장기형의 옥고를 치루었다.

수 있다. 즉 단군정통의 역사인식, 단군의 '중광'과 국권의 '광복'을 일치시키는 논리, 민족 不祧位로서의 윤리의식 등이 대종교적인 사상의 특징이며 이것이 민족운동의 현실적 요구에 부응되면서 당시 민족운동가들의 민족주의로 체계화된 것을 대종교적 민족주의라고 할 수 있다. 이것이 바로 대한광복회의 이념이었으며 더 나아가 1910년대 결성된 국내의 비밀결사나 해외 일부 단체들의 이념이었던 점은 1910년대 민족운동의 특징 중 하나였음을 짚어 볼 수 있다.

이와 같이 대한광복회는 혁명적인 방법의 민족운동전개, 혁신유림의 근대국가지향과 대종교적 민족주의, 의협투쟁의 방략 등을 그 특징으로 하였으며 특히 의협투쟁이 운동론으로 이론적 틀을 마련하면서 이후 민족운동의 중요한 방략으로 정착하게 되었던 것이다.

(2) 선명당

선명당은 鄭延雄·林光模가 결성한 비밀결사로 중국, 간도 및 국내 평북일대를 중심으로 활동하였는데 조선 총독 이하 要路대관 암살을 목적으로 동지규합에 주력하는 한편 선명당에 관한 인쇄물을 국내에서 비밀리에 배포하기도 하였다. 이 단체가 목표로 한 방략에서 대한광복회에서 채택한 의혈투쟁적인 성격을 엿볼 수 있겠다. 1915년에 들어와 활동이 활발해졌으나 1916년 4월 발각되어 보안법위반으로 체포되고 말았다.[57]

(3) 흠치교의 비밀결사

1916년 4월 이후 충청도일대를 중심으로 활동한 것으로 추측되는 이 단체는 李容珪·金泰泳·田瑢圭 등 독립의군부에 관련되었던 인사 다수가 흠치교의 종교적 조직을 이용한 비밀결사였다. 이용규 등은 국권회복운동을 도모하고자 흠치교인 林子文을 맹주로 하여 국권회복의 계획을 모의하고 이를 위해 우선 흠치교 포교의 방법으로 동지규합을 시도하였다. 민족운동의 한 방법으로 조선내에 거주하는 일본인을 척살하려던 의협투쟁을 택하였으며

57) 姜德相,《現代史資料》25, 24~45쪽.

특히 동지규합 시 고종황제의 칙명서와 마패를 이용하였다는 점이 독립의군부와 유사한 유형의 운동단체였던 것으로 볼 수 있다. 실제 동 단체를 주도한 인물들이 과거 독립의군부에 참여했던 인사들이었다는 점도 이를 뒷받침해 주고 있다. 이후 1917년 6, 7월에 조직이 발각되어 전용규 등 7명은 이 사건으로 1년간 거주제한 처분을 받았다.58)

(4) 청림교의 비밀결사

1916년 음력 10월 청림교 수령 李元植은 구주전란이 독일승리로 결말지어지며, 그 결과 일본·조선도 전멸하지만, 조선의 경우 청림교가 중심이 되어 새로운 국가를 건설하게 된다는 시국관을 펴면서 신도를 모집하였다. 특히 독일이 동양을 공략함에 병사를 파견해 협동작전 전개를 준비키 위해 신도들을 간도로 파견했다는 의미로 사람들을 포섭하면서 국권회복운동을 전개하는 청림교에의 입교를 권유했다. 이에 이종학·정태순 등이 가담하여 국권회복운동에 가담하였다가 일제에 의해 단체가 발각되었다. 그 밖에도 잔존하는 자료들 속에서 청림교도들이 중심이 되어 국권회복운동을 위한 민족운동자금을 모집하던 중 피체되기도 하는 등 적지 않은 활동상을 찾아 볼 수 있다.59)

(5) 조선국민회

朝鮮國民會는 1917년 3월 평양에서 평양 숭실학교와 평양신학교 출신자와 재학생 및 일부 교사가 중심이 되어 결성한 청년학생의 항일비밀결사였다.60) 조선국민회 결성에 있어 주도적인 역할을 담당한 張日煥은 숭실학교를 졸업한 후 1914년 9월 미주 하와이에서 이 지역 한인사회내에서 독립운동의 중심적 지도자로 큰 영향력을 가진 박용만을 만났다.

장일환은 박용만과 협의를 거쳐 국내에 청년단체를 조직하고 국내외가 상

58) 姜德相,《現代史資料》25, 26~27쪽.
59) 姜德相,《現代史資料》25, 31~32쪽.
60) 姜德相,《現代史資料》25, 35~39쪽.
國史編纂委員會編,《韓國獨立運動史》2(1968).
강영심, 〈朝鮮國民會硏究〉(《한국독립운동사연구》3, 한국독립운동사연구소, 1989).

호협력하여 국권회복운동을 전개하기로 결의하였다. 1915년 4월 비밀리에 귀국한 장일환을 1차로 하와이 국민회원으로 활동하다 앞서 귀국한 姜錫奉·徐光朝와 접촉하였다. 이어 1915년 겨울 2차로 안동현에서 활약하고 있던 白世彬을 만나 박용만과 협의된 계획을 전하고 동지로 포섭하였다. 당시 백세빈은 중국 안동현에서 국내와 중국 및 미주지역과의 연결거점 역할을 담당하고 있던 인물이었다.

이어 장일환·강석봉·서광조 및 백세빈은 비밀결사조직에 관해 협의하고 일차 계획으로는 우선 운동에 필요한 자금조달방법과 운동근거지를 간도지역에 구축해 장래에 대비한다는 방침을 결정하였다. 이러한 계획을 실천에 옮길 즈음 국내에서 新韓革命黨 관련인사들이 체포되는 사건이 발생하였으므로 이를 잠시 보류하고 회원 각자가 비밀리에 조직확대 및 동지규합에 힘쓰면서 조직기반을 다지는 작업에 주력하기로 노선을 변경하게 되었다.[61]

그 뒤 1917년 3월 23일 평양 신양리에서 장일환 등 10여 명이 모여 조선국민회를 결성하게 되었다. 장일환을 회장으로 선출하고, 조직구성과 그에 따른 임원 선출 및 간단한 시행세칙을 마련하고 활동을 전개하게 되었다.

조선국민회가 내세운 궁극적인 목적은 구미세력의 동양진출과 더불어 점차 제국주의화하는 일본이 장차 동양침략 즉 중국에로의 침략을 위한 패권쟁탈이 미지않다고 보고 이를 직기로 이용하여 자주독립을 달성하려 함에 있었다.

---

61) 강영심, 〈신한혁명당의 결성과 활동〉(《한국독립운동사연구》 2, 한국독립운동사연구소, 1988).
金正柱, 〈朝鮮保安法違反事件〉(《朝鮮統治史料》 5, 韓國史料硏究所, 1970), 629~671쪽.
신한혁명당은 1915년 3월 상해에서 상해지역 독립운동단체인 同濟社의 중추인 신규식과 박은식 등이 중심이 되어 이상설, 북경지역의 세력, 북간도의 이동휘, 해산된 간민회세력 등과 연결하여 독립전쟁론을 실현코자, 각각의 운동노선과 이념차이를 극복하고 광무황제란 상징적 존재를 당수로 추대하여 독립전쟁론의 실현을 목표로 결성한 항일투쟁조직이다. 동당은 결성 직후 1915년 초 성낙형 등 당원 일부를 국내로 잠입시켜 광무황제를 알현하고 독일과 체결할 군사조약에 대한 황제의 인준을 확보하려는 계획을 실천하다가 사전에 발각되어 국내 관련인사 다수가 보안법위반으로 피체되었던 것이다.

조선국민회의 조직구성을 보면 회장에 장일환, 통신겸 서기에 배민수·안동현·백세빈, 경상도·전라도·황해도구역장으로 오병섭·강석봉·노선경을 각각 임명하였다. 체계적으로 정비된 형태는 아니지만 크게 두 가지 점을 특징으로 들 수 있다. 첫째, 본부격인 평양지역은 회장이 담당하고 그 외 지부적인 성격으로 각지에 구역장을 두어 전국적인 규모의 조직으로 확대 발전시키려 한 면모를 나타낸다. 다음으로 내외통신 즉 국내외의 연락기구 설치에 중점을 둔 기구편성임을 알 수 있다.

또한 해외의 독립운동세력 특히 하와이 국민회와의 긴밀한 연계를 주요사항으로 했던 것과 아울러 중국 간도지역에의 조직확대를 계획했음을 알 수 있다. 특히 간도지역 진출은 초기 조직과정에서 토지매입 및 근거지 구축방안도 시도한 바 있음으로 미루어 이 지역에 장기적 투쟁을 대비한 기지구축 포석의 일환으로 보인다.

회원은 일반회원과 준비회원으로 구분하고 있다. 조직의 운영은 매년 봄에 정기적인 회의를 개최하기로 정하고 조직의 비밀보장을 위해 평양신학교 및 숭실학교가 개교하는 시기를 이용키로 하였다. 조직운영에 필요한 경비는 각 회원이 갹출하는 회비로 충당하며 그 외 별도로 운동자금모집에 대한 계획을 수립하였다. 회원상호간에 사용할 암호와 비밀문서 작성요령까지 마련해 두었다.

조선국민회는 국내에서 조직된 비밀결사이면서도 하와이 국민회나 하와이 국민군단과 깊이 관련된 조직으로서 일면 국내지부적인 성격을 띤다. 실행세칙 중 첫째가 재미국민회와의 연락도모였던 사실과 암호 중 특히 하와이에 대한 암호를 작성하고 있는 점이다. 둘째, 박용만이 주필로 활약하고 있는 하와이 국민회의 기관지《國民報》의 배포를 중요활동으로 전개하고 있었던 점이다.

그런데 하와이 국민회를 이끌던 박용만은 민주주의 원칙에 입각해 경제적으로나, 군사적으로 강력한 국가건설을 목표로 하되 필수적 요소로 국민의 2대 의무를 들고 있다. 이런 입장을 독립운동노선에 적용할 때 한인교포의 의무금제와 독립전쟁을 위한 군사의무의 하나로 상무주의 강조로 나타난다. 따라서 하와이 국민회와 연계된 조직으로 보이는 조선국민회도 이와 비슷한 입장을 가지고 독립운동을 전개했다고 보인다.

조선국민회의 구성원은 20~30대 초반이 대부분이고 10대도 4명이나 포함된 독립의식이 확고한 청년들이며 학력은 숭실대학 출신 5명·숭실대학생 2명·숭실학교 출신 4명·숭실학교 학생 4명 그 외 평양신학교 출신자 1명·경성 연희전문학교 학생 1명·군산 영명중학교 학생 1명 등이다.[62] 회원 대다수가 숭실학교 관련된 인물로 이들이 조직을 이끌어 가는 데 주된 역할을 담당한 것이다. 이처럼 조선국민회는 숭실학교 관련자들이 중심이 되었지만 그 외 평양신학교·경성 연희전문학교·군산 영명학교 학생 등도 함께 참여함으로써 각지 지식청년들을 연합하고자 계획한 면도 참작할 만하다. 또한 회원들 중학교에서 교편을 잡거나 서당교사로 활동한 이도 적지 않아 일선 교육현장에서 구국교육 실현을 통해 민족의식고취에 일익을 담당하기도 하였다. 회원 중에 기독교장로·교회助事 등이 있고, 신학교출신자, 기독교계통의 학교인 숭실·영명·연희전문학교 관련자들이 중심인 것으로 보아 대다수가 기독교신자였다고 할 수 있다. 조선국민회가 당시 민족적 활동조차 철저히 봉쇄된 국내 현실 속에서 조직결성이 비교적 용이한 학교나 종교집회를 적극 활용한 측면을 보여준다고 하겠다.

조선국민회는 동시대에 결성·활동한 비밀결사들과 마찬가지로 전국적 조직을 지향했으나 서북시방 일대가 중심석 거점으로 국한되었던 것, 회원 수도 20~30여 명으로 나타난 것, 학연·지연 및 종교조직을 통해 조직을 결성한 것 등은 여타 비밀결사와 같다.

조선국민회의 활동은 근거지 구축과 조직확대 및 교육활동 등으로 전개되었다. 근거지 구축은 조선국민회의 결성 초기단계에서 계획했던 방안으로 간도지역에 토지를 구입하고 회원으로 규합한 동지를 이주시켜 장래 독립운동의 거점으로 활용하려던 것이었다. 이런 방침에서 일찍부터 국민회 회원에게 적지 않은 영향을 끼친 신민회의 국외독립군기지 창설이란 독립운동전략을 계승했음을 엿볼 수 있다. 실제 그 실천단계에서 구상된 자금동원방안이 무모한 측면도 있으나 당시 제1차 세계대전이란 국제정세를 능동적으로 활용

62) 숭전대학 80년사편찬위원회 편, 《崇田大學校 80年史》(1979).

하려던 의도가 돋보인다.

보다 두드러진 활동은 조직확대와 회원모집 등을 통한 세력 강화였다. 즉 국내조직을 전국적인 규모로 확대하기 위해 평양에 근거를 두고, 경상도·전라도·황해도지역에 지부 성격의 구역장을 설치하고 각 지역에 연고가 있는 회원을 배치하였다. 즉 경상남도 固城郡출신으로 평양신학교를 졸업한 吳炳燮을 경상도 구역장에, 전남 목포출신으로 하와이에서 국민회원으로 활약하다 귀국한 강석봉을 전라도 구역장에, 황해도 재령출신으로 구역에서 회원모집에 노력하면서 그 지역에 국민회 세력을 확대하는 데 주력하였다. 그 결과 전라도 목포·보성일대에 다소 근거가 마련되었다.

국내뿐 아니라 하와이 국민회와의 연락을 계속하는 한편 국민회 회원을 비밀리에 미주로 파견하려고 계획하였다. 미주지역으로의 파견은 군사양성계획의 일환으로 군사학교에 입학시키면서 일면 국내조직과의 원활한 연락거점으로 활용하려던 의도에서 계획되었다고 보이나 실천에 옮기기 전 조직이 발각되었다. 또한 중국지역으로의 기반확대를 위해 안동에 외국통신원을 배치하였는데 이 지역에서 활동하던 백세빈이 이를 맡게 되었다. 아울러 북경에도 1명의 통신원을 배치, 북경지역과도 연계를 계획하였다. 1917년 7월에는 간도지역과의 연락통신을 위해 추가로 盧善敬을 서간도 三源堡로 파견하기도 하였다.

조선국민회는 조직기반을 확대해 가는 한편 회원간의 단결을 강화시키고 장차의 독립쟁패기회에 대비하여 무력준비계획도 수립해 두었다.

특히 회원들간의 단결의지를 공고히 하면서 조국독립을 위해 목숨까지 바칠 의지를 표명코자 혈서를 써서 맹약하는 이들도 다수 있었다. 즉 배민수·김형직·노덕순 등은 食指를 잘라 '대한독립'이라 혈서하고 어떤 이는 '決死'라고 혈서하기도 하였던 것이다. 또한 의지강고한 청년을 뽑아 회원으로 가입시켰으며 이후 이들을 항일투쟁의 역군으로 육성키 위해 중국 각지의 무관학교에 입학시킬 것을 계획하고 1차로 배민수를 중국 무관학교에 입학시키기 위해 중국지역으로 파견하였다. 군사학교에의 입학추진계획과 아울러 무기구입 및 군자금조달을 위한 계획도 별도로 세웠다. 조선국민회의 중심인물들은 우선 무기를 구입키 위한 자금마련의 방안으로 각지의 유지를 물색한 후 회원으로 가입시킨 뒤 그에게 군자금을 출자케 하여 그 자금의 일부로 권총을 구입할 계획이었다. 그러나 목적달성 이전에 조직이 발각됨에 실패하고 말았다.

이러한 무력기반조성계획이 비록 성공을 거두지는 못했으나 무기구입계획, 암호를 사용한 비밀결사인 점, 그 암호가 독립군적 성격인 점, 회원들을 무관학교에 진학케 한 것들로 미루어 보면 이 조직이 계몽주의적 성격의 결사가 아니라 무력에 의한 항일투쟁을 목표로 하고 있음을 알 수 있다. 그밖에 항일독립정신을 학생 및 일반인들에게 심어주려고 노력하였던 바 하와이 국민회의 기관지 《국민보》의 배포활동과 교육현장에서 종사하던 교사들을 통한 민족교육활동을 전개하였다.

조선국민회의 활동을 통해 볼 때 이들이 지향한 운동방략은 계몽주의적 측면도 나타나지만, 독립군적 성격의 암호를 사용한 점, 무기구입 등 무력양성계획을 수립한 점, 독립전쟁론을 일관한 박용만과 협의해 조직된 청년단체인 점등으로 보아 독립전쟁론적 방략이 주된 흐름이었다.[63]

조선국민회는 1918년 2월 경 일제당국에 발각되어 중국으로 도피한 사람도 있었으나 그 중 25명은 체포되었으며 장일환 등 12명의 중심인물은 재판에 회부되어 최고 3년형까지 받게 되었다. 비록 조선국민회가 일제측에 의해 발각되어 해산되기는 했으나 그 결사의 조직기반은 잔존하여 3·1운동 당시 평양중심의 시위운동에서 주된 역할을 담당하였다. 이후 1919년 9월에는 朴仁寬이 중심이 되어 大韓國民會란 비밀결사를 조직하기도 하는 등, 회원 각자가 독립운동에 헌신, 활동하는 이도 적지 않았다.

5) 1910년대 국내민족운동의 성격

지금까지 살펴본 바를 중심으로 1910년대 국내민족운동의 특징적인 면을 정리하면 다음과 같이 요약할 수 있겠다.

우선 먼저 국내에서 결성된 민족운동단체의 주된 민족운동 논리가 독립전

63) 趙東杰, 〈1910년대 독립운동의 變遷과 特性〉(앞의 책), 377쪽.

쟁론 혹은 그에 기초한 준비론이었다는 점이다. 대표적인 단체로는 혁명적 경향의 대한광복회였으며 그 외에 의병계열의 단체들도 궁극적으로는 이에 동조한 것임을 밝혔다. 독립전쟁론이란 국외에 독립운동기지를 설치하여 독립군을 양성한 후 적당한 시기에 일제와의 혈전을 통해 빼앗긴 국권을 되찾는다는 독립운동상의 방략으로서 이는 구한말 이래 전개된 두 갈래 민족운동의 논리인 실력양성론과 무장투쟁론(의병전쟁)을 하나로 결합시킨 統全的인 운동론이다. 즉 당장 무력을 동원해 독립전쟁을 일으키자는 것이 아니라, 기존의 비무장 실력양성론이 지닌 한계점과 무단통치란 현실적 여건하에서 무장투쟁론이 갖는 비현실성을 상호 보완하여 발전시킨 전쟁준비론적인 운동론이었다. 또한 민족의 독립역량을 강화해 나가면서 향후 일본과 러시아 혹은 미국과 일본간의 전쟁이 일어났을 때, 그 기회를 이용해 대일 독립전쟁을 벌인다는 기회포착적 독립전쟁론이기도 하였다. 이같은 방략의 일치는 국권을 상실한 이후 각각 분리된 채 민족역량의 결집을 무시하고 독자적으로 이끌어갔던 종래의 운동방략상의 차별성과 분파성이 희석되면서 새로운 항일투쟁의 방편을 모색하는 과정에서 얻어진 것이었다. 그리하여 가장 적극적인 투쟁인 독립전쟁론을 기조로 한 새로운 민족독립운동의 지평을 펼쳐나가기 시작하였으며 바로 이점을 1910년대 국내는 물론 국외에서 전개된 민족운동상 가장 큰 특징이라 할 수 있다. 다만 이시기의 독립전쟁론은 본격적으로 전쟁을 수행하는 단계까지 이르지 못했으므로 독립전쟁을 위한 준비단계의 성격이 더 강했다는 점에서 전쟁준비단계로서의 독립전쟁론이었다고 평가할 수 있다. 대한광복회처럼 무력항쟁이 수행되지만 국지적 일시적이거나 개인적 소규모의 항쟁이므로 본격적인 전쟁수행이라기 보다는 전쟁을 위한 내재적인 역량을 축적하는 단계로 보아야 하기 때문이다.64)

다음으로 국내의 경우 국외와는 달리 일제의 직접적인 무단통치를 받고 있었으므로 독립전쟁론에 입각한 민족운동을 실현하는 데에는 많은 제약이 따랐다. 따라서 교육·식산·계몽 등의 활동을 통한 실력양성운동도 더불어 이루어졌으니 이를테면 조선물산장려계·조선국권회복단·단천자립단의 활

64) 윤경로, 앞의 글, 248쪽.

동 그 외에 학생들의 민족의식 고양을 목적으로 한 애국창가집 교수활동 등이 이 부류에 속한 운동들이다. 독립전쟁론이 중요한 경향임은 분명하지만 국내의 특수한 사정상 다양한 방략이 나타날 수밖에 없었다고 하겠다.

이 시기 민족운동이 보여준 두번째 특징은 비밀결사체가 주류를 이루고 있다는 점이다. 이러한 현상은 국권을 강탈당한 식민지하에서 그것도 철통같은 감시망이 구축된 무단통치하에서의 민족운동이 갖는 일반적인 특징으로 구한말 조직된 항일비밀결사인 신민회와 그 맥을 같이 하고 있다. 강점 직후 신민회의 존재를 감지한 일제는 이들 조직을 비롯한 일체의 항일조직을 용납하지 않으려는 의도하에 이른바 '105인사건'을 조작하여 반일민족세력을 근절시키고자 하였다. 물론 재판과정에서 그 사건의 허구와 피체된 민족지도자에 대한 악랄한 고문사실이 밝혀지면서 오히려 항일민족의식이 더욱 고양되었으며 이후 여러 형태의 비밀결사가 결성되어 민족운동의 중심체로 활약하게 되었다. 물론 이 시기는 당시 민족운동의 주류인 비밀결사란 조직하에서 여러 가지 제약을 갖고 있으며 그 지도인물의 사상적 차이 등으로 인해 복잡성을 내포하고 있다. 그렇지만 각 계층의 우국지사들과 청년학생들을 중심으로 조직되며 민족주의사상을 이념적으로 무장한다는 공통점이 있다. 또한 이들은 각 단체의 영향권내에 속한 국내 각지에서 비밀리에 회원을 조직하고 자금을 모집하는 한편 국권회복을 위한 사인사양의 힘의 결집을 호소하면서 국내 민족역량을 축적코자 하였다.

셋째, 국내민족운동을 이끈 운동단체가 채택한 방략 및 그 실행방법에 따라 특유한 조직체제를 구성하였다는 점이다.

즉 1910년대의 대표적 혁명단체인 광복회는 總司令·副司令·指揮軍·參謀長 등 군사적인 조직으로 구성되어 있으며, 의병적 성격이 강한 독립의군부나 이증연의 비밀결사의 경우도 직제나 직명에서 그런 면모를 찾을 수 있다. 국권회복단은 결사대부장을 설치해 독립군적인 면도 있다고 보이지만 대체로 계몽주의적 성향의 직제를 갖추었다. 그 외 조선산직장려계나 자립단의 조직구성은 각기 계몽주의적 방략에 맞는 체제를 보여준다.

그리고 이 시기 국내 단체들의 경우, 대부분 전국적인 조직확대를 계획하는 한편 해외에도 조직활동을 위한 거점을 마련하는 등 해외 민족운동세력과 연결체제를 구축코자 노력하였던 것에서도 유사성을 찾아볼 수 있다. 먼저 대한독립의군부는 중앙에 순무총장을 설치하고 각도·각군 조직체계를 갖추었으며, 국권회복단은 마산에 지부장을 두고 상회란 상업조직을 각지에 두어 거점으로 구축코자 하였다. 또한 대한광복회도 국내 각지 및 만주·북경·상해 등에 기관설치를 시도하였으며 민단조합도 지부장을 두는 등 전국적인 조직으로 확대를 시도하였다.

그러나 각 단체의 계획과는 달리 대한광복회를 제외한 대부분의 경우 중심활동지역이 국내 일부지역에 국한되는 것이 일반적인 양상이었다. 이는 당시 무단정치하에서 혈연·지연, 혹은 종교적 집회에 의한 동지규합이나 조직결성이 가능할 수밖에 없던 어려운 상황을 시사해 주고 있다.

조직체제와 관련해 또 하나 주목할만한 점이 있다. 즉, 독립운동과 같이 비밀을 요하는 경우에는 자금조달과 연락망 구축이 절대적으로 필요하다. 그런데 1910년대 국내 민족운동결사체들은 그 성격상 공개적인 활동이 어려웠기 때문에 각종 상점과 곡물상회 등을 적극 활용하면서 이를 극복하고자 노력하였다. 이를테면 조선국권회복단과 연결된 대구의 태궁상회와 부산의 백산상회·대한광복회와 유관한 대구의 상덕태상회와 영주의 대동상점 등은 잡화상이나 곡물상을 운영하면서 연락 거점으로 이용하거나 운동자금을 조달하였던 것이다.

넷째, 이 시기 민족운동단체의 중심인물은 각 계층의 우국지사들, 한말 구국교육운동의 항일투쟁정신으로 무장한 애국청년·학생들이었다는 점이다. 부연하면 한말 의병출신이나 의병적 성향을 지닌 양반유생들, 계몽운동적 성향이 강한 중산층, 한말 이후 신교육을 이수한 지식 청년들 그 외 일찍이 신학문이나 서구문물을 접하고 간도·중국·연해주 등에 망명해 중국혁명을 경험하고 돌아온 혁명적 인사들이 중심이 되어 민족운동단체를 조직, 국권회복운동을 전개한 것이었다. 주목할 점은 주도 인물들 중 간도·연해주·중국·미주 등지로 건너가 그 지역 독립운동 전개상황이나 국제정세 등에 대한 흐름을 파악할 기회를 가졌던 이가 많았다는 사실이다. 각지 독립운동의 전개상황을 보고 국내운동과 연계투쟁의 필요를 절감했거나 당시 국제정세를 파악해 다른 이들보다 신속하고, 적극적인 대응책을 계획할 수 있었던 것이 아닌가 추측할 수 있겠다.

더구나 학생층의 경우를 보면 일제의 〈조선교육령사립학교규칙〉(1917)·〈서당규칙〉(1918) 발포 등을 통한 민족교육 탄압책은 오히려 학생들에게 항일민족의식을 더욱 고양시키는 계기로 작용하였다. 그 결과 협성학교의 학우회, 숭의학교와 紀全學校의 송죽형제회, 경성고보의 조선물산장려계, 숭실학교의 조선국민회 등 비밀결사체가 조직되어 학생 중심의 민족운동이 추진되기도 하였던 것이다.

민족운동의 중심세력에 관한 문제와 관련하여 민족운동 참여 계층의 저변확대란 점도 지적해야 할 부분이다. 즉 1910년대 초반에는 구한국군 출신 채응언이 주도한 의병부대 및 척사유림들이 중심이 된 독립의군부와 민단조합, 그리고 풍기광복단 등 의병 계열의 단체가 주로 활동하였으나 계몽주의계열의 지식인과 유산가들이 설립한 조선국권회복단, 기독교계 청년 및 학생들이 조직한 조선국민회, 교사와 지식층 청년들이 참여한 조선산직장려계, 혁신유림층과 평민계층이 함께 결성한 대한광복회 등의 출현으로 그 참여 계층의 저변이 점차 확대되었던 것이다. 또한 혁신유림과 평민출신들이 공화주의를 표방한 대한광복회의 출현은 1910년대 민족운동이 기존의 사회·경제적 차이와 이념을 극복한 새로운 민족운동의 가능성을 시사하고 있었다.

다섯째로, 이 시기 민족운동은 합방 이전의 의병투쟁적 전통이나 구국계몽운동의 전통을 계승 발전시켜 한 차원 높아진 국권회복운동으로 전개되었던 것이다. 전자를 계승한 것이 독립의군부·민단조합 등이라면 후자를 이은 것은 기성볼단·조선산직장려계·자립단 등이 대표적이다. 이에 비해 대한광복회는 의병적 무력투쟁과 계몽주의적 노선을 접목·발전시킨 독립군적 단체라 할 수 있다. 국권회복단의 경우나 이중연의 비밀결사 등도 계몽적인 방략과 의협투쟁적인 측면이 병행되었던 예로 들 수 있다.

여섯째, 민족운동단체의 활동은 물론 의병계열·계몽운동계열 그리고 혁명적 경향의 단체 중 어느 유형에 속하는가에 따라 중점을 둔 활동상의 차이가 나타나고 있다. 조선산직장려계나 애국창가집 활동의 경우를 제외하면 대체로 ① 조직확대 및 동지규합, ② 일본군에 대항할 군사력준비 및 군자금모집, ③ 친일파 등 일본주구와 총독 이하 일인고관암살, ④ 국권반환요구서 송달, ⑤실업진작 및 구국교육활동, ⑥해외독립운동세력과 연락도모 및 지원활동 등을 주된 활동으로 꼽을 수 있다. 이처럼 이들은 주로 군자금을 수합하고 무기를 구입하며, 국외 독립운동단체들과의 연대를 강화하는 등 독립전쟁론에 입각한 독립운동을 전개하는 데 주력하였다.

일곱째, 민족운동단체의 결성이 1915년을 전후한 시기에 급증되고 있다는 점이다. 이 점은 당시 제1차 세계대전의 발발과 일본의 산동출병으로 인한 중일전쟁 개전설의 고조 등 국제정세변화와 관련지어 볼 수 있다. 일본이 전란에 처할 때를 독립운동의 적기로 포착하기 위한 전략을 실천코자 비밀결사가 조직된 것이었다. 물론 이들은 조직결성 이후 단시일내에 일제 측에 발각된 까닭에 조직확대나 군자금모집 활동상에 있어 괄목할만한 성과를 거두기는 어려웠던 한계점을 갖고 있었다.

이 시기 민족운동단체가 보여준 또 하나의 특징은 종교적 배경과 성향을 띤 조직이 적지 않았다는 점이다. 이는 구한말 대종교의 민족운동이나, 기독교인들의 신민회 활동 등을 계승하였다는 측면도 있겠지만 일제의 종교계에 대한 탄압도 중요한 동인으로 작용하였다. 일제가 종교계 탄압을 위해 제정 반포한 1915년의 〈포교규칙〉 및 〈사립학교규칙〉으로 순수한 종교활동마저 감시받게 되자 종교인들의 반발을 불러 일으켰다. 그 결과 민족문제를 새롭게 인식하는 계기가 되었다. 게다가 일체의 집회결사가 허용되지 않는 무단통치하에서 활용될 수 있는 조직은 종교단체뿐이었다. 이러한 상황은 자연히 종교단체의 정치사회적 위상과 기대치를 높여주었고 따라서 종교조직을 활용한 독립운동의 가능성과 방법론이 제기되었던 것이다. 그러한 단체로 단군태황조를 봉사한다고 표방한 조선국권회복단과 대한광복회는 대종교계열의 결사였고 기독교도가 중심이 되어 조직된 조선국민회나 단천자립단은 기독교계열이다. 그 외 흠치교나 청림교는 민족종교인 동학의 전통을 이은 종교조직을 이용한 비밀결사였다.

다음으로 이 시기 민족운동의 변화 중 중요한 점은 복벽주의를 극복하고 공화주의가 정립되었다는 것이다. 즉 복벽주의를 표방하고 의병투쟁을 목표로 했던 대한독립의군부나 민단조합 등의 운동이 빛을 보지 못하고 좌절되고 공화주의를 표방하는 조선국민회가 결성되면서 국내민족운동은 새로운 국면을 맞게 되었다. 이후 더 이상 복벽주의를 이념으로 하는 단체의 출현이 없었으며 대한광복회 단계에 이르면 공화정치를 단체의 조직목표로 표방하면서 복벽주의의 완전한 탈피와 공화주의의 정립으로 발전하였던 것이다. 이로써 공화주의가 1910년대의 민족운동의 주된 경향으로, 한국민족운동사 상의 하나의 특징으로 자리잡게 되었다고 할 수 있겠다.

이처럼 전국 각지에서 빈번하게 전개되던 비밀결사 및 민족운동단체 활동들을 압살하려 한 일제측의 탄압 또한 끊임없이 가혹해져 갔다. 일제는 보안법위반 · 방화 · 살인 · 상해 · 절도 · 강도 · 사기 및 공갈 · 횡령 · 범인은닉 · 총포 화약류취체령위반 등의 죄목을 적용하면서 탄압을 한층 강화시켰다. 그에 따라 민사 · 형사소송 예심 및 검사수사사건 등 접수 건수가 증가하여 1910년에 총 59,000여 건 이었던 것이 3 · 1운동 직전인 1918년에 이르면 100만 건이란 경이적인 수치를 기록하게 되었다. 아울러 경찰에 의해 卽決事件으로 刑을 받은 이가 1911년에 21,000명이더니 1918년에는 무려 94,000명에 달하였다. 또한 검사에 의해 형이 집행된 사람은 1911년 11,000명 · 1916년 28,000명 · 1918년에는 35,000명으로 각각 증가했다. 이처럼 재판이나 형벌관련 통계치의 수적인 증가는 일제당국이 독립운동 및 일체의 민족적 행위에 대해 자행한 가혹한 탄압의 실상을 적나라하게 보여주는 증거가 되며 한편으로 낭시 국내의 항일투생활동이 결코 수그러들지 않음을 의미하는 것이다.

특히 조선민족을 공갈 · 위협해 일체의 비판이나 저항을 단연코 압살하려는 폭압적 수단으로 실시된 태형은 "응징적 효과가 매우 현저한" 까닭에 매년 증가하였다. 이를테면 재판 및 범죄 즉결사건을 포함, 1911년 17,400인의 수형인원이 1916년에는 전 수형인원의 47%인 52,500명으로 刑中의 刑이 되었다. 더구나 1917년에 이르면 62,500명이 되는 등 태형의 남용은 이루 형언키 어려울 지경이었다. 이점은 당시 일제의 식민지였던 대만과 비교해 보면 보다 극명해진다. 1913~15년의 평균치를 보면 재판사건에서 태형의 비율은 대만 34.4%, 조선 36%, 범죄 즉결사건에서는 그 비율이 24%와 45.3%로 조선이 대만의 2배나 되는 것으로 나타난다.

이러한 일제의 가혹한 탄압은 1일 평균 수감인원이 1911년 9,500명에서 1918년 12,200명으로 급증하는 수치에서도 확연히 드러난다.

이상과 같은 일제의 폭압적인 법적제재, 극악무도한 헌병경찰의 불법적인 탄압에도 불구하고 1910년대의 민족운동은 다양한 형태로 전개되었으며 1919년 3·1운동에 이르러 각 계열의 방략과 조직체계·활동상의 특성에 따라 일정한 역할을 담당할 수 있었다. 천도교인과 기독교인 등의 종교조직은 3·1운동의 전개 확산에 활용되었으며 그 외 의병계와 농민층은 격렬한 시위를 주도하거나 적극적인 투쟁을 전개하였던 것이다. 또한 계몽적인 성향의 국권회복단조차 만세시위를 주도하는 등 3·1운동에 적극 참여하였음에서도 그 역할을 찾아볼 수 있다. 이같은 1910년대의 민족운동단체의 활동이 민족내부역량을 성숙시켜 나갔음으로 인해 3·1운동 이후 국내에서 임시정부 후원을 위한 연락망 구축이나 군자금 수집활동이 신속하고 광범위하게 수행될 수 있었다.

〈姜英心〉

2. 해외민족운동

1) 만주

만주지역은 노령지역과 함께 해외한인들이 '遠東'으로 불렀는데, 국내외 동포들이 조국의 광복과 민족해방을 가져올 독립운동의 중심지로서 우리 민족의 희망과 기대가 집중되었던 지역이다. 그것은 이 지역이 일제통치하의 국내와 달리 독립을 쟁취하기 위한 항일투쟁에 적합한 여러 조건들을 갖추고 있었던 때문이다. 즉 국내와의 지리적 인접성, 2백만이 넘는 동포사회의 존재, 역사적인 연고의식, 과거 일본과 전쟁을 치른 바 있고 일제의 팽창야욕을 의구했던 중국과 러시아의 당국자들과 주민들의 우호적 태도 등이 그러한 유리한 조건들이었다. 이 지역은 독립전쟁 개시의 호기로서 전망했던 미일전쟁·중일전쟁·러일전쟁이 발발했을 경우, 이 지역에 근거를 둔 우리 독립군부대들이 일본과의 전쟁을 통하여 조국광복을 달성할 수 있는 주전장이 될 것으로 기대했다.

(1) 북간도지역의 민족운동

가. 한민교육회·간민교육회－사우계

북간도지역은 19세기 후반 이래 함경도 농민들이 대거 이주해와 이미 상당한 규모의 한인사회가 형성되어 있었다. 1910년 일제의 강압적인 국망 이후 이 곳으로 대거 망명해온 민족운동가들은 학교와 교회를 설립하고, 신문과 잡지를 발간함으로써 근대적인 민족교육을 통하여 유력한 독립운동근거지로의 변화를 도모하였다.

북간도지역에서의 최초의 민족운동조직은 1909년 9월의 〈間島協約〉 체결 직후에 이루어졌다. 〈간도협약〉의 체결로 일본은 오랫동안 한·청간에 분쟁이 되어온 간도영유권을 청국에 넘겨주는 대신에(1조), 龍井村·局子街·頭道溝·百草溝 4개 지역의 거주와 무역을 위한 개방, 吉會敷設權(吉林線을 會寧까지 연장한 철도, 6조) 등 이권과 한인들의 재판에 대한 법정입회권을 받아냈다. 〈간도협약〉은 한인들의 지위에 관한 중요한 조항을 포함하고 있었는데, 간도지역에서의 거주권(3조)·토지가옥소유권(5조)의 권리를 받아내는 대신, 재판·납세의무 등 청국의 행정처분을 받도록 되었다. 이처럼 일제는 간도지역의 한인은 '한국臣民'으로서 외국인에게 금지되어 있는 諸권리들을 인정받도록 하였다고 평가했으나, 한인들이 청국에 귀화하지 않은 한 통감부 임시파출소(1907년 8월)를 뒤이은 일본영사관 및 분소의 설치를 통하여 한인에 대한 직접통제권을 주장할 수 있는 법률적 근거를 마련하였던 것이다.[1]

민족운동가들은 〈간도협약〉의 이러한 독소적 조항에 반발하였다. 瑞甸書塾과 明東書塾의 중심인물이었던 기독교신자 朴茂林(朴楨瑞)이 〈간도협약〉 체결 직후 당시 延吉知府 陶彬의 통역관이었던 李同春의 협력으로 청국관청의 승인을 얻어 韓民自治會를 조직한 것이다.[2] 이 한민자치회는 연길현 국자가에 사무소를 두었는데, 그 "內密과 體制가 完備하야 我民의 歸依할만한 단체"였다.[3]

---

1) 金正柱, 《朝鮮統治史料》 1(東京 : 韓國史料硏究所, 1970), 248~254쪽.
2) 〈局子街墾民敎育會ニ關スル件(1911. 2. 13)〉(《日本外務省文書》, MT.11259), 163~164쪽.
3) 尹政熙, 〈間島開拓史〉(《한국학연구》 3집－별집, 인하대 한국학연구소, 1991년

그러나 한민자치회는 일본의 항의를 받은 청국의 명령으로 해산되고 말았다. 청국 역시 간도지역에서 한인들의 독자적인 세력이 지나치게 강화되는 것을 우려하여 주동자인 李鳳雨·尹海 등의 찬동을 받아 1910년 3월, 한인자제들의 교육을 목적으로 한 韓民敎育會[4]를 조직케 하였다. 한민교육회는 북간도 한인동포의 자치권 확보를 추구했던 한민자치회 관계자들과 일본의 외교적 압력을 무시할 수 없었던 청국 당국자간의 타협적 산물로서, 그 이면에는 일본세력의 확대저지라고 하는 공통적인 목표가 깔려 있었다. 그리하여 당시 일제관헌은 한민교육회를 한민자치회의 '化身'으로 파악했던 것이다.[5]

한민교육회는 한인들로부터 기금을 모집하고 延吉縣의 20개 구역마다 보통소학교의 설치를 추진하였다. 또한 한민교육회는 중국의 지방당국자들과의 협력관계를 강화하기 위하여, 1910년 6월 자체내에 硏究會를 조직하였다. 연구회는 청국이 '조선인에 대한 시정상의 기관'으로 간주하였으며, 청국 지방관에게 한인통치에 관한 각종의 조사보고와 통치에 관한 의견 등을 건의케 하였다. 아울러 교육회는 한인들 가운데 청국의 '腹心의 인물'들을 양성하기 위한 기관으로 교육의 역할을 담당하였다.

한민교육회 회장과 부회장에는 이동춘과 윤해가 각각 선출되었고, 연구회 회장으로는 이봉우가 선출되었다. 교육회는 각지에 교육회원을 파견하여 학교 설립과 자금모집에 전력을 기울였다. 1910년 9월, '한일합병' 직후 한민교육회는 조직명칭을 서둘러 墾民敎育會로 바꾸었다. 이러한 명칭변경은 '韓'을 '墾'으로 바꾼 데 불과하지만, '한일합병' 이후 일본이 '대한제국의 신민'은 곧바로 '일본의 신민'이 되었다는 주장을 반박하기 위한 정치적인 고려 때문이었다. 그리하여 간민교육회는 한인들에게 중국국적 취득을 적극 권장하는 정책을 취했다. 청국의 지지를 배경으로 합법적이고 공개적인 항일운동을 전개하기 위함이었다. 같은 맥락에서 연구회는 '한일합병' 직후인 9월 이후에는

3월), 22쪽.

4) 계봉우가 후일 '墾北集會의 鼻祖'로 평가했던 墾民敎育會는 엄격히 말하면, 이 韓民敎育會를 지칭하는 것이다(四方子, 〈北墾島 그 過去와 現在〉(《獨立新聞》, 1920년 1월 1일).

5) 〈局子街墾民敎育會ニ關スル件(1911.2.13)〉(《日本外務省文書》, MT.11259), 163~164쪽.

도빈 지부의 지시에 따라 위원을 각지에 파견하여, 항일유세를 하게 하는 한편, '薙髮易服, 辮髮淸裝'을 권유하였다.[6] 또한 연길현 局子街의 교육회내에 模範學堂을 설립하여 초등학교 과정과 교원양성과정을 설치했다. 모범학당은 한인자제들을 청국식으로 교육하는 관립학교로서, 북간도 한인학교의 모델 역할을 했다.

간민교육회에는 1909년 말 이후 1910년에 걸쳐 망명한 반일적인 진보적 인물들, 특히 일제관헌에 의하여 '排日黨의 소굴'로 지목되고 있던 서북학회 회원들이 대거 회원으로 참여함으로써 점차 세력을 확장하였다. 그리하여 간민교육회는 1911년 2월경에는 북간도 전지역에 걸쳐 200여 명에 달하는 회원을 확보하기에 이르렀다.[7]

당시 간민교육회의 중심인물은 회장 이동춘을 비롯하여 부회장 윤해·朴贊翊 등은 이동휘와 가까운 인물들이었다. 최근에 1911년 초 이동휘의 북간도 방문을 전후하여, 이동휘가 기독교전도와 교육활동을 위하여 불러들인 이동휘의 '교육생' 30여 명이 교육회 회원으로서 맹활약하였다.[8] 회원은 기독교인들이 중심이었지만, 박찬익·백순·현천묵과 같은 대종교도들도 참여하였다. 특히 회장인 이동춘은 20년전에 국내로부터 북간도에 이주해 온 재산가이자 애국지사로서 한인간에 명망이 높았다. 그는 청국당국의 한인관련 고문 겸 통역으로서, 국자가의 모범학당에서 중국어를 가르치는 등 청국 지방관늘과 한인들간의 교섭에서 중요한 역할을 담당했다.

간민교육회는 〈간도협약〉과 '한일합병' 이후 한인들을 '일본의 신민'이라고 강변하며 관할권을 확보하려는 일본에 맞서 반일적 애국지사들이 청국의 보호하에서 교육을 표방하고 북간도 한인사회를 결집하기 위한 조직이었다. 청국 연길지부와 간민교육회간에 합의·제정된 것으로 보이는 간민교육회의 〈普通條約〉과 〈秘密條約〉에 따르면, 간민교육회는 비록 청국의 지방관에

---

6) 〈延吉敎育會及硏究ノ行動ニ關スル情報(1910. 10. 31)〉(《日本外務省文書》, MT.11259), 56~59쪽.

7) 〈局子街墾民敎育會ニ關スル件(1911. 2. 13)〉(《日本外務省文書》, MT.11259), 160~162쪽.
〈局子街墾民敎育會員ノ學校設立ニ關スル件(1911. 5. 2)〉(MT.11259), 221쪽.

8) 국사편찬위원회, 《韓國獨立運動史》 2(1983), 544~545쪽.

부속하고 활동상황을 보고하도록 되어 있으나, 간부들은 청국의 지방관과 같은 예우를 받게 되어 있었다. 뿐만 아니라 교육회는 한인자제들에 대한 의무교육을 실시하고, 한인소유의 교육기관(학당·사숙)들에 대한 관할권을 확보하는 등 자치적 성격까지 구비하게 되었다. 이러한 바탕에서 간민교육회는 창립 이후 중국 지방당국의 '원만한 찬동'을 얻었을 뿐만 아니라, 1910년 9월 10일에는 "墾北移民의 최유력자로 결성된 72형제파에서 회관을 사서 기부"하는 등 동포들의 적극적인 후원을 받았다. 그리하여 간민교육회는 간도각지에 학교를 설립하고 교사를 파견함으로써 반일계몽운동을 추진할 인재양성에 주력하며, 후일의 북간도 민족운동의 기초를 쌓았던 것이다.[9] 간민교육회는 매월《月報》를 발행하여 북간도는 물론, 노령 연해주와 미주지역 등 다른 지역의 한인들에게도 배포하였다.

간민교육회 회원들은 근대적인 교육과 기독교를 전파하고, 청국의 의복과 머리모양을 한 때문에, '維新派'·'신학패' 또는 '新輩'로 불렸다. 또한 반대파들은 이들을 냉소적인 의미가 담긴 '薙髮패'라 부르기도 했다.

간민교육회의 활동이 북간도 한인들에게 전적으로 환영받았던 것은 아니다. 이들 교육회 회원들이 근대적 교육에 적대적인 농민들의 반발로 농촌으로부터 축출되는 일이 비일비재했다. 심지어는 보수적인 한인들이 교육권유차 방문한 교육회 회원들을 구타하거나 잡아서 용정에 있는 일본영사관에 넘겨주는 일이 발생하기도 했던 것이다.

간민교육회에 대한 강력한 저항은 전통적인 유학자들로부터 왔다. 이들은 1908년 여름 함경북도 경성에서 항일의병투쟁을 이끈 바 있는 金貞奎·池章會·車鎬均 등이었다. 노령 연해주의 '한일합병' 반대투쟁의 지도자인 柳麟錫·李南基와 가까운 인물들로, 이들은 1908년 말에서 1909년 중반에 이르는 시기에 북간도지역으로 망명하였던 것이다. 이들은 간민교육회와 이를 후원하는 청국 지방당국의 정책에 강력히 반발하였다. 이들은 간민교육회의 서구적이며 기독교적인 근대교육과 중국 입적 장려 및 '치발역복 변발청장 정책'에 반대하였다. 특히 청국당국이 간민교육회에 전통적 교육을 행하고

9) 四方子, 〈北墾島 그 過去와 現在〉(《獨立新聞》, 1920년 1월 1일).

있는 자신들의 私塾을 폐지할 권한을 부여한 데 대하여 큰 위기감을 갖고 있었다. 鄭安立·김정규·차호균·지장회 등 24명의 유학자들은 私塾改良會를 발기하였다. 이들은 발기문에서 사숙을 개량함으로써 '신학패'들의 탄압을 피하며 유학경전 강독에 의한 유학교육을 견지할 것을 선언하였다. 1912년 9월에 개최된 창립총회에서 이들 유학자들은 사숙개량회는 근대적 교육을 반대하고 전통적인 사숙을 옹호하는 데 그 목적이 있으며, '신학패'들로부터 북간도지역의 교육 주도권을 빼앗기 위한 모든 노력을 기울일 것을 선언하였다.[10]

그러나 이 사숙개량회의 창립총회는 중국당국의 사전허가를 얻지 못하였다. 더구나 간민교육회는 창립총회 의장이었던 南哲朋 등 그 지도자들이 친일조직인 일진회 회원이라는 사실을 비판하였고, 중국 지방당국 역시 이들 배후에 일본당국이 있다는 의구심에서 그 해산을 명령하기에 이르렀다. 중국 지방당국의 공인획득에 실패한 사숙개량회 주도자들은 〈呂氏鄕約〉에 기초한 유학이념의 옹호라는 목표를 가진 비밀조직 士友契를 조직하였다. 사우계는 비밀리에 회원을 확충한 결과 1913년 가을에는 100여 명의 회원을 확보하였다.[11]

간민교육회에 대한 보다 체계적이고 강력한 파괴공작은 일제당국에 의하여 진행되었다. 조선총독부와 간도 일본총영사관은 일진회 회원인 이희덕·최남기 등에 대한 재정적 지원과 지도를 통하여 朝鮮人會를 조직하였다. 조선인회는 한인들을 중국당국의 보호로부터 떼어내어 "조선인의 재산과 생명을 보호하고, 궁핍한 인민들을 구제한다"는 목표를 내세웠다. 조선인은 또한 간민교육회가 북간도의 한인사회에 분쟁을 야기하고 있다는 소문을 퍼뜨렸다. 일본당국 역시 조선인소학교·서당·노인회·불당·일진회의 종교인 侍天敎에 자금을 지원함으로써 조선인들의 친일화를 도모하였다.[12]

현재 간민교육회가 언제 어떻게 해산되었는가는 확인할 수 있는 자료가

10) Byung Yool Ban(반병률), 〈*Korean Nationalist Activities in the Russian Far East and North Chientao*, 1905~1921〉(Ph. D. Dissertation, University of Hawaii, 1996), pp. 159~160.
11) Byung Yool Ban, *ibid.*, pp. 160~161.
12) Byung Yool Ban, *ibid.*, pp. 161~162.

남아 있지 않다. 간민교육회가 내부적으로 지방파쟁을 겪었던 것은 사실이지만, 일본당국의 외교적 압력을 받은 중국당국의 명령으로 해산된 것만은 확실하다.

나. 간민회－공교회 · 농무계

1913년 1월 13일, 前 간민교육회 회원들이 중심이 된 25명의 墾民會 발기인들은[13] 延吉 · 和龍 · 汪淸 · 琿春 4개현의 百戶長들과 지방유력자들에게 2월 26일에 개최되는 간민회 창립총회에 대한 초청장을 발송하였다. 이 소집통지서에서 발기인들은 간민회가 북간도와 훈춘지역에 거주하는 한인들이 중화민국의 '법률에 저촉치 아니하는 범위'에서 무슨 일이든지 한인의 복리증진을 도모하고, '민국정부의 일기관'으로서 정부에 대하여 한인의 생명재산의 보호청구권을 확보하려는 데 있었다.[14]

간민회는 간민교육회와는 대조적으로 중국 지방당국의 관할내에서 북간도 한인들의 자치적인 조직으로서의 정치적 지위를 인정받았다. 또한 간민회는 그 활동의 범위를 연길현에서 북간도 전체(연길 · 왕청 · 화룡 · 훈춘)로 확대하였다. 간민회는 전 延吉知府이자 현 吉林東南路觀察使인 陶彬의 사전승인을 받았다.

2월 26일의 창립총회에서 간민회가 조직되었고 중국당국에 제출할 승인요청서에 첨부할 규약초안을 통과시켰다. 3월 30일, 중국당국은 간민회의 승인요청을 받아들여 공식 승인하였다. 간민회 중앙총회는 연길현 국자가의 前 간민교육회관에 두었으며, 간민회의 회원자격은 3년 이상 雜居區域에 거주한 남성 한인들에게만 부여하였다.

이어 1913년 4월 26일 개최된 총회에서 간부들을 선출하였는데 회장에 金躍淵, 부회장에 白玉甫, 총무에 도성, 서기에 朴贊翊 등을 선출하였다. 간민회는 총회에 법률 · 교육 · 교섭 등 각 분과 사무를 집행하고, 각 지역에는 지방총회와 지회를 두는 등 자치적 성격을 완비하였다. 회장 김약연은 북간도

13) 간민회발기인은 간민교육회 회장인 이동춘을 비롯하여, 具春先 · 鄭載冕 · 柳基淵 · 金立 · 張基泳 · 李鏞 · 도성 · 鄭昌[illegible] · 白玉甫 등 25명이다.

14) 〈墾民會組織總會召集通知書〉.

한인들간에 존경받는 기독교지도자로서 당시 용정에 있던 명동학교의 교장이었다. 이동춘은 당시 간민교육회에서 설립한 光成學校와 吉新女學校의 교장이었다. 대부분의 총회간부들은 국망을 전후하여 망명한 젊은 애국지사들로서, 3분의 2는 함경도출신이었다. 간민회는 한인마을에 조직활동가들을 파견하여 1913년 5월에는 연길·화룡·왕청 3개 현에 지방총회를 설립하였으며 50호마다 지회를 조직했다.

1913년 7월 11일, 간민회는 동남로관찰사에게 한인호구조사를 신청하여 중국경찰의 긴밀한 협조를 받아 호구조사를 실시하였다. 간민회는 1913년 7월 20일, 700명의 한인과 10명의 중국관리들이 참여한 가운데 연길현 국자가에 새로운 회관의 개관식을 개최하였다. 동남로관찰사인 도빈은 한인과 중국인간의 긴밀한 연대와 한인들에 대한 교육과 실업의 중요성을 강조하는 축하연설을 했다.[15]

간민회와 함께 애국청년들로 조직된 것이 靑年親睦會와 大東協新會였다. 특히 신민회의 자매단체인 靑年學友會에 해당하는 '精神團'인[16] 청년친목회에서는《청년》이란 월간잡지를 발행하였고, 대동협신회에서는 계봉우가 쓴《중등역사》와 修身 역사교과서《吾讐不忘》등 교과서를 간행함과 동시에 월간잡지《大震》(주필 : 계봉우)을 발행하였다.[17]

중국인과의 협력관계를 강화하기 위하여, 1913년 8월 간민회 회원들이 중심이 된 한인기독교도들은 중국기독교인들과 중한연합전도회를 조직하였다. 전도회의 간부들은 같은 수로 한인과 중국인이 선임되었다. 일본의 방해를 사전에 방지하기 위하여 북간도 각지의 한인교회들을 형식상 중국 기독교교단에 소속시켰다.[18]

간민회는 이동휘·정재면·박찬익 등 3인의 대표를 북경으로 파견하였는데, 이들은 중화민국의 성립을 축하하고 대통령 원세개에게 중국내 한인들의

---

15)《신한민보》, 1913년 9월 5일.
16)〈이동휘-안창호편지(1914년 1월 7일)〉(독립기념관독립운동사연구소,《도산 안창호 자료집》1, 1990, 이하《도산자료집》으로 약함), 400쪽.
〈이동휘-안창호편지(1914년 2월 23일)〉(《도산 안창호 자료집》2), 298쪽.
17) 四方子,〈北墾島 그 過去와 現在〉(《獨立新聞》, 1920년 1월 1일).
18) Byung Yool Ban, *op.cit.*, pp. 166~167.

자치적인 지위 허용을 요청하였다.[19] 1913년 중반 무렵, 중국 입적을 신청한 한인들은 약 25만에 달하였다.[20]

간민회는 창립 이후 1914년 3월에 해산되기까지 1년이 채 못되는 동안에, 간도동포에게 "조국정신을 고취하야 사상변천의 일대 신기원"을 이룩한 것으로 평가되었다.[21] 이러한 성과는 간민회 간부들의 교육활동이 봉건적 인습과 아집에 빠져 있던 수많은 대중들의 거센 반대를 이겨내면서 이룩해낸 매우 값진 것이었다. 간민회의 교육권장원들은 간민교육회 시절과 마찬가지로, 구타를 당하거나 심지어는 결박을 당하여 간도 용정촌으로 압송되다가 중국관헌의 도움으로 구원되기도 했다.[22]

간민교육회와 마찬가지로, 간민회는 사우계의 완강한 비판에 직면하였다. 사우계는 중국국적 취득, 중국식 의복과 두발 채용과 같은 간민회의 '동화정책'을 강력히 비판하고 나섰던 것이다. 金鼎奎를 비롯한 사우계 회원들은 간민교육회나 간민회 회원들과 마찬가지로 1911년의 신해혁명을 환영하였지만, 그것은 공화정을 수립해서가 아니라 만주왕조를 타도하였기 때문이었다, 사우계는 간민회가 일진회와 마찬가지로 한인들의 철저한 중국화를 도모함으로써 독립이란 목적을 상실하고 있다고 비판하였다. 이 점은 간민회의 '동화정책'이 중국당국의 비호하에 일본의 개입을 저지하는 데 목적이 있었으며, 궁극적인 목표는 역시 조국의 독립에 있음을 간과한 것이었다.

간민회 간부들은 유학자들이 자신들의 진의를 오해하고 있었음을 알고 있었고, 상호간에 오해를 해소하기 위한 대화가 필요함을 인식하고 있었다. 예를 들어, '기독교도들의 수령'인 李東輝가 1913년 8월 10일 김정규에게 편지를 보내어 길신여학교에서 공통의 목표, 즉 조국의 독립을 달성하기 위한 협력방안을 논의하기 위한 회담을 갖자고 요청하였던 것이다.[23]

간민회에 대한 보다 강력한 반발은 오래전에 북간도에 이주한 지주들로부

---

19) 朴啓周, 〈대지의 성좌〉(《박계주전집》 6, 삼영출판사, 1957), 325~326쪽.
20) 《신한민보》, 1913년 6월 30일.
21) 四方子, 〈北間島 그 過去와 現在〉(《독립신문》, 1920년 1월 1일).
22) 위와 같음.
23) 金鼎奎, 《龍淵金鼎奎日記》 中(한국독립운동사연구소, 1994), 497쪽. 이동휘는 김정규에게 6일 후에 만날 것을 제의했지만, 김정규는 이에 응하지 않았다.

터 왔다. 북간도 전체 한인들을 통합하려는 간민회의 야심찬 정책에 반대하여, 1913년 6월 29일 최남기・한진동・홍자문・위영인 등은 300명을 회원으로 하는 農務契를 조직하였다. 농무계는 그 목표를 간민회 파괴에 두고, 회원을 주로 간민회가 북간도 한인사회에 해악을 가져온다고 믿는 舊이주민들과 유학자들 가운데서 충원하였다. 사우계의 유학자들이 간민회의 '동화정책'과 근대적 신교육에 반대한 데 대하여, 농무계는 간민회가 정치적으로 북간도 한인의 자치조직의 지위를 갖는 데 크게 반발하였던 것이다.[24]

중국당국과 간민회는 농무계 지도자들인 최남기・홍자문・남철봉・한진동 등을 일본의 첩자라는 의구심을 갖고 있었다. 일본당국이 농무계의 反간민회 정책을 활용하려는 데서 그러한 의혹을 더했다. 친일적인 입장에 있었던 일부 지도자들과는 달리 대부분의 농무계 회원들은 '완고하고 무식한 농민들'이었다. 그러나 이들 농민들은 일본당국에 의하여 이용될 가능성이 있었다.[25]

한편, 康有爲가 이끄는 북경의 孔敎會 활동에 자극받은 북간도 사우계의 한인유학자들은 1913년 11월 29일 공교회 연길지회를 조직하였다. 연길 국자가에 집결한 386명의 한인유학자들은 간민회의 신교육과 동화정책에 대한 반대입장을 선언하고 간부들을 선출하였다. 이들은 공교회가 중국정부에 의하여 공인된 조직임에 반하여 간민회는 길림의 지방낭국자에 의하여 승인된 데 불과하다는 점을 강조하였다.[26]

간민회는 공교회 역시 농무계와 같은 목적을 갖고 있다고 보았다. 즉, 중앙정부의 승인에도 불구하고, 중국 지방당국은 서당을 재건하고 근대적 학교들의 활동을 방해하고 있는 공교회 회원들의 활동을 금지하고 처벌해야 한다는 입장을 갖고 있었다. 특히 공교회 용정지회는 일본영사관의 통제를 받는 친일조직으로 알려져 있었다. 중국당국은 공교회 연길지회 간부인 정안립이나 박의풍 등을 역시 일본과 연계를 갖고 있는 인물로 간주하고 있었다.

---

24) Byung Yool Ban, *op.cit.*, pp. 169~170.
25) Byung Yool Ban, *ibid.*, pp. 171~172.
26) 金鼎奎, 앞의 책, 503쪽.
《권업신문》, 1994년 1월 25일.

일본당국은 1913년 가을부터 한인내에서의 갈등을 활용하기 시작하여 간민회를 반대하기 위한 조직으로서 농민회를 조직하였다.27)

1913년 말 간민회는 호구조사원들을 각 한인마을에 파견하여 호구조사를 실시하였다. 간민회는 가호 당 30전을 거두어 들였는데, 중국경찰이 간민회 호구조사원들을 동행했다. 이 때 농무계와 공교회가 간민회를 반대하기 위하여 협력하기로 합의하였다. 이들은 연길과 길림의 중국당국에 이동춘·김립·도성 등 간민회 간부들을 비판하는 진정서를 제출하였다. 이들 진정서에서 밝힌 간민회의 비행은 간민회의 사숙개량회 해산(1912년 9월), 공교회 회원 구타, 간민교육회 회장 이동춘의 공금횡령, 간민회 가입을 원하지 않은 농민들에 대한 추방위협, 호구조사시 30전의 강제징수, 공교회 집회의 해산과 회원 구타(1913년 11월) 등이었다.28)

최남기·홍자문 등 농무계 지도자들은 한걸음 더 나아가 간민회를 반대하고 중국당국에 항의하기 위한 집회를 조직하였다. 1914년 1월 7일, 농무계 지도자들의 선동에 의하여 연길에 집결한 2천여 명의 한인농민들은 간민회 핵심간부들을 죽이고 회관을 불사르겠다고 위협하였으며, 간민회가 30전을 징수하는 것을 금할 것을 요구하였다. 60명의 중국경찰과 100명의 군인들에 의하여 집회에 참가한 대부분의 농민은 해산되었고, 300명이 체포되었다. 중국당국의 조사 결과, 대부분의 농민들이 분명한 목표없이 나왔으며 30전 징수에 반대하지 않다는 사실을 확인했다. 농무계 간부 홍자문은 간민회 간부들의 비행을 입증할만한 증거를 제시하는 데 실패하였다. 그러나 중국당국은 간민회의 30전 징수를 금하였다.29)

1914년 2월 4일 간민회는 총회를 개최하고 농무계의 1월 7일 사건에 대한 사후대책을 논의하였다. 총회는 친일적인 '불순분자'의 침투와 분란을 방지하기 위하여 신입회원의 자격요건을 강화하였다. 총회는 새로이 간부들을 선출하였는데, 이동춘·김립·도성 등 농무계와 공교회의 공격대상이었던 인물들이 배제되었다.30)

---

27) Byung Yool Ban, *op.cit.*, pp. 172~174.
28) Byung Yool Ban, *ibid.*, pp. 174~175.
29) Byung Yool Ban, *ibid.*, p. 176.

총회 얼마 후에 간민회는 입적문제를 논의하기 위하여 1만여 명이 참가한 대중집회를 조직하였다. 이 집회에서 이동춘과 김립이 북경에 파견될 한인대표로 선출되었고, 이들은 북경에 가서 원세개를 만났다. 원세개는 내무부에 한인들의 중국입적을 지원할 것을 명하였다. 이들은 북간도로 귀환하여 대대적인 중국입적을 준비하였으나, 얼마 후에 있은 간민회의 해산으로 좌절되었다.[31] 1914년 3월 14일, 동남로관찰사인 도빈은 자치적인 성격을 가진 모든 단체를 해산하라는 원세개의 명령에 따라 간민회와 농무계를 해산하였다.[32]

이러한 중국당국의 간민회와 농무계 해산은 일본의 외교적 압력에 따른 것이었다. 1914년 1월 7일의 농무계사건 이후 일본의 한신문이 간민회가 한인의병세력 및 중국과 러시아당국의 지원을 받아 북간도 용정의 일본영사관을 습격하고 모든 일본인과 친일적 한인들을 처형한 후 2월 또는 3월 북한지방으로 진격할 것이라고 보도하였던 것이다. 블라디보스톡 신한촌의 권업회 기관지인 《권업신문》, 2월 15일자는 이러한 보도가 간민회를 파괴하려는 일본인들에 의하여 조작된 것이라고 비판하였다. 결국 용정의 일본영사관은 간민회와 농무계가 조선에서의 일본통치에 나쁜 영향을 끼칠 우려가 있다고 지적하면서 동남로관찰사인 도빈에게 이 두 단체의 해산을 요구하였던 것이다.[33]

해산후에도 간민회와 농무계 두 단체는 중국당국을 상대로 한 상호비방을 계속하였다. 양측의 충돌을 해결하기 위하여 도빈은 연길·화룡·왕청 3개 현의 知府들에게 간민회에 대한 농무계의 고발내용을 조사하고 두 단체 대표들을 인터뷰할 것을 명령하였다. 3개 현 지부들은 최종보고서에서 농무계의 간민회 고발내용은 사실무근이며, 농무계가 일본인들과 협력하였다는 소문 역시 사실이 아니다고 결론지었다.[34]

---

30) Byung Yool Ban, *ibid.*, p. 177.
31) 《신한민보》, 1914년 5월 7일.
32) Byung Yool Ban, *op.cit.*, p. 178.
33) Byung Yool Ban, *ibid.*, pp. 178~179.
34) Byung Yool Ban, *ibid.*, pp. 179~180.

(2) 서간도지역의 민족운동

북간도와 마찬가지로 서간도지역 역시 일찍부터 평안도와 함경도 등 국경지역의 농민들이 이주해 한인사회를 형성하고 있었다. 그러나 북간도지역의 경우 집중적으로 한인사회를 형성하고 있었던 데 비하여, 서간도의 경우는 한인농민의 거주지역이 넓은 지역에 걸쳐 산재해 있었다. 서간도와 북간도 지역간에 민족운동가들의 운동방식이 달랐던 것은 서간도와 북간도지역간에 존재하였던 한인 농촌들의 분포양상의 차이에서 비롯되었다고 할 수 있다. 즉, 북간도 지역의 경우는 이미 형성되어 있는 한인 농촌들을 상대로 근대적인 교육과 문화적 계몽운동의 확산을 통한 독립운동근거지로의 전환을 위해 노력한 데 비하여, 서간도의 경우는 처음부터 국내로부터의 대대적인 이주에 의하여 정착촌을 건설하고 이를 독립운동근거지로 삼고자 했던 것이다.

가. 경학사

1908년 9~10월의 일제에 의한 남한대토벌로 국내에서의 의병운동은 사실상 불가능하게 되었다. 애국계몽운동 역시 1907년 이후 일제의 침략이 노골화되면서 정치적 활동공간이 축소되었으니, 1909년 10월 안중근사건에 연루되어 안창호·유동열·이종호 등 신민회 간부들이 수개월 동안 구금되었다 석방되면서 국외로 활동무대를 옮겨 독립운동근거지를 건설하자는 논의가 활발하게 진행되었다. '한일합병' 이후 국외에서의 독립운동근거지 건설론이 보다 활발하게 논의되었으며, 신민회 간부들은 백두산과 가까운 서간도지역으로의 대거 이주계획을 수립하였다.

서간도지역에서 이들 신민회 간부들을 비롯한 애국지사들이 유력한 독립운동근거지의 후보지로 선정한 곳은 柳河縣 三源浦 鄒家街지역이었다. 추가가지역은 앞에 평지가 펼쳐져 있고, 뒤에는 야산지대가 이어져 있어 독립운동기지로서 매우 적합한 지형을 구비하고 있었다.[35] 1910년 말 신민회 간부들을 비롯한 애국지사들은 순차적으로 국경을 건너, 1911년 2월경에 추자가에 도착하였는데, 이회영 5형제 일행, 안동 유생인 이상룡·김대락·김동삼

35) 한국독립유공자협회 엮음, 《中國東北지역 韓國獨立運動史》(집문당, 1997), 213쪽.

일행, 그리고 이동녕 · 김창환 · 주진수 · 여준 · 윤기섭 · 이탁 등이 그들이다.[36)]

이들 민족운동자들은 1911년 여름 삼원포 추가가 大孤山의 露天會議에서 耕學社를 조직하였다.[37)] 경학사는 兵農一致制에 입각한 교육을 통하여 자제들을 독립운동의 인재로 양성하기 위한 '민단적인 성격을 띤 자치기관'이었다.[38)] 경학사에는 내무 · 농무 · 재무 · 교무의 4개 부서를 두었으며, 사장에는 이상룡, 내무부장에는 이회영, 농무부장에는 장유순, 재무부장에는 이동녕, 교무부장에는 유인식이 각각 선출되었다.[39)] 이와 아울러 이들 민족운동가들은 청년자제들에게 文武雙全의 민족교육을 실시하기 위하여 新興講習所를 설립하였다.[40)] 신흥강습소 학생들은 낮에는 개간과 농업에 종사하며 틈틈이 군사훈련(도수훈련)을 하였다.[41)]

경학사를 중심으로 서간도 유하현의 한인들은 중국인들의 의구심과 한인 배척운동을 극복하기 위하여 '變裝運動'을 전개하였는데, 중국인들의 의복과 두발은 물론 중국인들의 풍습을 익히고 중국어를 배우기 위한 운동이었다.[42)] 이것은 북간도의 간민교육회, 간민회가 추진한 '치발역복 변발청장'처럼 중국 당국의 지원을 획득함과 동시에 일본의 개입을 저지하기 위한 운동이었다.

그러나 경학사는 첫해인 1911 · 1912년 연속 대흉년을 만나, 재정적 어려움에 봉착하였고, 많은 사람들이 풍토병에 걸려 고생하였다.[43)] 그 결과 경학사의 활동은 정지되었고, 간부들은 경학사 활동을 강화하기 위한 자금모집을 위한 방도를 논의하고 1912년 가을, 이관직과 장도순을 국내로 파견하였으며, 1913년 봄 일제의 암살계획을 전해들은 이회영 · 이동녕 · 이시영 등 지도

---

36) 한국독립유공자협회 엮음, 위의 책, 216쪽.

37) 서중석, 〈1910년대 獨立運動基地 新興武官學校〉(한국사연구회 학술회의, 《1920년 鳳梧洞 · 青山里戰鬪와 庚申慘變에 관한 韓 · 中 共同硏究》, 2000년 10월 21일), 9쪽.

38) 蔡根植, 《武裝獨立運動秘史》(대한민국 공보처, 1948), 48쪽.

39) 한국독립유공자협회 엮음, 앞의 책, 217쪽.

40) 尹炳奭, 《國外韓人社會와 民族運動》(一潮閣, 1990), 33쪽.

41) 蔡根植, 앞의 책, 48쪽.

42) 서중석, 앞의 글, 8쪽
尹炳奭, 앞의 책, 34쪽.

43) 尹炳奭, 위의 책.
서중석, 위의 글, 7 · 10쪽.

자들은 유하현을 떠났다. 이회영은 자금조달을 위해 국내로, 이동녕은 연해주 블라디보스톡으로, 이시영은 봉천으로 떠났다.[44] 신흥강습소의 청년학도들 역시 절망속에서 국내 또는 노령으로 떠났지만, 김창환·윤기섭 등은 동리를 돌아다니며 모금하면서 신흥강습소를 계속 유지하였다.[45]

그리하여 신흥강습소는 1912년 봄 이회영이 중국당국의 호의로 새로이 물색하여 개척한 通化縣 哈泥河 강가에 새로운 교사를 신축하여 낙성식을 가질 수 있었다. 신흥강습소는 중등교육과정과 함께 군사훈련을 실시할 수 있는 상당한 시설을 갖추었다.[46] '신흥학교'로도 불린 신흥강습소의 교과과정은 4년제 중학과정의 본과와 3개월 또는 6개월의 무관양성을 위한 속성과인 특별과가 있었다.[47]

나. 부민단

경학사가 사실상 해체된 후, 경학사에 참여하였던 인사들에 의하여, 1913년 가을이래 경학사의 자치단체적 성격을 계승하려는 단체들이 속속 등장하였다. 그 첫번째 단체는 扶民團으로 許赫·李沰 등 유지인사들이 조직하였다.[48] 부민단은 "부여 옛땅에 부여유민이 부흥결사를 세운다"는 뜻으로 그 본부는 삼원포에서 남쪽으로 90리 가량 떨어진 通化縣 哈泥河에 두었다. 부민단의 본부에는 서무·법무·檢務·학무·재무 등의 부서를 두었다. 부민단은 경학사를 더욱 발전시켜 지방조직을 확충하였다. 그리하여 千家 즉 대부락에는 千家長을, 百家 부락에는 區團을 설치하여 區長 또는 百家長, 十家부락에는 牌長 또는 十家長을 두었다.[49] 부민단의 사업은 한인자치와 한인사회의 일체의 분쟁을 裁決하고, 중국인 또는 중국관청과의 분쟁사건을 대리해 처리해 주었으며, 신흥학교(신흥강습소) 등 한인학교를 설립하고 운영하여 민족교육을 실시하였다.[50]

---

44) 서중석, 위의 글, 10쪽.
45) 蔡根植, 앞의 책, 49쪽.
46) 서중석, 앞의 글, 12쪽.
47) 한국독립유공자협회 엮음, 앞의 책, 230쪽.
48) 《獨立新聞》, 1919년 10월 4일.
49) 蔡根植, 앞의 책, 49~50쪽.
50) 尹炳奭, 앞의 책, 36~37쪽.

또 하나 부민단과 같이 서간도 한인들의 자치·자위 및 교육을 목적으로 한 같은 성격의 단체가 경학사 사장을 역임한 이상룡에 의하여 조직된 自新契이다. 현재 이상룡이 중심이 된 자신계의 조직규모와 주요인물들에 대한 자세한 기록은 남아 있지 않다. 부민단·자신계와 같은 성격을 지닌 세번째의 단체가 교육회이다. 서간도지역에 기반을 두었던 이들 3단체는 3·1운동 전후까지 각각 별도로 활동하다가, 1918년 대동단합문제가 제기되어 통합논의가 제기되었으나 실현되지 못하다가, 3·1운동이 일어난 후 韓族會로 통합되었다. 자신계의 이상룡이 총재, 부민단의 이탁이 회장으로 선출되었다.51)

다. 신흥학우단·백서농장

新興學友團은 신흥학교의 졸업생과 재학생들로 조직된 강력한 혁명단체로서, 1913년 3월 교장 呂準과 교감 尹琦燮 그리고 제1기 졸업생인 金石·姜一秀·李根澔 등이 중심이 되어 조직하였다. 졸업생은 정단원, 재학생은 준단원으로 참여하였다. 신흥학우단은 처음에는 '옛땅을 회복한다'는 뜻을 가진 '다물'의 이름을 따 '다물단'이라고 하였다가 곧 신흥학우단으로 개칭하였다. 신흥학우단은 만주지역 한인혁명운동의 핵심조직으로서, 단원들은 서간도지역은 물론 남북만주를 비롯한 국내외 독립운동에서 크게 활약하였다. 신흥학우단은 유하현 삼원포 大花斜에 근거지를 두었으며, 기관지로 《新興學友報》를 발간하였는데 馬鹿溝에 발간처를 두었다. 신흥학우단은 군사학 등 각종 학술의 연구, 각종 간행물 발행을 통한 혁명이론의 선전과 애국사상 고취 등의 사업을 추진하였다. 특히 신흥학우단은 50호 이상의 한인거주지에는 소학교를 설립하여 아동교육을 실시하였는데, 교원은 신흥학우단이 책임을 졌다. 이외에도 신흥학우단은 노동강습소와 노동학교를 경영하였는데 농한기를 이용하여 농민들을 상대로 군사훈련과 계몽교육을 실시하였고, 민중의 자위체를 조직케 하여 일본 첩자의 침입을 방지하였다.52)

신흥학우단이 주동이 되어 1915년 본격적인 독립전쟁을 수행할 독립군의

---

51) 《獨立新聞》, 1919년 10월 4일·11월 1일.

52) 蔡根植, 앞의 책, 53~54쪽.
尹炳奭, 앞의 책, 40~41쪽.

군영으로 조직한 것이 白西農庄이다. 백서농장은 통화현 제8구 관할 八里哨(빨리소)구관 소관하에 있는 小白岔에 위치하였는데, 백두산 서편에 있는 고원평야이다. '백서'란 '백두산의 서편'이란 뜻으로 '농장'이라고 한 것은 '국제적인 체면' 즉 중국당국의 이목을 의식해서 붙인 것이고, 내부적으로는 '우리 군영'이라 불렀다.[53] 1915년 처음 입영한 군인의 수는 약 380여 명이었는데, 신흥학교 1회부터 4회 졸업생들이 주축이 되었으며, 신흥학교의 분교와 지교 그리고 노동강습소에서 훈련된 군인들이었다. 백서농장은 장주 김동삼 이하 각부서 책임자를 갖추었다. 백서농장은 일종의 둔전제도로 운영되었으나, 영양실조와 병으로 인하여 농장을 떠나는 이들이 증가하여 최후로 30여 명이 남게 되었다. 마침내 백서농장은 3·1운동 이후 서간도 한인사회의 최고자치기구로 통합조직된 한족회 총회의 결정에 따라, 해산되고 군인들은 유하현 제2구 삼원포로 떠났다.[54]

(3) 북만 밀산부지역

민족운동가들간에 또 하나의 유력한 독립운동근거지 건설의 후보지로 선정된 곳이 중국과 러시아의 접경지역인 密山府의 蜂密山지역이었다. 우선 헤이그밀사였던 李相卨은 1909년 李承熙와 협의하여 밀산부 봉밀산현에 12팍지(1팍지는 32 日耕)의 토지를 구입하고 농민들을 이주시켜 한인촌락 韓興洞을 건설하였고 한민학교를 세웠다.[55] 이상설은 당초 국민회 원동전권위원으로 파견되어왔기 때문에 그의 이러한 활동은 국민회의 봉밀산 프로젝트의 일환으로 시작되었지만, 이후 이승희 그리고 블라디보스톡의 자산가 金學萬과 함께, 별도로 기지개척사업을 추진해나간 것이다. 국민회의 봉밀산 기지개척 사업은 鄭在寬·金成武 등이 북미 국민회가 원동에 파견한 간부들에 의하여 추진되었다. 특히 김성무는 독립운동근거지 건설을 후원하기 위해 설립한 泰東實業株式會社(1910년 3월 조직)의 자금모집에 힘입어, 1910년 봄 봉밀산현에 들어와 30팍지의 토지를 구입하여 만주·노령의 한인농민들을 이

53) 尹炳奭, 위의 책, 42~43쪽.
54) 서중석, 앞의 글, 30~32쪽.
55) 尹炳奭,《李相卨傳》증보판(一潮閣, 1998), 119쪽.

주시켜 개간하려 했으나 성공하지 못했다.56)

후일 봉밀산지역에는 홍범도가 독립군들을 이끌고 들어왔다. 홍범도는 '우리동무회'라는 청년단체를 조직하고 야학과 체력단련 등을 통해 후일을 도모했다. 홍범도는 한흥동 한민학교의 교장, 교감으로 활약했으며, 이승희와 이상설의 후원으로 봉밀산에 설립된 밀산무관학교의 교관으로도 활약했다.57)

〈潘炳律〉

2) 러시아

(1) 러시아혁명 이전의 독립운동

가. '한일합병' 반대운동

1908년 여름에 과감한 국내진입을 감행하며 정점에 올랐던 연해주 의병운동은 1908년 가을에 들어서면서 침체상태에 빠졌다. 1909년 10월 안중근의사가 한국침략의 원흉 이토 히로부미(伊藤博文)를 처단한 이후 항일열기가 다시 고조되자 연해주 의병운동 지도자들은 재기를 도모하였다. 1908년 여름 연해주로 온 의병지도자 柳麟錫은 1908년 국내 진입 의병운동의 지도자였던 李範允과 崔在亨에게 서한을 보내어 의병운동을 다시 재개할 것을 요청하였다.1) 그러나 이범윤은 1908년 가을 이후 최재형·崔鳳俊 등 原戶人 지도자들의 강력한 반발을 사고 있었고, 최재형은 이미 의병운동에서 손을 뗀 후 《大東共報》 운영에 참여하고 있었다.

이범윤은 안중근사건 이후의 고조된 反日 분위기를 적극 활용하여 북조선지역 공격을 준비하기 시작하였다. 이범윤은 이승호와 함께 노보키예브스크(煙秋)에 의병본부를 설치하고, 지부 설립·자금모집과 무기구입에 나섰다. 북조선지방에서의 전설적인 의병활동으로 명망이 높았던 홍범도 역시 국내

56) 李明花, 〈1910년대 재러한인사회와 대한인국민회의 민족운동〉(《한국독립운동사연구》 11, 한국독립운동사연구소, 1997), 82~83쪽.

57) 한국독립유공자협회 엮음, 앞의 책, 230·373~380쪽.

1) 柳麟錫, 《毅菴集》 1(경인문화사, 1973), 304·308쪽.

진공을 준비하고 나섰다.

1910년 7월, 일본이 한국을 병합한다는 소문이 나돌았다. 미주 국민회 기관지인 《新韓民報》는 미국의 만주철도 중립화 제안을 무산시키기 위하여 일본이 러시아와의 협약체결을 서두르고 있으며, 러일범죄인 인도를 위한 조항을 포함하기로 했다고 보도했다.[2] 이러한 절박한 상황에서, 1910년 7월 8일, 유인석을 비롯한 이범윤·李相卨·李南基 등은 연해주 남부 지신허마을에 가까운 재피거우에서 十三道義軍을 조직하였다. 국내진입을 목표로 했던 십삼도의군은 국내의 13도에 걸쳐 자체 조직을 확대하기로 하였다. 13도의군에는 최근 국내로부터 망명해온 安昌浩·李鍾浩·李甲 등의 애국계몽운동계열 인사들도 참여하였다. 그러나 13도의군의 중심인물들은 유인석·이상설로 대표되는 근왕주의자들이었고 기호출신들이었다. 13도의군은 유인석과 이상설의 이름으로 고종황제에게 상소를 보내어 군자금 지원을 요청하는 한편, 연해주로 와서 망명정부를 수립하고 독립운동을 지도할 것을 호소하였다.[3] 13도의군은 또한 블라디보스톡 일본총영사관에 대표를 보내어 '한일합병'의 불법성과 취소를 촉구하는 일본천황에게 보내는 500명이 서명한 항의서한을 전달하였다.[4]

일본의 한국병합 소식이 전해진 8월 23일, 200명의 한인들은 한인학교에 집결하여 聲明會를 결성하고, 유인석·이범윤·김학만·차석보·김좌두·김치보 등의 명의로 된 취지서를 배포하였다. 성명회는 또한 각국에 보낼, 일본의 불법적인 한국병합을 비판하는 항의서한에 서명할 사람들을 모집하였다. 그날 밤 50명의 청년들로 구성된 결사대가 조직되었고, 다음날 가담자는 1천명으로 늘어났다. 성명회는 영·불어로 작성된 항의서한에 중국과 러시아지역 한인 8,624명의 서명을 첨부하여, 오스트리아·헝가리·영국·독일·네델란드·이태리·중국·러시아·미국 등 정부에 발송하였다.[5]

일본의 항의를 받은 러시아당국은 9월 13일 개척리를 포위하고 42명의 한

2) 《新韓民報》, 1910년 7월 13일.
3) 尹炳奭, 《國外韓人社會와 民族運動》(一潮閣, 1990), 178~179쪽.
4) 《大東共報》, 1910년 8월 11일.
5) 尹炳奭, 《李相卨傳》(一潮閣, 1984), 137~145쪽.

인지도자들을 체포하였다. 이 가운데 김좌두·안한주·이규풍·권유상·이기·이치권 등이 10월 10일 이르쿠츠크로 추방되었다.6) 이에 앞서 연흑룡주 총독은 9월 9일 '한일합병'을 비판하는 기사를 게재하였다는 이유로 《大東共報》를 개칭한 《大東新報》에 대한 정간조치를 내렸다.7) 10월 24일에는 이범윤이 니콜스크-우수리스크에서 문창범 측근들의 밀고에 의하여 체포되어 이르쿠츠크로 추방되었다.8)

나. 권업회

'한일합병' 반대운동은 유인석·이상설 등 보수적인 근왕주의자들에 의한 최후의 중요한 거사였으나, 무력적인 국내진입과 서구열강의 외교적 지지획득이라는 이들의 목표는 달성되지 못했다. 그러나 1910년 '한일합병'과 조선왕조의 종말은 항일전선에서의 이들 근왕주의자들의 지도적 위치가 크게 약화되는 계기가 되었다. 1910년 7월에 체결된 제2차 〈러일협약〉 이후 러시아와 일본간의 관계강화로 인하여 러시아를 근거지로 하는 의병운동은 사실상 불가능해졌다. 특히 1911년 6월 1일 체결된 〈러·일犯人引渡條約〉에는 러시아와 일본 양 정부가 자국내에서 활동하고 있는 정치범들을 서로에게 인도한다는 비밀조항을 포함하고 있었기 때문에, 러시아당국이 자국내에서의 한인들에 의한 공공연한 반일활동을 허용할 수 없는 입장이 되었다. 이제 사실상 러시아가 일본과 전쟁상태로 들어가지 않은 한, 한인들이 러시아 영토를 근거로 하는 항일의병투쟁을 할 수 있는 가능성은 없어지게 된 것이다.

이보다 더 심각한 것은 한인사회에서 영향력 있는 원호인 자산가들이 이범윤으로 대표되는 의병운동에 비우호적, 또는 적대적으로 되었다는 점이다. 더 이상 원호인들이 의병운동에 대해 인적·물적 지원에 나서는 일은 매우 어렵게 된 것이다. 한마디로 말하여 즉각적인 무력적 방법에 의한 일본과의 결전을 주장하던 '급진파' 즉, 의병파들의 입지가 약화되고 이제는 교육문화운동과 산업활동에 의한 점진적이며 장기적인 방략을 옹호한 '완진파'의 애

6) 劉孝鐘, 〈極東ロシアにおける朝鮮民族運動：韓國併合から第一次世界大戰の勃發まで〉(《朝鮮史硏究會論文集》 22, 1985), 142쪽.
7) 《新韓民報》, 1910년 10월 12일.
8) 《新韓民報》, 1910년 11월 23일.

국계몽운동계열 노선이 보다 현실적이고 설득력을 얻게 된 것이다.

이러한 상황에서 '점진론'을 주장해온 국민회가 연해주지역 항일민족운동의 지도력을 장악할 수 있는 유리한 위치에 서게 된 것이다. 국민회는 그 지도자인 안창호·이갑·이강이 중국의 青島를 거쳐 1910년 여름 블라디보스톡으로 오게 되면서 그 지도력이 크게 강화되었다. 그러나 외관상 유리한 상황에 있었던, 서도파가 중심이 된 국민회 계열의 활동은 크게 위축될 수밖에 없었다. 그것은 국민회가 자신의 공화주의적인 정치이념과 미국인들, 특히 미장로교 선교사들과의 밀접한 관계로 인하여 러시아당국으로부터 의심을 받고 있었던 때문이다. 제2차 〈러일협약〉 이후 만주철도문제를 둘러싼 러시아와 미국간의 관계악화는 이러한 의구심을 심화시켰다. 한마디로 러시아당국은 국민회가 연해주지역 한인사회에서 친미적인 선전활동을 하게 될 것을 우려했던 것이다.[9]

'한일합병' 이후의 이러한 새로운 상황에서, 한인민족운동가들은 1911년 상반기에 이르러 러시아당국의 승인을 받아 한인사회를 대표하는 조직설립을 추진했다. 당시 연해주에는 4개의 주요한 그룹들이 한인사회의 주도권을 놓고 대립·경쟁하고 있었다. 그것은 지역출신에 따른 畿湖派(서울·경기·충청 출신), 北派(함경도 출신), 西道派(평안·황해도 출신) 그리고 1.5세대 또는 2세대의 청년들이 주축이 된 勤業會세력이었다. 특히 근업회는 1911년 초에 결성되었는데 한형권·유진률·김와실리 등이 주축이었으며, 1905년 이후 항일운동의 영향을 받았으나, 지방파쟁의식이 약했다. 이들 청년들은 이미 1910년 2월 《대동공보》가 鄭淳萬에 의한 梁成春 살해사건에서 극적으로 표출된 기호파와 서도파간의 지방파쟁으로 그 유지가 어려워졌을 때, 그 경영을 떠맡고 나선 그룹이었다. 이들은 1911년 6월 18일 러시아당국으로부터, 유진률을 발행인, 신채호를 주필로 하는 《大洋報》의 간행을 인가받기에 이르렀다.

북파의 리더격인 李鍾浩는 함경도출신이 주축이 된 함북청년회를 기반으

9) Byung Yool Ban(반병률), 〈*Korean Nationalist Activities in the Russian Far East and North Chientao, 1905~1921*〉(Ph. D. Dissertation, University of Hawaii, 1996), pp. 162~183.

로 1911년 3월 이후 러시아당국의 인가를 받는 대중적인 한인조직 결성에 나섰다. 이종호는 1911년 6월 1일 최재형·홍범도의 지원을 받아 勸業會 발기회를 결성하였다. 《대양보》 간행에 따르는 재정적 어려움에 처해 있던 근업회 역시 권업회발기회측의 이종호와 타협을 이루고, 6월 16일 새로운 근업회 발기회를 만들었다. 기호파의 이상설 역시 독자적으로 러시아당국에 '권업회'란 명칭의 단체인가를 신청하는 한편, 러시아당국을 상대로 이종호 등의 근업회 발기회의 인가획득 운동을 저지하고자 했다.

이러한 상황에서 러시아 연해주 군정순무사가 이종호와 이상설을 소환하여 타협과 통합을 설득하였다. 그 결과 11월 24일 통합된 권업회가 러시아당국의 인가를 얻는 데 성공하였다.[10] 나아가 이상설과 金立의 노력으로 치타에 가 있던 鄭在寬을 비롯하여 黃公道·白元甫 등 서도파 인물들 역시 권업회에 참가입장을 표명하였다.[11] 권업회는 1911년 12월 19일 창립총회를 열고 간부들을 선출하였다. 총재단에는 都總裁 유인석을 비롯하여 이범윤·김학만·최재형 등 3인이 총재로 선출되었고, 권업회의 실질적인 의사결정기구라 할 수 있는 議事部의 의장과 부의장은 이상설과 이종호, 의원으로는 김립·한형권·김기룡·이민복·이범석·홍병환·김만송 등 각파의 주요인물들이 선출되었으며, 집행부서에도 각파 인물들이 안배되었다.[12] 권업회가 외부적으로 실업과 교육의 권장·장려를 표방한 것은, 일본과의 외교적 마찰을 우려한 러시아당국의 정책을 충실히 따르겠다는 의지의 표현이었이며, 앞으로 있을 일본의 간섭을 배제하기 위한 정치적 고려였던 것이다. 권업회는 러시아당국이 최초로 공식인가한 연해주지역 한인사회의 자치적 조직이었다.

1911년에 부임해온 신임 沿黑龍州 총독 곤닷찌가 권업회를 후원했다. 특히 그는 1912년 2월 23일 신한촌을 방문하였는데, 3천여 명의 한인들이 성대한 환영식을 거행하였다. 곤닷찌는 한인들에 대한 연설에서 한인들의 도덕적이며 온화한 품성을 칭찬하고, 사회적·교육적·문화적 활동을 지원하겠다고

10) 《勸業新聞》, 1912년 12월 19일.

11) 〈백원보가 안창호에게 보낸 편지(1911년 12월 29일)〉(독립기념관 한국독립운동사 연구소, 《도산안창호자료집》 1, 1990), 172~173쪽.

12) 《勸業新聞》, 1912년 12월 19일.

약속했다.[13] 곤닷찌는 권업회 인가에 대한 감사의 뜻을 표하기 위해 방문한 이상설·이종호·정재관·한형권 등 권업회 대표단에게 권업회 명예회원으로 입회할 것을 약속했다.[14]

권업회는 회원수와 지회를 꾸준히 확대하여 1914년 해산될 당시, 한인들의 주요 거주지역인 니콜라예브스크-나-아무르, 하바로브스크, 수이푼지역의 시넬리니코브, 이만, 니콜스크-우수리스크, 노보키예브스크, 도비허, 그로데코보, 다우지미, 큰영(블라지네로-알렉산드로브스코에), 신영동(니콜라옙스크), 라블류, 명구가이, 바라바쉬 등 10개 이상의 지회를 확대하였고, 당초 300명이던 회원수 역시 1,000여 명으로 늘어났다.[15]

권업회는 러시아당국으로부터 연해주 한인의 자치기관의 지위를 부여받아 러시아당국의 행정기능을 대행하였다. 특히 러시아당국이 장려하고 있었고 한인들이 절실히 필요로 하고 있던 시민권의 신청·취득에 필요한 행정적 편의를 제공하여 약 4천 명의 한인이 권업회의 도움으로 입적하였다. 이와 관련하여 권업회는 입적에 필요한 정교에 관한 종교상식을 제공하기 위하여 신한촌에서 일요일 야간학교와 연론행사들을 개최하였다. 또한 희랍정교당에 교당학교를 설립하여 러시아어교육을 실시했다. 권업회는 또한 러시아당국의 위탁으로 1913년 3월 블라디보스톡 거주 한인에 대한 인구조사를 시행하기도 했다.[16]

권업회의 활동 가운데 가장 주목되는 것은 역시 권업회 기관지로 1912년 5월 4일에 창간된 《勸業新聞》을 통한 언론활동이라 할 것이다. 과거 구개척리에 근거를 두고 발간되었던 《海潮新聞》·《大東共報》·《大東新報》·《大洋報》를 계승한 한인사회의 언론지로서 《勸業新聞》은 1914년 8월 정간될 때까지 주 1회씩 한 회도 거르지 않고 2년 동안 126호를 발간하면서 한인사회의 교육계몽과 통합에 크게 기여하였다. 《권업신문》은 그 배포수가 1912년의 930부에서 1914년 정간 당시는 1,400부로 증가하였고, 노령 각지는 물론 국

13) 《대한인정교보》, 1912년 5월 1일.
14) 《勸業新聞》, 1912년 12월 19일.
15) Byung Yool Ban, *op.cit.*, pp. 197~198.
16) Byung Yool Ban, *ibid.*, pp. 198~199.

내・만주・중국관내・일본 그리고 미주와 하와이에까지 배포되어 미주의 《신한민보》・《新韓國報》(후에 《國民報》로 개칭)와 함께 대표적인 3대 항일민족언론지였다. 특히 노령에서는 《勸業新聞》의 언론활동의 영향으로 금광・어장 등의 노동자들간에도 신문구독열이 매우 높았다.[17]

권업회는 또한 교육을 장려하였다. 1912년 3월 권업회는 거류민회와 공동으로 신한촌에 240명을 수용할 수 있는 한민학교의 대건물을 건축하였는데,[18] 이종호의 기부금 5,000루블과 이범진이 청년회에 기부하였던 1천 루블의 기금을 활용하였다.[19] 한민학교는 한인사회 최대의 학교로서 노령 한인사회 "남녀교육의 모범이 되게 하매 이를 따라 각 지방에 學風이 크게 진흥"하였는데,[20] 처음에는 신한촌 거류민회가 관할하였으나, 거류민회가 권업회에 통합된 1914년 3월 15일 이후에는 권업회에서 관장하였다. 그리하여 1914년 2월 현재, 권업회 본부 또는 지회의 관할하에 있던 학교가 약 10개에 학생수가 약 1천 명에 달하였다.[21]

권업회가 추진한 매우 야심적인 활동의 하나는 이만 이북의 라블류 일대에 한인농업단지를 조성하여 한인들을 대거 이주・정착시키려 한 계획이었다. 그리하여 간부들을 현지에 파견하고 단지를 물색하여 마침내 1912년 12월 러시아당국의 허가를 얻었다. 이후 股本團의 조직과 股本의 모집을 진행하는 한편, 농업학교 설립, 자위대와 상주 경찰대의 조직 등 구체적인 계획을 수립하였으나 100호도 안되는 가구들이 이주하는 데 그쳤다.[22] 이 계획은 1차 세계대전의 발발로 지속적으로 추진되지 못했다.

권업회를 비롯한 노령의 한인 각 단체와 조직들은 1914년을 맞이하여 한인의 노령이주50주년기념사업 계획을 추진했다. 노령이주50주년기념사업은 1914년 1월초에 이주한인의 원로격으로 당시 권업회 회장직을 맡고 있던 최

17) 뒤바보, 〈俄領實記〉(《獨立新聞》, 1920년 3월 30일).
18) 한국독립유공자협회 편, 《러시아지역의 한인사회와 민족운동사》(교문사, 1994), 116쪽.
19) 뒤바보, 〈俄領實記〉(《獨立新聞》, 1920년 4월 3일).
20) 뒤바보, 〈俄領實記〉(《獨立新聞》, 1920년 3월 30일).
21) 《勸業新聞》, 1914년 2월 8일.
22) 《勸業新聞》, 1912년 12월 19일・1913년 4월 20일・1913년 12월 14일・1914년 1월 11일・1914년 1월 18일.

재형을 비롯하여 최봉준·채두성·박영휘 등이 발기하여, 1914년 2월 3일부터 7일간에 걸쳐 각 지방대표회를 개최하였다. 대표회는 신한촌에서의 대대적인 기념식의 거행(1914년 10월 4일), 최초 이주지인 목허위에서의 한국식 기념비의 설립(10월 11일), 그리고 한인이주역사 편찬(노어와 한글의 2판) 등의 계획을 수립하였다.[23)]

권업회의 활동은 대체로 러시아당국의 정책에 적극 부합하는 방향에서 이루어졌다. 러시아당국은 권업회를 통하여 자신의 정책을 효과적으로 관철함으로써 한인들의 러시아화를 도모하였고, 한인들은 권업회를 통하여 경제적 안정과 교육, 문화적 함양을 통한 지위향상을 추구했다. 그러나 이러한 권업회의 활동은 체제내의 활동으로 독립운동의 궁극적 목표인 독립전쟁을 통한 독립을 달성하고자 했던 이동휘·이종호·이상설·이동녕 등 여호인 민족운동가들에게는 만족스러운 것이 될 수 없었다.

그리하여 이들 여호인 지도자들은 최재형 등 원호인 지도자들과는 별도로 비밀리에 비합법활동을 추진할 수밖에 없었다. 1913년 가을에 조직된 大韓光復軍政府는 바로 그 좋은 예이다. 1914년은 또한 러일전쟁 10주년에 해당하는 해이다. 러시아인들, 특히 하급병사들간에 일본에 대한 복수전으로서의 제2의 러일전쟁이 발발할 것이라는 소문이 나돌았다. 이러한 분위기에서 이동휘의 주장에 따라 이상설·이종호·정재관·이동녕 등 노령과 만주의 민족운동가들은 제2의 러일전쟁 발발시 일본을 상대로 한 독립전쟁을 전개할 조직이 될 대한광복군정부를 조직하고, 군사훈련·무기구입·군대조직 등 준비에 나섰다. 이상설이 초대 正都領에 선출되었고, 계봉우가 책임비서로 선출되었다. 대한광복군정부는 연해주·북간도·서간도를 각각 제1·제2·제3군구로 나누고 제2의 러일전쟁에 대비하였다. 1913년 말 이상설이 정도령을 사임한 후에는 이동휘가 제2대 정도령에 취임하였다.[24)]

제1차 세계대전이 발발하자 1914년 8월 1일, 러시아당국은 블라디보스톡에 〈계엄령〉을 선포하였다. 권업회와 《권업신문》을 통하여 러시아정부의 전쟁노력에 대한 지지를 표명하였고, 한인들은 기도회와 기금모집을 통하여 전쟁

23) 반병률, 《성재 이동휘 일대기》(범우사, 1998), 113~114쪽.

24) 계봉우, 《꿈속의 꿈》 1(수고본, 크즐오르다, 카작흐스탄, 1944), 169~171쪽,

후원의 노력을 보여주었다.25) 그러나 이러한 한인들의 노력은 러시아와 일본이 동맹관계가 됨으로 불리하게 된 국제적 환경을 극복할 수 없었다. 그리하여 권업회를 중심으로 전개되었던 1911년 이후의 한인민족운동은 모두 중단될 수밖에 없었다. 우선 곤닷찌 총독은 한인노령이주50주년기념식의 연기를 명령했다.26) 8월 20일에는 연해주 군정순무사는 권업회와 合成會社에 대한 해산명령을 내렸으며, 36명의 한인지도자들에게 48시간내에 러시아영토를 떠날 것을 명령하였다.27) 《권업신문》 역시 9월 초 폐간 처분되었다.28)

권업회를 비롯한 노령한인사회의 재정적 후원자였던 이종호는 블라디보스톡 퇴거명령을 받고 연해주 각지를 숨어 다니다가 마침내 북경으로 도피하였으나, 1917년 6월 상해에서 일본영사관에 체포되어 국내로 압송되고 말았다.29) 신한촌 거류민회는 해산되자 이름을 위생부로 바꾸었으나 매우 제한적인 민회활동을 겨우 유지하였다.30)

다. 국민회

國民會의 활동조건이 어려워져 가는 가운데 안창호가 노령을 떠난 것은 1911년 봄이었다. 《新韓民報》는 1911년 3월 15일자 기사에서 안창호가 "그동안 해삼위에 있어 여러 동포를 인도하다가 모든 일에 재미가 없어 … 장차 구라파 대륙을 지나 미국으로 들어올 것"이라고 보도했다.31) 안창호가 블라디보스톡을 떠난 후 연해주지역에 남아있던 국민회 간부들 역시 매우 어려운 처지에 빠졌다. 정재관과 이강은 1911년 6월, 양성춘의 아내와 형이 정순만을 살해하고 기호파가 이 사건의 배후선동자로 무고되자, 러시아당국의 拘引을 피해 치타로 도피하였다. 그 외에 김성무·백원보·황공도 등 국민회

25) 《권업신문》, 1914년 8월 16·23일.
26) 《권업신문》, 1914년 8월 16일.
27) 계봉우, 앞의 책, 169~170쪽.
28) 뒤바보, 〈俄領實記〉(《독립신문》, 1920년 3월 30일).
29) Byung Yool Ban, *op.cit.*, p. 228.
30) 박 환, 〈대한국민의회와 연해주지역 3·1운동의 전개〉(《연해주 한인독립운동과 상해 대한민국임시정부》(광복회 고려학술문화재단 주최 대한민국임시정부 수립 80주년 기념 제11회 국제학술심포지움 발표요지문, 1999년), 72쪽.
31) 《新韓民報》, 1911년 3월 16일.

간부들 역시 기호파와 북파의 공격으로 구금되거나 오지로 도피하였던 것이다.[32] 러시아당국이 연해주지역에서 국민회의 합법적인 활동을 허용하지 않자, 백원보·황공도 등과 신채호·장도빈·정경오 등이 블라디보스톡에서 표면적으로 권업회에 참여하며 비밀회합을 통하여 단결을 모색하였고 기타 지역에서는 다른 명칭의 단체를 조직하였다.[33]

이것은 국민회가 이 무렵 과거의 활동에 대한 자기비판을 한 데 따른 것이다. 이갑 등 국민회 지도자들은 과거 자신들의 활동이 어려움에 직면하게 된 원인이 러시아당국의 신뢰를 얻지 못한 데 있다는 점을 인식하고 있었다. 이갑은 미국의 안창호 등 대한인국민회 지도자들에 보낸 편지에서 이 점을 분명히 하였다. 이갑은 러시아지역에서 국민회 활동에 대한 러시아 당국자들의 공식적인 허가를 얻기 위해서는《신한민보》가 러시아에 비우호적인 기사를 삼가는 등의 노력을 통해서 러시아 당국자들의 신임을 얻는 것이 필수적임을 강조하였던 것이다.[34]

앞에서 말한대로 블라디보스톡을 떠난 정재관과 이강이 치타에 도착한 것은 1911년 9월 10일이었다. 자바이칼주·아무르주·시베리아지역의 금광지역에 흩어져 있는 10만 명의 한인노동자들을 상대로 한 교육과 계몽활동을 전개하기로 하였다. 이들은 이갑과 같은 인식을 하고 있었다. 그리하여 장로교신자인 이들은 러시아정교로 개종하는 한편, 치타지역 러시아정교회의 부주교인 예프렘 쿠즈네초프를 대부로 모시고 한인들 사이에서의 정교포고에 나서기로 했던 것이다. 예프렘의 주선으로 정재관과 이강은 월간종교지인《대한인정교보》의 발행허가를 획득하였다.[35]《대한인정교보》는 1912년 1월 2일 문윤함을 발행인으로, 이강을 주필로 하여 창간호를 발행하였다.[36] 이강과

---

32) Byung Yool Ban, *op.cit.*, pp. 189~190.

33) 〈정경오-안창호 편지(1912년 11월 28일)〉(독립기념관 한국독립운동사연구소,《도산안창호자료집》1), 394쪽.
〈백원보-안창호(1913년 1월 21일)〉(《도산안창호자료집》1), 203쪽.

34) 〈이갑이 최정익 등에게 보낸 편지(1911년 11월 24일)〉(《도산 안창호자료집》1), 263~264쪽.

35) 〈이강이 안창호에게 보낸 편지(1912년 2월 12일)〉(《도산 안창호자료집》1), 57쪽.

36)《대한인정교보》1호(1912년 1월 2일), 33쪽.

정재관의 활동으로 국민회는 그 조직을 확대하였다. 1910년 10월 16일에 조직된 치타지회를 비롯하여 베르흐네우진스크·블라고베시첸스크·이르쿠츠크·톰스크·튜멘·첼리야빈스크 등지에 지회가 조직된 것이다.[37] 이강과 정재관은 미주의 대한인국민회로부터 원동지역의 전권위원의 위임을 받았고, 이들은 9개의 국민회 지회를 기반으로 1911년 말 시베리아지방총회를 조직하였다.

앞에서 이미 언급한 바, 정재관은 북파·기호파·서도파·勤業會 계열 등 4파가 연합하여 러시아당국의 인허를 얻어 창립된 권업회에 서도파의 대표격으로 참여하기 위해, 1911년 12월 28일 블라디보스톡으로 떠났고, 이후 이강이 치타에 본부를 둔 시베리아지방총회의 활동을 주도하였다.[38]

시베리아지방총회는 제1차 세계대전이 발발되기전까지 치타에서 2차례의 대회를 개최했다. 16개 지회 대표들이 참가한 제1회 대회(1913년 5월 28일~6월 7일)는 《대한인정교보》를 공식기관지로 승인하였고, 19개 지회 대표들이 참가한 제2회 대회(1914년 6월 15일~6월 20일)에서는 연해주지역의 한인들이 준비하고 있던 노령한인이주50주년에 시베리아횡단철도 연선지역의 19개 지회 대표들을 파견하기로 하였다. 1915년 12월에 개최예정이었던 제3회 대회는 제1차 세계대전의 발발로 열리지 못했으며, 1917년 2월혁명의 발발까지 국민회의 활동은 계속될 수 없었다.[39]

라. 제1차 세계대전과 한인민족운동

제1차 세계대전 발발 이후 1917년 2월혁명에 이르는 시기는 러시아 한인민족운동의 일대 침체기였다. 주요한 지도자들이 러시아의 농촌지역이나 오지 또는 북만주나 중국으로 도피할 수밖에 없었다. 1916년 말 1917년 상반기에 이르는 시기에 노령지역의 주요지도자들은 사망하거나 감옥에 수감되어

---

37) 〈이강·정재관이 안창호에게 보낸 편지(1911년 9월 12일)〉(《도산 안창호자료집》 1), 14쪽.

38) 〈이강이 안창호에게 보낸 편지(1912년 2월 12일)〉(《도산 안창호자료집》 1), 56~57쪽.

39) 《도산안창호자료집》 3, 103~132쪽.
《신한민보》, 1915년 11월 11일.

있었다. 권업회의 회장을 지낸 金道汝는 1916년 12월 사망하였고, 이상설과 이갑은 2월혁명 후인 1917년 4월·5월에 사망하였으며, 이동휘 역시 2월혁명의 소식을 듣고 북만주로부터 블라디보스톡으로 왔다가 러시아헌병대에 체포되어 구금되었던 것이다.

(2) 러시아혁명 이후의 독립운동

가. 2월혁명과 고려족중앙총회

러시아 2월혁명 이후의 노령 한인사회를 결집하려는 시도는 원호인 즉 入籍 한인들의 주도에 의하여 이루어졌다. 그리하여 1917년 6월 4일, 니꼴리스크(소왕령)에서 이르쿠츠크 以東의 각지 대표 96명이 참가한 가운데 全露韓族代表者會가 개최되었다.40)

대회는 S.L(사회혁명당) 계열의 원호인 지식인들이 주도하였다. 대회는 러시아 임시정부 지지를 결정하고, 임시정부에 축전을 보내는 한편, 임시정부의 정책인 '승전할 때까지 전쟁지속'을 지지하였다. 대회는 ① 입적한인은 헌법제정의회에 대표를 파견할 것, ② 입적한인에 의한 한족대표회의 조직, ③ 농업용 토지문제 해결 요구, ④ 교회로부터의 학교 독립, ⑤ 정기간행물 출판(니코리스크 : 《青邱新報》, 블라디보스톡 : 《韓人新報》) 등을 결의하였다. 이처럼 대회는 러시아내에서의 원호인들만의 자치와 권리신장에 비중을 두었던 만큼, 여호인들의 '한족대표회' 참여가 배제되었고, 항일적인 주장이 전혀 포함되어 있지 않았다.41)

이러한 대회의 성격은 어느 대표가 이동휘를 비롯한 한인 정치망명자들의 석방에 관한 문제를 제기하였으나 의제에 포함되지 않고 폐기된 사실에서도 명백하게 드러났다. 결국 대회에서는 다수파인 원호인 70여 명과 소수파인 여호인 30여 명의 대표들간에 합동이 이루어지지 못하였고, 대회의 취지였던 '한인의 일대단체'의 조직에 실패하고, 원호인만으로 高麗族中央總會를 조직하는 데에 머물렀다.42) 이처럼 대회의 주도인물들은 항일운동의 과제보다는

40) 金正柱, 《朝鮮統治史料》 10, 45쪽.
41) 金正柱, 《朝鮮統治史料》 10, 45~46쪽.
42) 〈백원보가 안창호에게 보낸 편지(1917년 7월 23일)〉(《도산 안창호자료집》 1),

한인사회의 민족적 권리의 신장이라는 과제를 우선시하였다.[43]

여하튼 러시아 2월혁명 이후 한인사회를 주도하고 있던 원호인들의 민족자치우선의 입장은 중앙의 케렌스키정권이 붕괴된 10월혁명까지도 지속되었다. 고려족중앙총회는 10월혁명 후인 1917년 11월 25~27일에 실시된 헌법제정의회 의원선거에서 반볼쉐비키적인 시베리아독립정부 지지입장을 채택했던 것이다. 뿐만 아니라 1918년 1월 11일 개최된 고려족중앙총회는 시베리아독립정부에 고려족대표로 烟秋南都所 사장이자 우수리스크 지방의원인 최재형 등 2명을 파견하기로 결의하였던 것이다.[44]

나. 10월혁명과 한족중앙총회

1918년 초에 결성된 韓族中央總會는 이처럼 반볼쉐비키적 입장에 있었던 고려족중앙총회에 대한 항일적·친볼쉐비키적 한인들의 반발이 조직적으로 구체화된 것이었다. 한족중앙총회의 주도인물들은 러시아정교 신부출신인 오와실리(吳永俊)[45]와 러시아장교인 유스테판·김립·박이반·채성오·이한영·전태국 등 한인지도자들 10여 명이었다.[46] 한족중앙총회 발기인들은 고려족중앙총회가 여호인들을 배제한 점을 비판하고, 입적·비입적을 불문하고 '특별대동단결'케 하고 '식민의 발전과 국가장래에 필요한 교육보급과 실업진흥을 꾀할' 것을 목표로 내세웠다.[47] 한족중앙총회의 발기소식에 접한 고려족중앙총회측에서는 한족중앙총회측의 '입적·비입적의 구분타파', '대동단결주의'을 수용한다는 입장을 천명하고 한족중앙총회측과의 제휴·통합교섭에 나섰다.[48]

221쪽.

43) 劉孝鐘, 〈極東ロシアおける十月革命と朝鮮人社會〉(《ロシア研究》 45, 1987), 24쪽.

44) 《新韓民報》, 1918년 2월 28일.

45) 오와실리는 원래 러시아정교 신부로서 김알렉산드라 페트로브나의 두번째 남편인데, 1909년에 결혼하였고 권업회 간부로도 활약한 인물이었다. 김알렉산드라의 첫번째 남편은 폴란드인인 마르카 이오치포비치 스탄케비치로 동중철도의 아떼호(阿細河) 정거장 역장이었는데, 1907년에 난 아들 하나를 두었다(〈이인섭-김세일편지(1961년 4월 2일)〉).

46) 劉孝鐘, 앞의 글, 24쪽.
《新韓民報》, 1918년 2월 7일.

47) 《新韓民報》, 1918년 2월 7일·4월 11일.

결국 1918년 1월 17일, 양 진영은 ①입적·비입적 한인의 대동단결, ②지방회·지방연합회·중앙회 등 3급의 조직, ③5개월내의 憲章會議 소집 등 3항에 합의를 이루고 통합에 성공하였다. 헌장회의까지의 임시중앙간부로서는 문창범(위원장)·김립(부위원장겸 학무부장)·장기영(총무부장겸 서기)·서윤철(재무부장) 등을 선출하고, 헌장기초위원으로는 한용헌·김립·장기영·김하구를 선출하였다.

양측이 외형적인 통합에는 성공하였지만, 이는 잠정적인 타협에 불과했다. 시베리아독립정부(시베리아젬스트보)를 지지하는 고려족중앙총회와 중앙의 소비에트정부를 지지하는 한족중앙총회가 각각의 대립적인 정치입장이 근본적으로 해소된 것은 아니었다. 고려족중앙총회측은 10월혁명의 성공으로 인한 볼쉐비키세력의 득세라는 객관적 정세를 고려하지 않을 수 없었고, 한족중앙총회 역시 중앙에서 10월혁명의 성공에도 불구하고, 볼쉐비키세력이 사회혁명당세력의 강세지역인 시베리아와 러시아 원동지역에서 아직 확고한 우세를 확보하지 못하고 있던 데 따른 것이었다. 특히 노령의 대다수 한인들이 시베리아정부에 동정적인 태도를 보이고 있었던 사정에 따른 것이었다.

다. 한인사회당

1918년 1월 초 고려족중앙총회에 맞서 독자적인 세력결집을 도모했던 한족중앙총회 주도인물들을 중심으로 1918년 3월, 하바로브스크에서 '조선인정치망명자회의'가 개최되었다.[49] 이 회합의 직접적인 소집목적은 일본군의 시베리아출병에 대한 조직적 대책을 강구하기 위한 것이었다.[50] 대회는 1918년 1월 18일 원동노령지역(연해주·흑룡주·사할린주·하르빈)의 10월혁명 지지파들이 원동러시아의 정권기관으로서 조직한 원동인민위원회의 의장 알렉산드르 크라스노쉐코프와 하바로브스크소비에트의 외무위원장이며, 하바로브스크시 볼쉐비키당 책임비서인 김알렉산드라 페트로브나의 후원과 지도하에 추진되었다.

48) 《新韓民報》, 1918년 2월 28일.
49) 이영일, 〈리동휘 성재 선생〉(手稿本, 1983), 47쪽.
50) 張道政, 〈高麗共産黨の沿革〉(手稿本), 1쪽.

대회의 준비위원장은 이동휘였고, 서기는 김립이 맡았다. 준비위원회는 러시아·중국령의 반일애국단체에 대표파견을 요청하는 통지서를 발송하였다. 대회에는 크라스노쉐코프와 김알렉산드라·이동휘·김립을 비롯하여, 양기탁·이동녕·유동열·홍범도·김성무·김하구 등이 참여하였다. 대회참가자들은 러시아볼쉐비키혁명과 조선독립운동을 어떻게 설정할 것인가하는 문제를 둘러싸고 좌우 두개의 그룹으로 나뉘어졌다. 하나는 부르죠아민주주의적 또는 입헌군주제적 입장에 있던 인물들로 구성되었는데, 순순한 독립운동만을 위한 '光義團'을 조직하고, 원동인민위원회로부터는 후원만을 얻자는 주장을 전개하였다. 이동휘의 제안에 찬성하는 다수파는 볼쉐비즘에 찬동하고 조선혁명을 그 길로 촉진하자고 주장하여 볼쉐비키세력과의 밀접한 연대를 강조하였다.[51]

이동휘의 주장에 반대한 그룹은 유동열을 제외한 이동녕·양기탁·안정근·조성환 등 신민회 간부들 대부분이었다. 결국 이동휘의 제안과 볼쉐비키세력의 주장을 지지했던 좌파그룹의 이동휘·김알렉산드라·유동열·박애·이한영·김립·오성묵·오하묵·이인섭·유스테판·오와실리·임호·전일·박이반 등이 韓人社會黨을 발기하였다.[52] 이들은 1918년 5월 10일, 한인사회당 창립을 위한 한인사회당중앙위원회 확대총회를 개최하고 중앙간부를 선출하였다. 대회에서는 소비에트러시아와의 연대와 反日·反帝의 사회주의 노선을 내용으로 하는 강령을 채택하였으며, 중앙위원들을 선출하고, 조직·선전·군사 등 주요 부서를 설치하였다.[53]

중앙간부위원장으로 이동휘가 선출되었으며, 그 외 중앙위원으로는 부위원장으로 김알렉산드라의 남편인 오와실리(러시아문 서기 겸임), 청년부의장으로는 오성묵, 한글서기겸《자유종》주필로 김립, 군사부장겸 군사학교장으로 유동열, 재무부장겸 선전부장으로 이인섭(이반) 등이 선출되었다.[54] 중앙간부

51) 십월혁명십주년원동긔념준비위원회,《십월혁명십주년과 쏘베트고려민족》(해삼위도서주식회사, 1927), 46쪽.

52) 십월혁명십주년원동긔념준비위원회, 위의 책, 46쪽.

53) 반병률, 〈김알렉산드라 페트로브나(스탄케비치)의 생애와 활동－조선인 최초의 공산주의자의 약전〉(尹炳奭敎授華甲紀念 韓國近代史論叢刊行委員會,《韓國近代史論叢》, 지식산업사, 1990), 788쪽.

위원회에서는 당기관지 《자유종》이란 잡지를 발행하기로 결정하고 책임주필은 김립이 맡았다.[55] 한인사회당의 출판활동은 크라스노쉐코프를 의장으로 하고 있는 원동인민위원회에서 석판기계(1대)와 인쇄비, 종이 등을 제공하였다.[56] 그리하여 1917년 5월 1일(러시아력) 한인사회당의 기관지 《자유종》의 창간호가 발행되었다.[57] 한인사회당은 장교훈련을 위한 군사학교(교장 : 유동열)을 설립하였으며, 김알렉산드라를 중심으로 블라디보스톡 주둔 일본군병사들을 상대로한 반제·반전사업을 전개하였다.[58]

한인사회당은 볼쉐비키혁명세력의 赤衛隊활동에 참여하였다. 즉 한인사회당은 원동인민위원회의 승인과 지원하에 하바로브스크·이만, 러시아·중국 국경지대 니콜리스크·바라바시·연추(포셋트) 등 각지에 이동휘·유동열·김립·이한영 등 한인사회당 간부들이 파견되어 활발한 적위대 모집활동을 전개하였다.

라. 전로한족중앙총회

한인사회당 창당 두달여 후인 1918년 6월 13일부터 24일까지 니콜리스크에서 제2회 전로한족대표자회가 개최되었다. 이 대회는 1918년 1월 한족중앙총회 지방대표자회에서 한족중앙총회측과 고려족중앙총회측이 5개월 이내에 헌장회의를 개최하기로 상호합의한 데 따른 것이다. 대회가 개최된 1918년 6월은 이미 시베리아횡단철도연선 주요도시에서 5월 이후 영국·프랑스의 암묵적 지원을 받은 체코군에 의한 반볼쉐비키봉기가 일어나고 있었고, 이를 계기로 '체코군 구출'을 명분으로 한 일본군 등 서구열강의 무력개입이 임박해 있었다. 또한 이러한 정세에 크게 고무된 러시아 반혁명세력이 재결집하는 등 볼쉐비키세력이 내외적으로 위기에 직면해 있던 시기였다.

노령의 각지방 단체대표와 학교대표 129명이 참가한 대회는 대회 의장으

54) 이인섭, 〈알렉산드라 페트로브나 김(스탄케비치)의 전기〉(《시사저널》 216, 1993년 12월 16일), 76쪽.
이영일, 앞의 글, 53쪽.
55) 이영일, 위의 글, 54쪽.
56) 뒤바보, 〈俄領實記〉(《獨立新聞》, 1920년 4월 3·8일).
57) 이영일, 앞의 글, 54쪽.
58) 이인섭, 앞의 글, 68~69쪽.

로 金昌元, 부의장으로 한용헌·윤해를 선출하였으며, 비입적과 입적인을 대표하는 두 원로 이동휘와 최재형을 명예회장으로 추대하었다. 원동인민위원회를 대표하여 유스테판이 축사를 하였고, 원동인민위원회 위원장인 크라스노쉐코프와 김알렉산드라가 참여하여 연설하였다. 한인사회당 대표들은 소비에트권력만이 토지문제를 해결할 수 있으며, 한인노동자들이 합법적 지위를 개선할 수 있다고 주장하며 소비에트정부의 지지와 승인을 얻자는 결의안을 제출하였다. 또한 한인사회당 대표들은 전로한족회의 중앙총회를 개선하고 중앙총회의 본부를 소비에트 볼쉐비키세력의 본거지인 하바로브스크로 이전하려고 시도하였다.[59]

한인사회당의 시도는 사회혁명당의 영향력을 받고 있던 입적인 중심의 다수파가 헌법제정의회와 시베리아지방의회를 지지할 것을 주장함으로써 좌절되었다. 사회혁명당계열의 한인사회당은 비입적 소작농 대표들의 지지를 받았으나, 이들이 대회에 오랫동안 머물지 못하고 대회를 떠남으로써 수적인 열세가 더욱 심화되었다.[60] 이 대회는 시세문제·토지문제·이주지문제·토지에 대한 배상문제·교육문제·노동문제 등에 관한 결의를 하였다.

첨예한 대립과 논쟁은 시세문제와 토지문제에 대한 토론에서 이루어졌다. 시세문제에 관한 토론에는 41명이 연사로 참여하여 열띤 논전을 벌였는데, 제출된 3개의 결의안 중에서 68명의 대표가 찬성한 결의안을 채택하였다. 즉, 대회는 "자유·평등·우애를 근본으로 하야 민족의 자립생활 수행을 위하여 대러시아혁명에서 얻은 바를 일심단체하야 표방하기로" 하고 '우리의 자유만세', '러시아혁명만세', '사회주의만세'를 슬로건을 채택하였던 것이다.

이러한 결의내용은 볼쉐비키정권에 비판적이면서도 이에 도전할 수 없는 고충이 반영되었다고 볼 수 있다. 이 점에서 대회의 결의는 "한편으로 현존하는 권력에 승복하면서도, 다른 한편으로는 최종적인 승자의 편에 서고자 중립을 내세운 것"이라는 비판을 받았던 것이다. 한인사회당의 소비에트정권 지지결의안을 무마하기 위해 채택된 이러한 중립선언은 러시아 원동지역의 소비에트 볼쉐비키세력이 내외의 반혁명세력에 의하여 위협받고 있는 상황

59) 반병률, 앞의 글, 790~791쪽.
60) 劉孝鐘, 〈極東ロシアおける十月革命と朝鮮人社會〉, 40쪽.

에서는 사실상의 반볼쉐비키선언이나 마찬가지였던 것이다. 한인사회당 대표들의 대회 탈퇴는 이러한 사정을 반영하였던 것이다.

대회에서 한인사회당의 열세는 대회의 마지막날인 6월 22일·23일에 선출된 한인사회당 계열이 전로한족회중앙총회의 주요간부로서 선출되지 못하였던 데서 단적으로 확인된다. 대회에서 선출된 새로운 중앙총회간부로는 회장 문창범, 부회장 윤해·채안드레이, 고문 최재형·이동휘, 원동인민위원회 외교부 파송대표 한용헌·박진순, 상설위원 김츄프로프·김야곱·원세훈·한여결, 상설위원 후보위원에 강량오·김이직·염피토르, 검사위원에 고창일·엄주필·한미하일, 후보검사위원에 김기룡·김철훈·김미하일 등이 선출되었다.

마. 시베리아 내전과 민족운동

제2회 전로한족대표자회 폐회 직후인 6월 29일, 블라디보스톡에서 체코군이 반볼쉐비키봉기를 일으킴으로써, 극동 각 지역의 볼쉐비키정권들이 무너졌다. 이어 8월초부터 일본·미국·영국·프랑스 등 열강이 무력개입을 개시함으로써, 한인사회당은 치명적인 타격을 받았다. 특히 일본군은 체코군·백위파군과 협력하여 볼쉐비키정권을 붕괴시켰다.

체코군이 봉기하자 한인사회당의 전일·유동열 등이 100명의 조선인 적위대를 이끌고 러시아적군과 함께 우수리전투에 참가하여 연합군과 합세한 카르미코프 백위파군과 싸웠다. 한인적위대원들은 반수 이상이 전사하였다.[61] 이동휘 등 한인사회당의 주요간부들은 북만주나 농촌지역으로 도피·잠복하였다. 볼쉐비키 하바로브스크시당을 책임지고 있던 김알렉산드라는 1918년 9월 16일 카르미코프 백위파군에게 도피중 잡혀 처형되고 말았다.

1918년 중반기에 있었던 체코군의 반볼쉐비키 봉기로 각지에 성립되었던 사회혁명당 주도의 중간파정권들은 점차 열강들의 무력개입을 계기로 득세하기 시작한 백위파세력에 의하여 교체되어갔다. 마침내 1918년 11월 중간파 주도의 옴스크정부가 콜챠크제독의 군사쿠데타로 붕괴된 이후, 1920년 초 볼쉐비키혁명세력이 백위파세력을 구축하게 되기까지 시베리아는 한인민족운동에 탄압적인 백위파의 천하가 되었다. 한인사회당 당원들은 러시아 볼쉐

61) 반병률, 앞의 글, 794쪽.

비키세력과 함께 농촌지역이나 지하로 잠입하였고, 사회혁명당계열의 전로한족중앙총회는 적극적인 활동을 삼가하면서 가까스로 합법적인 지위를 유지하여 나갔던 것이다.

이들 노령의 한인조직들이 활동재개의 기회를 맞게 되는 것은 1918년 말~1919년 초의 일로서 제1차 세계대전의 종결과 파리강화회의 개최를 계기로 국내외민족운동이 활성화되면서부터이다. 3·1운동을 전후로 하여 국내외 민족운동의 분위기가 한층 고조되면서 전로한족중앙총회와 한인사회당은 전체민족운동선상에서의 주도적 위치를 확보하고자 적극적인 조직정비와 활동에 서게 된 것이다. 백위파정권하에서 합법적 지위를 유지하고 있었던 전로한족중앙총회는 파리강화회의에 2명의 대표를 파견하는 한편, 노령과 북간도지역의 민족운동세력을 결집하여 체코슬로바키아의 국민의회를 모델로 한 大韓國民議會로 확대·개편함과 동시에 3월 17일의 연해주지역의 독립시위를 주도함으로써 임시정부적 기관을 자임하게 된다. 한편 지하로 잠입했던 한인사회당은 이동휘를 비롯한 간부들이 블라디보스톡으로 재집결하면서 활동재개를 모색하게 되고, 3·1운동 이후인 4월말 한인사회당대표자대회를 개최하고 新民團과의 합동을 통해 조직을 확대 재건하게 되는 것이다.

〈潘炳律〉

3) 중국 관내지역

(1) 한인의 이주와 한인사회의 형성

가. 독립운동의 환경과 상해

1910년대는 일본의 세력이 극동지역 전역으로 팽창하던 시기였다. 특히 제1차 세계대전을 계기로 일본은 시베리아로부터 長江에 이르는 지역을 세력권으로 확장하였는데, 이를 견제할 세력이 없었다. 유럽국가들은 전쟁의 수렁에 빠져 극동지역에 관심을 둘 여유가 없었고, 러시아나 볼세비키정권도 여력이 없었다. 윌슨정부가 일본의 산동반도 점령을 반대하였으나, 당시 미국정부는 국제연맹의 설립에 급급하였기 때문에, 일본의 팽창주의를 외면할

수밖에 없었다. 이처럼 1910년대 국제정세는 한국독립운동에 불리한 방향으로 흐르고 있었다.[1)]

中國 關內地域은 河北省 山海關 서쪽, 四川省 康定 동쪽, 甘肅省 嘉峪關 동쪽지역을 가리킨다. 관내지역이라는 말에는 漢族의 활동강역 및 中華文化의 범주라는 의미가 내포되어 있다. 지역적으로는 대체로 長城을 경계로 하며, 몽고·만주·월남 등 주변민족의 문화와 한족의 그것을 구분짓는 의미를 함축하였다. 일제하 해외독립운동의 무대로서 관내지역은 대체로 동북군벌 및 괴뢰 만주국의 영역인 중국 동북지방(흔히 '滿洲'로 지칭)과 구분되는 중국 국민당정부와 중국 공산당정권의 관할구역을 가리킨다. 특히 上海·南京·北京·天津·武漢·重慶·廣州·延安 등이 한인독립운동의 주요거점이었다. 1910년대의 경우, 상해가 여타 지역에 비해 활발한 곳이었다.

상해가 반일독립운동의 주요 무대가 된 배경으로는, 첫째 국내와 가깝고 미국이나 유럽으로의 교통요충지라는 점, 둘째 국제열강을 비롯한 각국의 외교기관이 주재하고 있어, 외교활동을 통한 효율성이 기대되었던 점, 셋째 租界로 대변되듯이, 제국주의국가 간의 힘의 균형상태가 유지되어, 활동공간의 확충이 가능하였던 점, 넷째 중국·월남·인도·필리핀·태국·인도네시아 등 동아시아 민족해방운동세력과의 국제연대 형성의 가능성이 기대되었던 점 등이 꼽힌다.

이와 함께 辛亥革命도 한인의 중국행에 영향을 미쳤다. 한인독립운동가들 중에는 중국혁명의 성공 소식에 고무되어 망명을 결심한 경우가 많았다. 呂運亨은 "황흥과 孫文의 사진이 서울 중국인 상루에 걸리고, 혁명의 새로운 음파가 유지청년의 귀를 난타하는" 정황에서 중국행을 결정하였다. 金奎植도 압록강을 건널 때 "신해혁명의 주도자인 손문을 만나서 일을 했으면 좋겠다"고 말하였다. 조국을 잃은 한인 청년들은 신해혁명의 소식에서 희망과 기대를 발견하였다. 손문은 한인 청년의 동경의 대상이 되었다.[2)]

---

1) 이정식, 〈1910년대의 국제정세〉(《한민족독립운동사》 3, 국사편찬위원회, 1988).
2) 이만규, 《여운형선생투쟁사》(민주문화사, 1947), 19쪽.
이정식, 《김규식의 생애》(신구문화사, 1974), 41쪽.
이러한 사실과 관련하여, 민두기는 "중국의 공화혁명은 우리의 독립운동에 '가능성의 신앙'이라는 영혼을 불어넣어 주었다"고 평가하였다(민두기, 《신해혁명 상해는 1842년 〈남경조약〉으로 개항하였다. 영국조계(현재의 延安中路 북쪽, 北京東路 남쪽, 1845년)·미국조계(현재의 蘇州河 북쪽 虹口일대, 1848년)·프랑스조계(현재의 延安中路 남쪽, 西藏南路 동쪽, 1849년)가 설정되었고, 1863년 영·미조계는 公共租界로 합쳐졌다. 이로써 상해는 크게 공공조계(현재의 魯迅公園 일대, 閘北鐵道 남쪽, 蘇州河 북쪽, 靜安寺 서쪽, 中山公園 동쪽지역)·프랑스조계(현재의 徐家匯路 동·북쪽, 肇嘉浜路 북쪽, 延安西路 남쪽, 開沙恩橋 서쪽지역) 그리고 上海縣城(현재의 上海市 南市區)으로 구분되었다. 조계는 1942년에 이르러 폐지되었다.

1910년대 중반 상해에 발을 디뎠던 李光洙는 "프랑스조계는 영미조계와 길 하나를 사이함에 불과하건만, 조용하고 쓸쓸하기가 딴 세계라. 그 본국의 소쇠하는 표상인가 하여 슬그머니 설움이 나더이다. 그러나 도로의 정결함, 長林과 가옥의 瀟洒함은 경쾌하고 詩趣있는 라틴식을 발휘하였더이다"[3]라고 소회를 적었다.

많은 한인은 프랑스조계와 공공조계에 둥지를 틀었고, 일부는 상해현에도 살았다. 1910년 이전 한인의 거주지역 선택에 있어서는 정치적 판단이 크게 고려되지 않았으나, 1910년 이후에는 일본세력이 개입할 수 없고 비교적 자유로운 분위기였던 프랑스조계가 한인의 주된 거주지로 부상하였다. 그런데 프랑스조계가 1910~1920년대 한인독립운동의 본거지 역할을 한 배경으로는 다음의 사실을 살펴볼 수 있다.

먼저 영·미와 프랑스간의 전통적인 경쟁·견제관계를 지적할 수 있는데, 이는 대일본 이해관계와 맞물려 한층 심화되었다. 1900년경 이래 영·미는 러시아의 만주독점과 남하정책을 견제하기 위해, 일본의 한반도 점령을 묵인한 반면에, 프랑스는 영·미에 대항하는 정책의 기조 위에서 일본에 대해 우호적인 입장만은 아니었다. 이러한 구도는 자국이익이라는 기준에 의해 가변적인 것이었으나, 한인정책의 한 배경으로 작용한 것은 틀림이 없다. 지엽적인 예이지만, 프랑스는 도쿄에 체제 중인 베트남왕국 망명세력을 매개로 일본과 신경전을 벌였다. 전 베트남왕국의 왕자 콘테(Conte)는 동경에서 반프랑

사》, 민음사, 1994, 19쪽).

3) 이광수, 〈상해인상기〉(《이광수전집》 18, 삼중당, 1963), 203쪽.

스 독립운동을 벌였는데, 이는 양국 정부의 외교 현안이 되었다.

이러한 국제관계는 프랑스조계 당국의 한인정책에도 투영되었다. 프랑스조계 당국은 한인독립운동에 대해 방관적 또는 지원 입장을 취하였으며, 한인을 대일본 정보수집 및 외교활동에 투입하였다. 이는 이 지역 한인세력에게 유리한 환경조건이 되었다. 1910년대 한인독립운동이 이곳을 주무대로 전개되었고, 1919년 4월 대한민국임시정부가 이곳에서 수립되어 1932년 윤봉길의거를 계기로 상해를 탈출할 때까지, 프랑스조계가 한인독립운동의 주요 근거지였던 사실에는 이같은 국제관계가 밑그림으로 그려져 있었던 것이다.

그러나 프랑스조계 당국의 입장도 상해근대사의 진전에 수반하여 변화해 갔다. 즉 상해는 중국 공산주의운동의 발원지였으며, 1920년대 중반 이래 반제국주의 민족운동의 주무대가 되었다. 이러한 정치환경하에서, 프랑스조계 당국의 한인민족운동세력에 대한 입장도 변화하기 시작하였는데, 1920년대 중반 이래 대한민국임시정부의 침체상황은 이러한 상해의 정세변화 및 프랑스조계 당국의 태도 변화와도 관련이 있었을 것임은 쉽게 짐작할 수 있다.

나. 한인사회의 형성과 생활상

독립운동의 기반으로서 해외 한인사회의 형성은 국권상실 전후부터 본격화되었다. 한인들은 중국·러시아·미국·일본 등지로 새로운 삶을 찾아 떠났다. 압록강·두만강 건너 간도와 연해주에는 한인의 새로운 보금자리가 마련되었고, 한인의 이주지역은 黃河와 長江 이남으로 확대되었다. 상대적으로 국내와의 거리가 가깝고 교통이 편리한 중국 동부와 북부의 대도시에는 한인 거주지역이 형성되었고, 친목단체와 교육기관이 태동하였다. 이 중 현저한 양상을 띤 곳이 상해였다.4)

상해로의 이주경로는 육로와 해로 두 갈래가 있었다. 육로의 경우, 대체로 신의주를 거쳐 열차편으로 瀋陽(奉天)·營口 등지를 경유 천진에 이르러, 다시 열차나 선편을 이용하는 경로가 있었다. 이 경우에는 濟南과 靑島가 경유지가 되었다. 해로의 경우, 인천이나 부산에서 직항하거나, 인천·진남포에서

4) 이에 대해서는 孫科志, 〈한인의 상해망명과 초기 한인사회의 형성〉(《한국근현대사연구》 7, 1997)이 참조된다.

중국의 裡島나 烟臺를 거치는 경로가 있었다.

1910년대 초반 상해에는 소규모의 한인사회가 형성되었고, 대부분의 한인은 상업에 종사하거나 영국·미국인 경영의 전차회사 등에 근무하였다. 1917년 중반의 한인 수효가 500여 명으로 파악되며, 3·1운동과 임정수립 시기에는 1,000여 명에 이른 것으로 추산된다.[5] 반면에 1910년 이전 거주한인의 수효는 50명 정도로 추정된다. 초기에는 독신남성의 비율이 높았으나, 점차 가족을 동반한 이주자의 수효가 증가하였다. 이들은 중국 동북지역 이주자에 비해 상대적으로 교육수준이 높았고, 경제적 상황도 나은 편이었다. 이주한인의 대다수는 강한 반일정서의 소유자였다. 이주 목적은 취업·유학·독립운동 등 다양한 형태를 띠었으나, 국권피탈과 일제침략이라는 공통의 이주동기를 배경으로 하였다. 때문에 한인사회는 여타 외국인사회에 비해 강렬한 정치의식을 표방하였으며, 이러한 경향은 1932년 윤봉길의거시까지 지속된 것으로 보인다.

한인들은 기독교·대종교 등의 종교활동을 통해, 상호부조와 단결의 기틀을 마련해 갔다. 기독교의 경우, 1914년 10월 寓滬韓人禮拜會 모임을 조직하였으며, 정기적인 주말예배 행사를 갖는 등, 활발한 움직임을 펼쳤다. 대종교의 경우도 申圭植·趙琬九·金枓奉·朴贊翊 등을 중심으로 하여, 御天節·開天節·國恥紀念日 행사 등을 주관하였다. 이러한 종교의식에 근거한 행사는 한인들의 단합과 경각심을 촉구하는 데 기여하였을 뿐만 아니라, 독립운동의 정신적·사상적 기반으로 역할하였다.

거류민 조직으로서의 한인단체가 결성된 것은 1918년 가을이었다. 呂運亨과 申錫雨 등의 주도하에 조직된 上海高麗僑民親睦會의 출현은 한인사회의 집단의식과 동질성 확보라는 측면에서 의미있는 사실이었다. 100여 명의 회원이 가입하였으며, 젊은 회원을 중심으로 《우리들 소식》이라는 선전기관지를 발행하였다. 친목회는 신한청년당의 내적 기반을 마련하는 데 기여하였다. "상해 재류 동포의 情誼를 敦睦함으로써 主되는 목적을 삼아" 결성되었으며, "농후한 독립운동의 색채를 띠었다"는[6] 친목회에 대한 평가는 한인사

5) 독립운동사편찬위원회 편, 《독립운동사자료집》 9(1975), 11~12쪽.
6) 《독립신문》, 1920년 4월 8일.

회가 상해 소재 외국인사회의 일원으로서 정치적·민족적 성격을 띠었음을 반영한다. 1919년 대한민국임시정부의 수립과 함께 그 산하단체로 편입되었고, 이해 9월 22일 上海大韓人民團으로 개편되었다.

또 신규식·曺成煥·朴殷植·閔忠植이 중심이 된 棣華同樂會라는 한인조직이 있었다. 거류한인의 단결 및 재외 한인단체와의 연락 등을 도모하였으며, 중국청년회관이나 중국학생회관 등을 빌려 모임을 가졌다. 1916년 중반 일제기관은 이 단체의 성격을 "사교구락부와 유사한" 것으로 파악하였다.[7)]

이외에 한인사회에서 비중이 높았던 것이 학생단체였다. 한인의 높은 교육열을 배경으로 하여, 1910년대 초반부터 상해 일원에는 중국 및 구미지역의 대학에 유학하려는 한인이 적지않게 모여들었다. 1912년 文一平은 南京에서 십 수명의 유학생을 목격하였다. 중국혁명의 진전에 따라, 이들은 1913년 후반기 한때 상해로 이동하기도 하였는데,[8)] 당시 남경지역의 한인은 신규식 등 상해 한인세력의 영향권내에 있었다.

1910년대 상해와 인접지역에 소재한 南洋公學·復旦大學·金陵大學·東吳大學 등을 비롯하여, 鑛學校·鐵路鑛學校·商船學校·海軍水雷學校·농업학교·전신학교·군수학교·체육학교 등 각급 고등교육기관에는 많은 한인학생이 재학하였다. 학생조직으로는 1915년의 上海韓人留學生會가 시초인 것 같다. 회원은 李康熙·申國權 등 55명이었다고 한다. 한인학생들은 독자적인 학생회를 조직하였으며, 중국인 학생활동에도 참가하였다.[9)]

(2) 중국혁명세력과의 연대 구축

"중국혁명이 나의 피를 끓인 것은 말할 것도 없었다. 손문·황홍·송교인이란 이름은 마치 일가나 친구의 이름과 같이 익숙하였고, 신문에 오르는 그네들의 사진조차 어려서부터 낯익은 얼굴을 보는 듯 하였다"[10)]는 이광수의

---

7) 독립운동사편찬위원회 편, 《독립운동사자료집》 9(1975), 23~24쪽.
8) 문일평, 〈나의 반생〉(《호암전집》 3, 일성당서점, 1948), 496쪽.
9) 민필호, 〈대한민국임시정부와 나〉(김준엽 편, 《石麟閔弼鎬傳》, 나남, 1995), 55·72쪽.
국사편찬위원회 편, 《한국독립운동사》 자료 3, 임정편 Ⅲ(1974), 565쪽.
10) 이광수, 〈나의 고백〉(《이광수전집》 13), 226쪽.

고백은 1910년대 초반 한인들의 중국관을 보여준다.

신해혁명에 고무되어 망명해 온 한인들은 한국의 독립이나 혁명을 위한 중국혁명세력과의 연대형성을 희망하였다. 한인들은 중국혁명에의 참여를 통한 한·중연대 구축방안을 중시하였다. 신규식과 조성환은 "목숨이라도 중국혁명에 바쳐 지지의사를 표하고자" 하였다. 남경의 한인유학생 6명은 1911년 말 學生軍에 들어가 북벌에 참여하였으며, 다시 陸軍學堂에 들어가 각종 군사기술을 습득하였다. 또 신규식의 조카 申衡浩는 상해 도착 직후 중국혁명을 지원하기 위하여 中華學生軍團에 자원 입단하였다. 이외에도 혁명군의 군비확충을 목표로 한 기부금 모금 및 의료구호 활동 등에 동참하는 등의 방법으로 중국혁명세력에 대한 지지와 성원을 표시하였다.

하지만 전체 한국인의 명의로 중국혁명에 대한 지지를 표명할 수 있는 단체의 부재 상황은 한인들로 하여금 안타까움에 젖게 만들었다. 한인들은 자신들의 의지를 대변하고 활동의 중심이 될 수 있는 단체 조직의 필요성을 느꼈다. 이같은 상황에서 "중국내 각 지방에 한인단체를 만들고, 또 각 지방에 와 있는 한인동지들과 급히 연락하여 서로 보호하고 돕자"는 중국혁명세력측의 제안은 한인연락기관 건립의 형태로 진전되었으며, 동제사와 신아동제사의 결성은 이러한 한·중연대 선상에서 파악된다.[11)]

한인들은 중국혁명 성공의 날이 곧 한국의 독립·해방의 때라고 생각하였다. 이러한 인식에서 중국혁명세력과의 연대는 한국해방을 위한 첫걸음이 되는 것이었다. 신규식 등은《民權報》·《民立報》등의 언론기관과 南社·寰球中國學生會 등의 활동에 적극 참여하였다. 이들 단체는 中國同盟會의 주요 지지기반으로서,《민립보》는 멕시코·필리핀·인도·터키 등의 민족주의운동 소식을 크게 보도하는 등의 방법을 통해 혁명의식을 진작시켰다.《민권보》는 특히 反袁世凱운동의 중심역할을 수행하였다. 남사는 동맹회 회원들에 의해 운영되던 진보적 혁명문학단체를 표방하며, 상해지역 언론기관의 혁명적 논조를 주도하였다. 환구중국학생회는 중국인 유학생의 출입국 사무보조와 취

---

11) 배경한, 〈상해·남경지역의 초기(1911~1913) 한인망명자들과 신해혁명 : 武昌起義·討袁運動에의 참여와 孫文·혁명당인들과의 교류를 중심으로〉(《동양사학연구》 67, 1999)는 한인의 신해혁명 지지활동에 대한 본격적인 연구성과이다.

업알선 기관을 표방하며 1905년에 설립되었다. 주요 활동인물인 朱少屏은 신규식과 밀접한 사이였으며,[12] 신규식의 주도하에 성사된 박달학원의 설립에는 환구중국학생회의 취지와 역할이 참조되었을 개연성이 높다.

1918년 2월 당시 중화민국 내무차관인 尹志伊과 신규식의 왕래편지 중의 "국제간에는 서로 최선을 다하여 도우는 것이 도리인줄 압니다. 부탁하신 여러 가지 일은 이미 손문선생과 당계요선생 등 여러분들에게 전달하였습니다. 그러나 마음은 간절하지만, 힘이 부족하니 기회를 기다려서 추진하도록 하여야 되겠습니다. 震懔基本一層(암호로 쓴 용어로, 무기를 지칭하는 것 같음 ; 역자 최종건)도 이미 상의를 하였습니다. 기다려서 숫자가 확보되는 대로 다시 말씀 올리겠습니다"라는 내용은 신규식과 중국혁명세력 간의 연대내용과 수준을 짐작케 한다.[13]

1910년대 한·중 연대활동의 중심인물은 신규식이었다. 신규식이 상해에서 처음 만난 인물은 徐天復이었다. 그는《민립보》사원으로 재직하며,《民呼日報》·《民吁日報》등을 통해 반일 혁명운동의 중심부에서 활동하는 인물이었다. 신규식은 그를 통해 陳其美·宋敎仁·黃興·戴季陶 등 중국혁명의 주요인물과 교유하였으며, 중국혁명세력의 연락기관인 민립보사·민권보사·남사 사옥·환구중국학생회관 등은 한·중 혁명세력의 연대기구 역할도 겸하였다.[14]

---

12) 신규식의 활동에 대해서는 다음의 글이 참고된다.
신승하, 〈예관 신규식과 중국혁명당인과의 관계〉(《김준엽교수화갑기념 중국학논총》, 1983).
강영심, 〈신규식의 생애와 독립운동〉(《한국독립운동사연구》 1, 1987).
특히 신규식의 한·중연대 일화 등은 〈申圭植先生傳記〉·〈申公逸話二三事〉(김준엽 편, 앞의 책)에 소개되어 있다.

13) 최종건 편, 《대한민국임시정부문서집람》(지인사, 1976), 56쪽.

14) 단편적인 사실이지만, 정원택은 1913년 초 상해에 도착하여 民權報社를 통해 신규식과 접촉하였는데, 민권보사의 핵심인물은 戴季陶였다. 이해 가을 환구중국학생회관에는 한인유학생을 위한 영어강습소가 설치되었고, 신규식과 申采浩도 이곳에 머문 것으로 파악된다. 또 1919년 봄 정원택은 환구중국학생회관 측에 신규식과의 연락을 의뢰하였다(鄭元澤, 〈志山外遊日志〉, 독립운동사편찬위원회 편, 《독립운동사자료집》 8, 1974, 364·374·438쪽). 또 1916년 중반 일제 정보자료는 "신규식·조성환·민충식 등에게 오는 서신·전신 등 미국에서 오는 것은 환구중국학생회를 통해 전달"된다고 파악하였다(《독립운동사자료집》 9, 25쪽). 또 대계도가 이끌던 自由黨의 남경당사에도 한인유학생을 위한

"예관의 집에는 매일 한어반과 영어반도 열렸다. 김규식이 영어를 가르쳤다. 그들은 여기서 한어나 영어를 배워 가지고 중국 대학이나 서양에 유학을 가려는 사람이었다", "예관집 2층방 한쪽 벽에는 태극기가 교차되어 있었다. … 애국가를 부르고 여자들의 독창도 있고 나서, 연회도 있었다. 모두 예관이 차린 것이었다", "1913년 경 예관댁은 상해 뿐만 아니라, 강남일대 조선인 망명객의 본거였다."15)

신규식은 1912년 4월 중순 상해에서 손문을 면담하였다. 그는 손문의 친절한 태도를 '동포에 대한 박애'로 받아들였다. 신규식은 손문이나 중국을 같은 동포로 인식하기까지 하였다.16) 이는 국권피탈 직후 한인의 중국에 대한 일반적인 인식을 대변하는 것으로 이해하여도 별무리는 없을 것이다. 이러한 관념은 일제하 한·중간의 국제연대를 지탱해준 동맥과도 같은 것이었지만, 때로는 중화관념과 뒤엉켜 한인독립운동을 제약하는 장애요인이 되기도 하였다.

신규식은 한·중 간의 국제연대를 통한 독립운동의 기반 조성이 선결과제이며, 이러한 유대의 토대 위에서 한인독립운동의 독자적인 행보도 가능할 것으로 판단하였다. 그의 구상은 한인청년의 중국교육기관 유학 주선으로 구체화되었다. "선생은 4명의 한국청년을 선발하여 운남강무당에 보냈으며, … 청년들과의 작별에 앞서, … 그대들은 모름지기 나라잃은 겨레를 위하여 힘껏 싸워야 할 사람들이다. 따라서 그대들 일개인의 광영은 즉 이천만 겨레의 광영인 것이다"고 당부하였다. 이범석·김종진·김홍일 등의 중국 군벌정권 군사학교 유학이나, 조동호·신성모·민필호·정환범 등의 각급 고등교육기관 진학은 그의 소개와 알선에 의해 성사되었다.17)

1910년대 중국혁명세력과 한인독립운동세력의 국제연대를 상징하는 단체로는 신아동제사가 대표적이다. 주요 인물은 신규식과 陳其美였다. 진기미의

중국어 강습반이 개설되었다(정원택, 〈지산외유일지〉, 366쪽).

15) 《이광수전집》 13, 211·212·329쪽. 이 시기 상해에 머물렀던 洪命熹에 의하면, 신규식이 의식조차 해결하기 어려운 처지의 신채호를 블라디보스톡에서 상해로 데려왔으며, "이때 예관이 상해 조선인 중의 주인격이었습니다"라고 회상하였다(홍명희, 〈상해시대의 단재〉, 《단재신채호전집》 하, 1982, 474쪽).

16) 배경한, 앞의 글, 53쪽.

17) 이에 대해서는 김준엽 편, 앞의 책, 72·291·292쪽.

조카로서, 중국 국민당 조직부장 등으로 활동하는 등, 국민당정부의 유력인물이었던 陳果夫의 "숙부는 조선인 某某 등과 비밀결사를 조직하였다. 이름하여 新亞同濟社였다. 오로지 조선독립을 위함이었다. 숙부는 이 결사의 감독이 되었고, 물질상·정신상 원조를 제공하였다. 이 일은 극히 비밀리에 진행되었고, 나도 단지 숙부가 말한 것을 들었을 뿐으로, 그 명칭도 알지 못하였다. 15년(1926년)에 이르러 비로소 조선친구들에게 탐문하여 알았다[18]"는 회상은 신아동제사가 진기미 등 중국혁명의 중심인물과 신규식을 비롯한 한인망명가들의 국제연대기구였음을 알 수 있게 한다.

신아동제사는 중국혁명동맹회의 세력이 강성하였던 1912년 말에서 이듬해 초 사이에 결성된 것으로 추정된다. 송교인·胡漢民·대계도·廖仲凱·진과부·吳鐵城·黃覺·黃介民 등이 참여한 것으로 알려진다.[19] 신규식과 중국혁명세력을 매개로 형성된 1910년대 한·중간의 연대는 이후 대한민국임시정부와 호법정부, 나아가 한인독립운동세력과 국민당정부 간 국제연대의 초석이 되었다.

이외에 조소앙 등은 1916년 인도·중국·대만·필리핀·월남·파키스탄 민족운동세력과의 반제연대 형성에 적극적이었다.[20] 이처럼 1910년대 중국관내지역 독립운동의 주안점은 중국을 비롯한 아시아 피압박민족운동세력과의 국제적 연대 구축에 있었다. 이는 제1차 세계대전 및 중국국민혁명 등을 통한 국제적 환경에 대한 자각과 근대 국제정치사 인식의 결과였으며, 해외독립운동의 기반 설정이라는 측면에서도 기여한 바 적지 않았다.

(3) 한인단체의 활동과 독립운동의 기반조성

가. 동제사의 결성과 조직기반의 마련

同濟社는 1912년 7월 4일 결성되었다. 신규식과 박은식이 주도적인 역할을 하였고, 신채호·조소앙·문일평·김규식·박찬익·조성환·신건식·민필호·

18) 陳孝儀 主編, 《陳英士先生紀念集》(臺北, 1977), 128~129쪽.
莫永明·范然, 《陳英士紀年》(南京大學出版社, 1991), 202쪽 재인용.
19) 민필호, 〈申圭植先生傳記〉(김준엽 편, 앞의 책), 302쪽.
20) 삼균학회 편, 《소앙선생문집》 하(횃불사, 1979), 489쪽.

신석우·한진산·정원택·여운형·선우혁·서병호·조동호·홍명희 등이 참여하였다. 총재(박은식)·이사장(신규식)·간사 및 사원으로 편제되었으며, 전성기의 회원이 300여 명을 헤아렸다고 한다. 주도인물의 면모로 미루어 보면, 이들은 시민적 민족주의·대동사상·개량적 사회주의를 추구한 것으로 추정된다. '同舟共濟'라는 명칭이 함축하듯이, 표면상으로는 동포들의 호조기관이라는 명분을 내세웠으나, 실제적인 의미에서는 국권회복을 전개했던 독립운동단체였다.[21]

동제사의 활동은 두 단계로 나누어 살펴보는 것이 이해에 보탬을 준다. 1910년대 전반기 상해와 남경의 한인유학생들은 대개 신규식의 주도하에 집단으로 숙식하였다. 당시 정황하에서 한인단체의 활동은 한인유학생을 돌보고 유학을 알선하는 일에 역점을 두었을 것이다. 동제사도 출범 당시에는 이 같은 현실상황을 반영한 상호부조의 성격이 강한 조직체였을 것으로 판단된다.[22] 박달학원의 운영을 통한 한인유학생에 대한 편의 제공 사실 등이 이같은 측면을 뒷받침한다.

1913년 초에서 이듬해 가을까지 상해에 있었던 鄭元澤의 일기에 근거하면, 동제사는 상해와 남경지역의 한인유학생을 주요 인적기반으로 하였다. 신규식·김규식·홍명희·정인보·문일평 등이 빈번히 왕래하며 양 지역의 유학생을 지도하였다. 또 이들은 동제사 총회 및 창립기념식, 박달학원 개학식, 홍범식·안중근 의사 추도회 등을 개최하였다.[23] 이를 통해 단원의 조직화가 이루어졌고, 동제사의 성격도 상호부조적 차원을 넘어 점차 반일 민족주의운동단체로서의 성향이 강화되어 갔을 것이다.

동제사를 '혁명당'으로, 사원을 '당원'으로 부르기도 하였다는 사실은[24] 당

---

21) 이에 대해서는 김희곤, 〈同濟社와 상해지역 독립운동의 태동〉(《중국관내 한국독립운동단체연구》, 지식산업사, 1995)이 대표적이다. 동제사는 共濟社·同舟社라는 명칭으로도 나타난다.

22) 배경한, 앞의 글, 61~63·65쪽에서는 "동제사의 결성 초기 임무와 활동은 신규식·박은식 등의 지도 아래 공동생활을 하던 한인유학생의 조직이었고, 실제로는 유학의 알선이나 편의 제공, 어학공부 등을 목표로 하였으며, 이를 통해 독립운동의 기반을 주선하는 일을 하였다고 생각된다"고 평가하였다.

23) 정원택, 〈지산외유일지〉(앞의 책), 369~380쪽.

24) 독립운동사편찬위원회 편, 《독립운동사》 4(1972), 112쪽.

시 중국혁명의 영향을 반증하는 것이기도 하지만, 일면 반일독립운동단체로서의 정치적 성격이 강화되어 갔음을 말해준다.

아울러 중국 각지와 구미·일본에 分社를 두었으며,《新韓民報》·《國民報》 등 미주 한인사회의 신문을 安東縣(지금의 丹東市)을 경유하여 국내로 반입하였다.[25] 이는 동제사가 해외 한인사회의 중간연락기관 뿐만 아니라 반일운동단체로 기능하였음을 시사한다. 동제사의 중간연락기관 설치와 활동을 전하는 기록이 있다. 1917년 미국에서 상해에 온 張建相은 "동제사에서는 조국광복에 전력을 기울이게 되었다. 만주 안동현에 자리잡고 본국으로부터 망명하는 인사들에 대하여, 나는 길을 안내하는 역할을 하였다"[26]고 증언하였다.

1916년 9월에 작성된 일제자료는 "본국 및 외국 각 요지를 통하여 비밀결사를 만든 바, 일본에도 또한 그 지사가 있으며, 이에 가입하는 자는 모두가 비밀을 맹약하고 각지에 각각 사장 및 간사를 두어 암호를 써서 서로 왕복하고 있으므로, 가장 위험한 분자이다는 등의 정보도 있다"고[27] 분석하였다. 이는 1916년 중반 무렵 동제사가 독립운동단체로서의 성격이 강하였음을 의미한다. 정원택의 기록 등으로 미루어 보면, 한인유학생 지원 등 상호부조기구로 출발한 동제사는 제1차 세계대전 발발 등 환경변화에 직면하면서, 독립운동단체로서의 성격이 강화되어 간 것으로 유추된다.

이와 함께 동제사는 중국혁명세력의 한인독립운동에 대한 관심을 촉구하고, 그들의 지원을 확보하는 한·중연대의 창구로도 활용되었을 것으로 판단된다.[28] 그리고 신아동제사는 동제사의 조직을 기반으로 결성된 한·중 양국 혁명운동의 효시적인 호조기관으로 평가된다.[29] 이외에 1915년에는 신규식·

25) 대한민국국회도서관 편,《한국민족운동사료 : 중국편》(1976), 3쪽.
경상북도경찰부,《高等警察要史》(1934), 85쪽.

26) 장건상 외,《사실의 전부를 기술한다》(희망출판사, 1966), 413쪽.

27) 독립운동사편찬위원회 편,《독립운동사자료집》 9, 23쪽.

28) 신승하, 앞의 글, 618쪽.

29) 김희곤, 앞의 글, 55쪽. 이와 더불어 배경한은 동제사를 1910년대 초반 한인유학생의 공동생활 내지는 편의제공 기구로 전제하고, 신아동제사를 "이러한 한인의 활동을 보장하기 위한 일종의 外衛組織으로서", "일제하 한·중연대조직의 출발점이 되었다"고 평가하였다(배경한, 앞의 글, 65쪽). 그리고 민필호는 신아동제사를 "중국대륙에서 처음 생긴 韓中親善 기구였다"고 기술하였다(민필호, 〈대한민국임시정부와 나〉, 김준엽 편, 앞의 책, 71쪽).

박은식 등을 중심으로 한 大同輔國團이 조직되었는데, 본부는 프랑스조계 明德里에 소재하였다. 이들은 시베리아·간도지역의 한인들과 연락하는 동시에, 韓鎭敎·鮮于赫 등 국내인물들과 연계하여 세력확대에 노력하였다.[30]

나. 민족교육기관의 설립과 인재양성 활동

1910년대 상해지역 한인사회의 교육기관으로는 博達學院과 仁成學校가 대표적이다. 박달학원은 1913년 12월 17일 개교하였으며, 중국 혹은 유럽·미국지역 대학의 진학을 희망하는 한인유학생의 외국어 실력 향상을 돕기 위한 예비교육기관이었다. 운영은 신규식이 주도하였으며, 소재지는 프랑스조계였다. 동제사의 부설기구 성격을 띠었다. 박은식·신채호·홍명희·문일평·조소앙·조성환 등과 중국인 農竹과 미국 국적의 화교 毛大衛 등이 교사로 참여하였다. 교육기간은 1년 6개월이었으며, 영어·중국어·지리·역사·수학 등을 가르쳤다. 세 차례에 걸쳐 100여 명 이상의 학생을 배출하였다.[31]

한편 한인사회가 안정되고 가족을 동반한 이주민의 수효가 증가함에 따라, 이주민 자제의 교육문제가 과제로 대두되었다. 언어장애로 중국인 학교에 보낼 수도 없었고, 더더욱 일본인 학교에 보낼 수는 없는 노릇이었다. 한편 자력에 의한 교육기관 설립 노력은 1916년 가을 인성학교의 개교로 실현되었다. 여운형·선우혁·한진교·김철 등은 교민교육기관의 설립을 결의하고, 1916년 가을 上海韓人基督敎小學校를 개교하였다. 4명의 학생으로 출발한 이 학교는 이듬해 가을 2월 공공조계 昆明路 載福里 75호로 이전하여 인성학교로 개명하였다. 재정적 기반이 취약하여 경영상의 어려움이 컸으며, 1918년 10월에는 공공조계 소재 미국인 운영의 明强中學내로 이전하였다.[32]

각국의 문화와 풍습이 혼재되어 있는 국제도시 상해에서, 반일독립의 민족주체적인 교육이 실시되어야 한다는 공감대의 형성은 당연한 일이었다. "교

30) 국회도서관, 《한국민족운동사료 : 중국편》(1976), 17쪽.
31) 민필호, 〈예관신규식선생전기〉(김준엽 편, 앞의 책), 71쪽.
정원택, 〈지산외유일지〉(앞의 책), 376쪽.
독립운동사편찬위원회 편, 《독립운동사자료집》 9, 24쪽.
32) 유준기, 〈대한민국임시정부의 교육·문화·홍보활동〉(《한민족독립운동사》 7, 1990), 103~104쪽.

육은 우리민족의 생명이다. 교육이 있어야 살고 교육이 없으면 죽을 것이다", "장래 우리민족 흥왕의 길은 오직 교육에 있다"[33]는 신념은 인성학교 설립의 밑받침이 되었다. 교육내용은 국어·국사·지리에 역점을 두었고, 일본어는 사용이 금지되었다. 이와 함께 영어·한문·산술·이과·手工 등이 교육되었다. 상해고려교민친목회 설립 후에는 이 친목회 교육부 소관이 되었고, 임정수립 후에는 상해한인교민단에 의해 운영되었다. 1920년 가을학기에는 입학희망 학생이 40여 명에 이를 정도로 발전하였다.

다. 신한혁명당과 입헌군주론의 제기

1914년 7월 제1차 세계대전의 발발은 한인독립운동의 국제환경에 큰 변화를 초래하였다. 11월 일본은 독일에 선전을 포고하고, 독일의 조차지인 靑島를 점령하였다. 북경 袁世凱政權의 친일정책과 일본의 21개 조 요구는 중국민들의 반일운동을 자극하였다. 한인세력은 이러한 국제관계를 독립운동의 호기로 파악하였다. 일부 한인은 독일의 승리를 확신하고, 중국과 독일의 연합으로 일본이 패배하리라는 기대섞인 전망을 하였다. 新韓革命黨의 결성과 독립운동의 최고기관 수립 시도는 이같은 정황을 배경으로 하였다.

신한혁명당은 成樂馨 등에 의해 1914년 말 상해에서 결성되어, 러시아정부의 탄압을 피해 이동해 온 이상설을 중심으로 이듬해 3월 경 조직의 정비를 마쳤다. 이들은 대열강 외교활동을 통한 독립운동노선, 국내외 독립운동세력과의 연계, 무장투쟁노선 등을 활동목표로 설정하였다. 본부장(李相卨)·재무(李春日)·교통(柳東說)·외교(성낙형)·감독(박은식) 등의 부서를 갖추고, 상해(지역책임자 ; 신규식)·漢口·심양·장춘(李東輝)·안동·延吉(李同春) 및 서울·원산·평양·회령(朴定來)·나남(姜載厚)에 지부를 설치하였다.

신한혁명당의 활동은 대한제국의 망명정부 수립이었다. 이들은 광무황제를 당수로 추대하였고, 성낙형이 국내에 파견되었다. 그의 임무는 황제를 뵙고 중국정부를 상대로 한 〈中韓宜防條約〉 체결의 위임장을 받아오는 일이었다. 신한혁명당은 광무황제에게 올리는 문서에서, 독립쟁취를 위해서는 국내외세력 간의 협조가 필요하다고 전제하고, "국내에서의 실력은 동지의 단체로 하

33) 국회도서관, 《한국민족운동사료 : 중국편》(1976), 274쪽.

되, 단체란 비밀무형 중에 공고한 정부이며, 정부의 조직 방법은 해외운동자의 책임이고, 이는 곧 대세를 관찰하는 인망을 규합할 조직의 요건"이라고 지적하였다. 이는 망명정부의 조직을 제안하는 것이었다.

이상설 등은 북경으로 활동무대를 옮겼고, 조성환은 서간도로 출발하였다. 이들의 구상은 독일정부의 보증하에 북경정부와 한국망명정부 간의 군사동맹을 체결하고, 장래의 독립전쟁에 대비하는 것이었다. 구체적인 내용은 한국혁명 발발 시 중국과 독일이 이를 지원하며, 혁명성공 후 중국 및 독일은 한국의 내정에 간섭하지 않는다. 독일의 지원은 국채로 30년에 걸쳐 상환하며, 중국에게는 세관·철도사업상의 이권을 부여한다는 것 등이었다.

이들의 국제정세 분석은 대체로 다음과 같았다. 즉 독일은 유럽전에서 승리한 다음, 일본에 빼앗긴 청도를 회복하기 위하여 중국으로 진출할 것이며, 이로 인해 일본의 고립화가 초래될 것이다. 러시아는 러일전쟁 패배 이후 시베리아 철도를 완성하였고, 이를 바탕으로 내몽고를 점령하려 할 것이다. 그러므로 중국은 미국과 동맹하고 독일과는 간접동맹체제를 갖추고 미국과 독일은 연합군을 편성하여 동해를 봉쇄한 후, 러시아로 하여금 극동의 주인으로서 역할하도록 만들 것이다.

이에 따라 중국은 러시아와 연방조약을 체결하게 될 것이며, 이러한 국제연대 위에서 러시아는 연길지역으로부터 회령으로 침입하고, 중국은 營口를 방어하고 山海關支線 및 奉天支線 철도를 단절한다. 미국과 독일은 해양으로 진입하며, 영국은 비록 일본의 동맹국일지라도 중립을 지킬 것이다. 결국 각국의 연합체제가 구축되고, 일본은 고립화되어 일본의 패배가 분명해질 것이다. 이러한 기회를 이용하여, 각국과 연합하여 독립쟁취의 길을 모색코자 한 것이 신한혁명당의 국제정세 판단에 근거한 독립운동 계획이었다. 이같은 판단 위에서 "자유국민의 자격을 얻기 위해서는 外援內應의 힘이 필요하며", 이는 "在外者와 在內者가 함께 기회를 포착하여 협조체제를 이룸으로써 성공할 수 있다"는 인식에 이르게 되었고, 국내외 독립운동세력의 연계 추진이 시도되었던 것이다.

이들은 만주·시베리아·미주지방을 통할하여 단일부대를 편성하고, 이를 근거로 국내진공을 계획하였다. 즉 중국과 독일이 연합하여 일본을 공격할 경우, 미국·영국·러시아도 이를 원조할 것이다. 이때 독립군부대가 일본군의 운송로를 차단함으로써, 일본군을 패배시키고 독립을 쟁취할 수 있으리라는 기대감을 갖고 있었다.

그러나 이해 5월 중국이 21개 조를 수락함에 따라, 중일개전의 기대감은 무산되었고, 전황도 독일의 패전과 일본의 연합국 합류 국면으로 진전되었다. 설상가상으로 7월이래 성낙형이 체포되고 국내조직이 붕괴됨에 따라 이들의 제1차 세계대전의 국제정세를 이용한 외교활동 노력은 좌절되었다. 이처럼 이들은 중국·독일 등의 지원을 통해 독립전쟁의 기반을 마련한 토대위에, 만주와 노령의 독립전쟁 역량을 결합시키려 하였다. 광무황제를 최고 지도자로 하는 망명정부의 수립 구상은 독립운동의 국제적 지위를 확보하려한 의도와 함께, 연대 상대인 중국·독일의 帝政體制가 고려된 결과로 이해된다.[34)]

신규식 중심의 상해지역 공화주의세력과 이상설 등 만주·노령지역 입헌군주제를 선호하는 인물의 연합을 의미하는 신한혁명당의 활동은 몇 가지 점에서 시사하는 바가 적지 않다. 먼저 노령·북간도·미주지역과 상해·북경 등지를 무대로 활동하던 해외독립운동세력이 연계하는 한편, 국내조직과의 연결을 시도한 사실은 독립운동진영의 통일과 단결에 대한 공감대를 반영하는 것으로써, 이는 1917년의 〈大同團結宣言〉으로 이어지게 되는 것이다.

이들의 시도는 1910년대 국제정세 및 중국정세에 대한 판단의 미숙성을 드러낸 것이었지만, 일면 국제환경에 대한 적극적인 인식과 독립지상의 기회 포착 의지를 엿볼 수 있게 한다. 1913년 3월 원세개정부에 의한 송교인암살 및 혁명파 탄압은 중국혁명파에 의한 공화주의정부 수립 가능성을 반감시킨 반면에, 원세개에 의한 제정의 수립 가능성을 증폭시켰을 것이다. 신한혁명당의 활동에는 이러한 중국혁명에 대한 우려와 기대감이 함께 반영되어 있었다. 당시 상해 한인사회의 경우, 중국혁명세력의 원세개 토벌운동에 대한 반응이 통일된 것은 아니었으며, 상당수의 한인들은 적극적인 지지를 유보하

34) 신한혁명당에 대해서는 다음의 글이 참조된다.
강영심, 〈신한혁명당의 결성과 활동〉(《한국독립운동사연구》 2, 1988).
윤병석, 〈대한광복군정부의 건립〉(《증보 이상설전》, 일조각, 1998).

고 신중한 입장을 견지하였다.35)

신한혁명당의 존재는 중국혁명세력과의 한·중연대 형성이 한인독립운동의 국제적 기반 조성에 유리하다는 판단의 연장선상에서, 혁명파 이외 여타 중국정치세력과의 연대에도 적극적인 입장이었음을 알려주는 사실이었다. 즉 한국독립운동을 중심가치로 설정한 관점에서 비롯된 주체적인 국제연대의 한 표현으로 평가될 수 있을 것이다.

라. 대동단결선언과 임시정부수립 지향

〈대동단결선언〉은 1917년 7월에 발표되었다. 발기인 14명은 신규식(申檉)·조소앙(趙鏞殷)·신석우(申獻民)·박용만·한진교(韓震)·홍명희(洪煒)·박은식·신채호·윤세복·조성환(曹煜)·朴基駿·申斌·김규식(金成)·李逸(李龍爀)로 밝혀졌다. 발기인은 대체로 대종교·동제사·신한혁명당과 관계가 깊은 인물들이었다. 선언의 요지는 민족통일기구 결성과 임시정부 수립이었다. 작성자는 조소앙으로 알려지며, 선언의 중요성과 제안의 절차 등을 고려하면 신규식·박은식·신채호·박용만 등의 비중이 컸을 것으로 추정된다.

선언의 배경으로는 당시 국제환경에 대한 평가 측면을 살펴볼 수 있다. 1916년 북경정부의 붕괴와 호법정부의 득세, 1917년 2월의 러시아혁명 발발과 핀란드·폴란드 등 피식민지국가의 해방, 미국의 대독 선전포고와 독일의 패전 전망 등은 한인독립운동세력으로 하여금 '신한혁명당식' 국제외교 방안에서 일전하여, 독립운동의 활로를 개척해야 할 필요성을 자각케 하였다. 이러한 국제정세의 변화와 함께, 독립운동진영의 상황도 새로운 전환의 필요성이 점증되고 있었다. 권업회·대한광복군정부·간민회·부민단 등 국외독립운동단체들이 해산되었으며, 신한혁명당에 의한 망명정부 수립 시도가 무산되는 등의 상황은 독립운동계의 분발과 재편성을 요구하였다. 이러한 내외의 요구에 호응한 독립운동세력의 임시정부 수립 노력이 〈대동단결선언〉으로 구체화되었던 것이다.

선언의 주요 내용을 살펴보면, 먼저 "합하면 설 수 있고, 나뉘면 넘어지는 것은 天道의 원리이며, 나누어짐이 오래되면 합하고자 하는 것이 인정의 律

35) 배경한, 앞의 글, 50~51쪽.

몸이다", "대합동을 요구함이 자연의 의무요, 총단결을 주장함이 당연한 권리이다"라고 대동단결의 필연성을 전제하였다. 그리고 "융희황제가 三寶를 포기한 8월 29일은 우리 동지가 삼보를 계승한 날"로서, 皇帝權이 소멸한 때가 곧 民權이 발생한 날이며, 대한제국 최후의 날이 신한국이 처음 시작되는 날이라고 하였다. 그리하여 민권의 대동단결체로서 독립운동세력의 통일전선 결성을 제안하였다. "국가 상속의 대의를 선포하여, 해외동지의 총단결을 주장하며, 국가적 행동의 進級的 활동을 표방하며", "첫 번째의 통일기관은 두 번째 통일국가의 연원이 되고, 두 번째 국가적 과제는 결국 원만한 국가의 전신이 되는 것이다"라고 규정함으로써, 독립운동의 구심체로서 통일기관의 건설이 민족통일국가 수립의 출발점이 되는 것으로 평가하였다.

선언의 요지를 살펴보면, 융희황제의 주권 포기를 단정함으로써 조선왕실의 존재를 신국가 건설의 도정에서 배제하였다. 이는 신한혁명당 등에 의해 견지되었던 입헌군주제 노선을 종결시키고 국민주권 노선으로 나아갔다는 의미가 있다. 그리고 대안으로서 독립을 위한 전단계로 임시정부와 같은 조직을 만들어야 하고, 이를 위한 통일기구를 구성하자는 것이었다.

그런데 이 선언에서 표방된 국민주권론은 구한말 전래된 이래 공화주의 이념의 전거로 역할해 왔다. 하지만 이 논리가 서양의 천부인권설이나 사회계약설에 입각하였던 데 반해, 대동단결선언에서의 국민주권론은 "민족사적 정통을 의식한 논리"로 전개되었다는 점에 그 특징이 있다.

강령은 해외 각 지역의 단체를 하나로 통일하여, 유일무이한 최고기관을 조직한다. 중앙 총본부를 설치하여 한민족 전체를 통치하며, 각지 지부로 관할구역을 정한다. 헌법을 제정하여 민의에 부합하는 법치주의를 실행한다. 독립·평등의 신성한 통치권을 주장함으로써, 일제의 민족동화와 자치 유혹을 방지·제거한다. 국민외교를 전개한다. 민족통일기구의 존립을 뒷받침하기 위해 동지들 간의 애정을 수양한다. 각 단체대표 및 지도적 인물의 회의에서 실천방법을 결정한다는 내용이었다.

이는 민족대회의 혹은 임시의정원의 조직, 거류민단 혹은 연통제의 조직을 통한 통치체제 구축, 공화제 헌법의 제정과 법치주의 시행, 국내의 친일경향 대두와 독립의지 퇴조에 대한 대책 등을 제시한 것이었다. 이들은 국권피탈 이후 국내정황을 지적하여 "반일반한의 괴물이 날로 증가하여" 동화와 자치의 논리를 내세우며 그 선봉이 되고 있다고 우려하였다. 이러한 점에서 임시정부 수립론은 독립운동의 이론적 결집과 계몽적 측면에서도 중대한 영향을 끼쳤다고 하겠다.

선언서는 블라디보스톡·니콜리스크·하와이·샌프란시스코와 만주·북경·상해 등지 독립운동세력에게 송달되었으며, 발송지는 상해였던 것으로 추정된다. 현재 이 선언서의 수령자로는 미주의 안창호와 블라디보스톡《한인신보》총무였던 金秉治만이 확인된다.

이 선언에서 강조되는 '大同'이라 함은 동양의 전통적인 가족제도·사유재산제·남녀차별·직업상의 귀천·계급제도와 인종차별·국가간의 불평등 등을 배격하고, 완전 평등의 이상세계를 이룩하자는 의미로 이해된다. 1909년 박은식이 康有爲와 梁啓超의 영향하에 大同敎를 창건한 바 있었고, 1913년 조소앙의 주도하에 결성된 한·중 연대단체인 아시아民族反日大同黨의 존재나 1915년의 大同輔國團 등은 대동사상이 이 시기 한인독립운동의 흐름에 적지않은 영향을 끼쳤음을 알려준다. 즉 1910년대 대동적 평등사상이 조소앙 등에 의해 집약 논리화된 것이 이 선언이며, 이후 조소앙의 三均主義 이념이나 민족사회주의 사상의 모태가 된 것으로 평가된다.

그리고 이 선언에서 역설한 임시정부 수립론은 1910년대 초반 미주 한인사회 일각에서 제기된 '無形國家論'을 비롯한 임시정부 수립의 열망을 반영한 것으로도 이해되며, 제1차 세계대전의 국제정세 변화를 주시하며 공화정체의 국민국가를 건설하려 한 점에서 그 의미가 크다. 아울러 임시정부 수립을 위한 선행단계로 제안한 민족대회의 소집 제안 또한 1919년 3·1운동 시 국내외에서 시도된 임시정부 수립운동의 모태가 되었다고 하겠다.[36)]

마. 신한청년당과 공화주의 노선의 정립

제1차 세계대전이 종결됨에 따라, 한인세력은 국제정세 변화에 대한 대응

36) 대동단결선언에 대한 연구성과로는 조동걸, <임시정부 수립을 위한 1917년의 '대동단결선언'>(《한국민족주의의 성립과 독립운동사연구》, 지식산업사, 1989) 이 대표적이다.

을 적극화하고, 독립운동진영의 정비를 꾀하였다. 1917년 8월 萬國社會黨大會 개최시, 신규식·조소앙 등은 '朝鮮社會黨' 명의로 전문을 발송하여, 모든 민족의 정치적 균등, 국제정의의 실현, 피압박민족의 원상복귀, 국제적인 한국독립의 실현 등을 의제에 반영토록 요구한 바 있었다. 동제사 회원을 중심으로 한 청년지사들은 1918년 여름부터 정기적인 모임을 갖고, 독립운동의 진로 설정에 몰두하였다. 이들은 세계대전의 종결을 새로운 기회의 도래로 파악하고, 외교활동을 통한 독립운동노선을 채택하였다. 일본이 전승국으로서 국제적 영향력이 증대된 사실은 한인들로 하여금 외교활동 중심의 독립운동노선을 선호하게 만들었다.

특히 "민족자결주의가 이제는 세계적 풍조이므로, 이 기회에 독립운동을 하면 반드시 목적을 달성할 수 있으므로 … 소리를 크게 하여 한국인이 독립을 욕구하는 의사를 표시하지 않으면 안된다"[37]는 기대감을 확산시켰다. "민족자결주의가 피압박 민족에 대해서는 해방을 강조한 것이므로, 약소민족에게는 절호의 기회이다"[38]라는 윌슨의 특사 크레인(Charles R. Crane)의 공언은 열강외교를 통한 가능성에의 기대감을 고조시켰다. 여운형 등은 파리강화회의를 기회로 독립운동을 일으키고, 민족자결주의 원칙을 승전국의 식민지에도 적용토록 유도한다는 방침을 정하였다. 국제정세의 변화를 독립운동에 유리하게 활용한다는 판단에 이르렀던 것이다. 이같은 제1차 세계대전 종결 후 국제정세 인식이 신한청년당 결성의 주요한 계기가 되었다.

신한청년당은 1918년 8월 무렵에 결성되었다.[39] 여운형이 대표 겸 총무로 초기 활동을 관장하였고, 김규식·김철·서병호·선우혁·조동호·장덕수·한진교 등이 주요 참여인물이었다. 대다수의 당원이 동제사 회원이었고, 같은 시기에 출범한 상해고려교민친목회와도 긴밀한 관계를 가졌다. 조직으로는 서무부·교제부·재무부가 있었고, 나중에 토론부·체육부·출판부 등이 증설된 것 같다. 당원들은 신민회계열의 공화주의 및 기독교도가 주류를 이

---

37) 국회도서관, 《한국민족운동사료 : 중국편》(1976), 21쪽.
38) 이만규, 《여운형투쟁사》(총문각, 1946), 21쪽.
39) 대체로 8월에 조직되어, 11월 하순에 이르러 조직의 정비가 이루어진 것으로 이해된다.

루었고, 3·1운동 이후 회원수가 50여 명을 상회하였다. "조국독립을 위하여 죽음을 맹세하는" 단원으로 구성된 소수정예주의를 표방하였다.

결성 취지문에서는 "우리 사업의 시초는 독립을 완성함에 있도다. … 그러나 독립의 완성이 우리 목적의 전체라 말하지 말지어다. 이는 오직 우리 사업의 시작이니, 우리에게는 독립 이상의 중요한 사업이 있도다. … 우리민족을 근본적으로 개조하여 선하고 정대하고 충실하고 정직하고 애국심 있고 박애심 있고 고달한 이상을 포부하는 신대한 민족을 이루어야 하나니라. … 마침내 단군의 피에서 나온 신문화가 전인류에게 위대한 행복을 주기에 이르기를 기할지니라"라고 선언하였다.

당헌에서는 인류문화의 증진과 평등·자유·순결·박애의 실현을 목적으로 설정하였다. 당강에서는 "대한국 독립의 완성을 기도함. 내외 신구사상을 취사융합하여 건전한 국민사상의 기초를 확정하며 학술과 기예를 장려하여 세계문화에 공헌하며 아울러 사회 각항 제도를 개량하여 대세에 순응케 함. 세계대동주의의 실현에 노력함"을 표방하였다. 새로운 민주공화국의 수립, 사회제도의 개혁, 국제강권주의와 제국주의 반대, 평등과 평화에 입각한 인류사회 건설을 표방함으로써, 이념적 기반이 민족주의·민주주의·공화주의·사회개혁주의·국제평화주의 등에 토대함을 알려준다.

주요 활동은 파리강화회의와 윌슨 미국대통령을 상대로 한 독립청원이었다. '신한청년당 대표 여운형' 명의로 1918년 11월 28일 작성된 〈독립청원서〉의 내용은 다음과 같았다. 먼저 크레인을 통해 윌슨에게 보낸 문서는, 한국이 고대로부터 일본에 선진문명을 전해준 문명국이었으나, 일본의 침략으로 인해 정신적·정치적·경제적 방면에서 억압받고 있음을 폭로하며, 미국의 원조를 요청하였다. 강화회의 제출 문서에서는, 일본의 한국침략 과정과 한국민의 저항, 일제 식민지배하 한국민의 참상 등을 밝힌 다음, 합병조약의 무효 선언과 한국문제 토의를 요구하였다.

파리강화회의는 1919년 1월 12일부터 6월 28일까지 열렸다. 김규식은 1919년 2월 1일 상해를 출발, 3월 13일 파리에 도착하였다. 샤토당街 38번지에 '평화회의 한국민 대표관'을 설치하였고, 이어서 헐버트(Homer B. Hulbert)·李灌鎔·金復·黃玘煥·조소앙·여운홍 등이 합류하였다. 이들의 임무는 각국 대표로부터 한국에 대한 동정과 지지 확보, 일제 무단통치하 한국사정 폭로, 일본의 중국·몽고·필리핀·인도 등에 대한 침략야욕 폭로, 극동문제에 있어서 한국의 지리적·전략적 중요성 홍보, 유력한 언론기관의 협조를 통한 한국에 대한 동정적 여론 조성, 파리·런던·샌프란시스코 등지의 홍보관 설치, 한국해방에 대한 정식 청원서 제출 등이었다.

대표단은 5월 10일 평화회의측에 한국민의 주장을 알리는 성명서를 제출하였고, 그 사본을 각국 원수와 국회·정부 및 주요 정치가·언론기관 등에 발송하였다. 대한민국임시정부 수립 후 김규식과 이관용은 '평화회의 대한민국위원 겸 파리위원'의 자격으로 활동하였다.

이와 함께 국내외 각지에도 대표를 파견하여 파리강화회의 대표의 활동자금 모금과 독립운동의 적극화를 도모하였다. 선우혁·김철·서병호·김순애·장덕수·백남규·여운형 등은 국내와 동경·만주·노령 등지에서 당지 독립운동세력을 상대로 반일운동의 실행을 촉구하였다. 이들은 신한청년당 대표의 파리강화회의 파견사실을 통보하며, 이를 뒷받침하는 거족적 반일운동의 전개를 독려하였다. 이같은 신한청년당의 밀사파견은 2·8독립운동과 3·1운동의 자극제로 작용하였다. 이후 신한청년당원들은 대한민국임시정부 수립을 주도적으로 준비하고, 임시의정원과 내각에 실무요원으로 참여하여, 수립 직후 임정의 중심세력으로 역할하였다.40)

지금까지 살핀 독립운동단체의 활동은 1910년대 중국 관내지역 독립운동의 질적 변화와 발전 과정을 보여주었다. 동제사와 신한혁명당의 결성과 활동 과정을 거치며, 한인세력은 복벽주의 및 입헌군주론적 인식을 극복해 갔다. 이들은 제1차 세계대전과 열강의 중국침략 추이를 주시하는 동시에, 중국 신해혁명의 참여를 통해 근대 민족운동의 이념적 지향에 대한 자각에 이르렀다. 그것은 시민민주주의에 입각한 공화주의 정치체제의 수립으로 요약될 수 있다. 또한 중국지역 독립운동의 환경조건을 반영하는 사실이기도 하지만, 한인들은 중국혁명의 성공을 한국의 독립과 불가분의 관계에 있는 것

---

40) 신한청년당의 활동에 대해서는 다음의 글이 참조된다.
신용하, 〈신한청년당의 독립운동〉(《한국근대민족운동사연구》, 일조각, 1988).
김희곤, 〈신한청년당의 독립운동과 임시정부 수립〉(앞의 책).

으로 평가하고, 기꺼이 중국혁명에 참가하였다. 이와 함께 신한혁명당의 창당과 활동 사실은 일면 국제정세 인식에 대한 미흡한 측면을 반영하기도 하지만, 제1차 세계대전의 국제적 역학관계를 이용하여 한국의 독립을 도모하였던 점에서 그 의미를 찾을 수 있다. 이는 독립운동세력이 특정한 국제노선이나 이념에 기울지 않고, 한국독립에 보탬이 되어야 한다는 실용성과 현실적 판단에 충실하였음을 알려준다.

그리하여 신한청년당의 단계에 이르면, 한인세력은 제1차 세계대전 이후 국제질서의 재편성 과정을 한국독립의 호기로 판단하고, 파리강화회의와 대미외교 등을 통한 외교활동의 강화 쪽으로 독립운동의 진로를 설정하게 되는 것이다. 대한민국임시정부의 초기활동이 외교활동 노선에 비중을 둔 사실도 이같은 1910년대 중국 관내지역 독립운동 흐름의 연장선상에서 이해될 수 있는 것이었다.

요컨대 1910년대 중국 관내지역에서 전개된 한인독립운동은 신해혁명으로 대표되는 중국근대사의 역동성과 제1차 세계대전으로 인한 국제질서의 변천이 주요한 배경으로 작용하였음을 알 수 있다. 이는 한인민족운동이 세계사적 흐름과 분리되어 존재할 수 없음을 알려주는 것이었다. 임정수립 직후 독립운동세력의 활동이 중국 군벌정권과 민국 혁명세력을 상대로 한 국제연대활동의 강화와 워싱턴회의 등 국제질서의 재편성 움직임에 능동적으로 내응하려는 노력 등으로 구체화된 사실은 1910년대 독립운동의 교훈에서 비롯된 결과라고 할 수 있겠다.

〈韓相禱〉

4) 미주

(1) 미주 한인사회의 형성과 한인단체의 결성과정

미주 한인사회는 1903년부터 1905년까지 약 7,200여 명의 한인이 하와이(Hawaii)로 '勞動移民'한 것을 계기로 형성되었다. 따라서 하와이 이민층은 농민·부두노동자·일용근로자·광부·머슴·하급관리·하급군졸 등 민중층이 대부분이었고, 지역적으로는 경기·평안·경상 지역 출신이 다수를 차지하였다. 이러한 계층구성 및 지역분포는 1901~1902년 당시 국내상황과 하와이 이민의 성격이 노동이민이었다는 점에서 연유한다. 1901~1902년 당시 국내는 전국적으로 가뭄과 대홍수·콜레라 등으로 인해 민중들의 기근과 사망이 속출하였다. 따라서 생존을 위협받던 민중들은 인천·원산·부산 등지에서 모집하던 이민대열에 응하였던 것이다.[1]

가. 하와이지역

1903년 1월 13일 한인들은 하와이 호놀룰루(Honolulu) 와일루아(Waialua) 사탕농장에 배속된 것을 시작으로 개간·김매기·관개사업·사탕수수베기 등 하루 12시간씩 가혹한 중노동에 투입되었다. 이러한 하와이 사탕농장의 과다한 노동력 착취와 반노예적인 노동조건으로 말미암아 1910년까지 45명의 한인이 사망하였으며, 504명은 다시 한국으로 되돌아갔다.[2] 그러나 하와이에 재류할 수밖에 없던 한인들은 가혹한 사역에서 벗어나기 위해 각 농장 단위별로 자치회를 구성하기 시작하였다. 1903년 8월 하와이 호놀룰루에서 洪承夏·尹炳求·李交倓·林蚩正·安定洙·林炯住·朴允燮·文鴻錫 등이 '同族團結·民智啓發·國政刷新'을 목적으로 최초의 정치단체인 新民會를 창립하자, 이후 한인들은 각 지방별로 洞會를 조직하여 친목 유지와 同族相愛에 주력하였다.[3]

1904년 2월 일제는 러일전쟁 도발 직후 〈韓日議定書〉 체결을 강제하여 한국을 식민지화하였다. 이어 일제는 4월 8일 〈한국보호권 확립의 건〉을 통해

---

1) 한인의 미주이민배경과 추진과정에 대해서는 金度勳, 〈韓末 韓人의 美洲移民과 民族運動〉(《國史館論叢》 83, 국사편찬위원회, 1999), 79~87쪽.

2) 金元容, 《在美韓人五十年史》(캘리포니아 리들리, 1959), 8쪽에는 1910년 大韓人國民會에서 조사한 인구통계를 근거로 하와이 총이민자 7,226명 중 귀국자는 983명, 미 본토 이주자는 2,011명, 사망자는 45명으로 하와이에 재류한 한인은 4,187명이라고 하였다. 그러나 盧載淵, 《在美韓人史略》(로스앤젤레스, 1963 : 국가보훈처, 《獨立運動史資料集》 8집에 수록), 458쪽에 보면 이 중 479인은 하와이 도착시 부적격자로 판정되어 다시 한국으로 환송되었다 한다. 따라서 하와이 이주 후 거주자는 총 6,747명이며, 귀국한 사람은 504명이 된다.

3) 金度勳, 〈大韓帝國期 韓人의 渡美經緯와 在美韓人團體의 形成過程〉(《北岳論叢》 12, 국민대, 1994), 14~16쪽.

한국의 외교를 직접 담당하여 한국이 외국과 조약 체결을 못하도록 하고, 해외 한인을 일본의 감독·통제하에 둘 것을 결정하였다. 이는 일제가 러시아를 비롯한 구미 열강으로부터 한국에 대한 독점 지배권을 승인·보장받음과 동시에 해외 한인들마저 일제 臣民으로 편입시켜 사전에 항일운동을 봉쇄하려는 정책이었다.[4] 이러한 일제의 해외 한인 통치의도를 간파한 하와이 한인들은 한인사회 보호를 위해 1905년 1월 대한제국정부에 영사관 설치를 요구하였다. 이 일을 계기로 일제는 대한제국정부에 압력을 가해 호놀룰루 주재 일본총영사를 대한제국 명예총영사로 위임하는 등 하와이 한인사회를 지배하기 위한 의도를 표출시켰다. 이에 분노한 한인들은 일본 영사의 감독을 거부하면서 5월 3일 하와이 오하우(Ohau)지방 에와(Ewa)농장에서 尹炳求·鄭元命·金聲權·姜永韶·金圭爕·이만춘 등이 에와친목회를 조직하고 日貨排斥 등 항일운동을 전개하였다. 또한 8월에는 하와이 한인들이 總代 李東鎬를 국내로 파견하여 外部에 영사 파견을 요청하였으나 을사조약으로 말미암아 수포로 돌아갔다.[5]

1905년 11월 을사조약이 강제 체결되자, 일제는 샌프란시스코(San Francisco)에 주재한 주미 한국공사관을 철폐하고 1906년 2월 주미 대리공사 金潤晶을 소환하였다.[6] 또한 일제는 대한제국정부에 압력을 가해 "해외 한인은 어느 곳에 있던지 일본 영사의 보호를 받으라"고 명함으로써 사실상 해외 한인에 대한 일제의 통치권을 행사하려 하였다. 이에 에와친목회는 미 본토의 共立協會와 더불어 '在美韓人共同大會'를 개최하고 한국정부에 〈排日決議文〉을 발송하는 등 항일운동을 본격화하였다. 이때부터 하와이 한인사회에서는 국권회복운동을 표방한 단체가 연이어 조직되었다. 1906년 3월 10일 하와이 오하우지방 와이파후(Waipahu)농장에서 安元奎·전도원·정상교 등이 患難相救·일화배척을 목적으로 와이파후공동회를 조직하였으며, 5월 10일에는 하와이 올라(Olaa) 3마일(mile) 농장에서 申判錫·공덕화 등이 배일운동과 동족

4) 金度勳, 〈러일전쟁전후 일제의 조선침략과정〉(《殉國》, 1993년 1월호), 110~112쪽.

5) 김도훈, 앞의 글(1999), 92~93쪽.

6) 盧載淵, 앞의 책, 476쪽.
《共立新報》, 1906년 2월 13일, 〈公使徹歸〉.

상애를 목적으로 血誠團을 조직하였고, 한달 뒤인 6월 4일에는 카와이(Kawaii) 막가월리농장에서 송건·洪宗杓(후일 洪焉으로 개명)·高錫柱·李觀默·이형기 등이 실력양성과 교육장려를 표방하며 自强會를 결성하였다. 또한 12월 2일에는 하와이 호놀룰루에서 閔燦鎬·李來洙·林正洙·任準鎬 등이 共進會를 조직하였다. 하와이 한인사회의 항일단체 조직은 1907년에 들어서도 계속되었다. 1907년 2월 3일 하와이 하비농장에서 정병섭·편성원 등이 동족상애와 일화배척을 목적으로 老少同盟會를 조직하였으며, 이틀 뒤인 5일에는 마우이(Maui) 카일루아(Kailua)농장에서 김재규 등이 항일운동과 일화배척을 목적으로 義成會를 결성하였다.7)

1907년 7월 일제가 光武皇帝(高宗)를 강제 퇴위시키고 丁未條約을 강제 체결한 뒤 〈신문지법〉·〈보안법〉·〈軍隊解散令〉 등을 포고하자, 국내에서는 일제에 항거하는 의병전쟁이 전국적으로 전개되었다. 이러한 국내소식은 하와이 한인사회를 다시 격동시켰다. 1907년 7월 17일 마우이 가히기아농장에서 김건호 등이 대동단결·일화배척을 표방하며 國民團合會를 결성하였으며, 같은 해 7월 18일에는 하와이 파하월로농장에서 金成玉 등이 무예장려·항일운동을 주창하면서 新幹會를 조직하였다. 또한 7월 20일 하와이 힐로(Hilo) 지방에서 朴勝烈 등이 무예장려·실업장려·일화배척을 목적으로 實志會를 조직하였고, 22일에는 채극여·김봉기 등이 國民同盟會를 결성하였다. 그리고 8월 5일 마우이 하마구아 복구농장에서는 전백선·서성년 등이 인재양성과 일화배척을 목적으로 復興會를 조직하였고, 9월 3일에는 하와이 호놀룰루에서 金翊成·朴相夏·趙炳堯·최병현 등 성공회 교인들을 중심으로 대한제국 부흥운동과 교육장려를 목적으로 전흥협회를 조직하였다. 이외에도 하와이의 코나(Kona)·가파아(Kapaa)·하갈라우·호노카·파야·나와이·와일루아 등 7개 지방 동회에서도 항일운동·일화배척을 결의하면서 연이어 항일운동단체를 조직하였다.8)

---

7) 金元容, 앞의 책, 91~92·262·310쪽.
《共立新報》, 1906년 12월 7일, 〈布哇共進會〉·1907년 7월 12일, 雜報 〈共進會報 新刊〉.

8) 《共立新報》, 1907년 8월 9일, 雜報 〈국민동맹회〉·9월 20일, 잡보 〈전흥협회 취지서〉.

이처럼 하와이에서는 1907년 9월까지 항일운동과 동족상애를 목적으로 14개의 정치운동단체와 12개의 동회가 조직되어 한인사회 민족운동의 토대를 형성하였다. 그러나 하와이 한인인구 4,000여 명 중 활동회원이 약 800여 명인데 비해 20여 개 이상의 단체가 난립하는 것은 국권회복운동 수행에 많은 걸림돌로 인식되었다. 따라서 공진회·에와친목회 등 한인단체들은 "조국의 국권회복운동을 후원하고, 재류동포의 안녕을 보장하며 교육사업을 증진"하기 위해 분립된 단체를 통합하여 통일기관을 설립하고자 하였다.9)

1907년 9월 2일 각 지방 24개 단체 대표자 30명이 호놀룰루에서 합동발기대회를 개최하고 5일간의 회의 끝에 4개조의 합동결의안을 통과시킴으로써 하와이 한인의 통일적 정치운동기관인 韓人合成協會를 창립하였다. 한인합성협회는 10월 22일부터 기관지 《韓人合成新報》를 발행하고, 47개 지방에 지회를 설립하여 1,051명의 회원을 확보하는 등 하와이 한인사회의 구심체로 구국운동을 전개하였다.10)

나. 미 본토 지역

1903년 당시 미국 본토 한인들은 소수의 蔘商을 제외하고는 캘리포니아(California)지역에서 농장·철도역장·광산·어장에 종사하거나 음식점 助役·가정집 고용실이·세탁소·노동·행상 등으로 힘든 생활을 영위하였다. 따라서 한인들에게 가장 필요한 것은 친목 도모와 경제적 도움을 줄 단체 결성이었다. 그리하여 1903년 9월 23일 샌프란시스코[桑港]에서 安昌浩를 비롯한 李大爲·朴永淳·金成武·張景 등 9인이 미주한인단체의 효시인 親睦會를 조직하였다. 친목회는 1904년경부터 하와이에서 미 본토로 건너온 한인에게 취업알선을 통한 경제적 토대를 마련해 주는 등 노동주선소 역할을 수행하였다.

이러한 때 국내에서는 일제 침략이 노골화되자, 미주 한인들은 한인의 보호와 일제에 대항할 강력한 정치단체 출현을 요청하였다. 이에 따라 친목회

金元容, 위의 책, 54·92~94·261~262쪽.

9) 《공립신보》, 1908년 2월 12일, 잡보 〈하와이발달〉.

10) 《공립신보》, 1907년 9월 6일, 잡보 〈하와이소문〉·20일, 잡보 〈깃븐소식〉.

는 1905년 4월 5일 항일운동과 동족상애를 목적으로 미주 최초의 정치운동기관인 共立協會로 전환·창립되었으며, 12월 9일에는 캘리포니아주 파사디나(Pasadena)에서 張景·金美理士·金愚濟·李秉瑚·方四兼 등이 大同教育會를 창립하였다. 그후 1905년 11월 13일 고종의 특사로 미국에 파견된 헐버트(Homer B. Hulbert)가 공립협회를 방문하여 '을사조약' 체결을 서두르는 일제의 동태를 전달하였다. 이에 공립협회는 국권회복을 위한 체제를 강화하기 위해 '共立館'과 지회설립에 착수하여 1907년까지 미국 캘리포니아주 서해안 일대에 5개 지회를 조직하는 등 정치단체로서 위상을 강화하였다.

그러던 중, 1906년 2월 대한제국정부가 '해외 한인의 일본 영사 보호'를 선언하자, 공립협회에서는 하와이 에와친목회와 더불어 '재미한인공동대회'를 개최하고 한국정부에 〈배일결의문〉을 발송하였다. 그러나 일제의 미주 한인에 대한 지배의도는 1906년 4월 샌프란시스코 大震災 당시, 공립관이 全燒한 일을 계기로 다시 표출되었다. 즉 일제는 대한제국정부에서 공립협회로 보내는 의연금을 주미 일본영사로 하여금 分給하도록 함으로써 미주 한인의 지배를 강화하고자 하였다. 이에 공립협회는 5월 11일 총회 평의회를 개최하여 〈通告文〉을 발표하고 일본영사의 간섭행위를 통박하는 한편, 일본영사를 방문·항의하여 한인사회에 대한 간섭행위 중지를 확약받는 쾌거를 이룩하였다. 이 사건 직후 공립협회는 미국내 한인의 대표기관이자 자치기관으로서 자리를 굳혔다.[11)]

한편 1907년 1월 시대적 조류에 따라 대동교육회도 국권회복을 표방하며 정치운동기관인 大同保國會로 전환하였다. 대동보국회는 1907년 10월 3일부터 《大同公報》를 발행하고 5개 지회를 설립하는 등 공립협회와 더불어 미주 한인사회의 구심체로 활동하였다.[12)]

1907년 고종의 강제 퇴위와 구한국군 해산을 계기로 한국에서 의병전쟁이 일어나자 공립협회와 대동보국회는 '독립전쟁' 수행을 강력히 지지하면서 해

11) 金度勳, 〈共立協會(1905~1909)의 民族運動 研究〉(《한국민족운동사연구》 4, 1989), 10~17쪽.

12) 崔起榮, 〈舊韓末 美洲의 大同保國會에 관한 一考察〉(《朴永錫教授華甲紀念論叢》, 1992).

외 한인들의 궐기를 촉구하였다. 이에 따라 1907년 7월 25일 뉴욕(New York)에서 安定洙·申聲求·徐弼淳·李源益·車斗煥·安圭善 등 관비유학생과 구한국 관리출신들이 항일운동·동족상애를 목적으로 共濟會를 조직하였다. 그러던 중 9월, 일본영사가 뉴욕시내 한인의 생명과 재산을 보호한다는 명목으로 한인의 인명을 조사해 간 일이 발생하였다. 이에 공제회는 9월 13일 일본영사의 해외 한인에 대한 감독권 행사 거부를 결의하였다.13) 또한 11월 24일 시애틀(Seattle)에서 이정실·김익제·박용하·장한조·김경식·오창덕·강봉희 등이 항일운동·동족상애를 표방하면서 同盟新興會를 결성하였다.14)

이와 같이 미 본토에서는 1907년 당시 4개 단체가 있었으나 공립협회와 대동보국회를 중심으로 활동을 펼쳤다. 그후 1909년 2월 미주 공립협회와 하와이 한인합성협회가 통합하여 國民會를 창립한 데 이어 1910년 2월 10일 대동보국회마저 국민회로 통합되자, 미주 한인사회는 통일적 정치운동기관인 大韓人國民會를 중심으로 민족운동을 전개하였다.15)

(2) 통일연합기관 설치와 독립군기지 개척운동

하와이와 미 본토의 항일운동단체 중 가장 적극적으로 항일투쟁을 전개한 단체는 共立協會였다. 그러나 미주라는 지역의 원거리성은 국권회복의 수행거점으로는 걸림돌이었다. 이에 공립협회는 한국과 인접한 지역에 독립전쟁을 구현할 독립군기지 개척에 주력하였다. 그것이 統一聯合論에 입각한 '통일연합기관'의 설치였다. 1907년 공립협회 지도부는 독립전쟁 수행거점 확보를 위해 먼저 한국에 통일연합기관 국내지부를 설치하고자 하였다. 그리하여 1907년 1월 초순, 安昌浩·李剛·林俊基 등은 미주 캘리포니아주 리버사이드(Riverside, 河邊)에서 '大韓新民會'를 발기하였다. 이들은 대한신민회 발기문에서 "우리 한인은 내외를 막론하고 통일연합으로써 그 진로로 정하고 독립자유로써 그 목적을 세움이니 이는 신민회의 發願하는 바며 신민회의 懷抱하

13) 《공립신보》, 1907년 9월 27일, 각국전보 〈공제회창립〉·10월 4일, 잡보 〈공제회내함〉.
14) 《공립신보》, 1907년 12월 13일, 〈寄函〉.
15) 《新韓民報》, 1909년 2월 9일, 논설 〈賀兩會之合同〉·8월 4일, 잡보 〈양회합동〉.

는 所以이니 略言하면 오직 신정신을 喚醒하여 신단체를 조직한 후 新國을 건설할 뿐"이라고 통일연합론을 선포하였다. 공립협회의 통일연합론은 당시 해외 한인단체가 미국을 비롯해 러시아·만주 등지로 산재된 점을 고려하여 국내외 각 지역에 공립협회 지회를 설치한 후 이를 연합·통일하여 국권 회복과 共和政에 바탕한 근대 국민국가를 건설하는 것이었다.[16)]

1907년 1월 대한신민회 창건을 위해 안창호를 파견한 공립협회 지도부는 이강·林蚩正·鄭在寬·崔正益 등을 중심으로 통일연합론에 근거해 미주지역 한인단체의 통합에도 관심을 기울였다. 특히 1907년 7월 창립된 하와이의 國民同盟會와 전흥협회, 시애틀의 同盟新興會 등은 공립협회와 연합상응하여 국권을 회복하자는 공함을 보냈으며, 1907년 9월에는 하와이의 24개 단체가 통합하여 韓人合成協會를 창립하면서 하와이 한인들의 통일기관임을 선언하였다. 이러한 통합분위기와 맞물려 1907년 11월 하순 공립협회 회원 安定洙와 姜永大가 한인단체의 통합을 주장하는 등 한인사회의 통합논의는 지상과제로 떠올랐다.[17)]

이처럼 1907년 말부터 미주 한인사회의 통합인식이 고조되자, 공립협회에서는 통일연합기관의 설치를 본격화하였다. 1908년 1월 경 통일연합기관 국내지부인 신민회 조직을 일단락한 공립협회는 2월 20일 총회에서 하와이와 블라디보스톡(Vladivostok, 海參威)에 통일연합기관 설치를 의결하는 등 해외지부 설치에 주력하였다. 공립협회가 국내와 인접한 해삼위지역을 주목한 것은 이 지역이 독립전쟁시 국내진공작전 수행에 지리적 이점을 갖추었기 때문에 독립군기지로 개척하려는 인식이었다. 이에 따라 공립협회는 이강·金成武 등을 전권위원으로 임명하여 해삼위에 파견하는 등 통일연합기관 설치에 박차를 가하였다. 공립협회의 통일연합기관 해외지부 설치와 독립군기지 개척운동을 목적으로 파견된 이강은 신민회 창건 후 해삼위로 건너가 공립협회 遠東支會 설립을 위해 노력한 결과, 1908년 9월 29일 해삼위 水淸(Partisansk)地方에서 金基玉 등 30여 인을 규합하여 공립협회 수청지방회를

16) 金度勳, 앞의 글(1989), 17~26쪽.
17) 김도훈, 〈1910년대 초반 미주한인의 임시정부 건설론〉(《한국근현대사연구》 10, 1999), 249~251쪽.

조직하였다. 수청지방회 조직 후 이강은 海參威港 新韓村 지역의 한인인사들을 규합하고, 1908년 11월 15일에는 鄭淳萬을, 17일에는 蔡成河・尹能孝 등을, 28일에는 吳周爀・韓馨權 등을 공립협회 회원으로 가입시켰다. 이에 공립협회는 12월 13일 지회 설립을 후원하고자 신민회 관계로 국내에 머물던 김성무를 해삼위로 급파하여 1909년 1월 7일 海參威港地方會를 설립하였다.

해삼위 수청지방회 설립을 계기로 공립협회는 10월 21일 亞細亞實業株式會社를 발기하였다. 아세아실업주식회사는 자본금 총액 2만 달러를 총 800주로 나누어 매주 당 25달러로 정하고 자본금 총액의 1/10이 되면 개업하기로 하였다. 또한 이 회사의 본사를 미국이 아닌 해삼위에 설립하고 미주・하와이・한국에 지점을 설치하기로 하였다. 공립협회의 아세아실업회사 설립은 해삼위를 독립군기지 건설의 최적지로 파악하고 해삼위를 중심으로 한국・미국 등지에서 殖產興業으로 독립전쟁 수행에 필요한 재정을 마련하고자 한 것이었다. 이후 아세아실업주식회사는 1909년 2월 국민회 창립 후, 泰東實業株式會社로 승계되었다.[18]

이처럼 해삼위에 통일연합기관 원동지부가 조직되기 시작하자, 공립협회에서는 해외한인단체를 총괄할 통일연합기관 중앙본부 설립을 서둘렀다. 이에 공립협회는 1908년 3월경부터 추진해 오던 하와이 한인합성협회와 통합을 적극 추진하였다. 그리하여 1909년 2월 1일 국내 유림들까지 축하하는 속에서 4,000여 명의 회원을 거느린 國民會가 창립되면서 국민회는 사실상 미주한인의 최고기관으로 자리잡게 되었다.

이후 국민회는 공립협회 시절부터 추진하였던 통일연합기관 설치와 독립군기지 개척운동을 승계하였다. 국민회는 1909년 4월 특파원 黃思溶과 邦化重을 멕시코(Mexico)로 파견하여 멕시코지방회를 설립하는 한편, 동년 5월에는 총회장 鄭在寬을 滿洲地域 특파원, 李相卨을 露領地域 특파원으로 임명・파견하여 공립협회 시절에 파견한 金成武・李剛 등과 함께 통일연합기관 설립을 매듭짓게 하였다. 그 결과, 국민회의 遠東支會 설립운동은 1909년 말

18) 자세한 것은 金度勳, 앞의 글(1989), 26~30쪽.

노령과 만주 일대에 10,000여 명의 회원을 확보한 13개 지방회의 건설로 나타났다. 이 원동지회 설립으로 국민회는 사실상 공립협회 시절부터 추진하였던 통일연합기관의 설치를 매듭지었다.[19]

한편 국민회는 1909년 4월 亞細亞實業株式會社를 泰東實業株式會社로 개칭하여 장정과 규칙을 정한 뒤, 5월부터 자본금 모집에 착수하였다. 해삼위에 본부를 둘 것을 명시한 태동실업주식회사는 자본금 5만 원을 확보한 뒤, 국민회에서 파견한 특파원 이강·정재관·김성무 등으로 하여금 1911년 북만주 密山府 峰密山지역에 2,430에이커의 땅을 구매하여 한인 200여 호를 이민시켜 개간하였다. 그러나 계속되는 흉년과 개척자금의 절대 부족으로 인해 독립군기지 개척운동은 실패로 끝나고 말았다.[20]

(3) '합병' 반대투쟁과 군인양성운동

국민회는 1909년 2월 1일 창립 직후부터 국민국가 건설을 주창하는 한편, 독립전쟁론에 입각한 민족운동을 전개하였다. 특히 1909년 초부터 본국으로부터 연이어 '합병' 소식이 들려오자, 국민회는 대한제국정부가 "난신패적의 도당붕배"이므로, "우리 인민이 불가불 공론을 제창하며 위엄을 가다듬어 저 난신패적의 처치함을 실행하여 우리 국가와 민족을 보호"할 것과 "우리 인민의 권리를 주장하며 의무를 진력하여 그 처리할 수단을 다할 날이 오늘"이라고 선언하였다.[21] 즉, 국민회는 대한제국정부를 부인하며 국가와 민족의 수호를 위해 근대 민족운동을 전개할 것을 천명하였다. 이에 따라 1909년 2월 19일 국민회 하와이지방총회에서는 共同會를 개최하고 李完用과 宋秉畯

---

19) 김도훈, 〈1910년대 초반 미주한인의 임시정부 건설론〉(앞의 책, 1999b), 252~253쪽.

20) 대한인국민회의 원동지회 설립과정과 독립군기지 개척운동에 관해서는 다음의 글을 참조할 것.
박 환, 〈대한인국민회 시베리아지방총회의 성립과 활동〉(《러시아한인민족운동사》, 탐구당, 1995).
李明花, 〈1910년대 재러한인사회와 대한인국민회의 민족운동〉(《한국독립운동사연구》 11, 1997).

21) 《新韓民報》, 1909년 2월 24일, 논설 〈宋賊人人得而誅之〉.
이처럼 대한제국정부를 전면 부인하는 《新韓民報》의 논설은 이후에도 지속적으로 보인다.

에게 전보를 보내 경고하는 한편, 24일에는 日皇에게 정의와 인도에 입각하여 동양평화를 위해 '합병'계획을 철회할 것을 요구하였다.[22)]

이와 같이 조국의 국망이 목전에 다가오자, 미주한인사회는 국민회 창립 직후인 1909년 2월부터 독립전쟁론에 바탕한 군인양성운동 여론이 고조되기 시작하였다.[23)] 이에 따라 미주 한인사회에서는 1909년 6월부터 독립군 사관학교가 설립되는 등 '崇武主義'가 급속히 확산되어 하나의 풍조를 이루었다. 그 중에서도 가장 먼저 군인양성운동을 전개한 것이 朴容萬(1881~1928)이 네브라스카주(Nebraska)에 설립한 韓人少年兵學校였다.

가. 한인소년병학교

박용만은 1905년 2월 도미 직후부터 독립군 양성계획을 추진하였다. 그리하여 1908년 1월, 콜로라도(Colorado)주 덴버(Denver)에서 愛國同志代表會를 소집할 목적으로 미주·하와이·러시아 등지의 해외한인단체에 〈소집취지서〉를 발송하였다. 이와 함께 동년 5월에는 朴處厚·林東植·鄭翰景 등과 더불어 韓人軍事學校를 설립하기로 결정하고 이를 애국동지대표회에서 안건에 부치기로 하였다. 이는 박용만이 해외 한인단체의 통일기관을 조직한 후 이를 바탕으로 무관학교를 설립하고 독립군을 양성한 후 독립전쟁을 전개, 국권을 회복하려는 구상이었다.

1908년 7월, 박용만은 露領 대표 李相卨·이승만, 大同保國會의 金容德·李明燮, 하와이 대표 金聲權, 뉴욕 대표 尹炳求·金憲植 등이 참가한 애국동지대표회에서 '한인군사학교' 설립안을 제출·통과시켰다. 이에 따라 그해 12월 박용만은 박처후·임동식 등과 더불어 생도들이 기숙·훈련할 수 있는 군사학교 설립부지를 네브라스카주 커니(Kearney)시 한 농장에 마련하는 한편, 曺鎭贊을 농장경영자로 초빙하였다. 또한 미국정부와 네브라스카주정부의 인가를 얻어 훈련시 사용할 軍器로 미국에서 사용하던 군용총을 구입하고, 구 한국군 출신 김장호를 초빙하여 군사훈련을 담당하도록 하였다. 그

22) 《新韓民報》, 1909년 3월 10일, 하와이특보 〈제1차 공동회 기사〉·〈제2차 공동회 의결〉.

23) 《新韓民報》, 1909년 3월 17일, 논설 〈우리 나라를 구할 방책은 鐵血에 있음〉.

결과 1909년 6월 초순, 미국내 최초의 한인군사학교인 한인소년병학교(The Young Korean Military School)가 창립되었다.

그 후 1910년 박용만이 헤이스팅스대학측과 교섭하여 학교 건물 한 동과 田莊을 임대받음에 따라 1910년 4월 한인소년병학교는 헤이스팅스대학 구내로 이전하였다. 이처럼 한인소년병학교가 헤이스팅스(Hastings)로 이전해 오자, 링컨(Lincoln)·커니지방 등에서 거주하던 柳一韓·鄭良弼(鄭淳萬의 아들) 등 한인 유학생들이 속속 자원 입학하였다. 한편 박용만은 학교운영자금을 마련하기 위해 학교 전권을 김장호에게 맡기고 각지를 순회하였다. 그리하여 박용만은 캘리포니아에서 600달러를 모금하고 조진찬·鄭永基·김유성 등으로부터 특연금과 총 15정을 기부받는 한편, 네브라스카주에 韓人公會를 설립하고 지역내 모든 한인들을 가입시켜 1년에 3달러씩 人頭稅를 부과하여 한인소년병학교 재정에 충당하였다.

이 한인소년병학교는 학기 중에는 각자 학교에서 공부하다 여름방학을 이용, 소년병학교에 입소하여 군사훈련을 받는 하계군사학교 체제로 운영되었다. 즉 한인소년병학교는 1년 중 하계 3개월을 제외한 9개월 동안은 학생들이 각자의 학교에서 수학하고 6월부터 8월까지 여름방학 3개월 동안 헤스팅스학교에 등록·수학하도록 하였으며, 수학과정은 3년이었다. 한인소년병학교는 3년 후인 1911년 8월 제1회 졸업식에서 13명의 사관생도를 배출하기 시작하여 1914년까지 약 1백여 명의 생도를 배출하였다. 그러나 1912년 11월 학장 박용만이 大韓人國民會 하와이地方總會의 초청으로《新韓國》주필로 초빙되어 감에 따라 박처후가 교장이 되어 2년간 유지하였으나 인원모집 곤란 등으로 6년만에 폐교되기에 이르렀다.

한인소년병학교의 교과는 국어(문법·작문·문학), 영어(문법·작문·문학), 한문(중국어 회화·한문 작문), 일어(문법·회화), 수학(산수·대수·기하), 역사(한국사·미국사), 지리(만국지리·한국지리·군사지리), 이과(식물학·동물학·물리학·화학·화학측량법), 성서, 병학(도수조련·집총조련·小中大편제·야외조련·사격연습·보병조련·군대내무서·육군예식·군인위생·군법통용·명장전법)으로 구성되었다. 교사진은 홍승국·김홍기·박처후·양궁묵·신형호·박장순·박원경·백일규·이종철·정희원·이용규·이명섭·이걸 등이었다. 또한 군사훈련은 미국의 근대식 군사훈련을 모방하였고, 교과과정은 웨스트포인트를 본따 만들었다. 미국내 여러 군사학교를 수료한 군사교육 담당 이종철은 6년 동안 학생들을 철저히 훈련시켜, 미국인들조차 한국의 "웨스트포인트(West Point)"라고 칭찬할 정도였다.

한인소년병학교의 일과는 오전에는 노동과 학습, 오후에는 군사훈련, 밤에는 문학활동과 학습을 하였다. 따라서 생도들은 인문과목은 물론 사관에게 필수적으로 요구되는 군사학과 야외실습 등 고된 군사교육을 이수하였다. 또한 생도들은 사격연습은 물론 노래·스포츠·연극 등으로 군인정신을 고취하고 아울러 대외선전에도 활용하였다. 이 한인소년병학교는 자치기관을 만들어 법에 의한 구속력을 가하고 屯田兵式으로 군인을 훈련하여 독립전쟁에 대비하고자 하는 박용만의 구상을 반영하는 것이었다. 해외 최초의 한인사관학교인 한인소년병학교는 이후 항일무장투쟁을 선도하고 독립의식을 고취시키는 데 커다란 역할을 하였다. 또한 한인소년병학교 출신들은 졸업 후 만주·노령 등지에서 직접 독립군으로 항일무장투쟁을 전개하거나 미국 군대에 자원·입대하여 유럽전선에서 싸우다 전사하는 등 한·미 양국간에 공헌하였다. 특히 이 학교 출신인 鄭翰景·柳一韓·韓始浩·申衡浩·洪承國·金容成·金鉉九·白一圭 등은 이후 재미한인사회의 실질적인 중견 지도자로 활동하며 국권회복운동을 전개하는 등 커다란 활동을 전개하였다. 이처럼 한인소년병학교는 1910년대 미주 한인사회에 군인양성운동의 기폭제 역할을 하는 계기를 마련하였다.[24)]

나. 멕시코의 숭무학교

박용만의 한인소년병학교 설립 이후, 가장 먼저 군인양성운동에 동참한 것은 멕시코 한인사회였다. 멕시코에 한인사회가 형성된 것은 1905년 3월

---

24) 한인소년병학교에 관해서는 다음의 글 참조할 것.
朴永錫, 〈韓人少年兵學校 硏究〉(《한국독립운동사연구》 1, 1987).
方善柱, 〈朴容萬評傳〉(《在美韓人의 獨立運動》, 한림대, 1989).
尹炳奭, 〈1910年代 美洲地域에서의 祖國獨立運動〉(《國外韓人社會와 民族運動》, 一潮閣, 1990).
金度勳, 〈1910년대 박용만의 정치사상〉(《한국민족학연구》 4, 단국대, 1999).
안형주, 〈박용만의 소년병학교〉(《한국민족학연구》 4, 단국대, 1999).

1,000여 명의 한인이 영국인 메이어스(John G. Meyers)와 大陸殖産會社를 경영하던 일본인 大正貫一의 기만에 속아 멕시코로 노예이민을 오면서부터였다. 멕시코 유카탄(Yucatan)주 메리다(Merida)지방에 도착한 한인들은 어저귀 농장에 강제 배속되어 이후 4년간 가혹한 노예생활을 하였다. 그후 1909년 4월 15일, 계약기간 만기로 강제노동에서 해방된 멕시코 한인들 중 李根永·申光照·趙秉夏 등은 미주의 國民會로 연락하여 멕시코 한인들의 구제와 생활지도를 요청하였다. 이 소식을 접한 국민회는 邦化重과 黃思溶을 특파하여 멕시코 각 지방을 순회하며 동포들의 사정을 조사케 하였다. 황사용과 방화중은 멕시코 도착 후, 멕시코 메리다지방 한인들의 요청으로 5월 9일 국민회 메리다지방회를 설립하고, 구제사업을 전개하였다.

메리다지방회 설립 직후 회장으로 선임된 이근영은 1909년 8월부터 유카탄 반도의 띄치·작골·쏘실 등 세 곳에 경찰소를 설치하고 회원들을 대상으로 매일 한 두시간씩 병법체조를 교련하도록 하는 등 멕시코 한인사회에 숭무주의를 고취시켰다. 이에 따라 국민회 메리다지방회에서는 동년 8월 19일에 을사조약 대치욕기념일 행사시 메리다 시내에서 군사행진을 펼쳐 유카탄총독의 격려를 받기도 하였다. 그 후 메리다지방회장 이근영은 11월 10일을 기해 메리다지방회 산하 각 경찰소에서 회원들을 대상으로 軍法體操를 행하여 무예체육을 보급하는 한편, 11월 15일 군사운동 실시를 발표하여 멕시코 한인사회를 대상으로 군인양성운동을 전개하였다. 그 결과 메리다지방회에서는 1909년 11월 17일 전체 회원이 운집한 가운데, '을사조약 파기선언'과 함께 도지휘관에 이근영, 조교에 양귀선·조병하·이수근을 선임하는 한편, 이튿날인 18일에는 이근영의 지휘 아래 2개 소대 110여 명이 군사훈련 실시와 시내행진을 통해 대한인의 기상을 드높였다. 이처럼 멕시코 한인사회에서 불기 시작한 군인양성운동은 1910년 2월 경 작둔지방에서 崇武學校가 설립되면서 본격화되었다.[25] 숭무학교 설립 직후 교장으로 부임한 이근영은 구한국군 공병 하사로 있던 경험을 살려《軍務要領》을 저술·보급하였으며, 이 책은 숭무학교의 군사교본이 되었다.

---

25)《新韓民報》, 1910년 3월 2일, 잡보 〈숭무개교〉.

이같이 숭무학교가 확장되던 즈음 멕시코 혁명이 발발하자, 메리다지방회 회원들은 가족을 따라 피난하거나 혹은 전쟁에 종군하는 등 사방으로 산재하는 바람에 1913년 폐교되고 말았다.[26]

다. 국민회의 군인양성운동

1909년 6월 박용만의 한인소년병학교와 멕시코 崇武學校의 군인양성운동이 전개되는 것과 함께 미주에서도 1909년 6월부터 군인양성운동의 기치가 내걸렸다. 이미 중학교에서 무관학교 과정을 교수하고 있던 국민회 솔트레이크시티(Salt Lake City)지방회 독립군양성을 위한 학생양성소 설립이 그 시발점이었다.[27] 그러나 이것은 한 지방회에서 조직한 운동이었으며, 국민회 차원의 군인양성운동이 본격적으로 표명된 것은 1909년 8월부터였다. 즉 국민회 주필 최정익은《新韓民報》, 1909년 8월 4일자에 〈大呼國民〉이란 寄書를 통해 조속히 군인양성운동을 전개할 것을 촉구하였다.[28] 그러나 당시 국민회는 해삼위지역에 독립군기지 개척운동을 전개하고 있었던 탓에 미주지역내 군인양성운동은 1910년 5월 이후에야 본격화되었다. 1910년 5월 국민회 산하 클레몬트(Clarement)학생양성소에서 매주 3일씩 야간 군사훈련을 실시한 것을 시작으로 6월에는 롬폭에서 군사훈련을 실시하는 등 이후 미주 각지에서 군사훈련 풍조가 일기 시작하였다.[29] 이러한 미주 한인사회의 군인양성운동은

26) 《新韓民報》, 1909년 9월 8일, 논설 〈在墨同胞之崇武主義〉·11월 3월, 잡보 〈멕시코통신 國辱紀念〉·11월 10일, 〈국민회보〉·12월 8일, 〈멕시코통신 재묵동포의 와신상담〉·12월 15일, 〈멕시코통신 재묵동포의 와신상담〉 및 1910년 3월 2일, 잡보 〈숭무개교〉·3월 23일, 잡보 〈한인의 명예〉·3월 30일, 〈묵서가동포의 숭무주의〉·6월 1일, 잡보 〈숭무학교〉 및 〈멕시코동포의 열성〉·7월 20일, 新潮 〈步兵要操抄選〉.
金元容, 앞의 책, 345쪽.
尹炳奭, 앞의 글.

27) 《新韓民報》, 1909년 6월 23일, 잡보 〈쏠렉에 학생양성소 경영〉.

28) 《新韓民報》, 1909년 7월 28일, 잡보 〈무기배양〉·8월 4일, 기서 〈大呼國民〉에 大視生(崔正益)은 "대전쟁 대분투를 시작하여 국민의 권리를 찾고 의무도 다할 때에 만일 무예가 서투르면 암만 의식이 풍족하고 학식이 비상할 지라도 강한 적국의 대포 아래에 실패를 당할 터이니 불가불 군무는 연습하여야 되겠소"라고 하여 군인양성운동을 적극 표명하고 있다.

29) 《新韓民報》, 1910년 5월 18일, 논설 〈병법연습의 풍조〉·잡보 〈조련을 힘씀〉 및 6월 29일, 잡보 〈롬폭에 독립군〉.

소위 합방반대운동이 전개되면서부터 더욱 가열되었다.

1910년 7월 일제의 '합방'소식이 전해지자, 대한인국민회 북미지방총회와 하와이지방총회에서는 각기 새크라멘토(Sacramento)와 호놀룰루에 지방 대표자들을 소집하여 공동대회를 개최한 후 愛國同盟團과 大同共進團을 조직하고 9개조와 6개조의 항일운동방침을 결정하였다.

북미지방총회에서 결성한 애국동맹단은 7월 4일 결의안에서 ① 일본이 국제공약을 무시하고 한국을 강탈하는 사실을 명문하여, 한국과 〈相互條約〉을 체결한 중국·러시아·미국·영국·프랑스·독일·이태리·오스트리아 등 9개국 정부에 조약상 의무를 요청하기로 함, ② 한국황제에게 일본의 무리한 '합방' 요구를 끝까지 거절할 것을 상소하고 일본황제에게 우리의 합방 반대 의사를 통지함, ③ 국내동포들의 비참한 실정과 倭賊의 不義行動을 탐지하기 위해 국내에 연락기관을 설치함, ④ 국내 실정을 탐지하는 대로 선전문을 작성하여 유럽 각지의 유력한 언론기관에 발표하여 국제여론을 환기시키는 데 노력함, ⑤ 국제공법과 선전문 작성에 기능있는 법률사를 고빙하여 외교서류와 선전문 작성을 위탁하되, 외교서류와 선전문은 대한인국민회의 명의로 발행함, ⑥ 각 도시에 사람들이 많이 群集하는 節日을 이용하여 선전대회를 열고 때때로 대내 선전문을 발행하여 동포의 애국정신을 고취함, ⑦ 먼저 외교 선전과 군사인재 양성사업에 착수함, ⑧ 애국동맹단 사업경비는 일반동포의 特捐으로 충당하며, 임원은 민중 公選으로 선출하여 사무를 掌理케 할 것을 천명하였다. 특히 국내에 비밀통신기관을 설치하여 애국동맹단원을 모집할 것을 주요과제로 삼았다. 이에 따라 북미지방총회에서는 외교를 포함한 군인양성운동을 민족운동방략의 하나로 적극 채택하여 독립전쟁을 수행할 것을 주창하였다.

또한 대동공진단은 6개조의 결의안을 통해 ① 우리 민족의 의사가 아니고, 왜적이 강압적 수단으로 만든 한일합방을 절대 반대하기로 결의함, ② 한일

국민회 북미지방총회에서는 군인양성운동을 전개하고 있던 클레몬트 학생양성소, 네브라스카 한인소년병학교, 멕시코 숭무학교, 하와이 마우이섬 기력구지방에 《체조제요》란 책을 발송하는 등 군인양성운동을 지지하였다(《新韓民報》, 1910년 5월 25일, 회보 〈북미총회보〉).

합방 반대운동에 관한 모든 정책을 북미지방총회 결의안에 위반됨이 없게 행동일치를 도모함, ③ 한국황제와 일본황제에게 통지하는 서류는 이미 북미지방총회가 작성한 서류에 연서하여 우리의 태도와 책임을 같이하기로 함, ④ 외교와 선전사업은 대한인국민회가 擔責하고, 군인양성사업은 대동공진단에 일임하기로 함, ⑤ 각 지방에 양성소를 설립하고, 청년 동포로 하여금 의무적 兵式訓練을 받게 함, ⑥ 일반 운동의 경비는 동포의 愛國特捐으로 충당하고, 대동공진단 임원은 민중공선으로 선택하기로 하였다.

이 결의들에 의해 애국동맹단은 단장 崔正益, 외교원 尹炳求, 서기 李元植, 번역원 李大爲, 掌財 許承元, 회계 曺成學 등을 선출하였고, 대동공진단은 단장에 鄭元明, 재무에 安元奎, 서기에 李來洙, 외교원에 閔燦鎬를 선임하였다.

7월 6일 애국동맹단과 대동공진단은 연서로 한국황제 앞으로 전보를 보내 '合邦' 거절을 촉구하는 한편, 일본 외무성을 통해 일본황제와 '駐韓統監' 테라우치에게도 전보를 보내 '합방' 취소와 선전포고를 하였다. 또한 애국동맹단은 통고문을 통해 세계 각국에 일제의 무력적 한국강점을 비판하는 외교선전에 주력하는 동시에, 遠東地域에서 독립전쟁을 전개할 사관생도양성을 결의하기도 하였다.

이에 따라 애국동맹단과 대동공진단은 〈武藝奬勵文〉을 발표하여 미주 한인의 무예정신을 고취하는 한편, 《體操要旨》를 출판·分給하여 청년들의 군사훈련을 장려하였다. 이에 따라 1910년 5월 이미 대한인국민회 산하 클레몬트학생양성소에 군사훈련반을 조직하여 군사훈련을 전개한 것을 필두로 동년 6월에는 롬폭에 義勇訓練隊, 11월에는 캔자스(Kansas)에 少年兵學院, 12월에는 와이오밍(Wyming) 슈페리오(Superior)에 靑年兵學院이 조직되어 매일 저녁 군사훈련을 실시하는 등 군인양성운동이 활발하게 전개되었다.

또한 하와이의 대동공진단은 하와이 각 지역에 軍人養成所를 조직하고 군사훈련을 시작하였다. 군인양성소 설립 후 석 달 후인 1910년 11월 대동공진단이 군인양성소를 大韓人國民會 하와이지방총회로 이관하자, 하와이지방총회는 練武部를 조직하여 독립군 양성훈련을 체계적으로 실시하였다. 그리하여 1910년 11월부터 대한인국민회 하와이지방총회 연무부에서는 하와이 각 지역에 다수의 한인들이 거주하는 곳과 한인청년들로 하여금 매일 저녁에 목총을 메고 군사훈련을 받게 하였다. 이때 군사훈련에 참가한 한인들은 약 200여 명에 달하였다.[30] 이후 하와이지방총회 연무부의 군사훈련은 박용만의 초빙으로 전환기를 맞이하며 본격적인 군사학교 설립으로 이어졌다.

라. 대조선국민군단과 사관학교

1912년 대한인국민회 하와이지방총회 기관지인《新韓國報》주필로 부임한 박용만은 임시정부 건설의 일환으로 북미대륙에서 주창하던 국민의무금제도와 한인자치제도를 하와이에서도 실현시키기 위해 노력했다. 그리하여 하와이 한인사회에 국민의무금제도를 확립시킨 그는 1913년 5월 하와이정부로부터 특별경찰권을 승인받아 하와이 각 섬에 대한인국민회 警察部長을 설치하여 한인자치제도를 확립한 결과, 하와이 법정에서도 국민회의 경찰조사와 初審을 법정행사로 인정하였다. 이러한 경찰권 행사는 해외 한인을 일제 지배하에 두려는 일본정부의 간섭을 배제하고 자치정부로서 역할을 의미하는 것이었다.

박용만은 1913년 12월 대한인국민회 하와이지방총회 연무부 업일환으로 추진하던 군인양성운동을 기반으로 독립전쟁을 수행할 군단과 사관학교 설립을 추진하였다. 그리하여 1914년 6월 10일 하와이 오하우섬 카할루에서 大朝鮮國民軍團(Korean Military Corporation)과 대조선국민군단사관학교(Korean Military Academy)를 창설하여 독립군양성을 본격화하였다.

대조선국민군단과 대조선국민군단사관학교의 운영은 그 동안 하와이 각 지방 군사훈련을 담당하던 하와이지방총회 연무부에서 담당하였으며, 사관학교의 주요인물은 박용만을 비롯하여 朴鍾洙·具鍾坤·李浩·安元奎·金世根·李正權·盧勳·임응천·한태경·한치운·이치영 등이었다. 특히 안원규와 박종수는 리비회사로부터 도급·계약한 1,500에이커의 아후이마누(Ahuimanu) 농장을 기부하여 300~400명의 군인을 수용할 수 있는 군단부지를 제공하였으며, 임응천·한태경·한치운 등은 농사수익 전액을 군단에 기

30)《新韓民報》, 1910년 7월 7일, 호외〈謹告我愛國同志諸君〉·〈決議文〉·〈合邦反對會議事錄〉·〈委員會議事錄〉; 7월 13일, 논설〈救國策在外交軍事〉; 11월 2일, 잡보〈서페리오연무회〉.
金元容, 앞의 책, 339~343쪽.

부하여 군단 창설에 필요한 재정을 적극 후원하였다. 또한 이들은 군단과 사관학교 창설 후에 주요 기간요원과 교관으로 활동하였다.

한편 박용만은 하와이軍司令部로부터 대조선국민군단 설립을 인가받아 실질적인 군사활동을 전개할 수 있었다. 다만 하와이 군사령부가 실제 군총사용을 불허함에 따라 훈련시에는 목총으로 대체하였다. 대조선국민군단의 운영은 박용만이 한인소년병학교 시절부터 지켜왔던 둔전병제를 원칙으로 하였다. 따라서 대조선국민군단 단원들은 군단에 기숙하면서 농장에 나가 노동을 하는 한편, 틈틈히 군사훈련과 학습을 하였다. 그리고 군단 학도들은 야외에서는 군사훈련을 받고, 교실에서는 군사학을 공부하였다.

대조선국민군단과 사관학교의 편제는 미국군대를 모방한 근대적 군사조직이었다. 그 조직구성과 임원을 살펴보면, 군단사령부(단장 박용만, 부관 구종권·태병선, 서기 백운택, 장재 최순서), 군단 경리부(부관 노훈·박승선, 회계 이정근, 장부 정인수, 군의 홍종훈), 제복소(소대장 김성옥·김승윤), 병학교(단장 박용만, 대대장 박종수, 대대부관 최장영, 정교 정명열), 훈련소 대대(대대장 박종수, 부관 이두환·허용), 훈련소 중대(중대장 김세근, 부관 이정근, 부위 김치명·조봉운·한명수), 훈련소 소대(소대장 박춘식·강태순·한웅순, 참위 안경식·이상호·김례준·김성옥·김용팔·한경선·임성우·전종문, 정교 방재순·임순용·김순근, 하사 김상호·윤희주·이태홍·서순백·백윤서), 별동대(노백린·김성옥·허용·이복희·이상호), 曲號手(이재호·강달제·강운학·김용환·백운경·차성절), 鼓手(이창규·이봉용·김백화·최태제·김중환) 등으로 이루어졌다.

100여 명으로 시작하여 많을 때는 300여 명에 이르렀던 대조선국민군단 사령부는 모든 한인 독립군을 '國民軍團'으로 편성하려는 목적하에 조직된 것이었으며, 대조선국민군단 사관학교는 그들이 편성하는 군단의 핵심이 될 사관양성기관으로 설치되어 군사훈련을 실시하였다.

이 사관학교의 교과내용은 박용만이 헤이스팅스 한인소년병학교의 교과과정을 발전시킨 것이었으며, 교재는 28종에 달하였다. 특히 1911년 박용만이 역술·간행한 《軍人須知》는 사관학교의 주요 교재로 사용되었다.

그러나 제1차 세계대전의 발발로 인해 대조선국민군단은 운영에 어려움을 맞게 되었다. 제1차 세계대전이 발발하자, 일본과 제정러시아는 연합국에 가담하여 미국과 친밀한 유대관계를 맺게 되었다. 이에 따라 연합국 일원인 일본은 미국에 대조선국민군단의 활동중단을 요청하였다.

이즈음 하와이 한인사회에서는 외교론에 중점을 둔 이승만 계열과 무장투쟁론을 지향하였던 박용만 계열이 독립운동의 이념과 전술을 둘러싸고 대립하였다. 이에 일제는 하와이 한인사회의 내분을 이용하여 박용만을 제거하려 하였다. 그리하여 1915년 여름 일제는 박용만의 활동에 대해 미국 국무장관에게 강력히 항의하였다. 일제의 항의를 받은 미국 국무장관은 다시 내무부에 엄중 조사를 요구했고, 내무부는 하와이 총독에게 공문을 보내 박용만과 그의 추종자들의 무기 소유 여부와 일본 내정에 간여·선동 여부를 조사하라고 지시하였다. 이에 따라 하와이주정부가 대한인국민회 하와이지방총회에 승인하였던 특별경찰권을 취소함으로써 하와이 한인사회의 자치권은 박탈당하고 말았다. 또한 대조선국민군단은 兵農一致의 屯田制를 바탕으로 한 까닭에 재정적으로 큰 곤란을 겪고 있었다. 즉 파인애플농장의 불경기와 흉작 등으로 수입이 크게 감소되어 국민군단에서 사용하던 농장의 계약이 만기되었음에도 연장할 수 없었다. 이에 따라 1916년 농장주의 압력으로 계약을 취소당해 대조선국민군단은 마침내 1917년 무렵 문을 닫게 되었다.[31]

(4) 국민국가 수립론과 대한인국민회 중앙총회의 설립

1909년 2월 大同保國會를 제외한 모든 미주 한인단체가 통합하여 國民會를 창립하였다. 국민회의 탄생은 "渙散한 민족을 통일하며 분립한 사회를 연합"한 통일연합론의 결실이었다.[32] 한편 1909년 초부터 국내에서 소위 '합방' 움직임이 본격화되자, 국민회는 동년 3월 사실상 대한제국정부와 융희황제를 전면 부인하는 한편, 국권회복의 주체가 '민족'임을 명확히 선언하였다.[33] 국

31) 대조선국민군단에 관해서는 다음의 글 참조.
《新韓民報》, 1914년 2월 26일, 〈국민회력사〉 및 9월 24일, 잡보 〈병학교 낙성연〉.
鄭斗玉, 《在美韓族獨立運動實記》(《한국학연구》 3 별집, 인하대).
在ホノルル領事館, 〈布哇朝鮮人事情〉(《朝鮮統治史料》 7, 韓國史料硏究所).
方善柱, 앞의 글 ; 尹炳奭, 앞의 글 ; 金元容, 위의 책.

32) 《新韓民報》, 1909년 2월 10일, 논설 〈賀國民會成立〉.

33) "돌아보건대 금일 한국에 우리 한인의 물건이 다만 한 가지라도 있느뇨 … 권

민회에서 주체로 내세운 민족은 근대 '국민'을 상정하는 것이었다.[34] 이에 따라 국민회는 1909년 3월부터 대한제국을 대신하여 국권회복을 수립하고 국민주의에 바탕한 근대국가를 건설하고자 하였다.[35] 1909년 3월 24일 국민회는 〈國民會章程〉을 발표하면서 모든 해외 한인을 관장할 國民會 中央總會 설립을 규정하였다.[36] 이 중앙총회의 설립은 해외 한인의 통일연합기관의 완성과 더불어 해외 한인을 총괄할 최고기관의 설립을 뜻하는 것이었다. 그러나 당시 형편상 중앙총회를 정식으로 조직·운용할 수 없게 되자, 北美地方總會가 임시로 '중앙총회'를 대리 관장하였다.[37]

그 후 통일연합기관의 일환으로 추진회 지방회가 만주와 노령 일대에 70여 개가 설립되고 3,000여 명의 회원을 확보하자,[38] 국민회는 1909년 10월 임시중앙총회를 개최하고 정식으로 중앙총회 결성을 촉구하였다.[39] 이에 따

선징악의 법률이 있다마는 금일은 우리 한인의 법률이 아니오 적국이 천단하며 지존막대의 황실이 있다마는 금일은 우리 한인의 황실이 아니오 적국이 조종하며 국민의 생명 재산을 보호하는 정부가 있다마는 금일은 우리 한인의 정부가 아니오 적국의 기관이 되었고 다만 남아있는 것은 이천만 국민의 형질뿐이라 하겠으나 이것도 또한 완전치 못하여 伊藤博文의 간사한 명령과 大久保의 포학한 호령이면 모두 박멸을 당할 터이니 … 한국을 회복할 자도 이천만 동포 뿐이오 한국을 멸망할 자도 이천만 동포 뿐이오 원수의 학대를 받을 자도 이천만 동포 뿐이니 이천만 동포가 살면 이는 곧 한국이 사는 것이오 이천만 동포가 죽으면 이는 곧 한국이 죽는 것인 즉 동포동포야 경성하면 맹진하라"(《新韓民報》, 1909년 3월 3일, 논설 〈書籍購覽의 必要〉).

34) 《新韓民報》, 1909년 2월 10일, 기서 〈국민회를 축하함〉.
"국민이란 두 글자는 다만 나라백성을 부르는 칭호가 아니라 백성은 그 나라의 주인이라는 명사이니 국민회는 곧 우리 전국 인민으로 하여금 국민의 자격을 양성하는 학교이며 국민의 권리를 확장하는 의회라. 우리 무리가 일찍이 국민의 소중한 책임을 깨달았던들 국가의 쇠패가 어찌 오늘에 심하였으며 민족의 정체가 또한 어찌 오늘에 극하였으리오."

35) 국민회는 《新韓民報》, 1909년 4월 28일자 논설 〈告悶有志諸君〉에서 "新韓 두 글자는 쇠망한 한국을 새롭게 할 목적을 표명하였고 民報 두 글자는 부패한 민기를 소생케 하며 잃어버린 민권을 회복케 하는 이십세기 신세계의 국민주의를 제창하는 보필"이라고 하여 국민주의에 입각한 국민국가 건설을 표명하였다.

36) 《新韓民報》, 1909년 2월 24일, 〈國民會報〉·3월 24일, 〈國民會章程脫稿〉·31일, 〈國民會章程〉.

37) 《新韓民報》, 1909년 6월 2일, 國民會報.

38) 《新韓民報》, 1909년 11월 10일, 〈任員與會員의 責任〉.

라 1910년 1월 북미지방총회와 하와이지방총회에서는 遠東地域에 중앙총회를 설립할 것을 의결하였다.[40] 국민회가 중앙총회의 설립을 미주가 아닌 원동지역에 설립하고자 한 것은 국권회복을 위한 독립전쟁 수행거점으로 국내에 인접한 만주나 노령지역을 중시하였기 때문이었다. 더구나 국민회에서 독립군기지 개척운동을 위해 파견하였던 이강·김성무 등이 봉밀산현에 농토를 매입하였다는 소식은 이러한 결정을 더욱 촉진시켰다.[41]

1910년 2월 10일 대동보국회를 통합한 국민회는 大韓人國民會로 개칭하면서 해외 한인의 최고기관임을 선포하였다.[42] 이에 따라 대한인국민회는 근대 국민국가 건설의지를 더욱 구체화하였다. 이미 1909년 11월 기관지 《新韓民報》를 통해 3권분립에 의한 국민국가 건설을 제창했던 국민회는[43] 1910년 6월 일제의 '合邦論'이 미주에 전해지자, 그해 7월 사실상 일제에 투항한 隆熙皇帝(純宗)를 대한제국의 군주로서 전면 부인하는 한편, "우리는 인민의 정신을 대표하여 우리의 복리를 도모할 만한 정부" 수립을 천명하였다.[44] 따라서 대한인국민회는 "漢城 중앙에 높이 세울 國民機關所" 건립

---

39) 《新韓民報》, 1909년 10월 13일, 國民會報.

40) 《新韓民報》, 1910년 1월 26일, 국민회보 〈북미지방총회보〉.

41) 《新韓民報》, 1910년 2월 2일, 잡보 〈태동실업회사〉·〈양차내전〉.
그러나 국민회의 원동지역내 중앙총회 설립계획은 당시 노령 한인사회의 분열과 독립군기지 자금 부족 등으로 인해 수포로 돌아갔다. 자세한 것은 박환, 앞의 책, 203~207쪽을 참조할 것.

42) 《新韓民報》, 1910년 2월 9일, 논설 〈賀兩會之合同〉·잡보 〈국민회 기념〉·〈국민대동〉·〈양회합동사실〉; 3월 2일, 기서 〈축하국민단체〉·〈국민단체를 하례함〉·〈축하양회합일〉.

43) 《新韓民報》, 1909년 11월 17일, 논설 〈국민설〉.
"우리가 이왕에는 국민의 참뜻을 알지 못하였는 고로 금일에 국가는 패망의 비운을 당하였으며 민족은 멸절의 참화를 당하는 터이니 즉금일수록 국민의 본뜻을 연구치 아니하면 내일날에도 또한 국가가 없을지며 민족이 없을지라 … 국민이란 말은 반드시 완전한 입법·행정·사법과 개인의 자유가 있은 연후에야 국민이라 칭함이 가할지라."

44) 《新韓民報》, 1910년 7월 6일, 논설 〈噫死而不知其痛乎〉.
"우리는 어디까지 대한국민이니 대한국가가 아니면 의무를 행함이 불가한지라. 일인의 예비함과 같이 융희황제가 동경에 가서 작록을 받을지면 우리는 우리의 임금으로 인정할 수 없은 즉 우리는 마땅히 이씨의 황실을 존숭하는 충심으로 황위계승할 성군을 택할지며 현정부가 일본에 투항한 지가 이미 오래였은 즉 우리는 인민의 정신을 대표하여 우리의 복리를 도모할 만한 정부

을 계획하였다.[45] 대한제국이 존속하고 있는 상황에서 대한제국을 전면 부정하고 새로운 국민국가를 건설하려는 이러한 인식은 당시로서는 폭탄선언이었다.

1910년 8월 식민지로 예정된 대한제국이 강점당하자, 대한인국민회는 동년 9월 "우리는 마땅히 마음을 합하여 대한민족의 단체를 공고히 하며 우리 손으로 자치하는 법률을 제정하며 공법에 상당한 가정부(假政府는 公法之所許)를 설시함이 목하에 급무라"고 선언하여 국민주의에 입각한 임시정부수립을 촉구하였다.[46] 국민주권에 바탕한 임시정부 건설론을 계기로 대한인국민회는 해외 한인을 총괄할 대한인국민회 중앙총회 설립을 더욱 서두르게 되었다.[47] 이는 사실상 대한인국민회 중앙총회를 '임시정부'로 조직하고자 하는 인식을 반영한 것이었다.[48]

그리하여 1910년 10월 5일 대한인국민회는 기관지인 《신한민보》에 〈大韓人의 自治機關〉이란 논설을 통해 임시정부 건설론을 강력히 주창하는 동시에 대한인국민회를 해외최고기관에서 임시정부로 전환하려는 견해도 피력하였다.

> 오늘 우리는 나라가 없는 동시에 정부도 없으니 … 오늘에 나라가 없어진 것도 우리의 자치제도가 완전히 못하였던 연고이며 내일에 국가를 회복함도 우리의 자치제도가 완전한 연후의 일이라. 그런고로 우리의 급급히 할 바는 일반 국민의 자치력을 배양하며 자치제도를 실행하는데 있도다 … 내가 돌아보건대 국내국외를 물론하고 순전한 대한정신으로 대한 민족의 복리를 도모하며 대한 국가의 명예를 회복하기를 독일무이한 목적을 정한 자 대한인국민회 밖에는 없

를 세울지니."

45) 《新韓民報》, 1910년 6월 15일, 논설 〈독립준비의 사무소〉.

46) 《新韓民報》, 1910년 9월 21일, 논설 〈嗚呼舊韓已死矣〉·〈新韓國을 建設乎否〉.

47) 《新韓民報》, 1910년 9월 28일, 잡보 〈중앙총회대표원〉.

48) 《新韓民報》, 1910년 10월 26일, 기서 〈대한인국민회 제공은 기회를 이용하라〉. "오늘에는 국민회를 위하여 일하며 국민회에 헌신하여 속히 중앙총회로 대한 국민을 대표하여 공법상에 허한 바 가정부의 자격을 의방하여 정치에 주안이 되는 자치기관을 조직하자는 논설에 우리의 연구한 재료로 4대강령을 제창하여 신한민보의 본지를 발표하였으니 … 이렇듯이 자치제도를 실행하여 장래에 완전한 국민의 법치정부를 조직하자는 문제도 또한 대한역사 사천여 년에 처음으로 부르는 소리라."

을지니 … 오늘에는 대한인의 국민단체를 위하여 헌신할지며 … 대한인의 국민단체에 마음을 기울여 완전한 지치기관을 정할지어다 …

미주에 있는 동포는 국가에 대한 세납의 의무를 대신하여 사회에 공헌하기로 의논이 일치하며 하와이에 있는 동포는 국민회의 중앙기관을 속히 설립하기로 제의가 되어 유지제공의 의견이 일치하니 이로써 보건대 대한인국민회는 국가인민을 대표하는 총기관이 확연히 되었도다. 이제 형질상의 구한국은 이미 망하였으나 정신상의 신한국은 바야흐로 울흥하기를 시작하니 어찌 희망이 깊지 아니함이요. 고로 본 기자 이에 대하여 두어가지 의견을 제공에게 제창하여 연구하는 재료를 삼게 하노라.

一. 중앙총회는 대한국민을 총히 대표하여 공법상에 허한 바 假政府의 자격을 의방하여 입법·행정·사법의 삼대기관을 두어 완전히 자치제도를 행할 일.
一. 내외국인이 신앙할 만한 명예있는 이를 받들어 총재를 삼아 중대사건을 고문케 할 일.
一. 회원과 아님을 물론하고 각국 각지에 있는 대한국민에게 그 지방 생활정도를 따라 얼마씩 의무금을 정하여 전체 세입·세출을 정관할 일.
一. 일체 회원은 병역의 의무를 담임할 일. 다만 연령에 따라.

이와 같이 대한인국민회는 국민회를 국가인민을 대표하는 총기관인 임시정부로 설립하고 입법·사법·행정 등 3권분립에 의한 자치제도를 실시하며 이에 필요한 병역과 납세의 의무를 규정하였다. 이는 대한제국 멸망을 공식화하고 국내외를 막론하고 한인 최초로 국민국가에 바탕한 임시정부 건설을 제창하는 혁명선언이었다.

이에 대한인국민회는 중앙총회 설립을 위한 여론을 조성하는 한편,[49] 해외 한인의 통일기관이자 임시정부인 중앙총회의 설립에 박차를 가하여 1911년 3월 대한인국민회 중앙총회를 설립하였다.[50] 그러나 이 중앙총회는

---

49) 《新韓民報》, 1910년 11월 2일, 논설 〈新韓建設策在國民團體完全而已〉·9일, 논설 〈國民團體完全策〉·23일, 논설 〈새한국은 우리청년에게 있음〉.

50) 《新韓民報》, 1911년 1월 25일, 〈진보를 하는가 퇴보를 하는가〉에는 "오늘날 대한인국민회는 다만 재외동포의 정신을 통일하는 기관뿐 아니라 이천만 민족사회에 둘도 없는 다만 한낫의 정당이라 하여도 헛된 말이 아닐지며 장래의 신한국을 건설하는 주초라 하여도 그 책임을 사양치 아니할지라. 이제 미주 하와이 멕시코로부터 아령 원동과 청령 극동에 이르기까지 처처에 설립되는 바 대한인국민회 뿐이니 … 오늘까지 구체적으로 성립된 중앙총회가 없으

중앙총회장 崔正益과 부회장 韓在明을 선출한 데 그친 것이며, 완전한 조직 구성체는 아니었다.[51] 따라서 대한인국민회는 이 중앙총회를 임시정부로 조직하기 위해서 국민의 여론을 수렴한 뒤, 國是를 정하여 정치·법률로 조직 구성을 해야 했다.[52] 이에 대한인국민회는 총회장 최정익을 각 지방회로 순행하게 하는 한편, 정치적 식견이 있는 박용만을《신한민보》주필로 초빙하여 일반 국민회원들을 대상으로 임시정부 수립에 대한 인식을 고취시키고자 하였다.[53]

1911년 2월《신한민보》주필로 부임한 박용만은[54] 美日戰爭說을 "朝鮮의 독립기회"로 포착하고, "조선독립을 회복하기 위하여 無形한 국가를 먼저 설립"할 것을 주창하였다.[55] 이 무형국가의 건설은 "마땅히 미주와 하와이 한인으로부터 시작"해야 하며 "북아메리카 대륙은 한인의 새 나라를 만드는 땅이 되어 장차 조선역사에 영광스러운 이름을 더하게 되고 또 북아메리카 대륙에 나온 한인은 자기들의 새 政體를 조직하여 장차 조선헌법의 아버지"가 되어 "조만간 한 무형한 국가를 성립"하자고 주장하였다.[56] 즉 박용만은 해외 한인을 통일·결속시키기 위해서 먼저 헌법을 제정하고 정치적으로 여기에 복종시켜 無形國家 또는 임시정부로 개편해야 한다고 주장하였다.

또한 그는 당시 설립된 중앙총회가 명칭과 총회장만 있는 허울임을 비판하면서 중앙총회를 정식으로 조직하여 임시정부의 구심체로 전환시킬 것을

며 원동과 극동 각지에 각 단체를 규합하는 지방총회가 없으며 이미 설립된 지방총회도 임원이 칠령팔락하여 … 어찌 경성할 바 아니리오."라고 하였다. 한편, 대한인국민회에 중앙총회 임원 선출과정은《新韓民報》, 1910년 10월 12일, 회보 〈북미총회보〉·11월 2일, 회보 〈북미총회보〉·11월 9일, 회보 〈북미총회보〉·11월 16일, 논설 〈拭目而待其人－중앙총회장 선거에 대하여－〉 및 잡보 〈중앙총회장 선거〉·12월 21일, 회보 〈북미총회보〉; 1911년 1월 25일, 회보 〈북미총회보〉·1911년 3월 22일, 회보 〈북미지방총회보〉 참조할 것.

51)《新韓民報》, 1911년 3월 29일, 회보 〈중앙총회보〉.

52)《新韓民報》, 1910년 1월 11일, 논설 〈일반동포에게 물질적 사상을 요구함〉.

53)《新韓民報》, 1911년 1월 11일, 〈이 글을 쓰는 자의 회포〉.

54)《新韓民報》, 1911년 3월 1일, 잡보 〈본보주필 안착〉.

55)《新韓民報》, 1911년 3월 29일, 논설 〈조선민족의 기회가 오늘이냐 내일이냐〉.

56)《新韓民報》, 1911년 5월 3일, 논설 〈정치적 조직에 대하여 두번째 언론〉.

주장하였다.[57] 이어 박용만은 본격적으로 임시정부조직론을 전개하여 ① 외국에 나온 조선민족을 마땅히 무형한 국가와 무형한 정부 앞에 통합할 일, ② 완전한 헌법을 정하여 일반 한인이 법률상 공민이 될 일, ③ 사람마다 의무를 담당하고 권리를 이용하게 할 일, ④ 정치적 구역을 나누어 행정기관이 효력을 얻게 할 일, ⑤ 중앙총회로 권리를 모아 법률을 의지하여 호령이 실행케 할 일 등 임시정부 조직의 大綱을 제창하였다.[58]

그러던 중, 1911년 만주와 시베리아 지역에 건립된 각 처 지방회에서 지방총회 설립을 요청해 옴에 따라 대한인국민회의 중앙총회 건립은 시급을 요하게 되었다.[59] 이에 따라 1911년 8월 대한인국민회는 대표원들의 승낙을 얻어 중앙총회 임원을 선정하고 중앙총회를 발족시켰다.[60] "우리 민족의 역사상 처음되는 단체기관"으로 대한인국민회 중앙총회가 탄생하자,[61] 국민회 회원들은 대한인국민회를 "우리 국민의 假政府의 총기관"으로,[62] "중앙총회는 전부 국민회를 통할한 기관이오 한 나라 정체로 말하면 일체 법령을 발하는 중앙정부라 … 오늘날 국민회는 한국의 무형한 정부"로 인식하였다.[63]

1912년 11월 8일 대한인국민회 중앙총회 제1회 代表員議會가 개최되었다. 이 중앙총회 의회 소집은 대한민족의 자치기관인 대한인국민회가 사상 최초로 입법회의를 개최하는 것이었다. 이 중앙총회 대표원의회에서는 ① 憲章 제정, ② 조국역사 편찬, ③ 교과서 제정, ④ 미주와 하와이 두 지방총회 기관지의 중앙총회 讓與, ⑤ 會旗 제정, ⑥ 張仁煥 의사의 감형운동 전개, ⑦ 실업과 외교기관 설치안의 중앙총회 의결, ⑧ 遠東 각 지회 자치규정은 그 나라

57) 《新韓民報》, 1911년 5월 10일, 논설 〈정치적 조직의 세번째 언론〉.
58) 《新韓民報》, 1911년 5월 17·24·31일, 논설 〈정치적 조직의 계획〉.
59) 《新韓民報》, 1911년 8월 9일, 잡보 〈국민회 대흥〉·16일, 회보 〈중앙총회보〉.
60) 《新韓民報》, 1911년 8월 16일, 회보 〈중앙총회보〉.
이때 선정된 중앙총회 임원은 총회장 崔正益, 총무 金聲權, 서기 姜永韶, 재무 朱元, 학무원 邦化重, 법무원 李秉瑚, 외교원 이순기 등이었다.
61) 《新韓民報》, 1911년 8월 30일, 〈고난을 참지 못하면 성공이 없음〉.
62) 《新韓民報》, 1911년 11월 8일, 논설 〈집필 초일의 소감〉.
63) 《新韓民報》, 1911년 12월 11일, 논설 〈국민회의 신서광〉·1912년 2월 5일, 논설 〈국민회 3회기념〉·〈論慶節〉.

政體에 저촉이 없도록 따로 제정·시행할 것 등을 의결하였다. 또한 대표원의회는 중앙총회장에 尹炳求, 부회장에 黃思溶을 선임하였고, 총무 鄭七來, 서기 姜永韶, 재무 朴永淳, 학무원 閔爕鎬, 법무원 朱元, 외교원 박용만을 임명·승인하였다.64)

1912년 11월 20일 대한인국민회는 정식으로 중앙총회 결성 선포식을 거행하였다. 이 선포문은 ① 대한인국민회 중앙총회를 해외 한인의 최고기관으로 인정하고 자치제도를 실시할 것, ② 각지에 있는 해외 동포는 대한인국민회의 지도를 받을 의무가 있으며 대한인국민회는 일반 동포에게 의무이행을 장려할 책임을 갖을 것 등을 선언하여 사실상 대한인국민회를 한인의 대표기관인 임시정부로 설치하려던 노력이 결실을 맺는 것이었다. 이에 대한인국민회 중앙총회는 12월 7일 "우리 국가를 대표하던 태극국기는 이제 세상에 자취가 끊어지게 되었으니 통분함을 이기지 못하여 이제 우리 민족을 대표하는 國民會旗를 새로 제정하기로 대표회에서 작정"하였음을 공고하면서 새로운 임시정부 수립에 따른 깃발 제정을 천명하였다.65)

그 후 대한인국민회는 1914년 4월 미국정부로부터 재미 한인의 대표기관이자 한인의 자치정부로 인정받아 활동하였다. 그러나 제1차 세계대전의 발발과 함께 일본이 연합국의 일원으로 활동하게 되자, 러시아와 중국으로부터 한인단체가 탄압을 받게 됨에 따라 대한인국민회 시베리아지방총회와 만주리아지방총회는 해체되고 말았다. 따라서 대한인국민회에서 추진하던 임시정부 건설론은 1917년 대동단결선언으로 맥을 잇게 되었으며, 이는 1919년 상해 대한민국임시정부로 결실을 맺게 되었다.

〈金度勳〉

5) 일본

재일조선인은 일본에 경제, 정치적인 목적을 갖고 도일하여 일본에 정주한 사람들을 말한다. 이들 재일조선인의 역사는 일본제국주의에 대한 조선인 저

64) 《新韓民報》, 1912년 12월 9일, 잡보 〈대표회 의사초록〉.
65) 《新韓民報》, 1912년 12월 9일, 광고 〈會旗圖案合格者 현상금 25원〉.

항의 역사이다.

조선총독부는 도일관리를 엄격히 하는 이유로 조선인 노동자의 보호를 내세우고 있다. 물론 조선인의 무작정 도일로 피해를 보는 노동자가 속출하는 것을 방지하기 위한 조처가 도일관리이기도 하다. 그러나 그 보다는 일본자본가와 일본 경제정책의 이익을 고려해서 이루어졌다고 보는 편이 타당할 것이다. 조선인의 자유도일을 허가하면, 일본 내 조선인 노동자의 수가 급증하여 노동시장에 혼란을 가져오고, 이로 인해 일본인 노동자의 일자리가 감소될 우려가 있기 때문이었다.

본고는 1910·1920년대 재일조선인 민족해방운동의 보편적인 내용을 정리하고자 한다. 재일조선인은 다양한 조직을 통해 활동을 전개했다. 특히 1910년대 말 이후 조직역량 강화와 함께 투쟁이 활발했는데, 이를 정리하기 위해 먼저 재일조선인의 상태를 살펴보고, 투쟁의 내용을 주요 사건과 단체를 통해 개관해 보겠다.

(1) 1910·20년대 재일 조선인의 상태

가. 1910년대의 상태

1910년대 조선총독부의 도일정책은 집단적인 노동자 관리를 목표로 하여 단계적으로 취해졌다. 이 1910년은 일본지역의 조선인에게 새로운 출발점이 되었다.[1)]

1910년대 일제는 일본의 경제상황 뿐만 아니라 식민지 조선의 상황과 관련 속에서 도일정책[2)]을 수립하고 운영했다. 정치나 경제상황의 변화에 의해 도일정책은 내용을 달리하게 되는데, 강제병합 직후 조선총독부의 도일정책은 당국의 관리 아래 합법적인 테두리내에서 조선인의 도일을 허용하는 것이었다.

---

1) 이후 자세한 1910년대 재일조선인 도일정책에 대한 내용은 정혜경, 《일제하 在日조선인 민족운동의 연구－오사카지방을 중심으로－》(한국정신문화연구원 박사학위논문, 1999) 참조.

2) 水野直樹는 1910년 〈칙령〉 352조의 규제가 풀린 이후 1911년부터 1918년까지도 도일관리가 이루어졌다고 한다(水野直樹, 〈朝鮮總督府の內地渡航管理政策－1910年代の勞動者募集取締〉, 《在日朝鮮人史硏究》 22, 1992, 26～27쪽).

1910년대 식민지 조선에서 도일관리를 담당한 부서는 조선총독부 경무총감부 보안과였다. 경무총감부는 강제병합이 이루어지기 직전인 1910년 6월에 만들어졌는데, 보안과는 '한·일인 외국여권업무'를 담당하였다. 그러나 여권업무가 도일관리는 아니었다. 보안과가 도일 노동자의 도일을 본격적이고 직접적으로 관리한 것은 1913년부터이다. 1913년 4월 24일 경무총감부 보안과장이 발표한 통첩 〈保安親發〉(21)[3]에는 당시 조선총독부가 도일 노동자를 대상으로 한 도일관리 내용이 잘 나타나 있다.

> ① 일본의 사업에 종사할 노동자를 조선내에서 모집하고자 하는 사람은 도경무부장이나 경무총장의 인가를 받을 것, ② 허가원서에는 고용주의 사업·소재지·노동의 종류·모집인원·남녀별 인원·모집구역·모집기간 등을 기입하고, 고용계약에 관한 사항을 기재하여 첨부할 것, ③ 모집조건으로 14세 이상, 20세 이하인 경우는 부모나 호주의 허락을 받을 것. 기혼여성의 경우는 남편의 허락을 받을 것. 고용중인 자를 모집·권유하지 말 것. 필요한 경우에는 응모자의 민적 등본을 제시할 것, ④ 노동자를 일본에 도일시킬 때에는 응모자의 명단과 모집허가증을 승선지 경찰서장에게 제출할 것 등.

실제로 1909년까지 790명에 불과하던 조선인은 1911년에는 2,500여 명으로 급증하게 된다. 그 후 점진적인 증가를 보여오던 조선인수는 1917년부터 제1차 세계대전의 영향으로 호황기를 맞은 일본회사의 본격적인 조선인 노동자 모집으로 다시 대폭적인 증가를 보였다. 조선인의 일본 도일은 1916년까지와 달리 1917년에는 1만 4천 명, 1918년 1만 8천 명, 1919년 약 2만 명, 1920년에는 2만 7천 명이 되었고, 재류자의 숫자는 1917년 1만 4천5백 명, 1919년 2만 6천6백 명, 1920년에는 3만 명이 넘었다.[4]

1910년대 이후 도일한 조선인은 일본 전역에 거주하게 되었다. 이들의 거주 상황은 일본의 산업구조 및 노동조건과도 관련을 갖는다.

---

3) 脇野義雄, 〈內地行朝鮮人勞動者の概況〉(《警務彙報》 150, 1917년 11월 1일, 雜錄).
4) 朴慶植, 〈일본에서의 3·1독립운동〉(《西巖趙恒來敎授華甲紀念韓國史學論叢》, 아세아문화사, 1992), 725쪽.

〈표〉 1910·1920년대 재일 조선인의 추이

연도	거주 한국인 수			연도	거주 한국인 수		
	(1)	(2)	(3)		(1)	(2)	(3)
1911	2,527		5,728	1921	38,651	48,774	62,404
1912	3,171		7,796	1922	59,722	82,693	90,741
1913	3,635	3,952	10,394	1923	80,415	112,051	136,557
1914	3,542	4,176	12,961	1924	118,152	168,002	172,130
1915	3,917	5,064	15,106	1925	129,870	187,102	214,657
1916	5,624	7,225	17,972	1926	143,798	207,853	247,358
1917	14,502	17,463	22,218	1927	165,286	246,515	308,685
1918	22,411	27,340	34,082	1928	238,102	341,737	358,121
1919	26,605	35,995	37,732	1929	275,206	387,901	398,920
1920	30,189	40,755	40,755				

* (1) 《日本帝國統計年鑑》.
(2) 朴在一, 《在日朝鮮人に關する綜合調査硏究》, 新紀元, 1957, 23~29쪽.
(3) 田村紀之, 〈內務省警報局調査による朝鮮人人口(1)〉, 《經濟と經濟學》 46, 1981, 58쪽).

1910년대 전 시기를 통해 볼 때, 홋카이도(北海道)·후쿠오카(福岡)·오사카(大阪)·효고(兵庫) 등에서 조선인 증가율은 급증하고 있다.[5] 이들 지역 가운데 줄곧 10% 이상의 증가율을 보이는 곳은 오사카와 후쿠오카이다. 일본의 자본주의가 발전함에 따라 넓은 노동시장과 비교적 나은 노동조건으로 인해 조선인 노동자는 오사카로 밀집하게 되었다. 또한 먼저 터전을 잡은 조선인 노동자들을 찾아 오사카로 향하는 조선인들의 도일이 늘어남에 따라, 오사카 거주 조선인수는 점차 증가했다.

이에 비해 후쿠오카는 1910년대 일본 최대의 광산지인 큐슈(九州)에서도 가장 조선인이 밀집한 지역으로 대규모 탄광이 있었다. 후쿠오카는 노동조건의 열악성으로 인해 항상 노동자의 이동이 잦은 곳으로 알려져 있었으나, 이 지역 조선인 증가율은 낮아지지 않았다. 그 이유는 후쿠오카가 갖는 지리적인 성격과도 무관하지 않다. 후쿠오카는 관부연락선의 종착지와 가까운 곳에 위치하여 도일 조선인에게 관문의 역할을 했다.

5) 이하의 내용은 정혜경, 앞의 책.

재일조선인 가운데 높은 비중을 차지하는 계층은 노동자였다. 조선인 노동자는 일본 경제의 발달에 따라 나타나게 된 하층 노동력의 수요 급증에 따라 도일이 활발히 진행되었다. 노동운동세력의 양적인 성장과 운동의 지속성은 일본 기업주와 당국에 위기의식을 불러 일으켰고, 적극적인 대책이 요구되었다. 그 결과 고안된 대책 가운데 하나가 외국인 노동자의 유입이었다. 당시 일본 노동운동세력은 그 대상을 외국인이 아닌 일본인만으로 하고 있었기 때문에 일본 당국은 외국인 노동자의 증가를 통해 일본 노동운동의 세력약화를 기대할 수 있으리라고 판단하였다.

이러한 배경 속에서 1910년대에 일본 기업가들이 고용한 일본인 노동 브로커들은 가슴에 금시계를 달고 양복을 입은 노동자 모집용 조선인 노동자를 내세워 농촌을 돌면서 조선인 노동자를 유치하기에 이르렀다.[6]

도일 조선인 노동자의 증가는 국내 노동자 부족과 임금상승이라는 사태를 낳기도 했다. 특히 일본 자본가에 의한 노동자 모집이 집중되었던 경상남도의 경우 노동자 부족은 심각했다. 1918년 8월에 운수노동자·토목노동자를 사용하는 사업주는 총독부에 노동자모집 단속을 엄격히 해줄 것을 요청할 정도였다.[7]

밀항은 방법상에서 다소의 위험성을 내포하고 있었으나 1910년대부터 사용된 도일방법이었다. 즉 취업연령에 미달한 노동자나 취업이 확실하게 결정되지 않은 도일 희망 조선인, 모집자격 요건을 갖추지 못한 회사가 일본의 도일저지책을 피해 도일 노동자를 구할 수 있는 유일한 방법이었던 것이다. 1915년의 경우, 1회의 밀항으로 오사카 거주 조선인의 25%에 달하는 인원이 도일했다. 이러한 밀항은 1년에 여러 차례 이루어졌으므로 1910년대에는 다수의 조선인이 밀항에 의지했음을 알 수 있다. 밀항을 단행한 조선인에 대해 불법 도일 자체를 악용한 일본인 고용주는 구속을 강화하여 더욱 부당하게 노동력을 착취당하는 배경이 되었다.

그런가 하면 1910년대 이전에 재일조선인인 가운데는 유학생의 비중이 적지 않았다. 1881년에 첫 유학생이 일본 땅을 밟은 이후 1910년대까지 재일

---

6) 고승제, 《한국이민사연구》(장문각, 1973년), 236~237쪽.
7) 《大阪朝日新聞》 鮮滿版, 1918년 8월 18일.

조선인수에서 적지 않은 비중을 차지하는 계층은 유학생이었다.

조선인의 일본 유학은 1920년 유학규정이 폐지될 때까지 유학원서를 도지사를 통해서 조선총독부에 제출하고 허가를 받아야만 가능했다. 따라서 당시 유학생들의 대부분은 지주·매판자본가·고등 관료들의 자식들이었다. 이러한 일본 유학은 실제로 조선의 학생청년들에게는 이중적이었다. 하나는 조선총독부 권력에 조응하여 지배계급에 부분적으로 편입하는 길과 다른 하나는 식민지 본국인 일본에 가서 제국주의의 실상을 파악하고 국제정세의 변화 속에서 조선 해방의 길을 모색하는 것이었다.[8)]

일본 유학은 1904년부터 본격화되는데, 물론 이것은 국운에 대한 위기의식의 발로였다.[9)] 1904년 이후의 일본 유학은 민간주도로 근대학문을 배우기 위한 사비생 중심의 반일감정이 강한 유학이었다. 이들 유학생의 88%가 東京의 사립학교에 들어갔고 전체 유학생의 97%가 남성이었으며, 사비생이 91%였다. 그리고 주로 정치·법률·경제·실업 등의 전문교육을 받았다. 이들 유학생의 출신지를 보면, 서울 출신이 24%로 가장 많고, 평안도 출신이 23%였다.

1910년 이후 일본 유학은 새롭게 전개되었다. 즉 식민지 조선의 젊은이에게 망국은 새로운 길을 모색하지 않으면 안되었다. 국내에 제대로 된 학교가 부재하던 가운데 근대적인 국가로 성장하여 조선을 침탈한 일본은 일정하게 새로운 지식의 보고였다. 실제로 한일합방에 의해 일본 유학은 일시적인 감소현상을 보였는데, 1910년대를 통해 평균적으로 500~600명의 수준을 유지했다.[10)] 그 이전 시기 유학생의 경우와 마찬가지로, 1910년대 유학생은 東京의 사립학교에 재학한 남성 사비유학생이 중심이었고, 대학과 전문학교 등의 고등교육기관에서 공부했다. 특히 고등교육기관에서 공부한 경우는 주로 법정·경제·사회과를 전공했다.

한편 관비유학생의 경우 그 추이를 보면, 1909년 52명, 1910년 32명, 1911년 44명, 1912년 50명, 1913년 47명, 1914년 47명, 1915년 26명, 1916년 29명,

---

8) 김인덕, 〈학우회의 조직과 활동〉(《국사관논총》 66, 국사편찬위원회, 1995), 114쪽.
9) 朴己煥, 《近代日韓文化交流史硏究－韓國人の日本留學－》(大阪大 博士學位論文, 1998), 28쪽.
10) 이하의 내용은 별도의 주가 없으면 金仁德, 〈일본지역 유학생의 2·8운동과 3·1운동〉(《한국독립운동사연구》 13, 한국독립운동사연구소, 1999) 참조.

1917년 17명, 1918년 30명, 1919년 47명이었다. 이들의 전공분야는 조선총독부의 의도에 따라, 농림·수산·의학·공업·상업분야에 편중되었고, 정치·법률의 전공자는 거의 없었다. 이것은 사비유학생의 유학경향과는 대비적이라고 할 수 있다.

1917년 12월 말 현재 재일조선인 유학생의 총수는 589명이었고, 이 가운데 456명이 東京에 거주했으며, 1918년 말은 769명 가운데 642명이 동경에 거주했다. 아울러 1919년 5월 총수는 366명이고 310명이 동경에 거주하고 있었다. 5월에 유학생의 총수가 현저하게 준 이유는 3·1운동이 일어나자 귀국한 유학생이 속출했기 때문이었다. 1920년 유학생의 총수는 1,023명으로 1920년이 되면 문화통치의 영향으로 재일유학생의 수가 급증했다.

이들 조선인 유학생이 1920년 현재 주로 다닌 동경 시내의 대학과 전문학교는 明治大學·日本大學·中央大學·早稻田大學·東洋大學·慶應大學·專修大學 등이었다.[11] 전공은 법정·경제·사회 등이었다.

나. 1920년대의 상태

1920년대 재일조선인의 도일은 식민지 조선에 대한 일본의 식민지 경제정책이 주요한 배경을 이룬다.

1920년대 국내의 이농민들은 농촌과 도시 노동시장의 수용능력 부족으로 대부분이 농촌노동력이나 도시노동력으로 수용되지 못하는 상황 속에서 도시 실업자로 유리걸식하거나 국외 이주를 통해 활로를 찾고자 했다. 또한 이농민 전업화 여부와 관계없이 국내에서 보다 더 많은 노동임금을 위해 도일을 선택하는 경우도 있었다.

이러한 조선인의 도일은 1910년대와 마찬가지로 철저히 일본제국주의의 필요에 따라 진행되었다. 1922년 12월 여행증명제도가 철폐되고 1923년에는 '도항증명제'가 실시되었다. 일본 경제는 1923년경부터 만성적 공황상태에 빠지게 되었고 이에 따라서 특수한 경우를 제외하고는 단체모집이 허가되지 않았다.[12] 그러나 1923년 관동대지진 때의 파괴된 시가지의 복구를 위해 노

11) 〈在內地朝鮮學生狀況〉(朴慶植編, 《在日朝鮮人關係資料集成》 1), 300~301쪽.
12) 《朝鮮警察之概要》(朝鮮總督府警務局, 1925), 167쪽.

동력이 요구되자 일본 정부는 '도항증명제'를 폐지했다.[13] 그러나 일본 경제의 상황이 악화되자 내무성은 1925년 8월 도일을 제한해 달라는 요청을 했고 연이어 조선인 노동자의 실업문제가 야기되어 1925년 10월부터 도항저지(제한)가 실시되었다.[14]

이후 1928년 7월 조선총독부는 도일허가조건을 까다롭게 하여 지참금을 60엔 이상 소지하고 노동브로커의 모집에 의한 것이 아닌 조선인의 도일만 허용했다. 1927년 3월 일본 경제는 금융공황으로 큰 타격을 받게 되었고 1929년 세계공황에 의해 보다 심화되자 일본 기업의 조선인 노동자 단체 모집은 제한되고 재도일증명서제로 도일은 보다 통제되었다.

1920년대 재일조선인의 대다수는 교토(京都)·오사카·고베(神戶)지역에 거주했다. 이 지역에 재일조선인이 많이 거주한 원인은 상공업 중심지로 노동력의 수요가 많았기 때문이었다. 특히 관동대지진 이후 조선인 노동자가 증가했다.

1920년대 중반이 되면 오사카·동경 중심으로 인구집중현상이 보인다. 오사카와 동경지역은 일본 경제의 중심지역으로 노동시장의 요구가 일본내에서 가장 높았던 곳이다. 도일한 조선인이 이 두 지역으로 몰리게 되는 것은 자연스러운 현상이었다. 나고야(名古屋)에 조선인이 증가하기 시작한 것은 1920년대 후반으로 이 지역에서도 산업·교통의 중심 도시였던 나고야에 가장 많이 거주했다. 특히 이곳에 조선인 인구가 증가한 원인은 나고야가 게이신(京濱)·한신(阪神)에 다음가는 3대 산업지역의 하나로 발전한 것과 1925년부터 시작된 실업구제사업 실시 때문이었다.

교토지역에서는 오사카·나고야와 달리 일용노동자가 적었다. 이곳에는 1925년 경우 직공이 인부의 수보다 다수를 차지했다. 주로 염색·방적·나염의 직공·심부름꾼·잡역 등으로 노동했다.[15]

재일조선인 노동자는 1920년대 직공과 광부·토건인부가 되었다. 1926년에

---

13) 《治安狀況》(1927), 519쪽.

14) 《治安狀況》(1927), 522쪽.

15) 鈴木博, 〈京都における在日朝鮮人勞動者の闘い－1920年代－〉(《在日朝鮮人史硏究》 8), 31쪽.

완성된 阪神國道 보수공사에는 연인원 백수십만 명이 동원되었으며 그 중 1/3은 조선인이었다. 특히 실업구제사업이 실시됨에 따라 도시에 집중되어 있던 재일조선인 노동자가 지방의 토목공사장으로 이동하여 노동했다.16) 이와 함께 조선인 노동자들이 건강하다는 미명 아래 광산에서도 가장 힘들고 어려운 채탄작업에 집중배치되었다.

재일조선인은 경기변동에 직면하여 항상 먼저 희생이 되어 실업상태에 빠졌다. 조선인 일일노동자의 고용도 불안정했다. 1925년의 한 조사에 의하면 전체 재일조선인 노동자의 약 3%가 실업상태에 있었는데 그 가운데 일일노동자의 경우는 19.7%의 실업율을 나타냈다. 특히 건설노동자의 경우 겨울동안 대부분 휴직상태에 있었다. 일본 정부의 입장에서 보았을 때 이들 조선인의 실업문제는 어디까지나 부차적인 것이었으며 재일조선인의 지위는 최하층 노동자로 상징되었다.

이주자가 급속히 늘어난 1920년 전후 조선인 마을이 조성되기 시작했다. 조선인 마을은 조선인에 의한 自衛의 장소로 ① 함바(飯場), 회사의 사택에 거주하기 시작하여 이곳을 거점으로 조성된 경우, ② 토지 소유자가 명확하지 않은 저지대·습지대·하천부지 등에 자력으로 임시건물을 지으면서 조성된 경우, ③ 일본인이 주거하지 않는 집에 거주하면서 형성된 경우, ④ 아파트·연립주택 등을 빌어 집단으로 거주하면서 형성된 경우 등이 있었다.

시간이 지나면서 마을내에는 조선음식점과 재료가게가 생겨나게 되었고 조선말만으로도 충분히 생활이 가능하게 되었다.

(2) 1910년대 일본지역 민족해방운동

가. 일반 단체의 결성

1910년대 주요 조선인단체는 在阪朝鮮人親睦會·同盟合資會·合同會財團·朝鮮人貯金會 등을 들 수 있다.17)

재판조선인친목회는 노동자 구호를 목적으로 하는 단체로서, 오사카에서 최초로 결성된 조선인단체이자 일본지역에서 노동자를 대상으로 하는 최초의 재일조

16) 《치안상황》(1933), 202쪽.

17) 姜徹, 《在日朝鮮人史年表》(雄山閣, 1983), 20~38쪽.

〈표〉 일본지역 조선인단체 결성 상황

연도	단 체 명
1896	조선인일본유학생친목회(東京)
1906	재일본동경조선기독교청년회(東京) 재동경조선기독교청년회(東京)
1907	早稻田大學조선동창회(東京) 재일본동경대학유학생학회(東京)
1909	재일본대한장학회(東京)
1911	재일본조선유학생친목회(東京)
1912	동경조선유학생학우회(東京)
1914	재판조선인친목회(大阪)
1915	조선여자친목회(東京) 반도웅변회(東京), 조선학회(東京) 京都조선유학생회(京都) 京都조선유학생친목회(京都)
1916	동맹합자회(大阪)
1917	東京노동동지회(東京) 호남친목회(東京)
1918	합동회재단(大阪)
1919	조선인兵庫간친회(兵庫) 조선인저금회(大阪)

(姜徹, 《在日朝鮮人史年表》(雄山閣, 1983), 10~38쪽 ; 정혜경, 《일제하 재일조선인 민족운동의 연구－오사카지방을 중심으로－》(한국정신문화연구원 박사학위논문, 1999) 참조).

선인 단체였다. 1914년 1월 15일에 강만형이 발기자가 되어 자신의 숙소에서 최진태·김기준·정치현 외 6명이 모여 임원선출과 회원 권유 등에 대해 협의를 한 이후 모임을 가졌다. 재판조선인친목회는 명칭은 친목회이지만 단순한 친목도모만을 목적으로 하지 않았고, 또한 노동자구호를 목적으로 내걸었으나 구체적인 구호활동을 하거나 재원을 적립하지도 않았다.

동맹합자회는 1916년 5월 1일에 오사카 거주 조선인 30여 명이 김달용의 방에서 모임을 갖고 창립한 노동자 구호단체였다. 조선인저금회는 1918년 8월 8일에 오사카 거주 조선인 박경도가 발기자가 되어 조선인 직공을 회원으로 결성되었다. 회원은 매월 1일과 15일에 50전씩을 공동으로 저금하며, 이 가운데 일부는 회원의 질병, 사망, 기타 구제사업에 사용하도록 규정되어 있었다.

나. 유학생 단체

1911년 조선총독부의 〈교육령〉에서는 전문교육의 시기상조를 거론했고 중등교육의 '최상'을 애기했다. 이에 따라 전문학교가 설립된 것은 1916년으로

이 해에는 경성전수학교와 경성의학전문학교의 설립을 거론할 수 있다. 1917년 연희전문·세브란스의전이 사립으로 설립되었다. 따라서 1919년 시기 대학 교육을 받고자 하면 일본 유학을 불가피하게 선택할 수밖에 없었다.[18]

대한제국 시기부터 조선인 유학생들은 단체를 조직해 조직활동을 전개했는데, 1905년 이후 주요한 단체를 들면, 在日本東京朝鮮基督敎靑年會·大韓興學會·在日本朝鮮留學生親睦會·東京朝鮮留學生學友會·在阪朝鮮人親睦會·京都朝鮮留學生親睦會·東京女子親睦會·東亞同盟會·朝鮮學會·結盟兄弟會·東京勞動同志會·東洋靑年同志會 등[19]이 있었다.

이들 재일유학생이 단체를 결성하고 기관지를 발행하기 시작한 것은 1895년 大朝鮮人日本留學生親睦會였다. 이후 재일유학생들의 단체는 새로운 내용을 가졌는데, 1910년대의 경우 그 내용이 반일로 귀결되어 갔다. 이 가운데 몇몇 주요 단체에 대해 살펴보자.

경도조선유학생친목회는 1915년 1월 24일 김우영 주도로 20여 명의 유학생을 중심으로 창립되어 활동을 시작해 2개월에 한번씩 모임을 가졌다. 재판조선인친목회는 강만형·정태·부남희·신태균·나경석 등이 주도했는데, 노동자의 구조를 외형상의 목적으로 내걸며 반일의식을 고취했다.[20]

동경여자친목회는 김필례·나혜석의 발기로 李光洙·전영택의 후원 아래 조직되어 재일여성계의 주도세력이 되었는데,[21] 김미리이·황에시덕 등이 2·8운동에 적극 관여했던 사실은 잘 알려져 있다.[22] 동아연맹회는 金明植·김도연·양원모·최팔용·전익지·홍진의 등이 활동했고, 이들은 전술한 재일단체를 지도하기도 했다.[23] 조선학회는 이광수·신익희·김양수·장덕수·

18) 조선총독부 학무국, 《조선교육요람》, 111~118쪽.

19) 〈朝鮮人槪況〉, 대정 5·7·9년(朴慶植 編, 《在日朝鮮人關係資料集成》 1, 三一書房, 1975).

20) 〈朝鮮人槪況〉, 대정 5년(朴慶植 編, 《在日朝鮮人關係資料集成》 1, 三一書房, 1975), 49쪽.

21) 박정애, 〈1910~1920년대 초반 여자일본유학생 연구〉(숙대 석사논문, 1999), 27쪽.

22) 長久保宏人, 〈二·八獨立宣言への道−1910年代後半の在日朝鮮人留學生運動−〉(《福大史學》), 26~30쪽.

23) 〈朝鮮人槪況〉, 대정 7년(朴慶植 編, 《在日朝鮮人關係資料集成》 1, 三一書房, 1975), 67쪽.

최두선·서춘·나용균·현상윤·전영택·김도연·백남훈 등이 활동했는데, 외형상으로는 조선에 대한 일반학술의 연구를 내걸었고, 내용상으로는 반일의식 고취를 선도했던 일은 잘 알려져 있다. 조선학회의 경우 회원 2인 이상의 보증이 있어야 입회가 가능했고, 공식적으로는 사무실을 운영하지 않았다. 이 단체의 구성원은 2·8운동을 주도했으며, 3·1운동을 일으키는 데 유력한 세력이 되었다.

그런가하면 재일유학생들은 동경조선기독교청년회의 회관을 널리 사용했다. 즉 동경조선유학생학우회를 비롯한 조직은 모임의 회장으로 이곳을 빈번히 사용했고, 따라서 이곳에 있던 재일본동경조선기독교청년회(이하 동경조선기독교청년회)는 재일유학생운동의 메카와 같이 되었다.

동경조선기독교청년회는 1903년 창립된 皇城基督敎靑年會의 일본지역 조선인 조직으로 1906년 설립[24]된 이후 반일투쟁의 구심적인 역할을 수행했다. 특히 2·8운동 이후는 거의 반년 이상을 옥중의 동지 구원에 전력했던 사실은 잘 알려져 있다.

2·8운동과 3·1운동이 있던 1919년 시기 동경조선기독교청년회의 간부는 회장 피셔, 부회장 김준연, 간사 백남훈, 서기 장영규, 종교부장 임종순, 교육부장 김종필, 체육부장 원달호, 친접부장 박형병, 홍제부장 정래길 등이었다. 이러한 인적구성은 학우회의 주요 성원과 중복되기도 했다. 동경조선기독교청년회는 월례회를 계속했고, 1920년 10월에 가서는 55명의 신입회원을 맞이하면서 새롭게 조직을 정비할 수 있었다. 당시 청년회의 주요 사업은 기관지의 발행, 대중 강연의 개최, 조직의 정비, 회관 건립 등으로 요약할 수 있다.

동경조선기독교청년회는 2·8운동 주도세력의 구원활동을 담당했다. 2·8운동의 과정에서 주모자로 검거, 구속되어 형을 언도 받은 崔八鏞·徐椿·金度演·金喆壽·宋繼白·金尙德·白寬洙·尹昌錫·李琮根 등에 대해서는 구원활동이 조직적으로 전개되었다. 2·8 관련자들이 검거되어 미결로 있는 동안 동경조선기독교청년회의 간사 白南薰은 침구와 사식을 옥에 들여 보냈고, 기금도 모집했다.

---

24) 와이.유.엔, 〈在日本東京朝鮮基督敎靑年會略史〉(《使命》 10, 1936), 93쪽.

이상과 같은 재일단체를 만들었던 유학생을 이광수는 〈東京雜信〉에서 세 가지로 분류했다. 첫째, 세계대세와 현대문명을 일부분은 이해하고 또 전부를 이해하려고 노력하는 사람, 둘째 세계와 현대문명을 모르고 관리로 출세할 것만을 생각하는 사람, 셋째 남이 유학하니 나도 유학한다고 하는 사람이었다.

1910년대 당시 재일유학생 내부에서는 국권회복을 부르짖으며 비분강개를 털어놓는 사람이 절대 다수는 아니었다. 이러한 사람이 본격적으로 늘어난 것은 1917년 후반부터이다. 여기에 대해서는 여러 가지 이유를 생각할 수 있는데, 국제정세의 변화 가운데 러시아혁명의 성공, 그리고 일본 내 1918년 8월 쌀소동의 영향을 들 수 있다. 이러한 정세 속에서 재일유학생들은 본격적인 반일투쟁을 준비했다. 그 투쟁은 1919년 2월 8일 일어났다.

일반적으로 알려져 있듯이 1919년 2·8운동을 내용적으로 주도한 세력은 동경조선유학생학우회(이하 학우회)였다. 학우회는 대한흥학회의 후신으로, 1911년 조선유학생친목회가 결성되었고, 이것이 다음해 3월 해산당하자, 유학생들은 종래의 도별 유학생 구락부를 기초로 하여 1912년 10월 학우회 조직에 성공했던 것이다. 이 회는 재일유학생이 조직한 단체 중 세력이 가장 컸으며, 처음 유학간 학생들은 반드시 이 회에 가입해야 할 의무가 있었다. 그리고 학우회 회원간에 교제를 하지 않는 자는 '일본의 개'로 취급받았다.[25)]

학우회는 임시총회 및 웅변회, 졸업생 축하회, 신도래학생환영회, 운동회 등을 통하여 배일사상을 고취했고, 아울러 기관지 《학지광》을 발간하여 유학생 뿐만 아니라 국내 학생에게도 신사상과 반일사상을 고취했다.

창립 이후 1919년 2·8시기까지 학우회의 정치적 성격을 명확히 하기 위하여 중심적으로 운영에 참가하였던 인물을 열거하면, 제1그룹은 안재홍·신익희·백남훈·정노식·장덕수·현상윤·송진우·김성수·주종건·최두선·신석우 등이었다. 제2그룹은 2·8선언의 서명자들인 최팔용·김도연·이광수·김철수·백관수·윤창석·이종근·송계백·최근우·김상덕·서춘 등이었다.

25) 김인덕, 앞의 글.

특히 2·8운동이 일어나기 1년 전에는 더욱 운동단체로의 조직이 강화되고 활동에 있어서도 내용성을 채워갔다. 1918년 2월 10일 정기총회 당시 역원들은 회장에 이공영, 총무에 이춘숙, 편집부장에 최팔용, 서무부장에 김안식, 운동부장에 이종근, 문서부장에 이세화, 그리고 평의원에는 윤창만·노악근·최팔용·성원경·서춘·민병세·김도연·김철수·이종근·고지영 등을 임명했다. 이후 이들의 상당수가 2·8운동에 있어 주도적인 역할을 했던 것은 잘 알려져 있다.

학우회에 망라된 유학생들은 1918년 4월 3일 운동회에서 조선지도를 그려놓고 한글로 단군의 소유라 하고, 단군의 기상이란 가장행렬에서는 을지문덕·정몽주·이순신·논개 등을 등장시키면서 민족의식을 고취했다.

1918년 10월 26일 학우회 주최의 신도래학생환영회에서 김준연·김철수·백남규 등은 한결같이 민족의식을 강조하는 연설을 했으며, 11월 10일 반도웅변회에서는 이춘균·민영길 등이, 16일의 조선학회 강연회에서는 노익근이 시종일관 독립의식을 고취했다. 또한 같은해 12월 22일 학우회 편집부 주최의 연합웅변회에서는 계인상·김한근·성세풍·이병화·김환·김상덕·서춘 등이 민족자결론을 피력했다. 물론 여기에는 조선의 자주독립이 전제되어 있었다. 그리고 11월 30일 각급 학교 연합웅변회에서도 김범수·이응수·최원순·안성호 등이 시사문제를 언급하고 자주독립을 위한 민족자결론을 피력했다.

이렇게 학우회는 다양한 형태의 집회를 통해 조선독립을 대중적으로 선전하고 조직의 강화를 도모했으며, 조선독립을 갈망하는 대중적 열기를 응집시켜 나갔다.

(3) 2·8운동

가. 2·8운동

2·8운동은 1919년 2월 8일 오후 2시 재일유학생이 조선의 독립을 목적으로 동경조선기독교청년회관에서 〈독립선언서〉와 〈결의문〉을 낭독함으로써 막이 올랐다.

이 날의 운동은 재일유학생들이 하루아침에 계획하여 갑자기 이루어진 것이 아니며 일어날 수 있었던 요인이 있었다. 첫째로 동경에 유학하고 있었던 학생들은 일찍부터 서로간에 친선을 도모하고 학문을 서로 권할 수 있는 조직을 형성하고, 상당부분 반일운동을 전개하고 있었던 사실, 둘째 재일유학생들이 웅변회·토론회 등을 통하여 민족의 독립문제를 표명하고 민족사상을 보다 심화시켜 왔던 사실을 들 수 있다.

특히 2·8운동 발생의 직접적인 계기는 영국인이 발행한《The Japan advertiser》에 실린, 이승만이 조선대표로 파리강화회의에 간다는 소식과 미국 신한회의 독립청원 활동과 대한인국민회의 활동, 이광수에 의해 상해에서 독립운동이 계획되고 있다는 것, 그리고 본국에서도 불원간 투쟁이 일어날 것 같다는 소식 등이었다. 특히 미주에서의 구체적인 활동은 지용은의 귀국을 통해 그 활동상이 알려졌다.

이렇게 되자 재일유학생들은 운동의 구체적 방안을 준비, 결정하고 실행에 옮기게 되었다. 즉 재일유학생들은 수시로 모임을 갖고 국제문제를 비롯한 시국문제를 논의했는데, 이에 기초하여 당시의 정세를 민족독립을 요구할 수 있는 절호의 기회로 판단했다. 그리하여 자금을 모으고 국내외 민족운동 세력과 연대를 구축하면서 투쟁을 준비해 나갔다.

2·8운동을 지향하며 동경조선유학생들이 움직이기 시작한 1918년 말 당시 재일유학생의 총수는 769명이었고, 그 중 642명이 동경에 집중되어 있었다. 그래서 일제의 심장부인 동경은 당시 유학생 활동의 중심지였고 반일투쟁의 근거지가 되었다.

동경 유학생들을 결집시킨 학우회는 1918년 12월 29일 명치회관에서 망년회를 열었고, 1919년 1월 6일에는 동경기독교청년회관에서 웅변대회를 개최했다. 특히 웅변대회에서 연사로 나선 윤창석·서춘·이종근·박정식·최근우·김상덕·안승한·전영택 등은 당시 정세가 조선 독립운동에 가장 적당한 시기이며 해외동포들도 이미 각각 독립운동의 실행에 착수하고 있다고 전제하고, 우리도 마땅히 구체적인 운동을 시작해야 한다면서 열변을 토하여 장내를 흥분의 도가니로 만들었다. 이날 웅변대회에서는 독립운동의 방법을 둘러싸고 참가한 학생들 사이에 의견이 갈라져 밤늦게까지 논쟁이 전개되기도 했다.

결국 실천방법에 대해서는 임시실행위원을 선출하여 이들에게 일임하기로 결정하고 10명의 임시실행위원을 뽑았다. 임시실행위원으로는 최팔용·전영택·서춘·김도연·백관수·윤창석·이종근·송계백·김상덕·최근우가 선출되었는데 이들 중 전영택이 병으로 사임하고 대신 이광수·김철수가 보충되어 임시실행위원은 모두 11명이 되었다.[26]

선임된 임시실행위원들은 독립운동의 방법으로 〈독립선언서〉를 발표하고, 그것을 일본 각계와 각국 공사관에 송부할 것을 결정했다. 또한 실행위원에 의거하여 朝鮮青年獨立團을 조직하고 이 단의 이름으로 〈선언서〉와 〈결의문〉 및 〈민족대회소집청원서〉를 작성하기로 결의했다. 이렇게 하여 2·8운동의 중심조직인 조선청년독립단이 활동했던 것이다.

1919년 2월 8일 오전 10시 경 이들 조선청년독립단은 〈선언서〉와 〈결의문〉, 〈민족대회소집청원서〉를 각국 대사관 및 공사관과 일본 국회의원·조선총독부, 그리고 동경 및 각지의 신문사와 잡지사, 개별적인 학자들에게 우편으로 발송했다. 그리고 이들의 주도로 오후 2시부터 동경조선기독교청년회관에서 학우회 역원선거를 명목으로 하는 유학생대회가 개최되었다. 여기에는 동경유학생 거의 대부분인 약 600명이 참가했다.

회장 백남규가 개회를 선언하고, 최팔용의 사회로 대회의 명칭을 조선독립청년단대회로 바꾸고 역사적인 독립선언식을 거행했다. 그리고 순서에 따라서 백관수가 〈독립선언문〉, 김도연이 〈결의문〉을 낭독했다.

그런가 하면 2월 8일에 필요한 독립운동 문서는 두 가지 방법으로 준비되었다. 한 가지 방법은 비밀장소에서 백관수 지도로 최원순·정광호 및 학생 10여 명이 복사판으로 관계문서를 준비한 것이며, 다른 한 가지, 특히 〈민족대회소집청원서〉는 일문으로 인쇄할 필요가 있어서 최팔용이 인쇄소에 부탁하여 1,000부를 준비하고 아울러 〈선언서〉와 〈결의문〉을 영문타이프로 준비했다.[27]

---

26) 〈朝鮮人概況〉, 대정 9년(朴慶植 編, 《在日朝鮮人關係資料集成》 1, 三一書房, 1975), 99쪽.

27) 일설에는 〈선언서〉와 〈결의문〉을 600부 등사했고, 청원서는 1,000부 인쇄했다는 기록과 〈선언서〉와 〈결의문〉을 10,000부 등사했다는 기록이 있다. 김성식은 이광수의 〈선언서〉를 최남선이 보았을 것이고, 표현의 순서가 〈2·8선언서〉에 따라 〈3·1독립선언서〉도 작성되었을 것으로 추측한다.

국내와의 관계를 보면, 시위투쟁이 구체적으로 준비되지 않았을 때 최남선이 정노식을 만나서 동경의 2월 8일 시위예정일을 2월 20일로 연기하라는 내용의 전보를 송계백에게 부치라고 말한 데서 짐작할 수 있듯이 양쪽이 미리 조직적으로 투쟁준비를 함께 하지 못했고, 의견이 일치되지 않았던 것 같다. 물론 국내에서도 청년과 학생들이 동경 학생들과 거의 동시에 시국에 관한 논의를 하였던 것도 사실이다. 그러나 이들은 2월 8일경에 실행에 옮기지 않았다.

특히 당시 준비과정에서 청산학원의 윤창석 등은 헤리스가 일본정부의 위촉을 받고, 파리로 가서 한국대표의 활동을 방해할 것이라는 정보를 입수하여 도불을 중지시킨 일도 있었다.[28]

나. 〈2·8독립선언서〉의 함의

이상에서 살펴 본 것처럼 2·8운동은 재일유학생, 특히 학우회·조선청년독립단에 의해 주도적으로 조직, 전개되었다. 이들은 변화하는 세계사 속에서 이념과 사상을 선언과 결의문의 형태로 천명했다. 〈선언서〉에서는 다음과 같은 내용을 담고 있었다.

첫째, 조선민족은 유구한 역사를 갖고 있으며 다른 민족의 실질적 지배를 받은 경우가 없는 민족이라고 하고, 미국과 영국이 일제의 조선침략을 승인한 것을 비판했다.

둘째, 침략의 부당성과 한일합방 후 10년 간의 식민통치를 비판하고 조선독립의 당위성을 피력했다.

셋째, 한일합방 이후 10년 간의 식민통치는 우리 민족의 이해와는 배치된다면서 우리 민족은 자신의 생존권을 위하여 독립을 주장할 수밖에 없다고 했다.

넷째, 국제적인 환경을 볼 때, 일본이 지금까지 청일·러일전쟁을 구실로 한반도에 들어왔던 일이 있었을지라도 자신만의 안정을 위하여 한반도를 점령할 아무런 근거가 없다고 했다.

다섯째, 일본이 한반도에 대한 식민통치를 계속한다면 일본에 대해 우리

28) 김성식, 《일제하 한국학생운동》, 128~129쪽의 각주 39.

민족은 영원히 투쟁할 것이며, 결국은 '동양평화의 禍源'이 될 것이라고 일본에 경고했다.

여섯째, 〈선언서〉는 정의와 자유를 기초로 한 민주주의 선진국의 모범을 따라서 신국가를 건설하고 반드시 세계평화에 공헌할 것이라고 선언했다. 특히 선언문 중에서는 러시아는 이미 군국주의적 야심을 버리고 정의와 자유를 기초로 하고 있다고 신국가의 한 모델로 러시아를 상정하기도 했다.

이렇게 〈선언서〉는 당시의 정세 속에서 기본적인 보편적 세계사의 발전과정에 따라서 새로운 국가 건설의 현실적 요구와 필요를 담아냈으며, 독립의 당위성을 국내외에 선전했다.

다. 2·8운동 이후의 재일조선인 민족운동

2·8운동 주도세력은 3·1운동 때의 초기 주도세력과 달리 강경한 입장에서 끝까지 투쟁할 것을 결의했다.

한편 재일유학생의 구심으로 2·8운동 시기 다수가 가담했던 학우회는 투쟁의 과정에서 조직이 일부 와해되었다. 그러나 이후 재건이 진행되었는데, 1919년 10월 11일 학우회는 조선기독교청년회관에서 임시총회를 열고, 회장에 김달호, 총무에 김준연을 중심으로 새롭게 조직을 정비했다.

일부의 유학생들은 역원구성에 불만을 품고 學友會學生同盟會를 조직하기도 했다. 다시 중앙조직은 개편되어 1920년 6월 회장에 김준원, 총무에 卞熙瑢, 서기는 이창근이 담당했다. 그리고 외사부장에 고지영, 서무부장에 朴衡秉, 편집부장에 박석윤, 변론부장에 이긍종이 각각 임명되었다.

이렇듯 2·8운동은 학우회와 조선청년독립단에 의해 주도되었고, 그 투쟁의 과정 속에서 단련된 대부분의 청년·학생들은 몇몇을 제외하고는 지속적인 반일투쟁의 선봉에 서게 되었다.

이후 2·8운동의 주체는 다양한 위치에서 각각 다른 형태로 반일운동에 헌신하게 된다. 최원순은 국내로, 이광수·최근우·이봉수·손두환·주요한·안승모·류경환·윤창만·오의선·윤보선·고의봉·황환·정근모·정병모 등은 상해로 갔다.[29] 특히 재일유학생의 반일투쟁은 2·8운동이 일어난 이후

---

29) 〈朝鮮人槪況〉(대정 9년), 109~110쪽.

지속적으로 전개되어 갔다. 1919년 2·8운동 이후 일본 유학생들은 재일조선인 내부에 들어가 이들을 계몽하고 각성시켜서 상호부조와 노동조건의 개선을 위해 헌신했다.[30]

가) 동경지역

2·8운동의 다음날인 2월 9일 麴町區 中六番町 조선총독부에서 관할하는 기숙사에서는 서춘·이종근·최승만·김항복 등이 동맹퇴사를 모의하고 80여 명의 기숙사생의 총퇴사 단행을 성공시켰다.[31] 이날 기숙사 입구 앞뜰에서 전 기숙사생이 모여 총퇴사를 결의하고, 한 사람의 이의도 없이 박수로 투쟁을 준비했다.

제2차 2·8운동 계획도 있었다. 유학생들은 2·8운동 3, 4일 후에 日比谷공원 광장에서 제국의회에 독립을 청원하고 후임임원을 선출하기 위해 전유학생대회를 열고, 회장에 이달을 선출하여[32] 기만과 위협으로 무단정치를 자행하는 일본을 규탄하고 조선독립을 선포하는 〈선전문〉을 작성하여 뿌리거나 선동연설을 하기로 했다. 〈선전문〉은 1919년 2월 12일 최승만이 작성하고, 변희용·장인환·강종섭·최재우·최승만이 서명하였으나 사전에 발각되고 말았다.[33]

또한 유학생들은 2월 23일 2·8독립선언에서 요구한 민족대회 소집을 촉진하기 위한 집회[34]와 시위를 계획했고, 변희용·최재우·강종섭·최승만·장인환 등은 검속되었다. 이후 2·8운동의 주체는 지역적·성적·출신성분적 차별성에 따라 각기 다른 형태로 반일운동에 헌신하게 된다. 특히 조선에서 3·1운동이 발발하자 동경의 재일유학생들은 3월 9일 재동경조선청년독립단 동맹휴교촉진부의 명의로 유학생들에게 학교를 동맹휴학하고 귀국하여 본국의 운동에 합류할 것을 호소하는 격문을 띄웠다.[35] 그리하여 2·8운동 이후

30) 강재언, 〈2·8독립선언과 3·1운동〉(《한민족독립운동사》 3, 국사편찬위원회, 1988), 215쪽.
31) 〈朝鮮人槪況〉(대정 9년), 100쪽.
32) 위와 같음.
33) 최승만, 〈2·8독립선언의 실상과 사적 의의〉(팜플렛, 서울YMCA), 4쪽.
34) 〈朝鮮人槪況〉(대정 9년), 100쪽.
35) 위와 같음.

5월 15일까지 본국에서의 운동에 참가하기 위하여 많은 유학생들이 귀국했다. 일본경찰의 조사기록만 보더라도 이 기간 동안에 귀국한 조선인 총수는 491명이었고, 그 가운데 유학생만 359명이었다.[36)]

한편 2·8독립선언이 있은 1년 뒤인 1920년에 김준연·최승만·박승철·서상국 등은 〈2·8독립선언 1주년기념축하문〉을 작성하여 대한민국임시정부와 국내에 발송하여 독립의 기세를 올리려고 하다가 일본경찰의 감시로 소기의 목적을 달성하지 못했다.

1921년 11월 워싱턴에서 군비축소·중국문제·태평양문제에 관한 국제회의가 열리자 11월 5일 학우회는 임시총회를 가장해서 조선기독청년회관에서 모여 조선청년독립단의 대표 이동제·김송은·문원성·이흥삼·전민철의 이름으로 〈선언서〉와 〈결의문〉을 발표했다.[37)] 여기에서는 세계평화와 조선문제의 관계를 거론함에 있어 '조선 독립이 극동평화와 세계평화의 원동력'임을 확인하고 있다.

나) 오사카지역

3·1운동 이후 오사카에서도 시위운동이 준비되었고 이 계획은 기밀이 누설되어 큰 성과를 거두지는 못했지만, 그 내막이 오사카지방 신문에 대서특필됨으로써 조선인의 독립시위가 끊이지 않고 계속되고 있다는 점을 알리는데 그 역할을 다했다.[38)]

특히 3·1운동의 소식을 접한 염상섭은 오사카에서 이경근·백봉제·고영순·권태형·김시창·김형식·호정호 등과 만나 시위를 공동계획했으나 동의가 없었다. 이에 염상섭은 변희용의 도움으로 자금지원을 받고 자신이 기초한 〈선언서〉와 〈격문〉[39)]을 갖고 이경근과 백봉제를 만나 이들의 도움으로 복제했다.

염상섭은 오사카의 공장지대를 돌며 〈격문〉과 붉은 완장을 돌리고 3월 19일 오후 3시에는 오사카 天王寺공원에서 〈조선독립선언서〉 230매와 〈격문〉

---

36) 〈朝鮮人概況〉(대정 9년), 101쪽.
37) 〈在京朝鮮留學生概況〉, 325쪽.
38) 정혜경, 앞의 책, 87쪽.
39) 〈朝鮮人概況〉(대정 9년), 107~108쪽.

1매, 일문 〈조선독립선언서〉 13매를 휴대하고 시위를 주도했다. 이 자리에서 그는 조선인들에게 〈조선독립선언서〉를 나누어 주고 내각총리대신·중앙위원장·신문사·대학교수 등에게 보내는 〈선언서〉를 낭독하고 경찰에 체포되었다.[40]

'재대판한국노동자일동 대표 염상섭'의 명의로 발표된 〈선언서〉는 자유와 자각 그리고 독립에 대해 강조하고 민족자결주의를 천명하며, 일본이 주장하는 동조동근이나 일선동화가 억측임을 지적했다. 아울러 독립을 선언하는 명분과 근거로서 조선인의 자각과 자유에 대한 열망을 들고 있다.[41]

이 사건은 2·8운동의 연결선상에서 오사카지역 재일조선인이 중심이 된 운동으로 1920년대 오사카지역 재일조선인 민족해방운동의 기원이 되었다.

한편 1919년 6월 후쿠오카현 치쿠호(筑豊)지방의 탄광에서 일어난 조선인 갱부의 쟁의가 3·1 운동의 영향을 받아 일어났던 것은 잘 알려져 있다.[42]

(4) 1920년대 일본지역 민족해방운동

가. 1920년대 초 재일조선인 민족해방운동

1919년 3·1운동 이후 국내에서의 반일투쟁의 지속적인 전개와 함께 일본에서도 재일조선인들은 단체를 중심으로 보다 활발하게 민족운동을 전개했다.

발전기의 단체 중심의 재일 조선인운동이 본격화된 사건은 니가타현(新潟縣) 朝鮮人勞動者虐殺事件이었다. 1922년 7월 니가타縣 수력발전소 건설현장에서 일하던 조선인 노동자 100여 명이 학살된다. 이 사건이 발생하자 국내와 일본에서 진상을 조사하고, 일제의 만행을 규탄하면서 동시에 조선인 단체를 조직했던 것이다. 그 결과에 기초해 1922년 토쿄와 오사카에서 朝鮮人勞動同盟會가 결성되었다.

1920년대 전반 재일조선인 조직 가운데 활동성이 강한 사상단체 조직으로는 黑友會·東京朝鮮靑年同盟會·北星會·日月會·朝鮮女子三月會·新興科學

40) 《매일신보》, 1919년 4월 21일.
41) 국사편찬위원회, 《한국독립운동사》 3, 963쪽.
42) 朴慶植, 《在日朝鮮人運動史－8.15解放前－》(三一書房, 1979), 63쪽.

研究會・朝鮮무산자사회연맹・조선인신진회・재대판고려무산청년동맹・재일본배달소년단・堺조선인노동동지회청년단・계림무산청년동맹・조선노동청년단・兵庫縣조선무산동맹 등이 있었다.[43] 이 가운데 1920년대 초 사상단체운동의 중심적 역할은 북성회・일월회가 수행했다.

가) 북성회

北星會는 흑도회가 1922년 11월 아나키스트와 볼세비키로 분화되어 金若水・金鍾範・宋奉瑀・李如星・安光泉 등 60여 명이 조직했다.

북성회의 활동은 크게 국내와 일본지역에서의 내용으로 나누어 볼 수 있다. 국내에서는 조선 내 순회강연회・토요회・건설사・북풍회 등의 조직을 들 수 있다. 북성회의 조직원들은 정치적 활동무대를 찾아 조선으로 돌아왔다. 과거의 유대관계를 계속 유지하다가 상당수가 1924년 11월 25일 13인의 핵심적 활동가들을 중심으로 북풍회를 조직했다.

나) 일월회

日月會는 북성회의 계속 조직으로 1925년 1월 3일 결성되었다. 이 조직의 상당수는 在日本朝鮮勞動總同盟・三月會・在東京朝鮮無産青年同盟 등의 간부를 겸하면서 조직을 지도・원조했다. 1926년 11월 28일 일월회는 해체되고 政治俱樂部를 조직했다.

재일본 조선민족해방운동을 내용적으로 지도하던 일월회내에는 혁명사의 구성원이 들어가 활동했으며 혁명사 토쿄책임은 허장환이었다. 일월회는 1926년 3월 19일 〈분열으로부터 통일에〉라는 팜플렛을 발행했다.[44]

여기에서 다시 한번 통일의 필요성을 강조했고 《사상운동》을 통해서 원칙적인 이론투쟁을 제기했다. 1926년 11월 12일 일월회는 재일본조선노동총동맹・동경조선청년동맹・삼월회 등의 간부들과 함께 정우회・前進會와의 항쟁에 대한 박멸과 성명을 발표하기로 결정했고, 선언에서 파벌주의의 박멸에

---

43) 朴慶植, 위의 책, 105쪽.

44) 〈社告〉(《사상운동》 3-4, 1926), 40・37쪽.
日本內務省警察局保安課, 〈大正十五年中ニ於ケル在留朝鮮人ノ狀況〉(朴慶植 編, 《在日朝鮮人關係資料集成》 1), 212쪽.

대해 언급했다.

일월회의 자매여성단체로 삼월회가 1925년 3월 李賢卿·황산덕 등이 중심이 되어 조선무산계급과 여성해방을 목적으로 조직되었다.

다) 관동대지진과 재일조선인

1923년 9월 1일 정오 2분전에 관동대지진이 일어났다. 이로 인해 일본 관동지방에 20만 명 이상의 이재민이 발생하고 1백억 원 이상의 재산피해를 입었다.

관동대지진이 일어나자 수많은 조선인이 학살당했다. 사이토(齋藤實)총독은 일본의 각 신문에 관동지방에서 살고 있던 조선인은 노동자 3천명, 학생 3천명, 합계 6천명으로 이 가운데 조사결과 살해당한 사람은 2명뿐이라고 했다.[45] 사실의 은폐는 일본정부의 발표에서도 마찬가지로 일제는 1923년 11월 15일 현재 피살자 233명, 중상 15명, 경상 27명으로 발표했다.[46]

김승학의 조사에 따르면 학살된 조선인은 관동 전체에서 6,661명이었다.[47] 최소한 6천명 이상이 학살당한 관동대지진 당시 조선인이 학살당하게 된 요인은 유언비어였다. 허무맹랑한 내용들이 많았던 날조된 유언비어는 일본국민 사이에 빠른 속도로 유포되었다. 1923년의 조선인 학살사건은 일본정부의 유언비어에 일본민족이 넘어가 관동대지진을 빌미로 조선인을 학살한 것이었다.

이러한 상황에도 불구하고 재일조선인 운동조직은 적극적인 활동을 하지 못했다. 재일조선인 가운데에도 선진적인 활동가들은 투옥되거나 감금상태였기 때문에 학살사건에 대한 전술도 없었고 규탄운동을 할 체제도 갖추지 못했다. 물론 일본노동자와의 국제적 연대도 무의미한 것으로 되고 말았다. 그들에게 연대의식이란 평상시 일상적인 수준에 머문 것이었다.

1923년 학살 이후 죽을 고비를 넘긴 조선인들은 소실을 면한 유일한 조선인단체였던 천도교청년회 사무실에 모였다. 예정없이 모인 사람들은 제출된

---

45) 김건, 〈학살〉(《한국독립운동사》 3, 국사편찬위원회, 1976), 984쪽.
46) 자세한 내용은 김인덕, 〈관동대지진, 조선인 학살의 현장〉(《한국과 일본, 왜곡과 콤플렉스의 역사》 1, 자작나무, 1998).
47) 《독립신문》, 1923년 12월 5일.

문제에 대해 논의를 계속하여 10월 상순 東京地方罹災朝鮮人救濟會를 결성하고 조사사업에 착수했다.

한편 相愛會의 朴春琴은 조선인이 무참히 학살당한 상황임에도 불구하고 학살의 주범인 경시총감 아카이케(赤池濃)을 방문했다. 이 자리에서 박춘금 등의 상애회 일파는 경시총감이 그들의 신변을 보호해줄 수 없다고 언급했음에도 개의치 않고 오히려 선두에 서서 조선인과 일본인의 화합을 과시하듯 지진 뒷정리의 일환으로 동경 시내를 청소했다. 이후 이들 반동주구단체 상애회 일파는 일제의 지원하에 발전을 거듭했다.

1923년 조선인 학살로 재일조선인 운동은 일시 후퇴했다. 그러나 학술문제를 중심으로 결집하기 시작한 조선인은 빠른 속도로 조직들을 결성했다. 반인륜·반민중적 학살을 경험한 재일조선인은 반일투쟁을 조직적이고 활발하게 전개하기 시작했다.

나. 1920년대 후반 재일조선인 민족해방운동

국내 대중운동의 고양과 함께 재일조선인 민족해방운동도 일본 전역에서 활발해졌다. 이에 따라 지역 단위에서의 조직적 성과에 기초해 전국적인 대중 조직들이 나타나기 시작했다.

가) 재일본조선노동총동맹

재일조선인 노동운동단체는 초기의 상호부조와 친목을 목적으로하는 경향에서 노동자계급의 성장과 함께 계급해방을 내건 조직으로 성장해 갔는데 가시적 산물이 재일본조선노동총동맹이었다. 이 단체는 1925년 2월 22일 오전 10시 조직되었다

재일본조선노동총동맹은 기존의 각종 조선인단체를 통일하여 대중을 단결시켜낸다는 단체 가입의 원칙 아래 12개 단체 800명으로 출발했다. 재일본조선노동총동맹은 조직확대가 계속되어 1925년 10월 1220명의 조합원을 가진 조직으로 성장했다. 물론 그 이전에 동맹회 조직들이 존재하여 재일조선인 노동자들을 조직했던 것은 잘 알려져 있다.

재일본조선노동총동맹의 활동은 일월회의 지도와 기타 대중단체와의 공동으로 행해졌다. 재일본조선노동총동맹이 결성된 1925년에는 조선수해 이재민

구제운동과 小樽高等商業學校 군사훈련사건 규탄운동이 있었다. 이와 함께 三重縣壓殺事件에 대한 조·일연대투쟁이 있었다. 재일본조선노동총동맹은 1926년 2월 10일 삼월회·재동경조선무산청년동맹회·일월회와 공동으로 이 사건에 대해 일본의 무산계급에게 연대투쟁할 것을 호소했다.

재일본조선노동총동맹은 일본지역에서의 방향전환을 외형상 주도해 갔다. 재일본조선노동총동맹 정치부는 1927년 1월 12일자로 〈방향전환에 관한 선언〉을 발표하고, 민족적 단일정당의 결성을 선동했다.

1926년이래 재일본조선노동총동맹의 중앙간부들은 조직의 개편에 대해 고민하다가 당시 합동조합에 지나지 않던 각 조합을 산업별 혹은 직업별로 정리하려고 했다. 그러나 사회적 조건이 허락하지 않아서 보류하고 당분간 지역정리에 노력했다.

방향전환론이 대두한 이후 최초의 대회인 재일본조선노동총동맹 제3회 대회가 1927년 4월 20일 열렸다. 대회는 선언과 신강령을 채택했다. 선언은 민족·계급적 차별의 상황을 설명했는데, 다음과 같다.

> 우리의 노동생활은 일본의 노동자에 비하여 거의 특수한 취급을 받고 있다. 민족적 차별과 학대는 우리에게 이중의 질곡이다. 그리고 우리 대부분은 자유노동자이기 때문에 조합의 형태는 직업별·산업별 기준을 갖는 것이 불가능했다. 뿐만 아니라 우리 대다수는 언어가 불통, 감정이 다르고 습관이 상이하며 지식의 부족 등 여러 가지 조건에서 일본노동조합에 직접 참가하는 것이 사실상 불가능하다.

재일본조선노동총동맹은 내부에서는 자유노동자만으로 한정하고 공장노동자는 일본노동조합평의회에 가입하기로 하는 의견도 있었으나 민족별 차별 등 특수한 조건을 무시할 수 없다는 견해가 채택되었다. 제3회 정기대회 이후 재일본조선노동총동맹은 각지에 분산적으로 조직된 조합을 정리·통합하려는 '1府縣 1組合' 원칙을 수립했다. 개편된 조직은 최고기관으로 재일본조선노동총동맹 중앙이 있고, 각 부현에 조합이 있으며, 그 아래에는 지부를 설치했다.

재일본조선노동총동맹 제4회 대회는 1928년 5월 13, 14일 양일간 東京帝國

大學 셋츠루멘트 대강당에서 열렸다. 이 대회에 대해 조선공산당 4차당 일본총국은 조직적인 준비를 했다. 당시 朝鮮共産黨日本總局의 대책은 ① 간부의 전형, ② 신간회 지도문제 논의, ③ 대판조선노동조합 분쟁의 해결, ④ 기관지 발간, ⑤ 대회결과의 정리 등과 같았다.

당시 재일본조선노동총동맹의 간부는 조선공산당 4차당이 장악하여 재일본조선노동총동맹의 주도권을 일본총국이 잡았다. 제4회 대회는 오사카사건의 처리와 함께 일반정세보고와 12개안의 토의가 있었다. 이와 함께 제4회 대회는 산업별 조합의 조직에 대해 토의했다. 당시에는 실현되지 않고 있다가 이후 '1산업 1조합주의'로 본격적으로 나아감에 따라서 실현되었다.

재일본조선노동총동맹에 있어 제4회 대회는 재일본조선노동총동맹을 노동조합으로 확인한 대회였다. 그러나 자유노동자 중심의 재일본조선노동총동맹은 공장노동자의 경우도 대부분이 가내, 영세 사업장 취업노동자이기 때문에 산업별조합으로의 재편은 현실적인 어려움이 많았다. 1928년 9월 재편성 지령이 내려졌으나 실시되지 못했고 지역별 조직의 실체는 변하지 않았다.

한편 제3회 대회 이후 재일본조선노동총동맹은 조선공산당 3차당 일본부 조직의 강화와 이에 따라 대중적 정치투쟁을 전개했다. 1927, 1928년 재일본조선노동총동맹의 활동의 대강을 보면 다음과 같다. 먼저 1927년의 경우, 첫째 각 조합을 지역단위에서 정리하여 과거의 소규모 조직을 전부 해체하여 1府1縣에 단일조합을 설치하여 대중의 자연생장적 소결합체를 의식적 결합체로 상승시켰다.

둘째 조합의 활동분자들의 교육을 강화했다. 재일본 조선노동자는 70% 이상이 문맹으로 계몽사업이 대단히 중요했다. 구성원들은 조합활동의 의의와 한계 등에 대해 무지한 상태여서 강사의 파견, 교재의 제작 그리고 강좌의 설치로 교양을 실시했던 것이다. 셋째 조·일 연대를 계속적으로 강화해 갔다.

넷째로 전민족적 단일당 결성운동을 적극적으로 전개했다. 조선인 노동자의 일부로 일본의 노동시장에 고립되어 있는 재일조선인 노동자는 전민족적 단일당 결성운동에 참가했다. 조선인의 문제는 단순히 경제투쟁에 국한해서는 해결을 볼 수 없고 정치운동을 긍정하고 전민족적 단일당 결성을 주저없이 결성함으로 가능하다는 것이었다.

이러한 재일본조선노동총동맹의 1927년 활동 가운데 주목할 만한 것은 조선총독부 폭압정치 반대운동이다. 이것은 지부의 연설회·강연회 등을 통해서 전개되었다. 이를 통해 재일본조선노동총동맹의 민족적 정치세력화가 보다 강화되었는데, 조선총독 폭압정치 반대운동에만도 전국적으로 1년간에 23회의 연설회, 14회의 시위, 40회의 삐라 살포가 있었다.

1928년 재일본조선노동총동맹은 지역 단위조직의 활성화에 따라 지부·반 조직의 강화가 눈에 띤다. 이 가운데 동경과 오사카지역의 조선인 노동조합은 재일본조선노동총동맹 산하조직으로 조선공산당 일본총국의 플랙션에 의해 지도되었다.

재일본조선노동총동맹 중앙은 1928년 활성화된 지부·반 조직을 통해 민족해방운동을 보다 강력하게 전개했다. 조선 내의 탄압, 간도공산당사건에 대한 항의 등이 삐라로 선전되었고, 7, 8월에는 국치기념일, 관동대학살 기념일에 즈음하여 일본의 조선지배 전체를 비판하고 정치적 선전을 대대적으로 수행했다. 그리고 삼총해금운동과 1927년 이후 계속된 조선총독부 폭압정치 반대운동이 있었다.

국내와의 지속적인 연대와 지지투쟁을 계속하여 하의도 소작쟁의 때에도 조선농민총동맹과 연락하여 지원을 아끼지 않았고, 6월 부산 전차스트라이크에 대해서도 선전활동을 전개했다.[48]

1929년에도 재일본조선노동총동맹은 원산총파업 지지 활동을 전개했고, 나아가 관북이재민 구원을 위해서 朝鮮水災神奈川縣救濟會를 조직해 활동했다. 이후에는 이와사키(川崎), 히가시 요코하마(東横濱) 등에 분회가 조직되었고 국내 동포의 참상이 널리 알려졌다.[49]

나) 조선공산당 일본부

조선공산당은 1925년 4월 17일 창건되었다. 이것을 소위 1차당이라고 한

---

48) 金浩永, 〈釜山電車乘務員の罷業を勝たせろ〉(《進め》, 1928년 7월).

49) 神奈川縣조선노동조합본부, 〈神組 ニュース〉 10(내무성 1928년 11월 13일 압수 문건, 早稻田大學 마이크로필름실 소장).

다. 조선공산당 1차당 시기 일본에는 일본부가 설치되는데, 이 조직은 崔元澤이 책임을 맡았다. 최원택의 지도로 金燦·이석·金正奎로 야체이카가 조직되었다. 조선공산당 1차당 시기 일본부는 당시 일본지역의 재일조선인의 여러 조직과 공산주의 세력을 묶어 내지는 못했다.

조선공산당 2차당은 제3회 중앙집행위원회에서 일본부 책임자로 김정규를 선정하여 그에게 일본부조직에 관한 모든 지령을 내렸다. 조선공산당 2차당이 일본부를 설치한 목적은 조선 내 기타 조직과 연락하며, 아울러 일본의 공산주의자들과 연락하는 것이었다. 또한 일본부 책임비서에게 일본에서의 당원신분, 야체이카조직, 당 사업에 관한 모든 권한을 부여했다.

조선공산당 2차당 시기에는 일본내에 공산주의적 경향을 갖은 청년학생들의 서클적 모임은 있었으나 아직 당조직 안에 高麗共產靑年會 일본지부가 조직되지는 못했다.

일월회계의 국내 진출과 함께 일본부는 조선공산당 3차당 안광천 책임비서 때 부활되었다. 안광천은 일월회 시기 함께 활동했던 사람들을 중심으로 일본부를 재건했다. 책임비서 朴洛鍾으로 조직된 일본부는 일월회에서 활동하던 다수가 포진하고 있었다.

조선공산당 3차당 일본부는 매월 한번씩 개최된 간부회의를 통해 중요사항을 의결·수행했다. 일본부에 소속되어 있던 조선공산당원들은 지역적 특이성과 인텔리적 성향, 공산주의 이론흡수의 상대적 선진성 때문에 조선공산당 중앙의 전술과 활동에 대해 비판적이었다. 일본부의 구성원은 조선공산당 중앙의 계급투쟁의 선명성이 보장되지 못한 가운데 당의 지도정신이 혼란함을 가장 먼저 지적하고, 이론과 실천의 결합을 위한 이론학습과 신간회를 통한 민족해방운동을 제안했다. 일본지역에서는 조선공산당 3차당 시기에 와서 재일조선인 조직운동이 강화되어 처음으로 고려공산청년회가 조직되었다.

조선공산당 3차당 일본부의 주요한 활동은 조직의 확대 강화와 유학생과 재일조선인 노동자에 대한 선전활동이었다. 조선공산당 3차당은 "노동자는 전민족운동의 선두가 되자", "모든 힘을 신간회로"라는 슬로건을 제기했다. 조선공산당 3차당 시기 일본부 야체이카는 각종 노동단체와 공장 안에 들어가 조직사업을 전개해 동경·오사카·교토·요코하마에 60명의 당원을 포섭했다.

한편 국제공산당의 지도를 받는 지역당은 상대적인 독자성을 가지며 동시에 지역적 특수성에 따라서 활동을 전개했는데 조선공산당 일본부도 일본공산당과 연계관계를 갖고 있었다. 조선공산당 일본부 조직에 대한 일본공산당과 사회주의자의 관심은 일정하게 존재했고 특히 1, 2차 조선공산당에 대한 공판이 임박하자 여기에 직·간접적으로 관여했다.[50]

조선공산당 4차당 중앙은 일본총국과 만주총국을 설치했다. 이에 따라 조선공산당 3차당 일본부는 일본총국으로 1928년 4월 경 재건되었다. 5월 조선공산당 4차당 책임비서 차금봉의 지령에 따라 조선공산당 일본총국의 간부가 결정되었다.

조선공산당 4차당 시기 고려공산청년회 제2회 중앙집행위원회는 1928년 3월 고려공산청년회 일본부 간부로 책임비서에 印貞植을 선정했다. 그리고 關東部와 關西部를 설치했고, 다시 관동부를 東京區와 橫濱區로 나누었다. 일본총국 한림책임비서 시기의 당 플랙션은 재일본조선노동총동맹, 신간회 동경지회, 동경조선노동조합 등에 설치되었다. 조선공산당 일본총국의 활동은 이전과 마찬가지로 조직의 강화와 계급의식의 고양, 반일사상의 고취에 중점이 두어졌다. 그리고 선전활동을 통해 당원의 획득과 당세의 확대에 노력했다. 따라서 대부분의 활동은 주로 일본총국과 대중단체인 재일본조선노동총동맹·재일본조선청년동맹 중앙 그리고 각 지부·반의 플랙션을 통해 전개되었다. 조선공산당 일본총국은 당 중앙의 민족해방운동에 있어서의 프롤레타리아 헤게모니 쟁취와 신간회 전술에 주목했다.

다) 동경조선무산청년동맹회

일본에서는 1920년대 초부터 전술했듯이 동경·오사카 등지를 중심으로 사상·청년단체가 계속적으로 결성되었는데, 1925년 1월 기존의 朝鮮無産靑年會·東京朝鮮無産靑年同盟이 합동하여 동경조선무산청년동맹회가 되었다.

---

50) 〈再び捕縛された朝鮮共産黨員に對する大衆的釋放運動を起こせ!!〉(《赤旗》3, 1928년 3월).

白武·李如星·안광천 등이 주도한 이 조직은 회원자격을 25세로 한정했다.

동경조선무산청년동맹회는 1926년 11월 일본에서 무산정당운동이 활성화되자 널리 청년을 규합하여 공동전선을 조직하기 위해 '무산'의 두자를 빼고 '동경조선청년동맹'으로 개칭했다. 이밖에도 오사카의 대판고려무산청년동맹이나 효고(兵庫)의 兵庫縣조선무산동맹의 경우도 개칭하여 지역청년운동의 구심으로 그 역할을 수행했다. 한편 삼일청년회가 오사카에서 활동했다.

동경조선무산청년동맹회는 조직적인 연계와 제휴를 통해 활동을 전개하며 1926년 1월부터 기관지 《청년조선》(월간)을 발간했다. 동경조선무산청년동맹회는 강령의 실현을 위해 선전활동을 지속했던 것이다.

라) 동경조선청년동맹

재일본무산청년동맹은 박천을 위원장으로 고학생과 무산청년을 중심으로 1925년 조직되었다. 이 조직이 1926년 겨울 개칭하여, 일월회의 해체와 함께 일월회의 회원으로 25세 이하의 다수 청년이 가입하여 東京朝鮮青年同盟으로 새롭게 발족되었다.

발족 이후 동경조선청년동맹은 조선청년총동맹에 가맹했다. 조선청년총동맹은 조선청년운동의 최고기관으로 중앙이 경성에 있었고 각 도에 도연맹, 군에는 군동맹이 결성되었다. 동경조선청년동맹은 조선 내의 府·縣동맹과 같은 자격의 단위단체였다.

동경조선청년동맹은 재정상의 어려움에도 프린트로 기관지 《청년조선》을 속간했는데, 이 기관지는 단순한 재동경조선청년동맹의 기관지에서 전국적 청년신문으로 발전할 전망을 갖고 있었다.

동경조선청년동맹의 활동은 다른 재일조선인 민족해방운동조직보다 계급적 입장을 분명히 했다. 특히 이 조직은 사회과학의 교양에 필요한 강좌와 강연회·독서회를 주로 개최했으며, 연대 투쟁도 활발히 전개했다.

마) 재일본조선청년동맹

지역에서 청년운동의 조직화에 따라 재일조선인 청년운동단체도 전국적인 조직전망을 갖게 되었다. 재일본조선청년동맹은 이에 따라 준비위원회의 활동에 기초하여 1928년 3월 21일 오후 6시 오사카 天王寺 공회당에서 창립대회를 열어 결성되었다.

在日本朝鮮勞動總同盟의 결성과 함께 청년운동진영의 조직은 보다 강화되어 동경·오사카·교토의 조선청년동맹이 지부로 변경하여 조직내에 들어왔다.[51] 그리고 1929년 4월에는 효고지부가 결성되었다.

재일본조선청년동맹은 재일본조선노동총동맹과 가장 긴밀한 우의관계를 유지하고 있었다. 특히 간부들은 양쪽의 역원을 겸임하는 사람이 많았다. 실제로 재일조선인 민족해방운동에서 공산주의계를 대표하는 2대 세력 중의 하나가 되었다.

이 조직에는 조선공산당 일본총국 고려공산청년회 플랙션이 들어가 있었다. 이들의 지도로 실제 투쟁은 조직되었는데,[52] 특히 기관지를 통해 조선총독부의 삼총해산음모에 반대하여 해금운동에 궐기할 것을 호소하고 치안유지법 개악, 조선 증병과 중국출병반대, 식민지 노예교육 반대에 일어난 조선의 학생동맹휴학투쟁 지지 등을 표명했다.

이상과 같은 1928년 시기 재일본조선청년동맹은 재일본조선노동총동맹과 함께 4대 기념투쟁과 조선총독 폭압정치 반대운동, 삼총해금운동, 삼단체 해산 반대운동, 치안유지법개악 반대운동, 조선 증병·경찰 증치·중국출병 반대운동,[53] 그리고 식민지교육 반대운동과 특히 국제연대조직 사업과 투쟁 등을 전개했다.

바) 학우회

1920년대 학우회는 상당수의 구성원들이 재일조선인 유학생단체, 예를 들면 조선기독교청년회·조선학회의 주요 구성원으로 되어 있었다.

조선기독교청년회와는 이명동체라고 할 수 있는 학우회는 1925년 일월회계의 한림에 의해 조직이 장악되어, 기존의 민족주의적 색채를 일정하게 벗었다. 학우회가 합법적 대중단체이기 때문에 다수가 재일조선인 단체에 이중, 삼중으로 소속되어 있었다. 특히 학우회는 1920년대 중반 이후 재일본조

---

51) 《대중신문》, 1928년 4월 1일(朴慶植 編, 《朝鮮問題資料叢書》 5), 388쪽.
52) 〈재류조선인운동상황〉(朴慶植 編, 《在日朝鮮人關係資料集成》 2-1, 1930), 137쪽.
53) 〈조선청년총동맹 재일본조선청년동맹 대판지부 東南반 반보〉 1(내무성 1928년 8월 15일 압수문건, 早稻田大學 마이크로필름실 소장).

선인노동총동맹·동경조선무산청년동맹회·재일본조선청년동맹·일월회·신흥과학연구회 등과 긴밀한 관계를 갖고 있었다.

학우회의 사업은 주로 대중사업이 많은 부분을 차지했다. 이 가운데 강연회·연구회·운동회·웅변대회·환영회·환송회·축하회 등을 통해서 대중교양과 계몽활동을 전개했으며, 이를 통해 공산주의와 반일투쟁사상을 선전·선동했다.

재일조선인 유학생운동은 1920년대 초에 주로 학우회와 각종 동창회 등을 중심으로 운동이 전개되었다. 이와 달리 1920년대 중반 이후에는 학우회 활동이 침체되면서 신흥과학연구회를 비롯한 공산주의계의 유학생 운동단체가 선진·전투적인 투쟁을 주도했다.

사) 신간회 일본지역 지회

1927년 5월 7일 早稻田대학 스콧트홀에서는 新幹會 東京支會가 창립되었다. 이렇게 동경에 신간회 지회가 빨리 설립될 수 있었던 것은 민족단일당을 결성하려는 움직임이 국내와 연결되어 동시에 전개되었던 점과 지속적으로 공동투쟁이 동경지역에서 전개되어왔기 때문이다.

신간회 동경지회는 1928년 초 본부와 대립했다. 그 계기는 대회금지에 대한 대응방식의 차이에서 기인했다. 또한 동경지회의 기관지 발간을 놓고도 본부와 대립했다. 동경지회는 1927년 성립된 이후 기관지 발행을 계획했고,[54] 제2회 대회에서도 결의되었으며 그 해 6월 내지는 8월에는 동경지회의 기관지로 《신간신문》이 준비되었다. 그러나 결국 본부의 발간중지 명령으로 햇볕을 보지 못했다.

신간회 동경지회에는 조선공산당 일본총국 당 조직 개편 때인 1928년 4월, 韓林·姜小泉이 플랙션으로 활동했고, 6월에 가서는 서인식·임종웅으로 개편되었다.[55] 특히 신간회 동경지회는 조직 초부터 무정부주의계의 재일조선인단체와는 조직적, 개인적으로 거의 연대를 구축하지 않았는데 이후에도 무정부주의계와는 계속 대립관계였다.

54) 《중외일보》, 1927년 7월 20일.
55) 〈1929年の共産主義運動〉(金正明 編, 《朝鮮獨立運動》 4), 38~39쪽.

비타협적 민족주의세력과 조선공산당이 연대하여 결성한 신간회는 동경지회의 경우 대부분의 활동을 재일본조선노동총동맹·조선인단체협의회 등 다른 단체와 공동으로 전개했다. 조직 이후 신간회 동경지회의 활동은 다음과 같다. ① 반동단체 민중회 박멸운동, ② 관동대지진 학살동포 추도회, ③ 조선총독폭압정치 반대운동, ④ 조선공산당사건 비공개공판 반대운동, ⑤ 자꼬 반제티 사형처분 반대운동, ⑥ 중국시찰단 조선대표 파견운동, ⑦ 국치일 기념운동, ⑧ 러시아혁명 기념운동, ⑨ 조선인대회 소집, ⑩ 西神田署 고문사건 항의 등이었다.

신간회 동경지회는 대중투쟁의 장소를 제공하기도 했다. 1927년 9월 17일 신간회 동경지회 회관에서 조선총독폭압정치반대관동지방동맹이 결성되었다. 여기에는 재일본조선노동총동맹·신간회 동경지회·학우회 등과 동경조선청년동맹·동경조선여자청년동맹·동경조선노동조합·동경조선노동조합 4지부·신흥과학연구회·협동조합운동사·여자학흥회의 모두 14단체가 참가했다.[56] 조선총독폭압정치반대관동지방동맹은 1927년에 결성된 조선인단체협의회에서 아나키즘계를 제외하여 구성되었으며, 결국 신간회 동경지회와 같은 구성이었다.

1929년 신간회 동경지회는 개별 단위운동을 조직하며, 투쟁을 지속했는데, 주요한 투쟁목표는 다음과 같다. ① 도일저지 반대, ② 거주권 확립, ③ 삼총해금, ④ 언론·출판·결사·집회의 자유 획득, ⑤ 〈치안유지법〉 제령 제7호의 철폐운동, ⑥ 이민 반대운동, ⑦ 증병증경 반대운동, ⑧ 민족적 차별배척 및 특수 폭압 반대운동, ⑨ 부당 금족·구인·검속·불법감금 및 고문경찰 반대운동, ⑩ 학교 내 사법경찰 간섭 반대운동, ⑪ 내선융화 기반정책 반대운동, ⑫ 해방운동 희생자 구원운동, ⑬ 정치적 자유획득, 노동동맹 지지 등이었다.[57] 이러한 활동은 재일본조선노동총동맹과 재일본조선청년동맹과의 긴밀한 유대 속에서 진행되었다.

실제로 신간회 동경지회의 1929년의 주요 활동은 원산총파업을 지지하는 격려 전보를 발송한 것, 3·1기념일·국치기념일 연설회 등이 있었다. 그리

56) 《동아일보》, 1927년 9월 22·24일.
57) 독립운동사편찬위원회, 《독립운동사자료집》 별집3, 85~86쪽.

고 제3회 대회의 준비 이외에 1929년 9월 조선인 노동자 강제송환에 대한 항의 활동지령을 본부로부터 접수한 것 말고는 1931년 신간회 해소 때까지 활동을 확인할 수 있는 자료가 없다. 신간회 일본지역 조직은 토쿄·나고야·오사카·교토지회가 있었다.

아) 근우회 동경지회

민족단일당을 조직하려는 움직임에 따라 조직된 신간회 일본지역 지회와 함께 근우회 일본지역 지회도 결성되었다.

근우회 동경지회의 창립대회는 기독청년회관에서 1928년 1월 21일 열렸다. 이 조직은 신간회 동경지회가 쓰는 사무실을 함께 쓰고 있었다. 따라서 중요한 조직·활동의 내용은 상당 부분 신간회와 함께 했다. 특히 본부와 동경지회 간의 대립에서도 횡보를 함께 했다.

근우회 동경지회는 1929년 6월경부터 내분으로 활동에 많은 장애가 초래되었다. 동경지회는 1929년 이후에는 실제활동의 기록이 보이지 않다가 신간회 동경지회의 자연해산과 함께 조선 내 근우회의 해체를 기다리지 않고 일본 각지의 지회와 함께 해산했다.

동경지회의 활동에 있어 특기할 만한 것은 1928년 3월 18일부터 전개한 여성문제 대강연회였다. 이 모임은 재일조선인 대중단체의 적극적인 지지와 찬조에 의해 전개되었다.[58] 이 자리에는 재일본조선노동총동맹·신간회 동경지회·동경조선노동조합·학우회·프로예술동맹 동경지회·신흥과학연구회·재일본조선청년동맹·三總解禁同盟 등의 찬조연설이 있었다.[59] 이와 함께 일본지역 근우회 조직은 교토지회·오사카지회가 있었다.

자) 조선인단체협의회

朝鮮人團體協議會는 정우회선언 이후 국내 및 일본에서의 통합운동의 결과 1927년 2월 19일 결성되었다.

재일조선인 민족해방운동 단체들은 3·1 기념투쟁·국치일 투쟁·관동대

---

58) 《대중신문》, 1928년 4월 1일.
《동아일보》, 1928년 4월 14일.
59) 早稻田大學 마이크로필름실 소장.

지진・조선인학살 추도회 등을 전개했고, 이것이 조선인단체협의회 결성의 토대가 되었다. 조선인단체협의회는 형식과 실제에 있어 신간회보다 광범위한 조직으로 주의・주장이 다르더라도 조선인으로 조선민족의 해방을 희구하는 단체 18개가 결집했다.

신간회 동경지회의 설립이 재일조선인 단체의 공동투쟁의 산물이다고 할 수 있을 만큼 신간회 동경지회를 주도하던 인물 가운데 조선인단체협의회에 가입해 있던 조직의 구성원이 많이 포진해 있었다. 시간이 지나면서 조선인단체협의회에 참가했던 아나키즘계 단체는 신간회의 운동에 대해서 대립하다 탈퇴했다.

이상과 같은 재일조선인 민족해방운동 조직과 함께 불교・천도교 조직의 움직임도 주목할 필요가 있다.

위와 같이 재일조선인은 일본 전역에서 끊임없이 민족해방운동을 전개했다. 1910년대의 재일조선인 민족해방운동은 초기 유학생 중심의 단체를 중심으로 민족주의적인 색채를 강하게 드러내며 전개되었고, 그 가운데 재일조선인 유학생들은 자연스럽게 민족의식을 체득하게 되었다.

1910년대에 결성된 단체의 특징은 다음과 같은 특징을 갖고 있었다.[60] 첫째, 노동자 구호를 목적으로 한다는 공통점을 갖고 있었다. 둘째, 1910년대에 결성된 단체가 1920년대 초에 결성된 단체에 비해 생명이 길지 못하다는 점이다. 그 이유는 결성의 목적이 추상적이고, 대상이 제한적이며, 지도부의 잦은 변동을 들 수 있다.

한편 1920년대 재일조선인 민족해방운동은 조직운동의 성과에 기초하여 발전했다. 1925년에서 1931년 시기 재일본 조선민족해방운동사에서 조직의 중심은 일월회→조선공산당 일본부→조선공산당 일본총국→'재건고려공산청년회 일본부'・무산자사・'일본출판부'로 옮겨갔다. 이러한 전위조직은 대중단체인 재일본조선노동총동맹・재일본조선청년동맹・신간회・학우회 등을 직・간접적으로 지도했다.

1920년대 재일조선인 민족해방운동은 지속적으로 발전했다. 단체 중심으로

60) 정혜경, 앞의 책.

발전하던 1920년대 초 재일조선인 운동은 관동대지진으로 일시적 공백이 없지는 않았으나 조직적인 재건이 대중운동의 고양과 함께 이루어져 보다 투쟁이 강화되었다.

발전의 고양기를 향해 치닫던 1927년에는 재일조선인의 민족해방운동이 본격적으로 운동단체 연대에 기초해 공동투쟁의 길로 나아갔다. 1928년은 조선공산당 일본총국의 조직강화가 도모되어 야체이카와 플랙션을 통해 직접 대중단체의 지도가 통일적으로 이루어졌으며 1929년에도 재일조선인의 민족해방운동의 발전은 거듭되었다.

〈金仁德〉

Ⅲ. 3·1운동

Ⅲ. 3·1운동

1. 3·1운동의 배경

1) 제1차 세계대전 전후의 국제정세

1918년 11월 11일 오전 11시 프랑스 파리의 베르사이유궁에서 독일이 항복문서에 조인함으로써 제1차 세계대전이 끝났다. 자본주의 후발국이었던 독일은 오스트리아·터어키와 함께 자본주의 선발국가들인 영국·프랑스 등과 해외시장 분할을 놓고 1914년부터 4년간 싸웠던 전쟁이었다.

이 대전의 영향은 막대했다. 군인과 민간인을 합쳐 약 2천만 명의 사상자를 내고, 20세기 초 과학과 이성을 기초로 한 "끝없는 진보"라는 인류의 보랏빛 미래를 산산조각내었을 뿐 아니라 '해가 지지 않는 나라' 대영제국이 쇠퇴하고 미국이 새로운 세계질서 주도국으로 등장하는 전환점이 되었다. 다른 한편 이 전쟁은 일본이 자본주의 열강의 대열에 합류하게 만들었으며, 한국독립운동에는 커다란 타격을 입혔다.

일본은 이 세계전쟁에서 거의 피를 흘리지 않고서 반사이익을 많이 본 국가였다. 대전의 특수 경기 덕택에 1913년 12억 2,400만 엔 적자국이던 것이 1915년 흑자국으로 올라섰으며, 1917년에는 11억 5,000만 엔의 正貨를 보유할 만큼 경제적으로 급성장하였을 뿐만 아니라, 대전 중 중국의 산동반도 남단의 膠州灣의 독일 조차지와 태평양상의 독일령 群島들을 점령하였다.

대전의 와중이었던 1917년 10월 러시아에서 볼세비키 혁명이 일어났다. 세계혁명을 목표로 하는 볼세비키 정부에 대항하여 이를 와해시키려는 자본주의 열강들의 노력이 또한 일본의 국제적 지위를 강화시켰다. 극동에서 공산주의를 막아낼 임무를 일본에게 부여하였던 것이다. 일본은 1918년 8월 시베리아에 11개 사단을 파견하여 1922년까지 4년간 자바이칼·아무르·연해주를 아우르는 바이칼호 以東지역을 실질적으로 점거하였다.

제1차 세계대전의 발발은 만주·연해주 동포사회를 기반으로 국외독립운동 기지건설과 국내진공작전을 준비해 온 우리민족의 독립운동에 큰 타격을 입혔다. 일제와 타협한 중국·러시아 당국에 의해 이 지역 우리 독립운동이 禁壓 당했으며, 제1차 세계대전이 종전될 때까지 이런 정세는 계속되었다. 더구나 일본의 시베리아 출병은 20만 연해주 동포들에게 조국해방투쟁 이전에 연해주 해방을 위해 파르티잔 투쟁에 나서지 않을 수 없게 하였다.

2) 해방과 평등의 새로운 사조 등장

19세기 후반에서 20세기 전반 사이 서구 산업사회는 社會進化論이 각종 사회불평등과 인종적 불평등을 합리화하면서 제국주의적 침략과 군국주의적 확장을 뒷받침하였다.[1] 이런 사회진화론은 전 세계적인 추세를 이루어 서구 산업국가들에서는 강자의 권리만을 인정하고 약자의 패배를 자연의 법칙으로 설명하는 이데올로기 기능을 하는 반면, 동양의 일본, 한국에서는 그들 국가가 처한 정치적·경제적·사회적 입장과 요구에 따라 매우 독특한 기능을 수행하였다.

일본에서는 메이지 초기에 문명화의 법칙성과 일본 미래에 대한 전망을 제시하는 이론으로 환영받았다가 1880년대 들어서면서 근대 자연권 사상과 국민주권론을 부정하는 이데올로기로 기능하면서 국가 유기체설과 결합하여 봉건절대군주인 천황의 권위와 그 관료지배체제를 강화해 주는 이론으로 기능하게 되고, 이것이 후에 '가족국가' 이데올로기를 뒷받침하면서 일본 제국주의와 군국주의의 확산을 이론적으로 변호하는 역할을 담당하게 되었다.[2]

중국에서는 일본보다 조금 늦게 1880년대 중엽에 수용되었는데, 중국 지식인 가운데 일본에서 망명생활하는 중에 사회진화론의 영향을 받은 사람이 많았다. 중국의 경우 생존경쟁적 국제사회의 현실 속에서 외부와 경쟁하기

1) 전복희, 《사회진화론과 국가사상》(한울 아카데미, 1996), 185쪽.
2) 전복희, 위의 책, 186쪽.

위해 내부적 단합을 최우선시하며, 근대화의 필요성을 설명하는 이론으로 수용되었다. 중국에서는 일본과 달리 전제군주의 절대성을 부정하는 국가주권설과 입헌국가 설립의 필요성을 역설하고, 제한적이나마 民權의 확대를 주장하며, 국제정치의 냉혹한 현실에서 국가방위를 위한 국민통합의 이데올로기적 기능을 하였다.[3)]

한국에서의 사회진화론은 동아시아에서 서구 제국주의 국가들의 세력확장이 본격화되면서 서구의 부와 물질문명, 강력한 군사력에 강한 충격을 받은 진보적 지식인들이 서구 열강의 침략에 대항하여 국가의 독립과 부국강병을 이룩하기 위한 방편으로 받아들였다. 이를 통해 한말 한국 지식인들은 서구 부강의 원동력과 한국의 낙후 원인을 밝혀 국가의 독립과 근대화를 위한 이론적 수단으로서 사회진화론을 수용하였다. 그러므로 서구에서 사회진화론이 발전해 온 사상사적 배경과 이론적 문맥을 제대로 파악하지 못한 채 자의적이고 희망적인 이해와 평가에 따라 변형하여 사회진화론을 해석하고 적용하였다. 따라서 한국에서 사회진화론은 강자의 권리를 정당화하는 서구의 이데올로기에서 약자가 강자가 되기 위한 의식적 행동의 필요성을 설명하는 이론으로 변형되어 실력양성운동을 이론적으로 뒷받침하며, 애국계몽운동을 통해 근대적 국가사상과 민권사상을 보급하는 데 기여하였다.[4)]

한편에서 사회진화론은 일본 제국주의와 그 침략을 정당화하는 기능도 수행했다. 친일파들은 진화론을 빌어서 당시의 국제환경을 황인종과 백인종의 인종싸움 시기로 단정하고, 황인종 사이의 반목은 백인종의 아시아 침략과 그 지배를 초래하게 된다는 명목 아래 반일민족운동에 대한 관심을 다른 데로 돌리거나 희석시키는 데 일정한 역할을 하였다. 나아가 친일적 인사들은 일본을 맹주로 하는 황인종의 단결을 주장하고, 독립보다는 한반도의 근대화가 긴박하다는 논리를 내세우면서 일본과의 연대의 필요성을 정당화하였다.[5)]

1910년 국권을 상실하게 되면서 사회진화론의 미몽에서 깨어나고자 하는 각성이 일어났다. 신민회를 중심으로 한 애국계몽주의자들은 사회진화론 가

3) 전복희, 위의 책, 187책.
4) 전복희, 위의 책, 188~189쪽.
5) 전복희, 위의 책, 189쪽.

운데 '근대문화 지상주의'적 입장보다 경쟁을 중시하는 측면에서 사회진화론을 수용하고 자력으로 독립을 쟁취할 것과, 실력양성과 함께 애국정신을 고취하고, 일제의 침략논리인 '동양주의'에 대한 비판을 가하였다. 그러나 여기에는 아직 사회진화론적 사고와 논리의 틀을 벗어나지 못한 한계가 있었다.[6]

사회진화론에 대한 더 근본적인 대안으로 모색된 것은 大同思想의 재발견을 통해서였다. 《禮記》 禮運篇의 대동사회에 대한 묘사는 인간이 추구해야 할 이상적인 사회의 표본으로서 전통적으로 인식되어 왔으나, 이를 근대에 들어와 체계화한 것은 淸末 康有爲에 의해서였다. 그의 사상에는 《예기》 예운편의 大同小康說과 더불어 불교의 자비평등설, 루소의 천부인권설, 기독교의 평등자유설, 유럽 사회주의 학설 등 다양한 요소를 받아들여, 한편에서는 진화와 발전을 선전하고, 다른 한편에서는 진화의 비약적이고 혁명적인 발전에 대해 반대하였다. 즉 제국주의 침략에 직면한 중국이 전통적 체제를 유지하는 한도내에서 개량을 통해 중국의 근대화를 추구하였다.[7] 강유위의 대동사상은 한말에 梁啓超의 저술을 통하여 부분적으로 국내에 소개되어 한국 지식인들에게 강한 영향을 미쳤다. 朴殷植은 1910년 국권상실을 전후한 시기에 강유위의 대동사상의 영향을 받아 優勝에의 가능성을 포기하고 優勝劣敗의 질서 즉 정치권력적 국제질서에 대해 도덕적 측면에서 사회진화론을 부정하였다. 그는 1909년 〈儒敎求新論〉에서 공자의 대동사상, 맹자의 民爲重說을 통해 전통 유교가 평등적·민주적·민중적 유교로 발전할 것을 주장하며 우승열패·약육강식의 사회진화론적 사고를 부정하였다. 그의 대동사상은 1911년 〈夢拜金太祖〉에서 현재의 민족경쟁·국가경쟁시대에서 하등사회로 하여금 상급사회로 진보케 하는 평등사회를 이룩하는 것이 진화의 공리라 하였으며, 제국주의·강권주의를 정복하여 세계인권의 평등주의를 실현하는 것이 한국인의 당면과제이며, 한국인은 평등주의의 선봉에 서야한다고 주장하였다.[8] 이러한 대동사상에 바탕하여 그는 1909년 9월 李範圭·張志淵·元

6) 李浩龍, 《한국인의 아나키즘 受用과 展開》(서울대 박사학위논문, 2000), 20~21쪽.
7) 이호룡, 위의 책, 24쪽.
8) 이호룡, 위의 책, 25쪽.

泳儀·趙琬九 등과 함께 大同敎를 창건하였다. 申采浩나 素昻 趙鏞殷도 대동사상에 입각하여 국가·민족·계급사이의 불평등을 배격하는 평등주의 사상을 발전시켰다. 이러한 평등주의적 사상의 전개는 제국주의 식민지 지배를 정당화하는 사회진화론을 극복하려는 노력의 일환이었다.9)

이러한 대동사상은 사회진화론을 극복하는 데까지 나아가지 못했는데 그것은 약육강식·우승열패의 원칙이 현실을 지배하고 있는 사실을 부정하지 못함으로써 사회진화론의 부정은 현실적인 의미를 지니지 못했기 때문이었다. 이러한 의식상의 한계는 1917년 러시아혁명 이후 대동사상이 社會改造·世界改造論과 결합됨으로써 극복하게 되었다.10)

제1차 세계대전의 발발은 세계 지성계에 큰 충격과 함께 각성을 가져와 힘이 지배하는 제국주의와 자본주의의 병폐에 눈을 뜨고, 정의·인도의 사회를 건설해야 한다는 주장이 제기되기 시작하였다. 로망 롤랑(Romain Rolland), 버트란트 러셀(Bertrand Russell) 등이 사회개조·세계개조론을 제기하며 사회진화론을 비판하고, 정의·인도·박애·자유·평등을 표방하였다. 한국의 지식인들도 제1차 세계대전의 참상에 충격을 받고 사회개조·세계개조의 사상을 수용하기 시작하여, 사회개조·세계개조론이 대동사상과 결합하여 1917년 7월 신규식·조소앙·박은식·박용만·신채호 등에 의해 〈대동단결 선언〉으로 나타났다. 〈대동단결 선언〉은 독립과 평등을 성스러운 권리라고 함으로써 강자에 의한 약자의 지배를 부정하였다.11) 1918년 11월 28일 창립되어 3·1운동의 단서를 열기 시작한 상해의 신한청년당 黨綱에서 사회개조와 세계대동을 천명했다.12)

한편 세계대전이 총력전의 양상으로 전개됨에 따라 연합국과 동맹국들은 여론의 강력한 지지를 유도하기 위해 전쟁의 목표를 보다 숭고하고 고원한 이념으로 승화시켜 제시하기에 바빴다. 독일과 오스트리아는 자신들이 일으킨 전쟁을 '민족적 존립'을 방어하기 위한 것으로 선전하였으며, 미국의 우드

9) 이호룡, 위의 책, 26쪽.
10) 이호룡, 위의 책, 27쪽.
11) 이호룡, 위의 책, 30쪽.
12) 《신한청년》 창간호(1920년 3월), 〈신한청년당〉, 78쪽.
《독립신문》, 1920년 2월 5일.

로우 윌슨 대통령은 1916년 5월 27일부터 항구적인 평화를 위한 국제기구의 필요성과 함께 "모든 국민은 그들이 속해 살 주권을 선택할 권리가 있다"는 민족자결주의를 제시하기 시작하였다.[13] 1917년 2월 러시아에서 일어난 사회주의 혁명으로 제정러시아가 붕괴하자 연합국들은 이 대전을 민주주의와 군국주의적 전체주의의 대결로 규정할 수 있게 되었다.

러시아 볼세비키 정권은 1917년 말 무병합·무배상에 기초한 공정하고 민주적인 강화와 러시아 내 소수민족의 자결선언, 비밀외교 폐지를 주장하여 참전국 국민들과 피압박 민족에게 큰 충격을 주었다.[14] 이런 볼세비키 정권의 외교정책에 대항하여 연합국측의 '평화의 원칙'을 더욱 분명히 하기 위해 미국의 윌슨 대통령이 〈14개조 평화원칙〉을 공표했다. 여기에는 공개적인 평화조약, 비밀조약의 폐지, 군축, 해양자유의 원칙, 국제통상의 평등주의, 민족자결, 국제연맹의 창설 등이 포함되었는데, 이러한 원칙은 연합국측의 이념으로서 전세계에 선전되었다. 그러므로 러시아 혁명으로 제정 러시아 붕괴, 주축국 오스트리아·독일·터어키 등 전체주의적 군국주의 국가의 패전과 연합국측의 민족자결주의 등으로 바야흐로 해방·자유와 평등·민주주의가 세계를 풍미하게 되었다.[15]

이 가운데 제국주의적 국제질서를 부정하고, 약소국의 민족자결을 주장하자 사회진화론적 사고에서 탈피하고자 하고 있던 한국인들은 '세계개조의 신시대'가 눈앞에 전개되기 시작한 것으로 파악하게 되었다. 이와 같은 '사회개조·세계개조론'은 가장 먼저 발표되었다고 알려진 만주에서의 〈대한독립선언서〉에도 반영되어 "강자가 약자를 지배하는 것을 부정하고, 대동사상에 입각하여 모든 사람이 평등한 대동사회를 건설할 것"을 주장하였으며,[16] 서울에서의 민족대표 〈독립선언서〉에서 "신천지가 眼前에 전개되도다. 위력의 시대가 去하고 도의의 시대가 來하도다 … "고 표명하게 된 것도 이러한 세계사상계의 변화를 기반으로 하고 있었던 것이다.

---

13) 이만열, 〈민족운동과 민족자결주의〉(《한민족독립운동사》 11, 국사편찬위원회, 1992), 263쪽.
14) 이만열, 위의 글, 264쪽.
15) 이만열, 위의 글, 265~266쪽.
16) 이호룡, 앞의 책, 32쪽.

3) 독립운동의 새 기운

1914년 제1차 세계대전의 발발은 해외에 망명하여 동포사회를 기반으로 독립운동기지를 건설하여 독립전쟁을 통해 국권을 되찾고자 했던 애국지사들의 계획에 큰 타격을 가져왔다. 연해주 동포들의 勸業會와 大韓光復軍政府는 러일협상에 의해 해체되고, 李相卨은 추방되었으며, 다른 독립운동가들은 하바로프스크·간도·북만주 등으로 흩어져야 했다. 1917년 2월혁명이 일어난 이후에도 赤白內戰과 일본의 '시베리아 출병'으로 3·1운동기까지 여력이 없었다.

북간도의 독립운동가들과 동포들도 제1차 세계대전의 추이를 지켜보면서 결정적인 기회를 대비해 왔으나, 1915년 5월 일제의 사주를 받은 중국정부의 압력으로 독립운동 단체의 조직이나 활동이 봉쇄당했다. 서간도의 경학사·부민단도 계속되는 흉작과 풍토병, 일본군의 내습의 위험 등으로 약화되고, 지도자들은 연해주와 국내로 흩어져야 했다.

이런 어려움 속에서 독립운동가들은 새로운 독립운동의 전략을 모색하기 시작했다. 그 일은 독립운동의 역량을 어떻게 결집할 것인가 하는 것과 새롭게 변화하는 국제정세를 어떻게 이용할 것인가 하는 두 가지에 초점이 모아졌다. 이를 위한 방안으로서 국내외에서 일제에 의해 폐위된 光武(高宗)황제를 독립운동의 중심에 세움으로써 국민들의 총 궐기를 이끌어내고자 하는 방안이 추진되었다. 1914년 연해주에서 대한광복군정부를 추진하다 세계대전의 발발로 중도에 무산된 바 있는 이상설은 1915년 상해로 와서 申圭植·柳東說·李春日·成樂馨·劉鴻烈 등과 新韓革命黨을 결성하여 북경에 본부를 두고, 만주 및 국내에 지부를 조직하는 한편, 광무황제를 당수로 추대하여 중국 및 독일과 군사협약을 체결하려 하였다. 이 계획은 외교부장 성낙형이 국내에 파견되었다가 체포됨으로써 계획이 탄로났으며, 중일관계나 세계대전의 추이도 독일의 우세를 점쳤던 당초 예상과 달리 전개됨으로써 성사되지 못했다.

광무황제를 독립운동의 중심에 세우고자 한 비밀계획은 3·1운동 직전에도 시도되었다. 1913년 간도에서 경학사를 이끌다가 국내로 들어 온 李會榮은 제1차 세계대전의 終戰이 눈앞에 다가오면서 천도교의 오세창, 기독교의 이승훈, 불교의 한용운, 교육계의 김진호·강매·이상재·유진태·안확·이득년 등과 함께 광무황제의 중국망명계획을 세웠다. 황제가 중국에 망명하여 파리 강화회의에 한국 독립의 성명을 내고 독립운동에 친히 중심이 되게 하고자 하는 계획이었다. 이회영 등은 李喬永을 통해 광무황제의 승낙을 얻고 閔泳達로부터 5만환을 받아 북경에 황제가 거처할 집을 마련하게 했다. 이 계획이 무르익어 가던 중 1919년 1월 22일 새벽 광무황제가 갑자기 서거했다. 광무황제를 독립운동의 중심에 세우고자 했던 이러한 계획들은 황제의 생전에 이루어지지 못하고, 그의 갑작스런 의문의 죽음으로 말미암아 망국의 恨이 폭발함으로써 마침내 3·1운동으로 나타나게 되었다.[17]

한편 천도교 일각에서는 李鍾一을 중심으로 민중봉기론이 제기되고 있었다. 천도교가 앞장서서 독립만세를 선창하면 9년 동안 질곡과 신음 속에 있었던 대한의 민중들이 호응하여 참여할 것이므로 대중시위운동을 펴야 한다는 주장이었다.[18]

연해주에서 이상설 등의 대한광복군정부 수립도 그러하였지만, 제주도 조천의 유학자 金時學 등도 제1차 세계대전에서 일본과 대항관계에 있었던 독일의 승리를 예상하고, 독일과 연결을 통해 국제적 지원을 획득하여 독립을 추구하고자 사회 각계 인사들과 준비를 추진했다. 이러한 시도들은 독일의 패전이 확실해 가자 실현가능성이 없어져 갔다. 그러나 이런 모든 시도들은 우리 민족이 결코 일제의 불법적 국권강탈과 지배를 결코 용인하거나 묵종하지 않았으며, 결정적 시기가 오면 언제든지 독립운동을 일으키려고 하고 있었다는 것을 말해 주는 것이었다. 3·1운동은 이러한 1910년대의 흐름 위에서 일어난 독립운동이었다.

---

17) 이관직, 《우당 이회영 실기》(을유문화사, 1985), 159~160쪽.
18) 이종일, 〈묵암 이종일 비망록(4)〉(《한국사상》 19, 1982), 223~224쪽.

4) 국내 상황

(1) 식민지 지배의 압박과 고통

"모든 혁명은 썩은 문짝 차 넘어뜨리는 것이다"라는 갈브레이드의 말에 비추어 본다면 3·1운동은 기적에 가까운 일이 아닐 수 없다. 일본 제국주의의 식민지 지배체제는 이 운동이 일어나던 1919년 당시 결코 '썩은 문짝'이 아니었기 때문이었다. 1910년 8월 29일 우리 주권을 빼앗은 일본은 조선총독부를 설치하고, 일본 육군대장출신의 무관총독과 헌병경찰제를 기초로 입법·사법·행정 및 군사의 전권을 행사하며 강고한 식민지 지배정책을 강행하였다.

조선의 지방사회는 일제하에서 커다란 변화를 강요받고 있었다. 16세기 이래의 士族 중심의 향촌 지배체제는 17세에 들어오면서 농업기술상의 발전과 상업과 수공업, 상품경제가 발전하면서 새롭게 지주 또는 부농으로 성장하는 층과 경제적으로 몰락해 가는 사족층이 교차되면서 농민층에 대한 사족의 통제가 약화되고, 대신 관권의 통제력이 강화되었다. 민간에서는 각종 契와 두레, 樵軍組織 등 새로운 농민조직이 자라나고 있었다. 1906년 개화파는 향회설치와 농민층의 정치참여를 통하여 지방사회를 안정시키고자 하였다. 그러나 이 계획은 일제 통감부의 간섭으로 실행되지 못하였다. 1910년 조선의 국권을 병탄한 일본은 1914년을 기해 전면적인 지방행정구역 개편을 단행하여, 전통적인 향촌사회의 '동리본위주의'를 面을 중심으로 하는 관일방의 지방통제체제를 구축하였다. 이를 위하여 1910년 68,819개 동·리를 1918년까지 28,277개로 58.9%를 철폐하고 통합하였으며, 군은 317개에서 99개 줄여 218개로(−31.2%), 면은 4,351개에서 2,509개로 42.3%를 철폐하였다. 이와 더불어 종래의 면장을 친일적 인사로 전면적으로 교체하여 식민지 지배의 동반자로 삼고, 종래 군과 동리간의 전달사무만 담당하던 面을 식민지 말단 행정기구로 강화하였다.[19] 이런 법적·행정적 장치를 마련해 놓은 상태에서 각종 식민지 악법과 규칙, 온갖 종류의 세금을 통해 민중을 고통스

렵게 몰아갔다. 그리하여 "일상의 생활은 巨細 모두 법규에 규율되고, 願届를 필요로 하는 것이 많아 煩累에 견딜 수 없다"[20]고 하는 상황이 되었다. 수많은 밀정을 풀어 국민을 감시하며, 소위 '법과 규칙' 위반자에 대해서는 형벌로 강제하였다. 3개월 이하의 징역 또는 100원 이하의 벌금, 과료의 형에 대해서는 재판절차를 거치지 않고 경찰서장 또는 헌병대장이 즉결처분으로 태형을 가할 수 있게 규정한 〈범죄즉결례〉는 한국 민중들에게 악명이 높았다. 이러한 즉결처분이 악용되어 1911년에 18,100여 건이던 즉결처분이 1918년에는 82,100여 건으로 급격히 증가한 데서도 그것을 알 수 있다.[21] 원래 농민은 하늘을 이고 자연과 더불어 사는 사람들인지라, 일제의 지배와 같은 사사건건 강압적·직접적 규제를 견디는 데에는 한계가 있을 수 밖에 없었다.

1910년부터 1918년까지 토지조사사업을 시행하여 농민들의 경작권 등 제 권리를 박탈하고 소수 지주의 소작인으로 전락하게 하였으며, 일인들의 이주 증가와 토지수탈을 쉽게 하였고, 일본인들의 植民을 통하여 농업침탈과 함께 지역사회 향촌공동체의 결속력을 해체해 갔다.

한국의 시장과 무역은 일인과 일본에 의해 독점되고, 한국은 쌀을 비롯한 일본의 원자재 공급지, 직물을 비롯한 일본 공업제품의 소비지로 전락하였다. 결사와 집회, 언론과 출판의 자유는 철저하게 억압되었으며, 식민지 노예 교육을 시행하고, 일본의 통치에 저항할 경우 가혹한 탄압을 받았다. 한국인의 교육·산업활동은 제한·통제되었으며, 같은 노동에도 임금은 일본인의 절반 또는 2/3에 불과하였다. 우리 민족은 열등한 민족으로 간주되어 멸시되었다.

(2) 식민지 지배의 모순 격화와 민생 피폐

3·1운동이 일어나던 때 조선의 민중들에게는 10년간의 조선총독부와 헌

19) 이정은, 〈일제의 지방통치체제 수립과 그 성격〉(《한국독립운동사연구》 6, 1992).

20) 〈조선소요사건상황〉(《독립운동사자료집》 6, 독립운동사편찬위원회), 784쪽.

21) 박경식, 《일본 제국주의의 조선지배》(청아출판사, 1986), 52쪽.

병경찰에 의한 무단통치만이 고통이었던 것은 아니었다.[22] 쌀값폭등으로 인해 민생이 도탄의 극을 달리고 있었던 점도 고려되어야 할 것이다.

1910년대를 통하여 조선의 무역은 미곡의 수(이)출, 직물의 수(이)입이라는 전형적인 식민지적 종속성을 나타내게 되었다. 미곡의 경우 일본으로 이출율이 1910년의 66%에서 1919년에는 98.6%로, 직물의 이입의 경우 1910년 54%였던 것이 1919년에는 85.1%로서 각각 일본 단일창구에 집중되어 간 것을 볼 수 있는 것이다. 이에 따라 조선의 쌀값은 일본의 쌀값 동향과 밀접하게 연관되게 되었다. 일본은 대전기간 중에 자본주의가 급속하게 발달하여 도시 비농업 인구의 급증, 1인당 쌀 소비량의 증가, 酒類 수요의 증대, 시베리아 출병으로 인한 군량미 조달 등으로 인해 쌀 수요가 급증했다. 이에 반해 농업 노동력의 도시 유출, 노동력 부족과 인건비 상승, 폭풍우 피해 등으로 인하여 1917년도 쌀 생산량을 감소시켰으며, 농민의 7할이 소작농인 상태에서 이러한 수요에 대응하여 쌀 생산을 늘이는 데에 한계가 있었다. 이런 요인으로 쌀값이 상승하자 보유미 매출을 주저하게 하여 1918년에 들어 쌀의 출하량은 오히려 줄었다. 이런 상황이 되자 일본의 대미곡상과 지주들은 매점매석을 하여 1918년 일본의 쌀값은 이전에 볼 수 없던 狂騰의 양상을 띠어 '米騷動'이라고 하는, 쌀값폭등으로 인한 사회적 소요가 있었다.

조선의 쌀값은 1914년부터 1916년까지의 3년간에는 精米 1석당 12圓에서 16.7圓 사이로서 1913년의 21원 50전에서 하향 안정을 나타내었다. 3년간 계속 1,100만 석에서 1,250만 석의 풍작을 기록했기 때문이었다. 이러한 쌀값의 안정은 지주들에게는 불리했지만, 소농을 비롯한 민중들의 생활에는 도움이 되었다. 그러나 1917년에 들어서자 이러한 안정된 쌀값 기조가 깨어지면서 5월에 석당 18원 33전, 6월에 21원 16전, 10월에 23원 50전으로 뛰기 시작했다. 이러한 쌀값등귀의 원인 중 가장 큰 요인은 전쟁특수경기를 타고 대금을 모은 자들이 일본의 미가분등을 기회로 미곡투기에 나섰기 때문이었다. 쌀값의 등귀는 戰後 제반 물가의 등귀와 더불어 조성된 것이어서 서민의 생활에는 심대한 타격을 주었으며, 지방에 따라서는 공황의 양상을 나타내고 있었

22) 1910년대 식민지 통치에 관해서는 '제1장 일제의 식민지 통치기반 구축'을 참고.

다. 1917년에 조성되기 시작한 이러한 상황은 1918년에 들어와 더욱 악화되어 갔다. 1918년 전반기에 26~28원대로 등귀하더니 8월에 접어들면서 전달에 비해 석당 10원이 폭등했다.

바야흐로 쌀값 폭등장세가 일어나 이해 후반기에는 38~39원대까지 등귀를 계속했으며, 1919년 1월에 40원대, 2월에는 43원 57전을 돌파하며 폭등세가 계속되었다. 당시 신문에서는 '사람 죽일' 시세라고 표현했다.

일본정부는 자국내 쌀값 진정을 위하여 오사카(大阪)의 스즈키(鈴木)商店을 대리로 내세워 비밀리에 조선 쌀 20만 석을 매점하게 했다. 이 명령에 따라 스즈키상점은 오사카의 朝鮮米商, 코니시 타츠지로(小西辰次郎)를 매개로 하여 부산·군산·인천에서 조선미를 매수하고, 이것이 《關門日日新聞》에 보도됨으로써 국내에 큰 파문이 일었다. 이러한 매점 때문에 8월중에 10원이 폭등했고, 이에서 그치지 않고 계속하여 1919년 3월 석당 40원 이상까지 천정을 모르고 쌀값의 폭등세가 지속되었던 것이다.

일제는 부랴부랴 조선 궁민들을 위해 구제회를 조직하고, 廉賣 쌀을 공급하였으나, 그 양도 적고, 파는 곳도 몇 곳 되지 않아 굶주린 민중들은 종일 열을 지어 1인당 2되씩 파는 쌀을 기다리다가 사지 못하고 돌아가는 일이 비일비재하였다. 1918년 8월 28일 종로소학교에서는 염매 쌀을 사려고 기다리던 200여 명의 군중과 경찰 사이에 충돌이 일어났다. 곧 군중이 1,000여 명으로 불어나 학교 건물을 파괴하는 일대 소동이 일어났다. 민중의 불만이 터져 나오기 시작한 것이었다. 8월 22일 목포 철도工夫들이 쌀집을 습격한 사건도 그것이었으며, 부산·서울·원산 등지에서는 대중의 궐기를 호소하는 전단이 뿌려지기도 하였다. 1918년에 들어와 노동자들의 동맹파업과 임금투쟁이 급격히 증가된 것도 이런 맥락에서 터져 나온 것이었다. 1916년도 동맹파업은 6건에 참여인원 362명, 1917년 8건에 1,128명이던 것이 1918년에 가서는 50건에 4,442명으로 급증한 것은 일제의 지배에 대한 민중적 저항이 폭발직전에 와 있다는 표시였다. [23]

23) 이정은, 〈매일신보에 나타난 3·1운동 직전의 사회상황〉(《한국독립운동사연구》 4, 1990).

5) 3·1운동의 태동

(1) 상해 신한청년당의 활동과 해외 독립운동가들의 움직임

1918년 8월 20일 경 呂運亨·張德秀·金澈·鮮于爀·韓鎭敎·조용은·趙東祐 등 청년들은 상해에서 신한청년당을 조직하여 활동하고 있었는데, 1918년 11월 11일 제1차 세계대전이 끝나자, 미국에서 챨스 알 크레인을 대통령 특사로 중국에 파견하여 전후 평화회담에서의 미국의 입장을 설명하게 하고, 산동반도 처리문제를 갖고 있는 중국에 대표 파견을 적극 권고하게 하였다. 크레인 특사가 상해에 오자 중국정부는 환영집회를 개최했는데, 이 자리에 신한청년당 대표 여운형이 범태평양회의 회원 자격으로 참석하였다. 이 자리에서 크레인 특사는 전후 식민지 처리문제가 피압박 민족의 의사를 존중해서 처리될 것이며, 중국도 평화회담에 대표를 파견해 줄 것을 요청하는 연설을 하였다. 여운형은 이 연설을 듣고, 파리에서 열리는 평화회담에 한국 대표도 참석시켜 한민족의 독립의사를 발표하고, 민족자결주의의 원칙을 한반도에도 적용할 것을 요구하는 절호의 기회로 보고, 개인적으로 크레인을 찾아가 파리 평화회의에 한국대표의 참석에 대한 협조를 구하였다. 또한 여운형은 당원 긴급회의를 열어 〈한국 독립에 관한 진정서〉 2통을 파리 평화회의 의장과 미국 대통령 윌슨에게 전달해 주도록 크레인 특사에게 부탁하였다. 그는 같은 문서 2통을 파리 평화회의 중국 대표단 고문으로 파리로 떠나는 상해 《밀라드 리뷰》(Millard Review) 잡지 사장 토마스 밀라드(Thomas Millard)에게 전달을 부탁하였다. 또한 金奎植을 신한청년당 대표 겸 한국대표로 선정, 1919년 2월 1일 파리로 출발시켰다.

신한청년당은 파리 평화회의를 통하여 국제사회에 한국 독립의 당위성을 알리는 한편 한국민족 전체의 의사를 표명하도록 촉구하기 위하여 선우혁과 김철을 1차로 국내에 파견하고, 이어서 서병호·김순애(김규식의 부인)·백남규를 제2차로 파견하였다. 선우혁은 1919년 2월 초 평안북도 선천에 도착하여 양전백 목사와 정주의 이승훈·길선주 목사 등을 만나 독립운동을 일으키는 것에 적극적인 찬동을 받고 상해로 돌아갔다. 평안도 지역 기독교 지도자들은 당초 기독교 교회와 학생들이 연합하여 독립만세 시위를 계획하였다.

김철은 서울에 와서 천도교측과 접촉하여 3만 엔의 송금을 약속받고 상해로 돌아갔다. 서병호와 김순애는 대구지방의 애국인사와 접촉하고 상해로 돌아갔다.

신한청년당은 일본에도 제1차로 조용은을, 제2차로 장덕수와 이광수를 파견하여 일본의 한국유학생들과 접촉하게 하였다. 장덕수는 동경에서 일본 유학생들을 접촉하여 김규식의 파리 평화회의 한국대표 파견사실을 전하며 독립운동을 권유하고, 서울로 잠입했다가 일제 관헌에게 체포당했다. 뒤이어 이광수가 서울을 거쳐 동경으로 와 재일본 한국유학생들의 〈2·8독립선언서〉를 기초하였다.

신한청년당에서는 또 여운형이 직접 만주 간도와 노령 연해주를 순방하였다. 여운형은 간도에서 呂準을 만나고 다시 연해주로 가서 그곳의 박은식·문창범·이동휘 등의 독립운동 지도자들과, 북간도 간민회 회장 金躍淵, 총무 鄭載冕 등 많은 지도자들을 만나 적극적인 독립운동을 종용하였다. 이와 같이 신한청년당이 김규식을 파리 평화회의에 파견하고, 국내외에서 민족의 독립의사를 표명하는 운동을 벌일 것을 촉구함으로써 3·1운동을 촉발하는 중요한 계기를 주었다.

이러한 분위기에서 가장 먼저 가시적인 행동으로 나타난 것은 1919년 2월 만주를 중심으로 국내외 독립운동가들을 망라하여 大朝鮮獨立團을 조직하고 金敎獻·金奎植·金東三·金躍淵·金佐鎭·金學萬·鄭在寬·趙鏞殷·呂準·柳東說·李光·李大爲·李東寧·李東輝·李範允·李奉雨·李相龍·李世永·李承晩·李始榮·李鍾倬·李沰·文昌範·朴性泰·朴容萬·朴殷植·朴贊翊·孫一民·申檉·申采浩·安定根·安昌浩·任溿·尹世復·曺煜·崔炳學·韓興·許爀·黃尙奎 등 39명 명의로 〈大韓獨立宣言書〉가 나온 것이었다. 이 선언서는 해외 망명 독립운동가의 입장에서 조소앙이 기초하여 작성된 것이다. 이 선언서는 해외에서 활동하는 독립군은 국내 동포의 위임을 받아 활동하고 있으며, 일본은 민족과 동아시아, 국제사회, 인류의 차원에서 타협할 수 없는

적이며, 항일 독립전쟁은 "天(하늘)의 인도와 대동평화를 실현하기 위한 신성하고도 정의로운 전쟁이며, 자기희생의 비장한 결단에 의해서만 민족의 독립이 성취될 수 있음"을 강조하였다.

미국의 대한인국민회(Korean National Association)의 安昌浩는 1918년 12월 1일 전체회의를 소집하고, 워싱턴에 대표를 파견하여 파리 평화회의에 〈독립청원서〉를 보내기로 결의하고 대표로 鄭翰景·李承晩·閔贊鎬를 선정하였다. 세 대표는 여권수속을 시작하였으나, 같은 전승국인 일본의 항의로 미국 정부가 여권을 발급해 주지 않아 출발할 수 없었다.

1918년 12월 13일부터 뉴욕에서는 제2차 약소민족동맹회의가 열렸다. 이 회의에 신한협회(New Korea Association)를 대표해서 뉴욕의 金憲植, 중서부 지역을 대표해서 시카고의 정한경, 대한인국민회를 대표하여 캘리포니아의 민찬호가 참석하였다. 이 회의에서는 파리 평화회의의 민족자결주의 원칙에 따라 "모든 약소민족들을 독립시켜야 한다"고 결의하였다.

한편 미주 동포들이 한국대표로 정한경·이승만·민찬호를 파리 평화회의에 파견하기로 했다는 소식이 일본의 영자신문《저팬 크로니클(Japan Chronicle)》에 보도되고, 약소민족 동맹회의의 약소민족 독립결의가《저팬 어드버타이저(Japan Advertiser)》에 보도되자 일본의 한국유학생들은 큰 자극과 고무를 받았다.

(2) 2·8독립선언

미주 한인동포들의 독립운동 보도기사는 일본에 있던 한국유학생들의 행동을 촉발시켰다. 재일본 한국유학생들은 1918년 12월 29일 유학생 학우회의 망년회와 12월 30일 조선기독교 청년회관에서 열린 동서통합웅변대회에서 한국독립문제를 의제로 하여 격렬한 토론을 벌이고, 생명을 바쳐서 조국독립을 위한 실천운동을 전개할 것을 결의하였다. 1919년 1월 6일 한국유학생들은 같은 장소에서 다시 웅변대회를 개최하고, 구체적 운동에 착수할 것을 결의하고 실행위원으로 최팔용·서춘·백관수·이종근·김상덕·전영택·김도연·윤창석·송계백·최근우 등 10명을 선출하였다. 이들은 독립선언을 하여 일본정부와 각국 대사·공사, 일본 귀족원과 중의원에 보내기로 결정하고, 1

월 7일 200명의 회중에게 보고하여 만장일치로 동의를 얻었다. 이 무렵 상해의 신한청년당에서 보낸 조용은과 장덕수가 동경에 도착하여 유학생들의 궐기를 고취하였으며, 뒤이어 이광수가 도착하여 한국유학생들의 〈2·8독립선언서〉를 기초하게 되었다.

재일본 한국유학생들은 실행위원 10명 중 병으로 사임한 전영택 대신 이광수·김철수를 추가하여 조선청년독립단을 조직하고, 와세다대에 유학 중이던 송계백을 국내에 파견하여 독립운동을 고취하고 자금을 모집하며, 선언서 인쇄활자를 구해 오도록 하였다. 송계백은 〈2·8독립선언서〉 원고를 비밀리에 휴대하고 국내에 들어와 현상윤·최린 등을 만났다. 이것이 국내 지사들에게 큰 자극을 주어 3·1운동 준비를 본격화시키게 되었다.

유학생들은 1919년 2월 8일 오전 10시 〈선언서〉와 〈결의문〉·〈민족대회 소집 청원서〉를 귀족원과 중의원, 조선총독부, 동경 및 일본 각지 신문사와 잡지사, 여러 학자들에게 우송하고 오후 2시 유학생학우회 선거를 칭하고 조선기독교청년회관에 약 400명이 모여 유학생 대회를 열었다. 최팔용의 사회로 대회의 명칭을 조선독립청년단 대회로 바꾸고 독립선언식을 거행하였다. 백관수가 조선독립청년단대표 명의의 〈선언서〉를 낭독하고, 김도연이 4개항의 결의문을 발표하였다. 장내의 독립만세 소리로 열광은 극에 달했다.[24)]

〈2·8독립선언서〉에서 유학생 대표들은 첫째 한국 민족이 유구한 역사를 가졌으며, 역사상 이민족의 지배를 받은 적이 없음을 천명하고, 둘째 사기와 폭력에 의한 국권탈취의 불법성과 침략정책을 고발하였으며, 셋째 10년간의 식민지 통치가 상호이해에 상반됨과 한국 민족의 생존을 위하여 독립을 주장할 수밖에 없음을 주장하였으며, 넷째 동양평화의 견지에서 볼 때 소련이나 중국이 군국주의적 야심이 없음으로 일본이 한국을 침략할 구실이 없으며, 다섯째 일본이 한국에 대해 식민지 통치를 계속한다면 우리 민족은 영원히 일본에 대해 혈전을 할 것임을 밝히고, 여섯째 우리 민족은 정의와 자유

---

24) 강재언, 〈2·8독립선언과 3·1운동〉(국사편찬위원회, 《한민족독립운동사》 3, 1988), 203쪽.
——, 〈日本在住朝鮮人情況〉(總督府支署, 1920 ; 국사편찬위원회, 《한국독립운동사》 2, 1968), 642~665쪽.

를 기초로 한 신국가를 건설하여 세계평화와 인류문화에 공헌할 것임을 선언하였다. 또한 4개항의 결의문은 첫째 한일의 합병이 우리 민족의 자유의사에서 나온 것이 아니며, 우리 민족의 생존·발전을 위협하고, 동양의 평화를 교란하는 원인이 되는 이유에서 독립을 주장하며, 둘째 일본 의회와 정부는 조선민족대회를 소집하여 우리 민족의 운명을 스스로 결정하도록 요구하며, 셋째 만국평화회의에 대해 민족자결주의를 우리 민족에게 적용하기를 요구하고, 이를 위해 각국 대사가 본국에 이 의사를 전달할 것과 우리 대표자 3인을 만국평화회의에 파견할 것을 밝혔으며, 넷째 이러한 요구가 실패할 때에는 일본에 대하여 영원히 혈전을 선포한다는 것을 밝혔다. 이렇게 하여 3·1운동의 전주곡이 울려퍼지게 되었다.

오후 3시 50분 니시간다(西神田) 경찰서의 경찰에 의해 포위된 집회장은 곧 경찰과 유학생들간에 일대 난투극이 벌어졌으며, 미리 상해로 탈출한 이광수를 제외한 임시실행위원 10명과 함께 27명이 검속되어 그 중 최팔용 등 9명은 금고 1년에서 7개월 15일의 형에 처해졌다. 당초 일제는 이 사건에 내란죄를 적용하고자 하였으나 일본 법조계에서 명망있는 하나이 다쿠조(花井卓藏) 등 여러 변호사들이 무료변론을 자청하고 나서[25] "학생의 신분으로 자기 나라 독립을 부르짖는 것이 어찌 일본 법률의 내란죄에 해당되느냐", "민족자결의 사조가 팽창함에 비추어 학생들의 주장은 정당한 것이니 벌할 수 없는 것이 아닌가" 등의 변론으로 비교적 가벼운 형량의 출판법 위반죄가 적용되었다.[26]

일본 유학생 100여 명은 2·8독립선언에 이어 2월 12일 히비야(日比谷)공원 음악당 근처에 모여 일본의회에 독립을 청원할 대표자로서 李達을 회장으로 추대하고, 한 학생이 독립에 관한 연설을 하다 일경에 체포되었다. 2월 23일에는 〈독립선언서〉와 〈국민대회청원서〉를 일본의회에 제출하였음에도 어떠한 조치도 없자 〈朝鮮青年獨立團國民大會促進部趣旨書〉를 인쇄하여 히비야공원에서 시위운동을 전개할 계획을 세웠다가 그 인쇄물이 사전에 발각됨으

25) 이외 무료변론 일본 변호사들은 우자와 후사아키(鵜澤聰明)·후세 다츠지(布施辰治)·이마이 오시유키(今井嘉幸)·사쿠마 고죠(作間耕造) 들이다.

26) 강재언, 앞의 글(1988), 208쪽.

로써 卞熙瑢·姜宗燦·崔承萬·張仁煥이 구금되었다. 그러나 오후 2시 경 약 150명의 유학생이 히비야공원에 모여 있는 가운데 주도자 중 구금되지 않은 崔在宇가 나타나 이 유인물을 배포하며 다시 한 번 시위를 기도하였으나, 곧 일경에 의해 집회는 해산되고 최재우도 체포되었다.[27]

(3) 광무황제의 붕어와 인산

1919년 1월 22일 高宗황제의 갑작스런 죽음은 국민 모두에게 충격이 되었다. 일제 헌병대 보고서에 조차, "1월 22일 '돌연히' 李太王 승하의 소식이 발표되자, 상하 모두 그 급격한 訃音에 놀라지 않는 사람이 없었다(경기)"[28], "… 이태왕 전하의 승하의 報가 전해지자 상하 일반이 경악하였고(충북) …"[29]라고 하는 상황이었다. 일제에 의해 강제 양위를 당하고 절치부심하던 황제의 갑작스런 죽음은 여러 가지 추측과 의혹을 불러일으켰다. 일본의 정략에 의해 일본에 끌려 갔다가 일본 여인과 혼례를 올리게 된 셋째 황태자 영왕 李垠의 혼례날을 앞두고 그 혼례를 좋아하지 않아서 자결하였다든가 하는 소문도 그 중 하나였는데, 이 중 일반에게 가장 큰 영향을 끼쳤으며, 3·1운동 발발에 기름을 끼얹은 것은 '독살설'이었다. 광무황제가 일본에 의해 독살당했다는 소문은 식민지 지배하의 민족적 울분을 촉발시켰으며, 이로 인해 배일사상이 갑자기 비등하게 되었다. 민족대표의 일원이며, 1918년 초부터 민중봉기를 주장해 왔던 李鍾一은 일지에 다음과 같이 기록했다.

> 어제 고종이 일본에 의해 독살당하다. 이것은 무엇보다도 대한인의 울분을 터뜨리게 하는 일대 요건이 아닐 수 없다. 우리의 민중시위 구국운동은 이제 진정한 민중운동으로 성숙될 것이다. … 이 운동에 아니 참여할 자가 있겠는가(이종일, 〈묵암 이종일 선생 비망록(4)〉, 《한국사상》 19, 1982, 226쪽).

그의 예상은 적중했다. 지방마다 주민들은 흰 갓을 쓰고 양반·유생 주

---

27) 강재언, 앞의 글(1968), 657쪽.
28) 독립운동사편찬위원회, 〈조선소요사건상황〉(《독립운동사자료집》 6), 476쪽.
29) 독립운동사편찬위원회, 〈조선소요사건상황〉(《독립운동사자료집》 6), 472~473쪽.

도하에 望哭式을 행하였는데 경북지방 1부 23군에서만 230개소에서 망곡식이 거행되었던 데서 전국민적인 추모의 정서를 알 수 있다. 3월 3일 국장일이 결정되자 국장배관을 위해 지방에서 상경하는 사람들이 줄을 이었다. "3월 3일 고 이태왕 전하의 국장 집행 전날이래 본도(경남)로부터 양반, 유생, 기타 지방 유력자로서 상경하는 자가 뒤를 이었고 …"[30] 기차를 탈 수 없는 사람들은 육로로 밤길을 걸어서 간 사람도 적지 않았으며,[31] 교통이 불편한 지역에서는 오륙 명씩, 십여 명씩 단체로, 아니면 배로 가는 사람도 적지 않았다. 남대문 정거장에는 매일 평균 1,500~1,600명의 승객이 이용하던 것이 1919년 2월 26일에는 3,000여 명, 27일에는 6,000여 명이 서울로 왔다.[32]

3·1운동의 기획자들은 거사일을 광무황제의 장례식을 이틀 앞둔 시점으로 잡았고, 장례식 참관을 위해 지방에서 서울로 운집한 수만 명이 자연스럽게 참여 또는 목격하고, "많은 '불온 인쇄물'이 살포됨으로써 그 중 호기심에 찬 자들이 몰래 이것을 주워 두루마기 속에 꿰매 넣어 가지고 돌아오기도 하고, 혹은 우편으로 친지에게 보낸 자들도 있어"[33] 자연스럽게 전국적 운동으로 발전할 수 있게 했다. 이러한 국장참관이 시위운동 전파에 미친 영향에 대해 일제는, "갑자기 3월 1일 경성에서의 소요는 민심에 일대 자극을 주었고, 이에 더하여 國葬儀에 拜觀하고 돌아온 자는 소요 목격담을 한층 과대하게 항간에 전하여 더욱더 민심을 험악하게 유도하여, 언제 소요의 발발을 볼지 예측하기 어려운 형세를 나타내었다"[34]고 할 정도의 상황이 조성되었다.

〈李廷銀〉

---

30) 독립운동사편찬위원회, 《독립운동사자료집》 6, 483쪽.
31) 독립운동사편찬위원회, 《독립운동사자료집》 6, 474쪽.
32) 《매일신보》, 1919년 3월 1일.
33) 독립운동사편찬위원회, 〈조선소요사건상황〉(《독립운동사자료집》 6), 474쪽.
34) 독립운동사편찬위원회, 〈조선소요사건상황〉(《독립운동사자료집》 6), 484쪽.

2. 3·1운동의 전개

1) 3·1운동의 초기 조직화

(1) 민족대연합전선의 형성

1919년 1월 20일 權東鎭·吳世昌·崔麟은 천도교 교주 孫秉熙의 사저인 常春園으로 찾아가 독립선언과 독립운동을 일으키는 것을 허락해 줄 것을 요청하였다. 오래 전부터 그러한 기회를 기다리고 있었던 손병희는 그 자리에서 적극적으로 허락하였다. 이로써 독립운동의 추진은 본격화되기 시작하였으며, 그 자리에서 다음의 세 가지 독립운동의 원칙이 결정되었다.

첫째, 독립운동을 대중화하여야 할 것.
둘째, 독립운동을 일원화하여야 할 것.
셋째, 독립운동을 비폭력으로 할 것.

그 밖에 구체적인 사항은 권동진·오세창·최린에게 위임되었다. 권동진과 오세창은 천도교 내부의 일을, 최린은 천도교 외부와의 관계를 담당하여 2월 초순부터 민족대연합전선을 결성하기 위해 본격적으로 다른 종교 지도자들과 접촉하기 시작하였다.

최린이 중심이 된 천도교측은 2월 상순 경에 최남선·송진우·현상윤 등과 재동 자택에서 극비리에 수차례 회합을 갖고 운동계획에 대해 토론하였다. 그들은 독립운동을 대중화하기 위해서는 무엇보다 민중의 신망을 받는 인물들을 전면에 내세우지 않으면 곤란하다는 생각을 하였다.[1] 그리하여 대한제국시대 구관료계의 尹用求·韓圭卨·朴泳孝·尹致昊 등과 접촉하여 그들을 민족대표로 추대하려 하였다. 그러나 이들이 모두 유보 또는 거절의 반응을 보여 크게 실망하였다. 구관 명사들을 접촉했던 것은 당시 종교계 대표

---

1) 최린, 《최린 자서전》(《여암문집》 상, 1971), 185쪽.

들의 명망과 위상이 대중들에게 호소력을 가질 만 하지 못했던 현실에서 나온 고려였다는 것을 이해할 필요가 있다. 그들은 스스로들이 너무 약체여서 대중화를 기대하기에 어렵다고 생각하였다.2)

최린은 "독립운동의 신성한 제전에 늙은 소보다 어린 양이 좋다"는 말로 자신들이 대표로서 나서기로 하였다. 며칠 뒤 최남선이 최린을 방문하여 기독교측에서도 무슨 움직임이 있는 것 같다는 이야기를 하였다. 최남선은 金道泰를 통하여 정주의 李昇薰에게 상경해 주도록 연락을 취했다. 이승훈은 2월 11일 서울로 올라왔다. 최린은 일경의 주목을 피하기 위해 송진우로 하여금 이승훈을 만나 그간의 독립운동계획을 설명하게 하고, 기독교에서도 동지를 규합하여 독립운동에 합류할 것을 요청하였다. 이 때 이승훈은 이미 상해로부터 선우혁의 방문을 받고, 관서지방 기독교계를 중심으로 은밀하게 독립운동을 준비하고 있었던 차에, 민족대연합전선을 형성한다는 데 찬성하여 쾌히 승낙하였다.

2월 12일 평북 선천으로 돌아온 이승훈은 장로교 목사 梁甸伯의 집에서 장로 李明龍, 목사 劉如大·金秉祚 등과 천도교측의 제의를 의논하고, 즉석에서 참여하기로 결정하여 상경채비를 차렸다. 이승훈은 2월 14일 평양으로 가서 장로교 목사 吉善宙, 감리교 목사 申洪植 등과 만나 서울과 선천에서의 결정을 설명하였다. 두 사람 역시 참여를 승낙하였다.

이승훈은 2월 17일 다시 상경하여 소격동 김승희의 집에서 박희도를 만나 서울 기독교계의 이런 소식을 듣고 2월 20일 수창동 229번지 박희도의 집에서 남감리교 목사 吳華英·鄭春洙, 북감리교 감리사 오기선·신홍식 등과 회합하고, 또한 남대문로 5가의 장로교 咸台永의 집에서 세브란스병원 사무원 이갑성, 평양기독서원 총무 安世桓, 장로교 조사 吳尙根, 장로교 목사 玄楯 등과 만나 독립운동에 관해 협의하였다. 대체로 이때까지의 기독교측 논의는 천도교와 단합을 포기하고 기독교 단독으로 독립운동을 추진하되, 독립운동의 방법은 〈독립청원서〉를 제출하는 방식으로 할 것이며, 연고에 따라 지역별로 분담하여 동지를 모을 것을 합의해 가고 있었다. 이튿날인 2월 21일 최

2) 최린, 위의 책, 186쪽.

남선은 이승훈이 은거하고 있던 집을 방문하여 일제 경찰의 주목 때문에 연락을 취하지 못했음을 말하고 함께 최린의 집을 방문하여 기독교측과 천도교측간에 독립운동 추진상황에 대해 의견을 교환하였다. 이 자리에서 이승훈이 기독교측의 독자적인 계획 추진을 밝히자 최린은 민족독립운동이 절대 통합되어야 할 것임을 강조하였다.[3] 이승훈은 이 문제를 기독교 동지들과 의논하여 오겠다고 하며, 기독교측에서 곤란을 받고 있는 자금문제를 위해 3천 원에서 5천 원 가량의 자금을 천도교측에서 융통해 줄 것을 요청하였다. 최린은 그날 저녁 동대문 상춘원의 손병희 교주에게로 가서 이를 보고하고, 5천 원을 융통해 주도록 허락을 받았다. 다음날인 22일 천도교 금융관장 盧憲容이 5천 원을 최린에게 가져 왔고, 최린은 소격동의 이승훈 거처로 직접 전달하였다. 기독교측에서는 그 전날 최린과 이승훈의 회동 이후 남대문 세브란스 병원 내 이갑성의 집에서 이승훈·박희도·오기선·신홍식·함태영·오화영·현순, 수원 삼일여중학교 교사 김세환 등이 모여 의논 끝에 천도교측의 운동방법을 정확히 탐문해 본 후에 합동여부를 결정하기로 하고 그 교섭을 이승훈과 함태영 두 사람에게 일임하였다.[4] 기독교측에서 천도교측의 운동방법을 탐문해 보아야 한다고 한 것은 천도교측에서 만주로부터 무기를 들여와 폭력을 사용하려 한다는 풍설이 있었기 때문이었다. 22일 저녁 최린의 집에 온 이승훈과 함태영으로부터 기독교측의 의논결과를 전해 듣고, 또 천도교측의 무장투쟁 계획여부에 대해 질문하자, 최린은 그러한 사실이 없음을 해명하였다. 다음에 문제가 되었던 것은 '독립청원'이냐 '독립선언'이냐 하는 것이었다. 기독교측은 독립청원을 계획하고 있었다. 최린은 이번 독립운동이 "윌슨의 민족자결주의에 의한 외적인 환경과 우리의 자주적 정신의 전통에 의한 독립운동이므로 독립청원은 아무런 의미가 없다"고 하며, 천도교와 기독교의 연합에 의한 독립운동의 일원화가 아니면, 민중을 총동원할 수 없고, 민족정신의 위대성을 발휘할 수 없음을 역설하자 두 사람도 이에 찬성을 표하고, 동지들과 의논한 후 회답하기로 하였다. 이날 3인의 회합은 3·1운동의 방향을 결정하는 중요한 모임이었다. 그날밤 기독교측의 두

3) 최린, 위의 책, 188쪽.
4) 최린, 위의 책, 189쪽.

대표는 돌아가 천도교측과 합동할 것과, 천도교측의 주장과 같이 독립선언서를 선포하기로 결정하였다. 또한 이승훈·함태영 두 사람을 기독교측 대표로 선정하고, 이후의 천도교측과의 제반 교섭을 일임하였다. 2월 24일 이·함 두 사람은 다시 최린의 집에 와서 기독교 대표 자격으로 무조건 천도교측과 합동할 것을 밝혔다. 이로써 천도교측과 기독교측의 연대가 공식적으로 결정되었다. 이 자리에서 또 독립운동의 추진방법에 대해 세부적인 합의가 이루어졌다. 그 내용은 다음과 같다.

① 거사일은 3월 1일 오후 2시로 하고, 탑골공원에서 〈독립선언서〉를 낭독하여 독립을 선언한다.
② 〈독립선언서〉는 비밀리에 인쇄하여 서울에서는 독립선언 당일 군중에게 배포하여 만세를 부르게 하며, 지방에는 이를 분송한다.
③ 〈독립선언서〉를 각 지방에 분송할 때 서울에서의 일시 및 〈독립선언서〉 배포 절차를 전달하여 각 지방에서도 서울을 따르게 할 것.
④ 〈독립선언서〉와 기타 문서의 기초와 〈독립선언서〉의 인쇄는 천도교측에서 담당할 것.
⑤ 〈독립선언서〉의 배포와 분송은 천도교측과 기독교측에서 각각 담당할 것.
⑥ 일본 정부와 일본 귀족원·중의원의 양원에 보내는 통고문은 천도교측에서 담당하여 보내고, 미국 대통령과 파리 평화회의의 각국 대표에게 보내는 청원서는 기독교측에서 담당하여 보낼 것.
⑦ 조선민족대표로서 각 서면에 연명할 사람은 천도교와 기독교에서 각각 십수 명을 선정하도록 할 것.
⑧ 독립운동에 참가를 요구하고 있는 불교도도 연명에 참가시킬 것.

최린은 기독교측과 연대를 성사시킨 후 운동의 민족적 통일체를 완성하기 위하여 불교측에 대해서도 교섭상대를 물색한 끝에 2월 24일 밤 서울 재동 43번지 韓龍雲의 집을 방문하여, 그의 시국관을 떠보며 의향을 확인한 후 그간의 진행상황을 설명하였다. 이에 한용운은 불교측에서도 동지들과 협의하여 공동으로 참여할 뜻을 밝혔다. 그러나 시일이 촉박하고 일제의 감시가 심하여 불교측에서는 한용운과 白龍城 두 사람만 참여하게 되었다. 당시 일제하에서 많은 불교인들이 친일의 길을 걷고 있었기 때문에 불교의 혁신운동을 통하여 민족불교의 확립과 불교 대중화에 노력하던 이 두 사람은 당시의 민족불교를 대표할 만한 사람들이었다. 특히 한용운은 월간지《唯心》을 발간하면서 청년 계몽활동을 펴고 있었던 까닭에 불교 청년들에게 큰 영향력을 가지고 있었다.[5)]

천도교·기독교·불교의 연대를 이룩한 위에 儒林과의 연대를 이루어야 완전한 민족운동의 연대가 이루어질 수 있었으나, 유림의 대표격인 김윤식·윤용구 등은 초기에 민족대표로 나서 줄 것을 교섭하려 접촉을 시도했을 때 참가를 거절하거나 소극적이었으며, 한용운이 지방 유림의 대표격인 郭鍾錫을 경남 거창으로 방문하여 접촉을 시도했으나, 촉박한 시간과 일제의 삼엄한 감시 때문에 성사되지 못하였다. 또한 경북 성주의 金昌淑에게도 成泰英을 통해 독립운동계획을 알려 주고 유림으로서 참여를 권유했으나, 모친의 병환 때문에 2월 그믐에야 서울에 올 수 있었다. 그러나 그 때는 이미 다음날 발표가 예정되어 連署를 할 기회가 지나가 버렸다. 이에 김창숙은 유교 대표가 참여하지 못한 것을 통곡하며 아쉬워 하였다. 이렇게 하여 유림이 참여하지 못한 가운데 천도교·기독교·불교의 3교만 통일체가 이루어지게 되었다. 유림들은 민족대표의 일원으로 참여할 기회를 놓쳤으나, 많은 지역에서 광무황제의 인산에 참여차 상경하여 3·1운동을 전국으로 확산시키는 데 큰 역할을 하였으며, 많은 지역에서 시위운동을 주도하거나 참여하여 운동을 대중화하는 데 큰 역할을 하였다.

이와 같이 종교계 인사들이 독립운동의 전면에 나서게 된 데에는 일제에 의해 모든 사회 단체가 해산당하였고, 언론·출판·집회·결사의 자유가 극도로 억압되어 다른 조직이 없었으며, 독립운동가들이 탄압을 피해 해외 망명함으로써 국내의 대중들과 격리되어 있었기 때문에 국내에 유일하게 남은 조직적인 힘은 종교단체와 학교뿐이었기 때문이다.

서울의 전문학교 학생들은 일본 동경 유학생들의 2·8독립선언에 큰 자극을 받아 이에 호응하여 독립운동을 하고자 비밀리에 협의를 진행하고 있었다. 박희도와 이갑성은 독립운동을 위하여서는 학생층의 참여가 필요하다고 보고 1919년 1월 하순 경 연희전문학교 金元壁, 보성전문학교 康基德, 경성

5) 김광식,《용성》(민족사, 1999), 108~109쪽.

의학전문학교 韓偉健·金炯璣, 경성공업전문학교 朱鍾宜, 경성전수학교 김공후를 서울 시내 관수동 중국요리점 大觀園에서 만나 독립운동에 학생들이 나설 것을 권유하였다. 이갑성은 따로 2월 12일과 14일 음악회를 가탁하고 세브란스의학전문학교 구내 자택에서 김원벽·김형기·尹滋瑛·金文珍·裵東奭·한위건 등 전문학교 학생 지도자들을 불러모아 해외에서의 독립운동 상황을 설명하고, 독립운동의 추진을 격려하였다. 박희도는 종교계의 독립운동 추진에 참여하면서 강기덕·김원벽 등과 만나 운동준비의 진전 상황을 알려주며 학생단의 결속을 격려하였다. 이들 서울 시내 전문학교 학생대표들은 2월 20일 경 승동 예배당에서 제1회 학생 간부회의를 개최하고 다음사항을 합의하였다.

① 각 학교의 제1선 대표자로 전성득(경성전수학교)·김형기(경성의학전문학교)·김문진(세브란스의학전문학교)·金大羽(경성공업전문학교)·강기덕(보성전문학교)·김원벽(연희전문학교)을 선정하여 각자가 그 학교를 대표한다.
② 위의 각 학교 대표가 일제 관헌에 체포되는 경우 뒷 일을 처리하며 다른 방면의 독립운동을 계속하기 위하여 제2선 책임자로 李容卨(세브란스의학전문학교)·한위건(경성의학전문학교)·윤자영(경성전수학교)·韓昌桓(보성전문학교) 등을 선임한다.
③ 위의 제1선 각 학교 대표들과 제2선 책임자들은 각 학교별로 각각 동창 학생들을 규합하여 독립운동을 추진한다(독립운동사편찬위원회, 《독립운동사자료집》 5-3·1운동 재판기록-, 1983, 69쪽).

2월 23일 박희도는 김원벽을 만나 각 학교 대표자들이 종교계 대표들과 연합하여 독립운동을 추진할 것을 종용하여, 승낙을 얻었다. 종교계 지도자들은 3월 초 독립선언을 하고 시위운동을 개시하도록 결정하여 학생들에게 통고하였다. 이에 학생단 대표들은 2월 25일 정동예배당 李弼柱 목사 방에서 위의 대표자들과 한위건·한창환·윤자영 등이 모여 3월 1일 각 전문학교와 중등학생은 모두 파고다 공원에 집합하여 시위운동에 참가하도록 하고, 그 후 형편에 따라 전문학교 학생들을 중심으로 일대 시위운동을 전개할 것을 결의하였다. 2월 26일 김문진·이용설·윤자영·金鐸遠·崔景河·羅昌憲·朴潤夏·金榮洮 등과 기타 전문학교 대표자들이 다시 이필주 목사의 집에 모여 제2회의 독립운동을 계획하고, 제1회, 제2회 독립운동에서 체포를 모면한 학생들은 뜻을 굽히지 말고 더욱 독립운동을 계속하여 최후의 목적을 완수할 것을 결의하였다.[6)]

한편 이런 준비과정과 함께 학생단 대표들은 각자가 중등학교 대표자들을 살펴보고 학생들을 결속하기 위해 김원벽은 경신학교 강우열·姜昌俊, 경성고등보통학교 朴快仁 등을, 강기덕은 평안도·함경도 출신으로 조직된 서북친목회의 회원임을 활용하는 등의 방법으로 2월 초부터 경성고등보통학교 金栢枰·朴老永, 중앙학교 張基郁, 선린상업학교 李奎宋, 보성고등보통학교 張彩極·全玉玦 등을 안국동 박희용의 집에 초대하여 각자 학교의 학생들에 대하여 독립사상을 고취하여 독립운동을 계획한 날에 참여할 것을 설득하였다. 각 중등학생들도 이에 찬성하여 그 때가 오는 것을 고대하게 되었다. 이렇게 하여 학생단 또한 종교계와 함께 민족대연합전선에 합류하게 되었으며, 학생들은 민족대연합전선의 전위로서 3·1운동에 앞장서게 되었다.

33인 민족대표의 선정과정은 다음과 같다. 천도교에서는 孫秉熙·崔麟·權東鎭·吳世昌 4인 사이에서만 비밀리에 논의를 진행해 오다가 2월 25, 26일 이틀에 걸쳐 교회간부 11인에게 알려 15명의 천도교측 민족대표를 선정하였다. 천도교측 15인은 위 4인과 함께 중앙의 權秉悳·梁漢默·李鍾一·李鍾勳·洪秉箕·金完圭와 당시에 상경해 있던 평양의 林禮煥·羅仁協, 용강의 洪基兆, 중화의 羅龍煥, 임실의 朴準承이었다.

기독교에서는 26, 27일에 걸쳐 비밀회합을 거듭한 결과 장로교에서는 정주의 李昇薰·金秉祚·李明龍, 평양의 吉善宙, 선천의 梁甸伯, 의주의 劉如大, 서울의 李甲成, 감리교에서는 평양의 申洪植, 서울의 朴熙道·李弼柱·申錫九·吳華英·金昌俊, 원산의 鄭春洙, 해주의 崔聖模, 기독교신보사의 朴東完 등 대표 16인으로 선정되었다. 불교에서는 앞서 말한 바와 같이 韓龍雲과 白龍城 2명이 선정되었다. 그 밖에도 운동의 준비과정에 참여했던 인물 중에서 자금을 담당했던 천도교의 朴仁浩·盧憲容, 천도교와의 연대과정에서 이승훈과 더불어 기독교계의 대표로서 활약했던 咸台永, 수원의 金世煥 등은 후속

6) 독립운동사편찬위원회, 《독립운동사자료집》 5(3·1운동 재판기록)(1983), 70쪽.

적인 일을 위해 민족대표에 들지 않았다. 이러한 인물까지 포함하여 민족대표 48인이라고 하기도 한다.

(2) 〈독립선언서〉 준비

2월 초순 최린이 최남선·현상윤 등과 운동계획을 협의할 때 운동의 취지를 선언문으로 준비할 필요가 있다는 논의가 제기되었다. 이때 육당 최남선은 자신이 그 기초를 맡겠다고 나섰다. 육당은 이 일을 맡아 낮에는 연락사무를 하고, 밤에 아무도 없는 때를 타서 3~4일에 한 편씩 2월 22~23일까지 이 일을 완성했다. 육당은 민족대표들에 의한 〈宣言書〉, 일본정부, 귀족원·중의원 양원 및 조선총독부에 보내는 〈獨立通告書〉, 미국 대통령 윌슨과 파리평화회의에 보내는 〈獨立請願書〉를 각각 작성하게 되었다. 육당은 일경의 감시를 피하여 을지로 3가의 林圭의 일본인 부인 집에서 선언서와 그밖의 문건들을 기초하였다.

이 중에서 〈宣言書〉는 2월 10일 경에 초안을 완성하여 2월 15일 최린에게 건네 주었다. 최린이 받아 벽에 걸린 거문고 안에 감추어 두었다가 손병희·권동진·오세창에게 보여 동의를 얻은 후 기독교측의 함태영에게 주어 기독교측의 동의를 구하게 하였다. 최남선은 나머지 문서들을 그 후 완성하여 2월 25일 천도교측에 전달하였다.

〈독립선언서〉는 천도교에서 경영하는 普成社 사장 이종일에게 인쇄를 맡겼다. 그러나 보성사 직공들의 기술이 부족하여 최남선이 자신이 경영하는 新文館 직공을 시켜 조판을 하여 최린의 집에 두었다가 2월 27일 밤중에 시작하여 11시까지 1차로 2만 5,000장, 2차로 1만 장을 찍어 총 3만 5,000장을 찍었다.[7] 이렇게 인쇄된 〈독립선언서〉는 장중한 문체와 고원한 사상을 담은 명문장으로 우리 민족의 독립선언과, 독립의 역사적·원리적 당위성을 당당하게 밝혔다.

---

7) 이종일, 〈묵암 이종일 비망록(4)〉(《한국사상》 19, 1982), 232쪽.
〈독립선언서〉가 최남선의 신문관 조판의 본(5호-10.5포인트 활자)과 보성사 조판본(4호-14포인트 활자)의 2종이 있었다는 주장이 있다(오수열, 〈독립선언서의 인쇄경위〉, 《인쇄계》, 1986. 3).

〈宣 言 書〉

吾等은 玆에 我 朝鮮의 獨立國임과 朝鮮人의 自主民임을 宣言하노라. 此로써 世界萬邦에 告하야 人類平等의 大義를 克明하며, 此로써 子孫萬代에 誥하야 民族自存의 正權을 永有케 하노라. 半萬年 歷史의 權威를 仗하야 此를 宣言함이며, 二千萬 民衆의 誠忠을 合하야 此를 佈明함이며, 民族의 恒久如一한 自由發展을 爲하야 此를 主張함이며, 人類的 良心의 發露에 基因한 世界改造의 大機運에 順應幷進하기 爲하야 此를 提起함이니, 是ㅣ 天의 明命이며 時代의 大勢ㅣ며, 全人類 共存同生權의 正當한 發動이라, 天下 何物이던지 此를 沮止抑制치 못할지니라.

舊時代의 遺物인 侵略主義, 强權主義의 犧牲을 作하야 有史以來 累千年에 처음으로 異民族 箝制의 痛苦를 嘗한 지 今에 十年을 過한 지라. 我 生存權의 剝喪됨이 무릇 幾何ㅣ며, 心靈上 發展의 障礙됨이 무릇 幾何ㅣ며, 民族的 尊榮의 毁損됨이 무릇 幾何ㅣ며, 新銳와 獨創으로써 世界文化의 大潮流에 寄與補裨할 機緣을 遺失함이 무릇 幾何ㅣ뇨.

噫라, 舊來의 抑鬱을 宣暢하려 하면, 時下의 苦痛을 擺脫하려 하면, 將來의 脅威를 芟除하려 하면, 民族的 良心과 國家的 廉義의 壓縮銷殘을 興奮伸張하려 하면, 各個人格의 正當한 發達을 遂하려 하면, 可憐한 子弟에게 苦恥的 財産을 遺與치 안이하려 하면, 子子孫孫의 永久 完全한 慶福을 導迎하려 하면, 最大急務가 民族的 獨立을 確實케 함이니, 二千萬 各個가 人마다 方寸의 刃을 懷하고, 人類通性과 時代良心이 正義의 軍과 人道의 干戈로써 護援하는 今日, 吾人은 進하야 取하매 何强을 挫치 못하랴, 退하야 作하매 何志를 展치 못하랴.

丙子修好條規 以來 時時種種의 金石盟約을 食하얏다 하야 日本의 無信을 罪하려 안이하노라. 學者는 講壇에서 政治家는 實際에서 我 祖宗世業을 植民地視하고, 我 文化民族을 土昧人遇하야, 한갓 征服者의 快를 貪할 뿐이오, 我의 久遠한 社會基礎와 卓犖한 民族心理를 無視한다 하야 日本의 少義함을 責하려 안이하노라. 自己를 策勵하기에 急한 吾人은 他의 怨尤를 暇치 못하노라. 現在를 綢繆하기에 急한 吾人은 宿昔의 懲辦을 暇치 못하노라. 今日 吾人의 所任은 다만 自己의 建設이 有할 뿐이오, 決코 他의 破壞에 在치 안이하도다. 嚴肅한 良心의 命令으로써 自家의 新運命을 開拓함이오, 決코 舊怨과 一時的 感情으로써 他를 嫉逐排斥함이 안이로다. 舊思想 舊勢力에 覊縻된 日本 爲政家의 功名的 犧牲이 된 不自然, 又 不合理한 錯誤狀態를 改善 匡正하야, 自然 又 合理한 正經大原으로 歸還케 함이로다. 當初에 民族的 要求로서 出치 안이한 兩國 倂合의 結果가, 畢竟 姑息的 威壓과 差別的 不平과 統計數字上 虛飾의 下에서 利害相反한 兩民族間에 永遠히 和同할 수 업는 怨溝를 去益深造하는 今來 實績을 觀하라. 勇明果敢으로써 舊誤를 廓正하고, 眞正한 理解와 同情에 基本한 友好的 新局面을 打開함이 彼此間 遠禍召福하는 捷徑임을 明知할 것 안인가. 또

二千萬 含憤蓄怨의 民을 威力으로써 拘束함은 다만 東洋의 永久한 平和를 保障하는 所以가 안일 뿐 안이라, 此로 因하야 東洋 安危의 主軸인 四億萬 支那人의 日本에 對한 危懼와 猜疑를 갈스록 濃厚케 하야, 그 結果로 東洋 全局이 共倒同亡의 悲運을 招致할 것이 明하니, 今日 吾人의 朝鮮獨立은 朝鮮人으로 하야금 正當한 生榮을 遂케 하는 同時에, 日本으로 하야금 邪路로서 出하야 東洋 支持者인 重責을 全케 하는 것이며, 支那로 하야금 夢寐에도 免하지 못하는 不安恐怖로서 脫出케 하는 것이며, 또 東洋平和로 重要한 一部를 삼는 世界平和 人類幸福에 必要한 階段이 되게 하는 것이라. 이 엇지 區區한 感情上 問題ㅣ리오.

아아, 新天地가 眼前에 展開되도다. 威力의 時代가 去하고 道義의 時代가 來하도다. 過去 全世紀에 鍊磨長養된 人道的 精神이 바야흐로 新文明의 曙光을 人類의 歷史에 投射하기 始하도다. 新春이 世界에 來하야 萬物의 回穌를 催促하는도다. 凍氷寒雪에 呼吸을 閉蟄한 것이 彼一時의 勢ㅣ라 하면 和風暖陽에 氣脈을 振舒함은 此一時의 勢ㅣ니, 天地의 復運에 際하고 世界의 變潮를 乘한 吾人은 아모 躕躇할 것 업스며, 아모 忌憚할 것 업도다. 我의 固有한 自由權을 護全하야 生旺의 樂을 飽享할 것이며, 我의 自足한 獨創力을 發揮하야 春滿한 大界에 民族的 精華를 結紐할지로다.

吾等이 玆에 奮起하도다. 良心이 我와 同存하며 眞理가 我와 幷進하는도다. 男女老少 업시 陰鬱한 古巢로서 活潑히 起來하야 萬彙羣象으로 더부러 欣快한 復活을 成遂하게 되도다. 千百世 祖靈이 吾等을 陰佑하며 全世界 氣運이 吾等을 外護하나니, 着手가 곳 成功이라. 다만 前頭의 光明으로 驀進할 따름인뎌.

〈公約三章〉

一. 今日 吾人의 此擧는 正義, 人道, 生存, 尊榮을 爲하는 民族的 要求ㅣ니, 오즉 自由的 精神을 發揮할 것이오, 決코 排他的 感情으로 逸走하지 말라.

一. 最後의 一人까지 最後의 一刻까지 民族의 正當한 意思를 快히 發表하라.

一. 一切의 行動은 가장 秩序를 尊重하야 吾人의 主張과 態度로 하야금 어대까지던지 光明正大하게 하라.

朝鮮建國 四千二百五十二年 三月 日 朝鮮民族代表

孫秉熙 吉善宙 李弼柱 白龍城 金完圭 金秉祚 金昌俊 權東鎭 權秉悳 羅龍煥
羅仁協 梁甸伯 梁漢默 劉如大 李甲成 李明龍 李昇薰 李鍾勳 李鍾一 林禮煥
朴準承 朴熙道 朴東完 申洪植 申錫九 吳世昌 吳華英 鄭春洙 崔聖模 崔麟
韓龍雲 洪秉箕 洪基兆

위의 <독립선언서>는 38자 46행으로서 6소절의 본문과 강령인 공약3장, 조선민족대표 33인의 명단으로 구성되어 있다. 제1소절 6행에서는 우리 나라의 국가적 독립과 우리 민족이 자주민임을 선언하였다. 이 독립선언의 당위성을 보편성(하늘의 명령)과 역사성(시대의 대세)으로 주장하며, 그 성격은 인류 공존동생권의 정당한 발동임을 밝혔다. 이것은 서구 열강의 제국주의적 침략을 정당화하는 논리였던 사회진화론적 세계관을 극복하여 인류 共存同生의 새로운 사회개조·세계개조 사조를 반영함으로써 제국주의 침략논리를 극복하고 있는 것이 주목된다.

제2소절 4행은 일본 제국주의 식민치하에서의 피해를 열거하며, 일본 제국주의의 본질이 구시대적이며, 침략주의·강권주의로서 "신천지"로 대변되는 새시대, 즉 도의의 시대와 대비시켰다. 선언서에서는 일제 지배의 피해로서 역사적으로 누천년 이래 처음 이민족 지배이며, 생존권의 박탈, 문화적·정신적으로 심령상 발전의 장애, 정치적으로 민족적 존영의 훼손, 인류사적으로 세계문화에 기여할 기회의 상실을 들었다.

제3소절 6행은 독립의 필요성과 그 방법에 관한 내용으로서, 시간적으로는 과거(구래의 억울 선창), 현재(현재의 고통 파탈), 미래(장래의 협위 삼제)를 통하여, 주체 단위별로 민족(민족적 양심 홍분 신장), 국가(염의의 신장), 개인(인격의 발달), 자제(고치적 재산 불유여), 자자손손(경복)을 위해 독립이 필요한 것임을 밝혔고, 그 방법으로서 개개인이 결의를 품고, 정의와 인도라는 정당성을 확신하며 나아감으로써 달성할 수 있음을 밝혔다.

제4소절 19행은 조선독립문제의 성격과 의미를 밝혔다. 이것은 우리 민족 자신에게 있어서는 감정상의 문제가 아니라, 양심에 따른 자기건설이며, 한일관계에 있어서는 병합 이래의 착오상태의 개선 광정의 과정이며, 동양 전반에 있어 동양평화를 보장하는 일이며, 세계 전체와 관련하여 세계평화에 중요한 한 계단이 됨을 주장하였다.

제5소절 7행은 독립의 역사적 당위성을 밝혔다. 조선의 독립은 시대의 대세로서 위력의 시대가 가고 도의의 시대가 오며, 신문명의 서광이 비치고, 신천지의 전망을 할 수 있는 시대적 변화와 함께 하고 있기 때문에 조금도 주저하거나 꺼릴 것이 없음을 밝혔다.

第6소절 4행은 독립의 보편적 당위성에 대한 확신과 전망을 담았다. 양심과 진리가 동존병진하며, 천백세 조령이 음우하고, 전세계 기운이 외호하므로, 즉 우리 내면의 확신과 외부 환경 모두가 독립의 정당성을 굳게하고, 지원하므로 착수가 곧 성공이다. 그러므로 곧장 나아가는 일만 있을 뿐이라고 밝히고 있다.

공약3장은 행동강령을 담고 있다. 첫째 고원한 자유의 이상으로 행동할 것이며, 배타적 감정으로 내달리지 말 것. 둘째 최후의 일인, 최후의 일각까지 민족의 독립을 정당하게 주장할 것. 셋째 모든 행동은 질서를 존중하는 가운데 비폭력으로 할 것을 촉구하였다.

(3) 〈독립선언서〉의 배포와 최후의 회담

〈독립선언서〉의 배포는 오세창이 총책임을 맡고 실무는 이종일이 담당하였다. 선언서의 배포는 천도교·기독교·불교·학생단 등이 분담하기로 하였다. 주로 서울 시내는 학생단에서, 지방 각처는 천도교와 기독교측에서 분담했다. 천도교측에서는 印宗益－충청도·전라도, 安商德－강원도·함경도, 金洪烈－평안도, 李景燮－황해도 등으로 전달책임을 맡았다. 기독교측에서는 金昌俊－평안도, 李甲成－경상도, 吳華英－경기도·함경도, 咸台永－평안도지방 보충 등으로 분담했다. 불교측에서는 한용운이 전달책임을 맡았으며, 학생단에게는 이갑성이 책임을 맡았다. 이와 같이 각기 책임 맡은 지역으로 내려가 3·1운동 발발 전에 경상도로부터 평안도·함경도에 이르기까지 주요 지역에 〈독립선언서〉가 전달되었다.

파리 평화회의와 미국 윌슨 대통령에게 보내는 〈독립청원서〉는 기독교의 金智煥이 그 책임을 맡아 3월 1일 서울역을 출발하여 신의주로 가서 미리 중국 상해에 가서 기다리고 있는 현순에게 압록강 건너 안동에서 우편으로 부쳤다. 일본 정부와 의회에 보내는 〈독립통고서〉는 천도교의 임규가 담당하여 2월 27일 서울을 출발하여 3월 1일 동경에 도착하였다. 임규는 일본에서 〈독립통고서〉와 〈독립선언서〉를 일본어로 번역하여 민족대표들이 기명날인한 지면을 각각에 붙여 일본 정부와 귀족원·중의원에 우송하였다. 기독교측의 安世桓도 별도로 3월 1일 일본 동경에 도착하여 3월 4일 일본 경

시청을 방문하여 경시총감을 면회하고, 조선독립의 이유를 설명한 다음 〈독립통고서〉와 〈독립선언서〉를 일본정부 각료들에게 전달해 주도록 요구하였다.

2월 28일 오후 5시 서울 가회동 170번지 손병희 집의 산장에서 민족대표 23인이 참석한 가운데 마지막 모임을 열었다. 서로 인사를 교환한 후 손병희의 인사말을 듣고, 다음 사항이 결정되었다. 첫째 박희도가 독립선언의 장소를 군중심리에 의해 폭력화할 우려가 있다며 파고다 공원에서 다른 장소로 변경할 것을 제안하여 중국요리점 명월관의 지점 태화관으로 변경하였다. 참석자 모두 이에 찬성하였다. 둘째 〈독립선언서〉와 〈독립통고서〉를 조선총독부로 보내기로 결의하고, 책임자를 이갑성으로 선정하였다. 셋째 3월 1일 오후 2시 태화관에 모여 독립선언식을 갖되 33인 전원이 행동을 통일하기로 하였다. 넷째 독립선언 후 일제 경찰이 체포하러 오더라도 피하지 말고 함께 체포당하여 정정당당하게 경과를 주장하기로 합의하였다. 이날의 결정으로 말미암아 3월 1일의 독립선언식은 불가피하게 민족대표들은 태화관에서, 학생·시민들은 파고다 공원에서 별도로 이루어지게 되었다.

2) 3·1운동의 발발

(1) 민족대표의 독립선언

1919년 2월 28일 집에 돌아온 최린은 다음날 직면할 일제의 체포와 고문, 어쩌면 42세를 일기로 세상을 마감할지도 모른다는 생각에 잠을 이루지 못하며, 눈물까지 지었다.[8] 아침에 일어난 최린은 대문안에 떨어진 〈독립선언서〉 2장을 보고 이 역사적인 문서가 이미 시내에 배포되었음을 확인했다. 그는 손병희의 집으로 가서 권동진·오세창·손병희와 함께 인력거에 몸을 싣고 낮 12시 쯤에 인사동에 있는 태화관에 도착하였다. 주인 안순환을 불러 산정 별관에 회석을 정하고, 30여 명 분의 점심을 준비하라고 일렀다. 얼마

---

8) 최린, 앞의 책, 199쪽.

후부터 민족대표들이 모여들기 시작하였다. 오후 2시까지 길선주 · 유여대 · 김병조 · 정춘수 4명을 제외한 29명이 모였다. 길선주는 평양에서, 정춘수는 원산에서, 유여대는 의주에서 그날 늦게 도착하였고, 김병조는 상해로 탈출하여 국내에 없었다. 이때 태화관 주변에는 천도교와 기독교 청년들이 눈물을 흘리며 대기하고 있었고, 별실 옆방 6호실에는 기독교의 李奎甲, 천도교의 李炳憲 등 청년 6명을 비밀리에 잠복시켜 놓고 기록과 파고다공원과의 연락을 취할 책임을 맡겨 놓았다.[9)]

손병희는 이종일에게 〈독립선언서〉를 직접 인쇄 · 배포했으니 크게 낭독하라 하여 오자를 고치고 낭독하였다.[10)] 이어 최린에게 경무총감부에 전화로 독립선언의 사실을 통고하라고 하고, 총독부에는 이갑성이 金允珍을 보내어 〈독립선언서〉와 〈독립통고서〉를 제출하게 했다. 종로경찰서에는 인력거꾼을 시켜 제출했다. 긴장된 시간이 한 10분 흘렀을 때 일본 경찰 수십 명이 달려와 식장을 포위하였다. 이때 파고다 공원에서 수천 명의 학생 · 시민들과 함께 긴장 가운데 독립선언의 장소가 변경된 것을 모르고 민족대표들이 나타나기만을 기다리던 학생대표 강기덕 · 김원벽 · 한위건이[11)] 태화관으로 달려와 갑작스런 장소변경에 항의하며 파고다 공원으로 가기를 거세게 요청했다.[12)] 손병희와 최린이 이해를 시켜 그들을 돌려 보냈다.

일경이 에워싸고 있는 가운데 한용운이 "오늘은 조선독립을 선언하기 위한 영광스러운 날이며, 공동합심하여 조선독립을 기도하자"는 式辭를 하였다. 일동은 자리에서 일어나 조선독립만세를 높이 불렀다. 민족대표들은 경시총감부로 차례로 연행되어 갔다. 이종일 · 이승훈 · 나용환이 한 차에 태워져 실려 갈 때에는 200~300장씩의 〈독립선언서〉를 군중들이 뿌리며 "대한독립만세"를 고창했다. 태화관 바깥과 시내의 군중들이 차를 에워싸고 감격

9) 이병헌, 《3 · 1운동비사》(시사시보사 출판국, 1959), 5쪽(이규갑 서문) · 66쪽.

10) 이종일, 《묵암 이종일 비망록(4)》, 229쪽.
《최린자서전》에는 "3시 정각에 선언서 백매를 탁상위에 놓아두고 각인의 열람에 제공하고 낭독만은 생략하였다"고 되어 있다(최린, 앞의 책, 201쪽).

11) 이종일, 《묵암 비망록》, 230쪽에는 "10여 명의 학생들이 태화관으로 몰려왔다"고 되어 있다.

12) 이병헌, 앞의 책, 66쪽.

과 흥분속에서 목이 터져라 만세를 따라 외쳤다. 마지막으로 한용운과 최린이 실려 갈 때는 목이 쉬어 군중들이 소리를 내지 못하고 있었다.[13)]

(2) 만세시위운동의 시작

3월 1일 오후 2시 30분 민족대표를 그때까지 기다리고 있는 학생대표들은 독자적으로 독립선언식을 거행하였다. 그날의 파고다 공원의 광경을 이미륵의 묘사를 통해 볼 수 있다.[14)]

> 내가 공원에 갔을 때 이미 공원은 경관들로 포위를 당하고 있었다. 담장 내부는 단 열 발자국도 걷지 못하게 사람이 꽉 차 있었다. … 갑자기 깊은 정적이 왔고 나는 누군가가 조용한 가운데 연단에서 독립선언서를 읽는 것을 보았다 … 잠깐 동안 침묵이 계속되더니 다음에는 그칠 줄 모르는 만세소리가 하늘을 찔렀다. 좁은 공원에서는 모두 전율하였고, 마치 폭발하려는 것처럼 공중에는 각양각색의 삐라가 휘날렸고 전 군중은 공원에서 나와 시가행진을 하였다. 우뢰와 같은 만세소리와 함께 사방으로 삐라를 날리며 행진하였다(李儀景, 전혜린역, 《압록강은 흐른다》, 여원사, 1959).

시민과 학생들이 모인 가운데 〈독립선언서〉를 발표한[15)] 파고다 공원의 군중들은 "독립만세"를 연창하며 시가행진을 했다. 서쪽으로 향한 대열의 제1대는 서울역에서 통의동, 정동, 미국영사관, 이화학당, 광화문 앞, 서대문, 소공동, 충무로로, 다른 1대는 무교동, 대한문으로, 동쪽으로 향한 시위대는 창덕궁, 안국동, 광화문, 서대문, 대한문, 충무로, 동대문 방면으로 행진하였다. 온 서울 장안이 만세소리로 진동하였다.

---

13) 최린, 앞의 책, 203쪽.

14) 작가 이미륵은 본명 李儀景. 당시 경성의학전문학교 학생으로 3·1운동에 참여하고 그 후 지하 유인물을 만들다가 일경의 추적을 받자 중국을 통해 독일로 망명하여 고국에서의 성장과정과 경험을《압록강은 흐른다》라는 소설로 작품화하였다.

15) 다음은 파고다공원에서 독립선언서를 낭독한 사람이 경신학교 졸업생 정재용이라고 하였다.
이종일,《묵암 이종일 비망록(4)》, 234쪽.
이병헌, 앞의 책, 66쪽.
최은희,《조국을 찾기까지》中(탐구당, 1973), 14~17쪽.

동쪽으로 향한 다른 시위대는 창덕궁 앞, 안국동, 광화문 앞, 서대문, 프랑스영사관에 이르러 일부는 미국영사관, 대한문 앞, 소공동, 충무로(本町)를 거쳐 종로통, 동아연초회사, 동대문으로 향했다.

그날 대한문 앞 광장에는 광무황제의 돌연한 죽음을 애도하는 각도의 유생들이 엎드려 곡하는 것을 많은 남녀노소들이 운집하여 지켜보고 있었다. 파고다공원의 시위대열에 앞서 검은 제복을 입은 학생들이 2, 3명씩 조를 지어 먼저 달려오더니 군중들 속으로 흩어져 들어가 모자를 벗어 들고 열변을 토했다. 학생들을 에워싸고 있던 군중들이 독립만세를 높이 외치자 금방 군중 전체에 전파되어 만세소리가 대한문 광장을 뒤흔들었다.[16] 상인들은 점포를 철시하고 뛰쳐 나오고, 因山을 구경하러 시골에서 상경한 유생들, 평안도 수건을 쓴 부녀자들, 백립을 쓴 노인들 남녀노소를 가리지 않고 가담하여 몇 십만의 인파가 서울 거리마다 넘쳐났다. 대열은 동서남북으로 나누어 각국 영사관, 일제 주요 기관 등을 누비며 나갔다. 행렬은 꼬리를 물었고, 대열마다 한번씩은 덕수궁 정문 앞에 당도하여 대한문 안으로 몇 걸음 들어가서 황제의 빈전을 향하여 절하고 물러갔다. 해가 질 때까지 목이 터져라 만세를 부르며 행진하였다.[17]

《조선독립신문》을 비롯한 여러 종류의 지하신문과 격문들이 시가에 배포되었다. 이날 전주에서 상경하여 서울 시가지 시위광경을 목격한 한 사람은 당시의 시위광경을 이렇게 기록으로 남겼다.

> 그때 인심은 극도로 동요되고 학생은 교복을 벗고 白衣에 흰 헌팅을 쓰고 서로 만나는 대로 인사 뿐이요, 말은 하나도 건네지 않고 이처럼 학생들의 鬪意는 불타고 있었다. 거리의 긴장은 무서웠고, 독립신문을 비롯한 비밀신문이 무려 수십 종이 발행되어 돌며, 거리마다 만세성이 물끓듯 적이 컸는지라. 일경은 말을 타고 3尺 가량이나 되는 철망치를 휘두르며, 소방부는 몽둥이를 들고 발광하듯이 우리 동포를 사상케 하였고, 거리며 동리 어구마다 변장한 倭警이 서서 加害를 하니 그 수 不知其數라. 그럴수록 민심의 타는 애국의 至情은 더욱 더 고양의 일로를 달릴 뿐이었다(유병민, 〈내 삼일운동의 기록〉, 《신천지》 1−2, 1946, 112~113쪽).

16) 윤백남, 〈3·1운동발발 당일의 인상〉(《신천지》 1−2, 1946), 118~119쪽.
17) 최은희, 앞의 책, 18쪽.

시위대가 지나가는 길목마다 시민들이 합세하여 함께 만세를 불렀다. 경성여자고등보통학교 학생이었던 崔恩喜 여사는 그 광경을 다음과 같이 묘사하였다.

> 독일 영사관에서 회정하여 의주통을 지나갈 적에는 길가에 냉수동이가 즐비하게 놓이고, 평양수건을 쓴 할머니들이 지켜서서 바가지로 물을 떠 주다가 바가지째 두 손을 번쩍 들고 만세를 부르던 것이 퍽 인상적이었다. … 우리 일대는 거기서 숭례문까지 내려갔다가 다시 돌아 진고개 골목으로 들어섰다. … 샐 틈이 없는 좁은 골목이라 본정 2정목에 이르러서부터는 몽땅 체포하기 시작하였다. 일제 상가가 모두 떨쳐 나와 협력하였다. … 수갑이나 포승을 사용할 겨를이 없었다. 헌병들은 양편 손에 한 사람씩 손목을 잡고 남산 밑에 있는 경무총감부로 연행해 갔다. 군중들은 끌려가는 길에서도 힘차게 만세를 불렀고, 총감부 마당에 꿇어앉은 사람들도 새 사람이 잡혀 들어올 적마다 마주들 바라보며 만세를 불렀다(최은희, 《조국을 찾기까지》 中, 탐구당, 1973, 100~101쪽).

3월은 해가 짧아 일찍 어두워졌다. 저녁 7시까지 서울 중심가에서는 시위운동이 일단 끝났으나 밤 8시 경 마포전차 종점에서 전차에서 내린 사람들이 모이기 시작하여 약 1,000명의 사람들이 모여 만세시위를 하였고, 밤 11시 경에는 신촌 연희전문학교 부근에서 학생 약 200명이 집결하여 시위를 하였다.[18]

일제 총독부는 서울 중심가의 군경을 총동원하는 한편, 용산의 일본군 보병 3개 중대와 기마병 1개 소대를 시위해산에 투입하였다. 일제는 평화적인 학생, 시민들의 시위에 손을 쓸 방법을 몰라하다가 해가 저물고 난 뒤부터 경찰·헌병·군인들이 일본 진고개 상점가 점원들의 도움을 받아가며 그곳을 통과하는 시위대원들을 모조리 검거했다. 이 날 134명이 검속되었다.

서울에서 독립만세 시위운동이 시작된 같은 날에 평양·진남포·안주·의주·선천·원산에서도 시위운동이 일어났다. 이들 지역에 사전에 천도교측과 기독교측에 의해 〈독립선언서〉가 배포되었고, 사전 조직화 작업이 진행되었기 때문이었다.

---

18) 《警務日次報告》 제3보.

평양에서는 오후 1시부터 예수교 감리파와 장로파 신도들이 광무황제 奉悼會를 거행한 후 갑자기 〈독립선언서〉를 낭독하고 독립에 관한 연설을 한 후 시위행진에 들어갔다.

진남포에서는 오후 2시 예수교회에 기독교인 및 학생 약 130여 명이 모여 '조선독립만세'라로 쓴 큰 깃발을 앞세우고 〈독립선언서〉를 뿌리며 만세를 부르며 시가행진을 하였다. 정주에서는 기독교인 300~400명이 집합하여 오후 5시 경 〈독립선언서〉를 배포하고 독립에 관한 연설을 시작하였다. 평안북도 선천에서는 예수교 소속 성신학교 생도 수백 명이 오후 2시 〈독립선언서〉를 배포하고 태극기를 들고 만세를 연호하며 시위행진을 하며 경찰서와 군청에 쇄도하였다. 함경남도 원산에서는 오후 4시 경 약 500명이 악대를 선두에 세워 일본인 시가를 행진했다. 조선인 거리에서는 약 2천 명의 군중이 모인 가운데 독립에 관한 연설을 하였으며, 일경이 쉽게 해산시킬 수 없어 일본인 소방부들과 재향군인회까지 동원하였다.[19]

이렇게 서울의 파고다 공원에서 시작된 독립만세 시위운동은 위의 7곳에서 이에 호응하여 동시에 점화되었으며, 3월 2일에는 함흥·해주·수안·황주·중화·강서·대동 등지에서 시위운동이 계속해서 일어났고, 3일에는 충남 예산·개성·사리원·수안(재)·송림·곡산·통천 등지에서 일어났다. 이처럼 3·1운동은 서북지방과 경기·충청지방을 시작으로 전국 방방곡곡으로 퍼져 나가 5월까지 계속되어 민족 최대의 독립운동으로 발전하였다.

(3) 국내의 만세시위운동

가. 서울의 시위운동

3월 2일 정오 서울 종로 네거리에서 400명의 군중이 모여 만세를 부르며 종로경찰서 앞으로 나아갔다. 일경이 지휘부 약 20명을 체포하였다. 이들 중 다수는 노동자였고, 다수의 학생들도 참여했다. 이날은 일요일이며 황제의 국장례를 하루 앞두고 있어서 오후 4시까지 시내에서는 시위운동이 없었으나, 각 지방에서 국장배관을 위해 입경한 사람들이 수 만에 달하여 시내의

19) 국회도서관, 《한국민족운동사료》(3·1운동편 3, 1979), 3쪽.

혼잡이 극에 달해 있었다.[20] 밤 11시 반 경 세브란스병원 사무원 鄭泰榮이 독립운동을 끝까지 하자는 경종을 울리기 위해 보신각에 들어가 종을 계속 울렸다.

3월 3일은 광무황제 장례날이었다. 大輿가 덕수궁에서 장례식장인 훈련원(동대문 운동장)으로 향하는 종로거리에는 수십 만의 군중이 운집하여 지켜보았으나 이날은 시위운동을 하지 않았다. 그러나 시내에는 《조선독립신문》 제2호·《독립창가》·《국민회보》·《경고 아이천만동포》 등 지하신문과 격문들이 시내 도처에 살포되었다.

3월 5일 서울역 앞에서 학생단이 주도하는 대규모 시위운동이 있었다. 오전 8시부터 각급 학교 학생들과 시민들이 서울역 앞에 집결하기 시작하여 9시경에는 수만 명의 대군중을 이루었다. 고동색 한복 두루마기를 입은 연희전문학교생 강기덕이 인력거를 타고 나타나 "朝鮮獨立"이라고 크게 쓴 깃발을 휘날리며 "조선독립만세"를 높이 외쳤다. 군중이 이에 호응하여 함께 독립만세를 높이 불렀다. 여학생들은 감격에 겨워 울음바다를 이루었다. 뒤이어 흰색 한복 두루마기를 입은 보성법률상업전문학교생 김원벽이 "조선독립"이라고 쓴 큰 깃발을 휘날리며 인력거를 타고 나타나 군중의 선두에 섰다. 선두의 강기덕과 김원벽의 지휘에 따라 일제히 독립만세를 부르며 남대문으로 향했다. 학생 중에는 붉은 헝겊을 팔에 두른 자도 있었고, 군중들에게 나누어 주기도 했다. 그러나 대부분 태극기를 들고 독립만세를 부르며 나아갔다. 남대문에서 경찰관헌의 제지를 받아 강기덕·김원벽 등이 체포되었다. 그러나 시위대는 경찰 저지선을 뚫고 남대문 시장으로 해서 조흥은행, 종로 보신각으로 향했으며, 다른 1대는 남대문에서 대한문 앞 무교정을 지나 보신각에서 합류하여 행진을 하며 독립만세를 고창하였다.[21]

3월 5일의 제2차 시위 이후 서울에서의 시위운동은 각계각층으로 확산되고, 다양한 방법으로 시위운동을 전개하였다.

---

20) 국회도서관, 《한국민족운동사료》(3·1운동편 3, 1979), 8쪽.

21) 〈김형기 등 예심종결결정서〉.
최은희, 앞의 책, 113쪽.
국회도서관, 《한국민족운동사료》(3·1운동편 3, 1979), 13쪽.

각종의 격문들이 시중에 살포되는 가운데, 상인들은 철시하고, 공장의 노동자·고용인·행상인·일반 서민들이 시위운동에 적극 참여하였다. 상인들은 3월 1일부터 대부분 철시에 들어가 8일에는 완전철시, 시위운동에 참여를 결의하여 3월말까지 완전철시에 들어갔다. 당황한 일제는 상인 대표 60명을 초청하여 수 차례 개점을 설득하였으나 거부되자 4월 1일부터 경찰을 동원하여 강제 개점을 시켰으나, 큰 효과가 없었다.

3월 8일 오후 6시 서울 용산의 조선총독부 인쇄소 노동자 20명이 "조선독립만세"를 선창하자 야간작업을 위해 남아 있던 200명의 노동자들이 시위운동을 벌여 주동자 19명이 일경에 구속당하였다. 이튿날인 9일 오전 10시 30분 서울의 전차회사 차장과 운전수 120명이 동맹파업을 단행하여 전차운행이 중단되었다. 이 파업은 3월 29일까지 20일간 진행되어 시내교통이 마비되었다. 3월 9일 12시에는 동아연초회사 소년노동자들이 독립만세를 부르며 시위운동을 개시하였다. 10일에는 서울 시내 각 회사의 노동자들이 동맹파업에 들어갔다. 종로 4가에서는 노동자들의 시위운동이 있었다. 노동자들의 동맹파업은 계속되어 15일 노동자들이 출근율은 10%에 불과하였다.

탄압이 가중되는 속에서도 22일 봉래동에서 노동자 약 300명이 태극기를 세워놓고 노동자대회를 열고 만세시위를 벌였다. 부근의 시민들이 합세하여 군중은 800여 명으로 불었다. 이로부터 27일까지 서울 시내에서는 크고 작은 시위운동과 전차 파괴운동이 일어나 서울 시위운동이 다시 한 번 최고조에 달했다.

3월 5일의 독자적인 제2차 시위운동을 전개하여 많은 학생 지도부가 검거되고, 학교의 휴교조치로 학생들의 시위운동 확산에 한계를 맞게 되자 12일 서울 종로의 보신각 앞에서 文一平 같은 지식인, 金百源·車相晉 등 기독교 목사, 柳濬根·白觀亨 같은 유림이 〈12인 등의 장서〉(일명 '哀願書')를 낭독하며 제2의 독립선언을 시도하였다. 이들은 꺼져가는 운동의 불씨를 되살리려고 하였던 것이다.[22]

청년·학생들은 시위운동의 대중화를 위하여 지하 유인물의 제작 배포와

---

22) 이정은, 〈3·1운동기 12인 등의 장서〉(《한국독립운동사연구》 13, 1999).

지방에의 시위운동 전파, 민중세력과 연대 확대를 위해 노력하였다. 그 대표적인 것이 《조선독립신문》의 발행이었다. 처음 이 지하신문은 천도교 이종일의 지시하에 2월 28일 보성전문학교 교장 尹益善의 명의로 발간되어 3월 1일 시중에 배포되었다. 이종일과 윤익선 등이 체포되자 천도교 李鍾麟과 경성서적조합 서기인 張倧鍵이 제2호부터 4호까지 발행을 이어 받았으며, 이종린이 체포되자 경성전수학교생 최치환·임승옥·최기성·강봉두의 도움을 받으며 장종건이 9호까지 발간하고 구속되었다. 장종건이 구속된 이후 학생들이 전적으로 이 지하신문의 발간을 도맡아 보성고보 4년생 장채극, 3년생 이철 등으로 조직화하고, 4, 5일 만에 한 번씩 이를 인쇄 발행하여 4월 26일 제27호까지 발행하였다. 그 후에도 누군가의 손에 의해 그해 8월 하순 제43호까지 이어져 왔던 것이 확인된다. 이외에도 《국민회보》·《각성회 회보》·《반도의목탁》 등 수백 종의 지하 신문과 유인물들이 확인되는데 이러한 청년·학생들의 선전활동은 이 운동을 대중화하려는 노력의 일환이었다.[23]

나. 시위의 전국확산

3월 1일 서울·평양·진남포·안주·의주·선천·원산 등 4개 道 7개 도시에서 독립선언과 시위운동은 서북지방과 경기·충남지방을 시작으로 전국에 파급되어 갔다. 강원도에서는 3월 10일 철원에서 최초의 만세시위가 일어났으며, 전북에서는 3월 3일 전주·군산·이리에서 〈독립선언서〉가 배포되고 4일 옥구에서 최초의 시위가 일어났다. 전남은 3월 3일 목포·광양·구례·순천·여수 등지에서 〈독립선언서〉가 배포되고, 10일 최초의 시위가 광주에서 학생들에 의해 일어났다. 경남은 3월 3일 부산과 마산에서 〈독립선언서〉가 배포되고, 11일 부산진에서 만세시위가 일어났다. 경북 대구에서는 3월 8일, 함북 성진에서는 3월 10일, 충북 괴산에서는 3월 19일 각각 최초의 시위가 일어나 도내 다른 지역으로 퍼져나갔다. 3월 중순경에 들어서서는 마치 요원의 불길처럼 전국 방방곡곡에서 시위운동이 일어났다.

집중적인 시위운동은 최소한 4월 말까지 두 달간 계속되었다. 3월 1일부터 4월 11일까지는 매일 10회 이상 시위가 일어났으며, 시위운동의 정점을

---

23) 이정은, 〈3·1운동기 청년 학생층의 선전활동〉(《한국독립운동사연구》 7, 1997).

이룬 4월 1일은 하루 동안 67회의 시위가 일어났다. 3월 27일, 4월 2일·3일은 50회 이상 일어났으며, 적어도 30회 이상 일어난 날만 15일이었다.

참여인원으로 보면, 수십만이 참여한 서울을 제외하고서도, 의주 3만 명, 강화읍 약 2만 명, 합천·삼가 1만 명, 선천 8,000명, 삭주군 대관 8,000명, 선천읍 6,000명, 순천읍 5,000명, 명천군 화대 5,000명 등 대규모의 시위도 많았다.

시위운동은 다양한 형태로 전개되었다. 시가지 대로상의 만세시위, 시골 장터에서 행한 장터 만세시위, 야간 산상의 봉화시위, 한 장소에서의 1회성 만세시위, 같은 장소에서 몇 차례 거듭된 시위운동, 인근 지역을 찾아다니며 행한 만세꾼들의 시위운동, 지역과 지역이 태극기를 이어 받으며 행한 릴레이 시위운동, 일제의 총칼에 목숨을 잃은 사람의 시신을 떠메고 행한 상여시위, 상점 문을 걸어 잠근 상인들의 철시시위, 학생들의 동맹휴학시위, 노동자들의 파업, 광부들의 순사주재소 습격시위, 어린이 시위, 거지들의 시위, 기생들의 시위 등 남녀노소와 빈부귀천을 가리지 않고 전계층이 다양한 형태로 참여하였다. 이렇게 행한 총 시위 회수는 2,000회 이상, 연인원 200만 이상으로 추산되었다.

대부분의 시위는 평화적으로 진행되었다. 맨손의 우리 민중들은 손에손에 태극기를 흔들며 만세를 외치고 장디와 읍내 또는 시가를 행진하는 것이 대부분이었다. 그러나 서북지방과 경기도 남부 지역, 경남북 산간지역과 해변지역 일대는 지역의 종교조직 또는 향촌 공동체적 유대를 활용하여 조직적·적극적으로 일본 관공서를 몰아내고, 완전독립을 쟁취하고자 하는 독립전쟁과 같은 양상도 있었다. 3월 2일 황해도 수안의 천도교인을 중심으로 한 450~500명의 시위대는 수안 헌병분견소를 찾아가 "이제 조선은 독립이 되었으니 일인들은 떠나라"고 요구하였다. 평안남도 성천에서도 천도교인이 중심이 된 시위대 1,000여 명이 헌병분견소로 몰려가 식민지 통치를 규탄하였다. 4월 1일 경기도 안성군 원곡·양성면에서 순사주재소를 방화, 면사무소, 우편소와 일본인 상점들을 파괴한 시위, 화성군 우정면 장안면민들의 총기로 인명을 살상한 순사 처단 등은 대표적인 공세적 시위운동이었다. 이들 지역에서는 일본 군대가 진입할 때 맞서 싸울 준비로서 동리 산위에 돌무더기를 쌓고 항전 준비를 하기도 하였다. 상해 임시정부의 《독립신문》에서는 이 시기 시위대를 "독립군"이라 불렀다.

도별로 시위운동의 유형을 보면 그 유형이 다르다. 집중적으로 일어난 3월 초·중순, 3월 말 및 4월 초의 3기로 나누어 A : 집중적 발발, B : 산발적 발발, O : 미약·미발로 나누어 시위전개의 양상을 나타내보면 〈표〉와 같다.

〈표〉 지역별 시위전개의 양상

유형	전기	중기	후기	지역별
1	A	A	O	서울
2	A	B	A	황해·평북
3	A	B	B	평남
4	B	A	A	경기
5	B	A	B	경북·함남
6	B	B	A	충남
7	B	B	B	전북·전남
8	B	O	A	강원
9	O	A	A	경남
10	O	B	A	충북
11	O	B	B	함북

A : 집중적 발발
B : 산발적 발발
O : 미약, 미발

대체로 시위운동은 서울·황해·평북·평남의 서북 축에서 3월 초순에 치열하게 일어났다. 이후 운동이 경기－충남－전남과 강원－함남의, 서남과 북동의 대각선 축과 경북으로 확산되었다. 각 지역도 전개양상은 달랐다. 서울에서는 초기의 열기가 중기까지 이어지다 후기에 들어서는 거의 시위운동이 끝났으며, 평남은 3월 초순에만 격렬한 시위운동이 전개되었고 중순 이후 산발적인 시위로, 황해도와 평안북도는 3월 초순의 격렬한 시위 후 중순에 들어 산발적으로 소강상태를 보이다가 3월 말 4월초의 후기에 다시 격화되었다. 이 네 지역은 종교조직을 통해 미리부터 조직적으로 준비되어 있던 지역이었다. 경기도는 3월 초 산발적인 시위를 보이다가 3월 중순에서 4월초까지 집중적인 발발, 경북과 함남은 중기에 시위가 집중되다 후기에 들어 산발적 시위로, 충남은 중기까지 산발적 시위를 보이다가 후기에 들어 집중적 시위를, 전남과 전북은 전기간 동안 산발적인 시위를 보였다. 강원도는 초기에 산발적 시위를 전개하다 중기에 휴지기를 거쳐 후기에 집중적인 시위가 일어났다.

경남과 충북, 함북은 초기에 거의 움직임이 없다가 중기 이후에 움직임이 시작되었다. 경남은 중기에 들어서자 격렬한 시위운동이 시작되어 후기까지 이어졌으며, 충북은 중기에 산발적 시위운동이 시작되어 후기에 가서 격화되었다. 함북은 중기에 시작된 산발적 시위운동이 후기까지 같은 양태로 지속하였다. 이와 같이 지역에 따라 시위운동은 다양한 양태를 띠고 전개되었다.

다. 중부지방

가) 경기도

경기도의 만세시위운동은 개성을 제외하면 3월 중순에 들어가면서 점화가 시작되어 3월 22·23일 경부터 4월 초순까지 연일 시위가 계속되는, 폭발적인 에너지를 분출하였다.

개성에서는 3월 3일부터 시위운동이 시작되어 7일까지 매일 지속되었는데, 3일 개성 호수돈 여자고등보통학교, 송도고등보통학교 학생들과 일반 군중이 합세하여 1,500명이 시위운동을 전개하였으며, 다음날에도 2,000명의 시위로 이어졌고, 6일에는 1,000명이 읍내에서 시위운동을 벌여 구금된 인사를 탈환하고자 경찰서를 습격하기도 하였다. 이후 30일부터 개성에서는 다시 1주일간 계속되었다.

도내 다른 지역에서는 서서히 시위운동이 시작되어 7일에는 시흥 읍내 보통학교 학생들의 시위와 동맹휴학, 9일에는 인천 읍내 만세시위, 10일에는 양평에서, 14일에는 양주에서 각각 시위운동이 시작되었다.

3월 초순의 이들 시위는 대개 보통학교 학생들이 독립만세를 부르는 시위운동이 많았으나, 18일 강화 읍내 시위는 경기도내에서 가장 규모가 큰 시위로서 2만 명이 모여 군청에 쇄도하고 붙잡힌 사람들을 탈환하였다. 강화군에서는 3월 13일 운동이 시작된 이후 4월 13일까지 줄기차게 이어졌다. 양주 磨石隅里에서도 3월 18일 1,000명의 시위대가 붙잡힌 사람들을 탈환하고자 헌병주재소를 습격하였다. 시위는 점점 열기를 띠어 공세적으로 변해가고 있었다. 3월 하순에 들어 이때까지 조용하던 고양·부천·용인·이천·김포·파주·포천·연천·광주·여주·장연 등지에서 일제히 시위운동이 펼쳐졌고, 시흥·진위·안성·양평·양주·가평 등 초·중순에 산발적 시위운동을 시작한 후 잠시 잠잠하던 곳에서도 3월 하순에 들자 시위운동을 다시 시작하였다.

3월 하순의 시위운동은 곳곳에서 조직적이고 공세적인 양상을 나타내었다. 3월 26일의 고양 纛島에서는 2,000명의 농민들이 면사무소를 습격하였으며, 3월 30일 시흥 읍내, 秀岩面,. 31일 남면에서 각각 2,000명의 시위가 있었고, 3월 28일 수원 동남쪽이 있는 사강반도에서는 시위대에 무단 발포한 노구치(野口) 순사를 시위대가 뒤쫓아가 격살하였다. 4월 3일에는 장안면과 우정면민 2,500명이 연합시위를 벌여 장안·우정 두 곳의 면사무소를 파괴하고, 시위대가 화수리 주재소에 이르렀을 때 일제 경찰이 군중에게 발포하여 1명이 죽고 2명이 부상하였다. 이에 격분한 시위대는 도망가는 일경을 뒤쫓아가 타살하고 주재소를 불태웠다. 4월 15일 일어난 제암리 학살사건은 이러한 이 지역의 격렬한 시위운동에 대한 보복이었다. 이 날 오후 2시 반 경 일제 수비대는 제암리 감리교회에 주민들을 모이게 한 다음 문을 봉쇄하고 불을 지른 후 탈출하는 사람에게 총격을 가하여 현장에서 23명, 인근 고주리까지 30여 명이 목숨을 잃었다.[24]

안성군에서는 3월 31일 읍내에서 3,000명이 시위를 벌여 군청과 면사무소를 습격하는가 하면 밤에는 등불행진을 벌였으며, 군내 원곡면 1,000명의 주민들은 3월 25, 26일 경부터 매일 동리 단위로 만세를 부르다가 3월 31일 밤 원곡면 소재지에 집결하여 연합시위를 벌인 후 6km 떨어진 양성면 소재지로 나아가 양성면 1,000명의 군중과 합세하여 양성 경찰관 주재소를 불태우고, 면사무소, 우편소를 파괴하였으며, 다시 이튿날 새벽 원곡면으로 돌아와 원곡면 사무소를 불태웠다.[25]

용인군에서는 3월 30일 읍내에서 2,000명의 시위가 있었고, 3월 31일 외사면에서는 4,000명이 모여 면사무소와 헌병주재소를 파괴하는 격렬한 시위가 전개되었다. 용인군에서는 릴레이 시위도 있었다. 시위는 3월 28일 모현면

---

24) 홍성창, 《수원지방 3·1운동사》(왕도출판사, 1981).
김선진, 《일제의 학살만행을 고발한다》(미래출판사, 1983).
성주현, 〈제암리 학살사건에 대한 재조명〉(미간행원고).
25) 이정은, 〈안성군 원곡·양성면 3·1운동〉(《한국독립운동사연구》 1, 1987).

초지리에서 시작되어 오전 7시에 포곡면 삼계리로, 삼계리에서 금어리로, 금어리에서 삼계리 사람들은 둔전리로 가고, 금어리 사람들은 내사면 대대리를 거쳐 김량장 방면으로 이어지면서 각 동리는 앞 지역 시위대로부터 태극기를 인수하고 시위운동을 이어갔다.[26]

이러한 2,000에서 3,000명의 대군중이 모여 벌인 시위운동은 이 밖에도 3월 23일의 김포군 양곡, 27일 강화 읍내, 파주 교하, 28일의 파주 봉일천, 광주 읍내, 30일 파주 광탄면, 31일의 양평 용문면 광탄리, 포천 신북면, 송우리 시위, 4월 1일의 여주 이포, 장연 진동면 및 강상면, 3일 양평 읍내, 4일 양평 곡수, 5일 양평 석곡 등 규모가 크고 양상이 공세적인 시위운동이 줄을 이어 3·1운동의 절정기를 이루었다.

3월 23일부터 4월 14일까지 경기도 여러 지역에서 산상 횃불시위가 전개되었다. 고양군·시흥군·광주군·부천군·수원군·개성군·강화군·장단군·파주군·김포군·양주군·진위군·이천군·여주군 등에서 횃불시위가 일어났다. 수원에서는 상인들이 철시시위, 기생들도 시위운동을 벌였다. 이와 같이 경기도 지역은 전국에서 가장 치열하게 독립만세 시위운동을 전개한 지역의 하나였다.

나) 충청남도

충청남도에서는 예산에서 3월 3일, 부여에서 7일, 논산에서 10일 등 3월 초순에 시위가 시작되었으나, 중순까지는 산발적인 시위가 진행되다가, 3월 하순부터 4월 초순까지 공주·연기·대전·논산·홍성·청양·서산·예산·아산·천안 등지에서 치열한 시위운동이 전개되었고, 천안군 병천 등 일부 지역에서는 일제의 발포로 인해 많은 인명이 손상되었다. 공주·연기·대전·논산·예산·아산·천안 지역은 3월 초·중순에 산발적인 시위운동이 일어났다가 휴지기를 거친 다음 3월 하순에 가서 다시 뜨겁게 타오른 지역이었고, 서천·홍성·청양·서산·당진군은 3월 하순에 가서야 시위운동이 시작되었다. 그런 반면 부여에서는 3월 초에 수십 명의 시위로 그쳤다.

충남 최초의 시위는 예산에서 3월 3일 일어났다. 이발사 尹七榮 등 5명이

26) 이정은, 〈용인군〉(《경기도 항일독립운동사》, 1995), 323쪽.

밤 11시에 동쪽 산위에 올라가 만세를 불렀던 것이다. 이후 13일 대흥에서 500명, 4월 3일 고덕면 대천에서 1,000명, 신례원 300명, 4일 덕산에서 700명 시위가 있었는데, 고덕면 대천시장시위에서 일본헌병의 발포로 1명이 숨지자, 시신을 들쳐메고 주재소로 나아가 강력하게 항의하였으며, 덕산에서는 구금된 시위 주도자를 탈환하려고 하였다. 같은 날 광시면에서는 4,000명이 모여 면사무소를 습격 파괴하였다. 5일 예산읍내에 2,000명의 시위운동이 전개되어 3명이 부상하고 35명이 체포되었다.

공주에서는 3월 11일 1차 장날을 이용하여 시위를 벌였으나 일군경의 저지를 받아 크게 발전하지 못했다. 14일 유구에서는 공주군 신상면 천도교인 黃秉周의 주도로 500명의 장꾼들과 시위운동을 벌였는데, 일경이 황병주를 붙잡아 가자 시위대는 그를 구출하기 위해 주재소를 습격하였다. 15일의 읍내에서는 300명 이상이 참여하였다. 4월 1일 정안면 석송리 주민들은 6km 떨어진 면 소재지 광정리까지 나아가 연도의 미송리·운궁리 주민들과 합세하여 경찰관주재소를 파괴하였다.

천안에서는 3월 14일 목천 보통학교 시위로 시작되어 20일 입장 양대리 700명 농민, 28일에는 양대리 직산 금광 노동자 200명이 헌병주재소를 습격하였으며, 29일 천안 읍내에서는 3,000명이 대규모 시위를 벌였으며, 인근 풍세·성환 등지에서도 시위운동이 전개되었다. 4월 1일 갈전면(현 병천면) 병천(아우내)시장에서 3,000명이 시위운동을 벌였는데, 유관순의 활약으로 유명한 시위지역이다. 이곳 시위에서 일본 헌병대의 발포로 유관순의 아버지 柳重權 등 2명이 사망하자 주민들은 시체를 메고 헌병주재소로 나아가 격렬하게 항의하였다. 다시 일군이 총격이 가해 이 시위운동에서 19명이 순국하고, 40여 명이 부상당하였다.

대전군에서는 3월 27일 200명, 4월 1일 400명이 장날을 기하여 시위운동을 벌여 4월 1일의 시위에서는 일본군이 발포로 2명이 목숨을 잃었다. 유성에서는 3월 16일에 이어 4월 1일에는 70명이 헌병분견대를 습격하였다. 3월 29일 가수원, 31일 유성에서 각각 400~200명의 시위가 있었다.

논산군에서는 3월 10일 강경읍 장날을 기해 500명이 시위운동을 전개하였으며, 4월 1일 두계 1,000명, 27일 읍내 700명, 4월 3일 천동리 200명 시위에 이어 노성에서 2,000명의 시위가 있었다. 4일 강경읍내에서 500명의 군중들이 경찰관주재소를 습격하여 3명이 목숨을 잃고 1명이 부상하였다.

연기군에서는 3월 13일 전의면 150명 시위 이후 26일부터 봉화시위가 확산되었고, 30일 조치원에서 1,500명이 참여한 봉화시위가 있었다.

홍성군에서는 3월 7일 홍성읍 시위 이후 21일 은하면 대천에서 시위운동이 있었으며, 4월 7일 500여 농민들이 독립만세를 부르고, 이튿날 밤 60여 명의 농민이 면사무소를 습격하였다. 4일 밤에는 홍성면·홍북면·금마면·홍동면·구항면의 5개 면 24개 촌락에서 횃불시위를 벌였다.

청양군에서는 4월 5일 안심리 1,000명 시위, 정산 700명 시위, 6일 운곡 600명 시위, 이튿날 와촌리 500명, 8일 비봉면 600명 시위 등이 있었는데, 운곡과 와촌리 시위는 공세적인 시위양상을 띠었다.

서산에서는 3월 16일과 27일 읍내에서 시위운동이 있었고, 해미면에서는 3월 19일과 24일 있었는데, 정미면 天宜시장에서는 4월 4일 1,000여 시위대가 일제 경찰관주재소를 공격하여 파괴하였으며, 8일 밤에는 횃불을 들고 시위를 벌였다. 대호지면에서는 3월 19일에 이어 4월 8일 600명이 시위운동을 벌이자 일경이 발포하여 2명이 목숨을 잃었다. 운산면에서도 같은 날 농민 400명이 횃불을 올리고 시위운동을 전개했는데 일경이 발포하여 2명이 순국하였다.

서천군에서는 3월 29일 마산면 신장리 장터에서 시위운동을 전개하다 송기면 등 주도자 6명이 체포되자 시위군중이 경찰관출장소를 부수고 구금된 6명을 구출하였다.[27]

아산군에서는 온양면에서 3월 12일 200명이 시위를 시작하여 14·15일 시위운동이 계속되었다. 31일 온정리에서는 염치·배방·온정 각 동리 2,500명이 부근 산상 50여 개소에서 봉화를 올리며 만세를 불렀다. 4월 2일 신창면에서는 밤에 동리 뒷산에 올라가 만세를 부른 뒤 내려와 헌병주재소와 보통학교 기물을 파괴하였다. 4일 선장에서는 헌병주재소에 쇄도하여 8명이 부상하였다.

당진군에서는 면천 보통학교 학생 200명이 3월 10일 시위운동을 일으켰으

27) 독립운동사편찬위원회, 《독립운동사자료집》 5(3·1운동재판기록), 1171~1172쪽.

며, 4월 4일 밤 면천면 8개 리, 당진면의 농민들이 횃불시위를 전개하였다. 합덕면에서는 4월 2일, 송악면에서는 5일 수백 명이 면사무소 앞에서 시위를 벌였다.

충남의 경우, 탄압이 가해지면 오히려 물러서지 않고 더 강한 저항정신을 보여 주었다.

다) 충청북도

충북의 만세시위운동은 비교적 늦은 3월 중순에 가서야 청주·제천·괴산에서 본격적인 시위운동이 시작되었다. 이후 하순에 들어 영동·옥천·보은·음성·진천·충주 등지에서도 일어났고, 청주와 괴산에서는 며칠의 휴지기를 거쳐 다시 활발하게 타올랐는데, 1,000명 이상의 시위군중이 모여 헌병 또는 경찰주재소에 압박을 가하여 많은 사상자가 발생했으며, 산상에서 횃불을 올리며 시위운동을 벌이기도 하였다.

청주군에서는 3월 7일 읍내와 21일 북일면에서 시위움직임이 있었으며, 23일에는 강내면 18개 동리, 강외면·옥산면 일대 수십 군데 산상에서 횃불을 올리고 만세시위를 벌였다. 4월 1일과 2일에도 봉화시위는 청주 부근 오창·강외·부용 각 면으로 퍼져 나갔다. 3월 30일 미원면 시장에 모인 1,000여 명의 시위군중은 일본 헌병주재소에 쇄도하여 일군과 충돌함으로써 현장에서 1명이 즉사하고 수명이 부상하였다. 부용리 1,000명의 주민들은 31일 부강리 역 앞에서 시위운동을 벌이다 일본군의 발포로 수 명이 숨졌으며, 문의면에서는 4월 6일 1,300명이 시위를 벌였다.

괴산에서는 3월 19일 괴산시위를 洪命熹가 주도하여 격문과 경고문을 준비하고, 동지를 규합하여 600명이 시위운동을 벌이며 경찰서로 쇄도하여 구금자를 탈환하고자 투석 등으로 일경과 맞섰다. 충주에서는 일군 수비대가 와서 밤 10시 경에야 해산을 하였다가 다시 모여 새벽 2시까지 시위를 벌였다. 3월 24일·29일, 4월 1일 계속해서 괴산에서 시위운동이 일어났다. 읍내의 3차 시위에서는 1,500명이 참여하였다. 3월 30일 청안, 4월 1일 읍내에서 각각 3,000명이 시위운동을 전개하였는데, 청안에서는 경찰관주재소를 습격하고, 전선을 절단하였으며, 청천에서도 경찰관주재소를 습격하였다. 10일

공덕리 주민 300명이 군 초소를 습격하기도 하였다.

영동군에서는 3월 25일과 29일의 학산면 농민들과 부역민들이 경찰관주재소를 습격, 기물을 파괴하는 공세적 시위를 벌였으며, 4월 3일에 다시 500명의 시위대가 경찰관주재소와 면사무소를 파괴하는 등 군내 여러 지역에서 격렬한 시위운동을 벌였다. 4월 2일 매곡의 100명 시위대는 추풍령 헌병초소에서, 3일 괴목에서는 경찰관주재소를 공격하였다. 4일 읍내에서는 2,000명의 농민들이 주재소와 면사무소를 압박하는 군내 최대의 시위가 있었다. 6일에는 추풍령 시위가 일어났다.

옥천에서는 3월 27일 이원면 700명의 시위대가 헌병주재소를 습격하였으며, 4월 2·3일 연속 일어난 1,000명의 청산시위가 규모가 컸다.

보은에서는 4월 3일부터 100명 내외의 시위가 이식리·읍내·구인리·무서리·선곡리에서 각각 일어났다. 제천에서는 17일 읍내에서 1,000명의 시위운동이 일어나 3회에 걸쳐 경찰서를 습격하였다. 충주에서는 4월 1일 신니면에서 龍明書堂 학생들이 중심이 되어 200명의 시위군중이 시위를 벌였다.

음성군에서는 읍내 장날을 기하여 3월 18·28일 수천 군중이 독립만세를 전개하였다. 4월 1일 소이면 시위에서는 1,000명의 시위대가 주재소를 포위하여 독립만세를 불렀는데, 충주 수비대가 출동하여 무단 발포함으로써 12명이 순지고, 40명이 부상당했으며, 같은 날 대소면에서도 1,000명이 시위운동을 벌여 2회에 걸쳐 면사무소, 주재소를 공격하여 일제의 발포로 6명이 죽고, 다수가 부상당하였다.

진천에서는 4월 2~3일에 걸쳐 공세적 시위가 계속되었는데, 2일 석현에서 500명의 시위대가, 장양리에서 200명의 시위대가 각각 헌병주재소를 습격하였고, 광혜원에서는 2일과 3일 이틀에 걸쳐 500~600명의 시위대가 주재소와 면사무소를 공격하였다.

이와 같이 충청북도의 시위운동은 초기에는 거의 움직임이 없다가 마치 독립전쟁을 치르는 것과 같이 갈수록 격렬해졌다.

라) 강원도

강원도의 만세시위운동은 3월 2~4일 사이에 평강·금화·철원·화천지역에 <독립선언서>가 배포되고, 10~12일 철원·금화에서 시위운동이 시작되었다. 그러나 대부분 지역은 3월 하순이 될 때까지 움직임을 보이지 못했다. 3월 23일 화천에서, 27일 횡성과 원주에서 시위운동이 시작되면서 도내 전역에서 동시다발의 시위운동이 일어나기 시작하였다.

철원에서는 3월 10일 읍내에서 1,000명의 농민들이 시위운동을 벌였고, 11일 철원 읍내 700명 시위, 12일 지포의 800명 시위로 이어졌다. 4월 8일 내문면에서 천도교인이 중심이 된 800명의 시위대가 면사무소를 습격하였다.

금화군에서는 3월 12일 읍내에서 1,000명의 만세시위가 있었다. 이후 휴지기에 들어갔다가 28일과 29일 이틀에 걸쳐 昌道에서 기독교인과 농민 500명이 헌병주재소와 우편소를 습격하는 시위를 벌였다. 4월 4일에는 下所里에서 300명의 시위가 있었다.

화천에서는 3월 4일 읍내에 선언서가 배포되었고, 23일 읍내에서 천도교인이 중심이 된 60명이, 28일에는 상서면에서 천도교인과 농민 2,000명이 시위운동을 벌여 면사무소를 습격하였다.

원주·양양·통천·홍천·횡성 등지에서 3월 하순에 들어 지속적인 시위운동이 일어났다.

원주군에서는 3월 27일 서당생도 중심의 시위 움직임이 있었고, 이후 4월 3일부터 읍내를 비롯해서 소초·귀래면·건등면·지정면·업면·운남면 등지에서 100~200명의 시위가 이어졌다.

통천에서는 4월 3일 장전에서 기독교인이 중심이 된 40여 명이 시위를 시발로 6일에는 庫底에서 1,500명의 노동자·농민이 주재소와 면사무소, 우편소를 공격하는 시위운동을 벌였고, 7일에도 200명이 같은 양상으로 시위운동을 전개하였다.

홍천에서는 주로 천도교인이 주도하여 4월 1일 읍내에서 200명이 시위한데 이어, 같은날 북방면에서 시위가 있었다. 2일 읍내 200명, 물걸리 800명, 3일에는 성수리 800명의 시위가 있었고, 도관리에서는 4월 3일과 11일에도 시위가 있었다.

횡성군에서는 읍내에서 3월 27일 300명, 4월 1일 1,300명, 2일 500명의 시위가 이어졌는데 천도교인이 중심이 되어 일제 관공서를 습격하는 등 공세적 시위를 벌였다. 특히 4월 1일의 읍내시위에서 2회에 걸쳐 일제 관공서와 상점을 파괴하였는데, 일병의 발포로 2명이 죽고 다수가 부상당하였다.

강원도에서 가장 치열한 시위운동은 양양에서 일어났다. 4월 4일부터 9일까지 읍내에서 4회, 물치·손양·車馬·其士門·西面 등에서 1천 수백 명에서 200~300명에 이르기까지 시위운동이 지속되었는데, 천도교인과 기독교인, 향촌 양반 유지들이 연합하여 전주민의 시위운동으로 발전했다.

이 밖에도 울진·간성·이천·평창·정선·삼척·회양 등지에서도 4월 중순에 접어들며 소규모나마 시위운동이 일어났다.

강원도 시위운동은 천도교인과 일반 지식인, 청년과 학생, 유생, 기독교인과 의병 출신들이 주동하였다. 특히 의병 출신자들은 술장사나 화전민으로 숨어살다가 3·1운동이 발발하자 시위운동을 주도하였으며, 만세꾼이 등장하여 인근 지역을 돌며 시위운동을 확산해 갔던 것도 특징이었다. 양양과 삼척에서는 유림들이 향촌 주민들을 조직적으로 동원하여 대규모의 공세적인 시위를 전개하였다.

라. 남부지방

가) 전라북도

전라북도에서는 초기·중기·후기에 걸쳐 산발적인 시위운동이 이어졌다. 군산·옥구·익산·전주 등지에 3월 3~4일에 〈독립선언서〉가 배포되었다. 군산에서 영명학교 학생들이 중심이 되어 3월 5일 수백 명의 시위운동이 있었는데, 23일에는 군산보통학교에 불이 났고, 28일에는 읍내 大和町에 다시 불이났다. 익산에서는 3월 3일에 선언서가 배포되고, 4월 4일 이리에서 기독교인이 중심이 된 700명이 시위를 벌여 시위도중에 발포로 인해 3명이 죽고 2명이 부상당하였으며, 39명이 체포되었다.

전주에서는 3월 4일 선언서가 배포되고, 13일 천도교·기독교인 150여 명이 시위를 벌인 데 이어 14일 기전여학교 학생들이 중심이 되어 600명이 시위를 벌여 90명이 체포되었다. 김제에서는 4월 4일 600명이 보통학교 학생을 중심으로 시위를 벌였는데, 만경보통학교 교사 林昌茂가 이를 주도하였다. 금산에서는 3월 23일부터 31일에 이르기까지 수십 명에서 200명까지 만세시위가 읍내와, 제원리·복수면·진산면 등지에서 있었다.

남원에서는 4월 3일 800명의 덕과면 농민들이 경찰관주재소에 쇄도하는 등 시위를 전개하였는데, 이 시위는 덕과면장 이석기가 독립운동을 선도하였다. 4일에는 읍내에서 1,000명의 농민들이 격렬한 시위를 전개하여 일제의 발포로 5명이 목숨을 잃고 수명이 부상당하였다.

임실에서는 3월 10일 獒樹공립학교 학생들의 시위를 시작으로 15일부터 23일까지 거의 매일 시위운동이 전개되었는데, 청웅면에서는 100~200명이 15·16·17·21일 계속하여 시위운동을 전개하였고, 그밖에 지사면·오수면·읍내 등지에서 시위가 있었다. 그 중에서도 23일 오수면 시위는 1,200명이 모여 주재소와 면사무소, 일인 가옥을 습격 파괴하는 공세적 양상을 보였다.

그 외에 진안·부안·순창·무주·장수·정읍 등지에서도 산발적인 시위가 한두 차례 있었다. 대체적으로 전북의 시위운동이 타지역과 달리 규모도 적었고, 크게 치열하지 않았던 것은 동학농민운동과 의병운동 때의 가혹한 탄압의 경험과 더불어, 일제가 이 지역 평야지대에 토지의 수탈, 일인 농장의 개설, 일인들의 대거 植民 등으로 대부분의 농민들이 감시받는 상태에 놓여 있었기 때문이 아닌가 생각된다.

나) 전라남도

전라남도의 시위 전개 유형은 전라북도와 비슷하다. 3·1운동 전 기간에 걸쳐 산발적으로 진행되었으며, 전국에서 가장 약한 편이다. 3월 3~4일에 걸쳐 목포·광양·구례·순천·여수·광주 등지에 〈독립선언서〉가 배포되고, 10일부터 광주 읍내에서 최초의 시위가 시작되었다. 그 후 영광·해남·담양·무안·순천 등지에서 시위가 뒤따랐으나, 보통학교 학생들이 주도한 시위가 많았으며, 각 군의 읍내와 2~3개 처에서 평화적인 만세시위로 그쳤다. 3월 하순에 들어 목포·곡성·함평·광주·광양·보성·강진·해남·장성·완도·순천·영암 등지에서 1~2차례 시위가 일어난 후 이 지역의 3·1운동은 끝났다.

광주에서는 3월 3일 〈독립선언서〉가 배포되고, 10일 숭일학교·수피아 여

학교 등 각급 학교 학생들과 기독교인이 중심이 되어 500명이 만세시위를 전개하였다. 교사·학생 87명이 禁束되었다. 이날 시위에 참가한 黃尙鎬는 독립사상을 널리 고취하기 위하여 13일 《조선독립광주신문》 제1호를 발간하고 그 후 계속하여 제4호까지 발간, 배포하였다. 광주에서의 시위운동은 10일에 이어 11일에도 300명의 시위, 13일에 기독교인이 중심이 되어 400명이 시위운동을 벌였고, 16일에는 송정리에서 보통학교 학생들의 시위가 있었다. 이후 4월 8일 50여 명의 보통학교 상급생들이 동맹휴교를 했다.

영광에서는 3월 14·15일 이틀에 걸쳐 읍내에서 보통학교 학생들이 중심이 되어 시위운동을 벌였다. 15일의 시위는 500명이 참여하는 큰 시위였다.

해남에서는 3월 14일 읍내에서 300명의 시위가 있었는데, 일제의 발포로 해산되었다. 그 후 4월 8일과 11일 다시 시위운동이 있었다.

무안에서는 3월 18일 長山島에서 유지인사 30여 명이 만세시위를 벌였고, 20일 외읍면 구 무안 장터에서 친일파의 자숙을 촉구하며 독립경축행진을 하였다.

담양에서는 3월 17일 읍내 청년들이 〈경고문〉을 준비하고 시위를 계획했으나 사전에 발각되었으며, 4월 4일 시위운동이 벌어졌다.

순천에서는 3월 3일 읍내에 〈독립선언서〉가 배포되고, 19일 최초의 시위운동이 일어났으며 4월 7일에도 산발적인 시위운동이 읍내에서 일어났다. 12일에는 인월리에서 소수의 시위가, 13일에는 낙안면에서 군내 가장 큰 규모인 150여 명의 시위운동이 있었는데 일경의 발포로 4명이 부상당하였다.

곡성에서는 3월 29일 읍내에서 교사와 보통학교 학생 200명의 시위가 있었다.

광양에서는 3월 3일 〈독립선언서〉가 배포되고, 3월 27일과 4월 1일 다수가 모인 가운데 시위운동이 있었다.

장성에서는 4월 3일과 4일 북이면에서 시위운동이 있었는데, 연인원 300명의 시위대가 만세시위운동을 벌였으며, 4일에는 헌병주재소에 쇄도하는 등 치열한 시위운동을 벌여 첫날 4명, 둘째날 12명이 구금되었다.

강진에서는 4월 4일 읍내에서 보통학교 학생들이 중심이 되어 100명의 시위운동이 있었다. 완도에서는 7일 읍내에서 보통학교 학생들이 중심이 되어 시위운동을 벌여 50명이 구금되었다.

목포에서는 3월 3일 〈독립선언서〉가 읍내에 배포된 후 4월 8일 영흥학교와 정명여학교 학생들이 중심이 되어 150여 명이 만세시위를 벌였다.

함평에서는 4월 8일 서당 학생들이 중심이 되어 시위운동을 벌였으며, 보성에서는 4월 9일 벌교에서, 18일 보성면에서 소규모 시위가 있었다. 영암에서는 4월 10일 보통학교 학생이 중심이 된 400여 명의 시위군중이 만세시위를 벌였다. 영광에서는 3월 14일 읍내에서 보통학교 학생이 중심이 되어 120명이, 3월 15일에는 시위규모가 더 커져 500명이 참여하는 가운데 시위운동이 있었다.

다) 경상북도

경상북도의 독립만세시위운동은 대구를 중심으로 한 초기와 중기에 안동과 의성·영덕군을 중심으로 집중적인 시위운동이 상주·예천·영주·봉화·문경·성주·청도·선산 등지에서 주로 일어난 후기 산발적인 시위운동으로 이어졌다.

대구에서는 3월 8일 오후 3시 대구고등보통학교 학생 200명, 계성학교 학생 50명, 명신여학교 학생 50명과 기독교인이 중심이 되어 서문시장에서 시민들과 함께 만세시위에 들어갔다. 동성동에서 일본 군경의 저지를 받고 일단 해산한 다음 밤 8시 경 약 80여 명이 다시 경찰서로 쇄도하여 붙잡힌 학우들을 석방할 것을 요구하였다. 다음날인 9일과 10일에도 시위운동이 계속되었으며, 30일에는 주요 상점들이 폐점함으로써 시위운동에 동참하였다.

영일군 포항에서 3월 11일 〈독립선언서〉가 읍내에 나붙고, 22일 일단의 시위대가 시위운동을 벌였다.

의성에서는 비안면에서 3월 11일 시위운동이 있었으며, 16일과 18일에는 읍내에서 소규모 시위가 있었다. 19일 桃里와 安平에서 각각 1,000명이 집결하여 경찰관주재소에 쇄도하였다. 일경 27명이 출동하여 이들의 발포로 2명이 죽고 3명이 부상당하였다.

김천군에서는 3월 11, 24일 읍내에서, 4월 6일 개녕에서 또한 소규모 시위가 있었다. 경주에서는 3월 13일 읍내에서 기독교인이 중심이 되어 100명이,

칠곡에서는 같은 날 읍내와 안동에서 각각 소규모 시위가 있었다.

안동에서 본격적인 시위운동은 3월 17일 일어났다. 예안면장 申相冕이 주도하여 예안읍 장날을 택해 1,500명이 시위운동을 벌였다. 안동 읍내에서는 18일 오후 6시 경 100여 명이 시위운동을 벌였으며, 밤늦게까지 계속되었다. 19일 새벽 1시 약 2,000명의 군중이 군청과 재판소·경찰서 등에 투석을 하였으며, 구금자 석방을 요구했다. 일군 수비병의 발포로 13명이 부상당하였다. 23일 읍내 장날 저녁 7시 30분을 기해 다시 한 번 2,000명의 시위군중이 독립만세를 부르며 시위운동에 나섰다. 일본 수비대는 시위군중에 무차별 발포를 하여 현장에서 14명이 죽고 10명이 부상당하였다. 21일 임동면 鞭巷 장날을 기해 임동면 500여 주민들은 독립만세를 부르고 발포하는 일군경의 총검을 빼앗아 우물에 던져 버렸으며, 경찰관주재소와 면사무소를 파괴하고 다음날 새벽 3시까지 독립만세를 부르다 해산하였다. 같은 날 임하면민 100명은 광무황제의 인산에 참여하고 온 林燦逸 등의 지휘하에 신덕리 경찰관주재소로 나아가 독립만세를 불렀다. 이에 경찰의 발포로 3명이 숨지자, 분개한 군중들은 밤 11시 400여 명으로 불어나 주재소와 면사무소에 투석을 가하여 건물 유리창과 기물들을 파괴하고 서류를 소각하였다. 같은 날 길안면 泉旨시장에서도 500명의 시위대가 면사무소·경찰주재소를 포위 투석하고 이튿날 다시 주재소 앞에서 시위운동을 하였다. 22일 일직면민 약 200명은 望湖洞 동산 송림에서 시위운동을 하였으며, 임북면민 400명은 면사무소를 습격·파괴하였다. 같은 날 2,000명의 예안 시위대가 경찰관 주재소를 습격하였다. 3월 18일 도산면 토계동에서, 24일 풍산면 풍산시장에서도 수십 명이 시위운동을 전개하였다.

영덕군의 독립만세 시위운동은 기독교계 인사들이 주도하였다. 3월 18일 영덕읍내 장날을 기해 100여 명의 장꾼들이 모여 만세시위를 벌였다. 이날 더욱 큰 규모의 시위운동은 영해읍내에서 일어났다. 정규하 등이 이끄는 2,000명의 시위군중이 영해 읍내 시장에 모여 독립만세를 부르며, 시가행진을 한 후 주재소로 쇄도하여 경찰 대검을 빼앗고, 주재소와 보통학교, 일인소학교·우편소·면사무소 등을 파괴하였다. 이들의 시위는 이튿날도 계속되었다. 헌병 분대장 이하 6명이 달려왔으나 제지하지 못하였다. 오후 5시 대구 보병 80연대 장교 이하 17명이 도착하여 시위군중에 발포하여 8명이 숨지고, 16명이 부상당하였다. 같은 날 영해읍 시장에서 시위운동을 전개한 200명은 병곡면 병곡시장으로 향하였다. 연도의 주민들이 합세하여 400명으로 불어난 시위군중은 병곡주재소 앞에서 독립만세를 불렀다. 일경이 고압적으로 제지하자 돌, 몽둥이 등으로 주재소와 면사무소를 파괴하였다. 20일 창수면 오촌동·삼계동·신기동 주민들은 창수동으로 몰려가 창수주재소를 파괴하고 오후 7시까지 시위운동을 전개하다 해산하였다. 4월 4일에는 남정면 장사동의 기독교인과 청년유지들이 100명의 시위대와 함께 시장에서 만세시위를 벌였다.

영양군 청기면에서는 400명의 주민들이 3월 24일 청기동 면사무소 앞에서 독립만세를 부르고 면사무소 유리창을 파괴한 후 시가행진을 하다 오후 10시에 해산하였다. 25일 정오경 청기면 청기동·상청동, 입암면 금학동·대천동 주민 약 600명은 일군경의 경계망을 뚫고 영양읍내로 들어가 오후 5시까지 시위운동을 전개했다.

청송군에서는 영해지역에서 활약한 권태원이 이곳 기독교인과 더불어 3월 25일 진보에서 만세시위를 전개하였다. 26~27일 현서면 화목시장에서 500명의 시위군중이 독립만세를 부르며 시위운동을 전개하였다.

영천군에서는 3월 26일 금소동에서 100명의 시위운동이 있었고, 4월 6일 신녕면 공립보통학교 학생들이 중심이 되어 밤 11시 매양동 천변에서 읍내로 들어오면서 만세시위를 벌였으며, 8일에도 다시 시위운동이 전개되었다.

상주군에서는 3월 23일 저녁 800명의 시위군중이 읍내 장터에 모여 시위운동을 전개하였다. 4월 8일 화북면 장암동의 구장 이성범의 주도로 100명의 주민들은 文藏山臺에 올라서 독립만세를 부르며 시위운동을 벌였다. 같은 날 화북면 운흥리 유지 김성희 등은 통고문 2통을 작성, 中伐里와 雲興里에 전달하고 9일 정오 100명의 농민을 모아 시위운동을 전개하였다.

성주군에서는 4월 2일 유림들과 기독교인이 합세하여 성주 장날을 기해 경산동 關帝廟 뒷산에서 수백 명이 시위운동을 시작하여 시가지 및 시장통에서 시위운동을 전개하였다. 해가 지자 시위대는 서북쪽 산상으로 올라가 횃불을 올리고 시위운동을 전개하였다. 밤 11시 경에도 100명의 시위대가 시장에서 시위를 벌였다.

고령군 덕곡면에서는 3월 29일 뽕나무 심기 부역에 나갔던 20명의 인부들이, 우곡면에서는 4월 6일 모진동민, 8일 대곡동민들이 독립만세를 부르며 시위운동을 벌였다.

예천군 용문면에서는 4월 2일 밤 10시 경 100명의 주민들이 금곡동에 모여 시위운동을 벌였으며, 풍양면 우망리 동래 정씨 일족 40여 명은 우망리 선록에 모여 밤새 독립만세를 불렀다.

영주군 하리면 은산시장에서 4월 4일 오후 6시 경 시위운동이 시작되었으나 일본 수비대의 경계로 시위운동으로 이어지지는 못했다. 9일 풍기읍 시장에서, 11일 장수면 동리 고지에서 독립만세를 고창하다가 일경에 붙잡혀 갔다.

봉화에서는 3월 18일 내성읍 장날을 기해 시위운동을 벌였으나 곧 일제 군경의 검속을 받아 시위를 주도했던 내성공립보통학교 교사·학생 12명이 검거됨으로써 차단되었다. 4월 5일 춘양면 서벽리 동산에서 정태준 등이 독립만세를 높이 불렀다.

청도군에서는 3월 18일 金鎭孝 등 청년들이 시위운동을 준비하다 주재소에 호출을 받아 조사를 당하고 돌아오는 길에 각 동리를 다니며 시위운동을 벌였다. 이밖에 매전면 장연동·대성면 거연동 등지에서 만세시위가 있었다.

문경군 신북면 갈평 시장에서는 4월 15일 도로부역에 나왔던 인부 40명이 중심이 되어 독립만세를 부르며 시위운동을 벌였다.

라) 경상남도

경상남도의 시위운동은 초기에는 부산과 마산에 〈독립선언서〉가 배포되는 데서 그쳤으나 3월 중순에 들어서면서 거세게 불타오르기 시작하여 후기에까지 치열한 시위운동이 전개되었다.

부산에서는 3월 3일 府內에 선언서가 배포되고, 11일 부산 일신여학교 학생들을 중심으로 100명의 시위운동이 있었다. 4월 3일에도 기독교인 중심의 100명이, 8일에는 다수의 각급 학교 학생들을 중심으로 시위운동이 있었다. 당시 부산부는 일본인들의 침략거점이었던 까닭에 거주민의 78.7%인 27,900명이 일본인들이었다. 따라서 격렬한 시위운동은 전개되지 못하였다.

마산에서도 3월 3일 〈독립선언서〉가 배포되고, 12일 기독교 계통의 창신학교와 의신학교 전직원이 일제히 사직하였다. 21일 구마산 장날, 2,000명의 시위군중이 독립만세를 부르며 시위운동을 전개하였다. 26일 제2차 시위운동이 구마산 석정동에서 일어났으며 31일 제3차 시위운동이 일어났다. 4월 2·23·24일에는 마산공립보통학교 학생들이 교내에서 시위운동을 전개하였다.

동래군에서는 동래고등보통학교 학생들이 중심이 된 200명의 시위대가 3월 13일 동래장날을 기해 만세시위를 벌였다. 18일 밤 9시 다시 수십 명의 군중이 독립만세를 부르며 동래경찰서로 쇄도하였다. 같은 날 동래 범어사의 명정학교(초등과정)와 지방학림(중등과정) 학생들이 동래 서문 부근에서 만세시위를 하였다. 29일 구포시장에서 장꾼 2,000여 명이 독립만세를 부르며 시위행진을 하였다. 일경이 주도자를 구금해가자 시위대는 주재소로 돌진하여 주재소 기물을 파괴하였다. 일경의 발포로 다수의 부상자가 생겼다. 4월 5일 기장읍 기장 장날을 기해 약 300명의 시위군중이 "양심발원 인도적 자유민족"이라 혈서로 쓴 大旗를 앞세우고 시위운동을 벌였다. 8일 노동자와 부인들이 주도하는 시위운동이 벌어졌고, 10일 저녁 9시 1,000명의 군중이 시장에 모여 새벽 1시까지 시위운동을 전개하였다. 같은 날 장안면 좌천리 500명의 시위운동이 있었다.

창녕군 영산면의 具中會·金秋銀·張振秀 등이 중심이 된 23인 결사대는 3월 13일 〈決死團員盟誓書〉에 서명하고, 시장통에서 600명의 장꾼들과 함께 시위행진을 벌였다. 창녕경찰서에서 주도인물들을 구금하자, 저녁 8시 구금자 석방을 위해 창녕읍으로 나아갔다. 중간에 일경의 저지를 받은 시위대는 일단 해산하였다가 이튿날 창녕 읍내에 잠입하여 시위운동을 벌이다 주도자 모두 구금되었다.

의령군에서는 3월 14일 具汝淳이 중심이 되어 1,000여 명이 시장통에서 시가행진을 벌이며 독립만세를 불렀다. 15일 다시 1,000명이 모여 만세시위를 벌였으며, 여성시위대도 이에 동참였다. 이날 부림면 신반리에서, 16일에는 지정면 봉곡리에서도 수백 명의 만세시위가 있었다.

통영군에서는 청년 18명이 주도하여 3월 13일 〈동포에게 격하노라〉라는 격문을 등사하고, 시위운동을 준비하다 사전 발각되었다. 18일 통영 중앙시장에서 다수의 시위운동이 있었으며, 28일 다시 150여 명이 통영시장에서 시위운동을 벌였다. 이러한 움직임이 결집되어 4월 2일 통영장에서 4,000여 명이 대대적인 시위운동을 벌였다. 상인들은 점포를 닫고 동참하였다. 이때 藝妓組合 기생 33명도 태극기를 들고 시위운동에 참여하였다.

밀양군에서는 3월 13일 尹世胄 등 청년들이 중심이 되어 밀양 장날을 기해 1,000명의 시위대를 이루어 시가행진을 하며 시위운동을 전개하였다. 14일 밀양공립보통학교 학생 160명이 다시 시위운동을 벌였다. 4월 2일에도 보통학교 재학생과 졸업생들의 시위운동이 있었다. 4일 단장면 대룡리 단장 장날을 기해 1,500명이 시위운동을 벌였다. 표충사 승려 李章玉 등 승려들이 주도한 이 시위는 〈독립선언서〉를 시위군중에 뿌리며 헌병주재소로 쇄도해 갔다. 총검으로 해산을 강요하는 일군에 대하여 투석으로 맞섰다. 오후에 다시 수차에 걸쳐 주재소를 공략하였다. 이 시위로 364명이 검거되어 71명이 검사국에 송치되었다. 6일 부북면 춘화리에서 주변 동리민들이 모여 징과 나팔을 울리면서 시위운동을 벌였고, 밤에도 산상에 모닥불을 피우고 징·북을 울리며 밤새 만세시위를 벌였다.

진주군에서는 3월 18일 진주읍내 장날을 기해 오후 1시 비봉산의 나팔소리를 신호로 읍내 3개 구역에서 일제히 시위운동에 들어갔다. 3,000여 명의 장꾼이 호응하는 가운데 만세소리가 천지를 진동하였다. 오후 7시 '노동독립단'이, 2시간 뒤에는 '걸인독립단'도 시위에 합류하였다. 이튿날 진주읍내 모든 상점은 문을 닫았다. 11시 경 5,000명의 시위군중이 다시 시위운동에 돌입하였다. 일군경의 총검의 위협과 난타에 투석으로 맞섰다. 이때 '기생독립단'도 시위에 합류하였다. 이날 밤 11시까지 시위운동이 계속되었다. 전날 66명에 이어 이날 200명이 구금되었다. 20일에도 600명이 경찰서에 쇄도하였다. 21일에는 1,000명이 다시 시위운동을 전개하였다. 4월 2일과 8일에도 소수의 시위운동이 있었고, 18일 호송중인 피고인들을 탈환하고자 2,000명이 시위운동을 벌여 일군의 발포로 1명이 죽고 1명이 부상당하였다.

합천군에서는 3월 18일 최초의 시위가 다수의 농민들이 참가한 가운데 삼가 장터에서 있었다. 19일 합천읍내 장터에서 시위운동이 발발하여 16명이 검거되었다. 이튿날 읍내에서 전날 구금된 16인의 석방을 요구하며 합천경찰서로 쇄도하여 일경의 발포로 4명이 죽고 11명이 부상하였다. 20일 대병면 창리에서 3,000명의 인근 일대 주민들이 모여 시장을 누비며 만세시위를 한 후 경찰관 주재소에 쇄도하였다. 일경의 발포로 부상자가 생기자 시위군중은 주재소와 면사무소를 파괴하고 문서들을 소각하였다. 21일 초계면 초계시장에서는 3,000명이 모여 독립만세시위를 벌였으며, 약 200명의 청년대원들은 우편소를 습격하고, 주재소를 파괴하였다. 22일 묘산면 팔심리와 도옥리 주민 100여 명은 묘산면 사무소 앞에서 만세시위를 벌였다. 23일 가회면·상백면·삼가면민 1만여 명이 삼가시장에 집결하였다. 상백면에서 출발한 시위대는 상백면 사무소를 파괴하고 삼가시장으로 집결하였다. 삼가면 錦里 正衿堂 앞 광장에서 일제에 대한 규탄연설이 이어지고 있을 때 일본군의 발포로 연설하던 임종봉이 굴러 떨어졌다. 이에 격분한 군중들이 몽둥이와 낫을 들고 경찰관주재소와 우편소로 들이닥쳤다. 일경은 이들에게 총격을 가해 13명이 즉사하고 30여 명이 부상당하였다. 31일 해인사 지방학림 학생과 승려 200명이 해인사 홍하문 앞에서 독립만세를 불렀다. 오후 1시 해인사주재소로 몰려 갔다가 일경의 발포로 물러 나온 후 밤 11시 경 군중들과 함께 주재소 앞 도로상에서 다시 시위를 벌였다. 4월 3일 가야면 梅岸里 주민 100명이 노상에 獨立旗를 세우고 만세시위를 벌였으며, 4일 가야산 위에서 400명의 주민이 독립만세를 부른 후 면사무소로 쇄도하였다.

하동군 적량면장 朴致和는 3월 14일 사표를 제출하고, 18일 하동읍 장날을 기해 11인의 동지들과 함께 〈대한독립선언서〉를 배포하며 시위운동을 전개하였다. 23일 읍내 장날을 기해 제2차 시위운동이 있었으며, 28일 600명의 장꾼이 제3차 시위운동을, 4월 7일 공립보통학교 학생들이 중심이 된 제4차 시위운동이 일어났다. 옥중면 안계리에서는 3월 24일 안계 장날을 기해 600명이 태극기를 주재소 정문 앞에 세우고 시위를 벌였다. 29일 진교면 진교리 시장에서 700명이 시위운동을 벌이며, 구금된 인사들의 석방을 요구하기도 하였다. 4월 6일 다시 진교리 시장에서 700명이 봉기하여 저지하는 일군들을 포위하고 총기를 빼앗기도 하였다. 고전면 舟橋里에서는 朴永默 등 33인이 一身團을 조직하고 4월 6일 주교리 장날을 기해 만세시위운동을 선도하며 저지하는 경관의 총검을 빼앗고 주먹세례를 가하는 등 치열한 시위운동을 전개하였다.

함안군에서는 3월 9일 칠북면 연개장터에서 경명학교 학생들을 중심으로 시위운동이 시작되었다. 17일 대산면 평림장터에서, 18일 칠서면 이룡리에서 시위운동이 있었다. 19일 함안읍 장날을 기해 약 2,000명의 시위대가 만세시위를 벌였으며, 무력 저지하는 경찰관주재소를 6회에 걸쳐 습격하였으며, 군청·등기소·우체국 등을 파괴하였다. 20일 군북면에서는 약 3,000명이 냇가에 모여 시위운동을 시작하여 우체국·면사무소·주재소를 포위하고 만세를 외쳤다. 일본 군경의 무차별 발포로 21명이 사망하고 18명이 부상당하였다. 23일 칠원 장날에는 1,000명의 장꾼들이 시위운동을 전개하였으며, 4월 3일 다시 칠원 장터에서 1,300명이 제2차 시위운동을 벌였다.

산청군에서는 3월 19일 신등면 단계리 시장에서 1차 시위운동을 벌인 뒤, 다시 20일 단계리 시장에서 600명의 시위군중이, 21일 단성면 성내리 시장에서 800명의 시위운동이 있었다. 일병이 출동하여 무단 발포함으로써 사망 10명, 부상 50명의 인명손상이 있었다. 22일 산청읍내에서 500명의 시위운동이 있었다.

거창군에서는 3월 20일 가조면 장기리 시장 장날을 택해 수백 명이 시위운동을 벌였다. 시위대의 일부는 출동으로 비어있는 헌병분견대 기물을 파괴하고 밤늦게 주동인물 5, 6명을 이끌고 돌아오는 헌병과 보조원들을 기다려 난투극을 벌이다 체포되었다. 22일 가조면·가북면 농민 약 2,000명은 헌병분견대에서 취조중이던 주동인물들을 구출하여 거창읍내로 향하였다. 시위행렬이 沙浦峴에 이르렀을 때 거창 헌병대와 가조분견대가 합세하여 위협하며 전진을 저지하였다. 시위대가 해산을 거부하자 무단 발포하여 4명이 숨지고, 다수가 부상하였다.

사천군에서는 3월 21일 사천공립보통학교 졸업식이 끝나는 때를 타서 학교운동장에서 만세시위를 벌였다. 이날 약 300명의 사천주민들은 진주읍내 시위에 참여하였고, 4월 13일 도로공사 인부 100명이 독립만세를 외쳤다. 삼천포에서는 3월 25일 장날을 기해 보통학교 학생들이 중심이 된 제1대가 노상에서 시위운동을 시작하고 제2대로서 청년대가 시장에서 300명이 시위운동을 벌였으며 이 시위운동은 다음날까지 이어졌다.

창원군에서는 3월 23일 장날을 기해 5,000명의 장꾼들이 시위운동을 벌였으며, 4월 2일 다시 5,000명이 모여 제2차 시위운동을 전개하고 주재소와 우편소를 습격하였다. 조선국권회복단의 일원이었던 진전면 卞相泰가 중심이 된 진전면 시위대는 28일 진전면 고현리 시장에서 500명의 시위대와 시위운동을 벌이며 진동면 일본 헌병주재소로 향하였다. 증파된 일본군이 시위대를 총검으로 해산시켰다. 4월 3일 三鎭의거로 불리는 鎭田面·鎭北面·鎭東面 연합시위운동이 일어났다. 진전면 양촌리 냇가에 3,000여 명의 주민들이 진동면 주재소로 향하다 헌병대의 발포로 사망자 8명, 부상자가 22명에 이르자 시위대는 해산하였다. 일본 헌병대에서 마산의 일인 병원에 부상자들을 치료하게 하였으나, 주민들은 이를 거부하고 애국성금을 거두어 마산과 진주의 한국인과 미국인 경영의 병원에서 치료를 받게 하였다. 같은 날 웅천면 마천리에서는 500명의 주민들이 시위운동을 시작하여 웅천읍에 이르러 2,000명으로 불어난 시위군중과 함께 시위운동을 전개하였다. 11일 가덕면 가덕진에서도 주민 300여 명이 모여 만세시위를 벌였다. 29일 상남면 사파정에서 애국학생 수십 명이 시위운동을 벌였다.

양산군에서는 3월 27일 읍내 장날을 기해 엄주태 등 청년들이 중심이 되어 2,000명의 장꾼들과 더불어 시위운동을 벌였다. 일본 군경은 시위대를 구타하고 주도인물을 구금하였다. 이에 시위대는 양산 헌병분견대와 군청으로 쇄도해 갔다. 주변부락에서 농악을 울리며 사방에서 군중이 모여들자 구속자를 석방하였다. 4월 1일 다시 1,500명이 주동인물들의 검거에 격분하여 헌병분견대 앞으로 쇄도하여 시위를 전개하였으나 일군의 무자비한 탄압으로 해산하였다.

함양군에서는 3월 28일 함양읍 장날을 기해 2,000명의 농민들이 시위운동을 벌였으며, 4월 2일 2,000명의 시위군중은 제2차 시위운동을 벌이며 헌병분견소를 포위하고 만세시위를 벌이며, 구금자 석방을 요구하다가 무차별 총격으로 4명이 사망하고 10명이 부상당하였다. 3월 31일 안의면 안의 장날 1,000명의 시위군중이 저녁 7시까지 시장을 누비며 시위운동을 벌였다.

고성군에서는 3월 30일 구만면 개천리와 마암리 동민을 중심으로 菊川沙場에 모여 독립만세를 부르고, 10리 떨어진 배둔리 시장으로 가서 수백 명이 독립만세 시위를 벌였다. 이들은 해산하여 〈한인관리 퇴직권고문〉을 등사하여 '대한독립동맹'의 이름으로 배포하였다. 4월 1일 고성읍내 장날을 기해 삼산면의 천도교인과 읍내 노동자 60여 명이 시위운동을 벌였다.

김해군에서는 3월 31일 하계면 진영리 장날을 기해 5명의 청년들의 주도로 시위운동이 벌어졌다. 4월 5일 진영 장날에 제2차 시위운동이 전개되어 약 2,000명의 시위군중이 만세시위를 벌이며, 탄압을 가해 오는 일군 헌병주재소로 몰려갔다. 김해 읍내에서는 4월 1일 읍내 각처에 격문을 붙이고, 2일 장날을 이용하여 시위운동을 전개하였으나, 일본 군경은 재향군인, 일인 상인과 불량배까지 동원하여 무자비한 탄압을 가하였다. 생림면 봉림에서는 3일과 4일 이틀 연이어 각각 200명의 시위운동이 있었으며, 10일 명지면 중리에서, 11일 명지면 진목리에서 각각 시위운동이 있었다. 12일 명지면 진목리 유지들이 중심이 되어 장유면 茂溪里 시장으로 주민들을 이끌어 모아 2,000명의 시위군중을 이루어 북과 나팔을 울리며 시가행진을 하였다. 일본 군경이 총검으로 저지하자 헌병주재소로 돌입하다 일군의 발포로 3명이 사망하였다. 격분한 시위대는 투석으로 헌병주재소를 파괴하였다. 김해에서 응원군이 도착하여 탄압이 가중되자 시위대는 해산하였다.

울산군에서는 4월 2일 언양면 남부리 시장에서 2,000명의 시위군중이 시위운동을 벌여 제지하는 일본 군경과 투석으로 맞섰다. 일군의 발포로 3명이 숨지고 17명이 부상당하였다. 4일 하상면 병영리 청년들은 '決死報國'을 혈서로 써서 맹서하고 일신학교 교정에 모여 독립만세 시위운동을 벌였다. 일본 경찰이 군대의 지원을 받아 시위대를 해산시키자, 다음날 다시 일진학교에서 제2차 시위운동을 전개하였다. 시위군중은 800명으로 늘어나 구금자 석방을 요구하며 군경과 육박전이 벌였다. 온양면 남창리에서는 8일 남창리 장날을 이용하여 수백 명의 장꾼들과 함께 독립만세를 부르며 시위운동을 벌였다.

남해군에서는 4월 3일 설천면민들이 남양리 노상에서 시위운동을 시작하여 고현면에 이르며 시위운동을 벌였으며, 4일 읍내 장날을 기해 1,000명의 장꾼들이 독립만세를 외치며, 경찰관주재소·군청·학교·우체국 등을 습격하였다. 7일 고현면 포상리에서 500명이 봉기하여 산상에서 만세를 부르고 남해읍으로 진격하여 시위운동을 벌이다 일군의 발포로 1명이 숨졌다.

마) 제주도

당시 제주도는 전라남도에 속해 있었다. 3월 21일 제주 읍내에서 400명이 시위운동을 벌였고, 같은 날 朝天에서 서당 학생들이 중심이 되어 200명의 시위운동이 있었으며, 다음날에도 계속되었다. 23일 제주읍내에서는 부인과 아동들을 중심으로 200여 명이 모여 시위운동을 벌였으며, 25일에는 함덕에서 시위운동이 있었다.

마. 북부지방

가) 황해도

황해도의 독립만세시위는 3월 초 서울의 독립선언과 동시에 다수의 지역에서 시위운동을 시작하였고, 3월 중순에 뜸하다가 3월말부터 4월 10일까지 다시 격화되는 양상을 보였다. 3월 1일에는 서울에서 사전연락이 되어있던 해주·옹진·사리원·황주·서흥·연백·수안·곡산 등지에서 선언서를 배포·낭독하였으나 시위운동으로 발전하지 못했다. 그러나 2일 황주읍내에서 300명의 천도교인과 기독교인을 시작으로 본격적인 시위운동이 퍼져나가기 시작하였다. 3일에는 해주·금천 변리·옹진·봉산 사리원·수안 등지에서, 4일에는 옹진 읍내, 곡산읍내와 광천 등지로 퍼져나갔다. 특히 3월 28일부터 4월 10일까지 도내 대부분 지역에서 치열한 시위운동이 재확산되었고, 장연에서는 3월 18일과 22일까지 시위운동이 일어났다.

3월 2일의 황주시위는 시가행진을 하다가 시위군중이 황주경찰서에 쇄도하여 유리창을 전부 깨는 치열한 항일의식을 보여주었다. 수안시위는 3·1운동기의 대표적인 격렬한 시위운동의 하나로 꼽히는데, 천도교인이 중심이 되어 200여 명의 시위군중은 3일 아침 일찍부터 시위운동을 시작하여 3차에 걸쳐 헌병분견대에 쇄도하여 "조선이 독립하였으므로 분견대를 인도하라"고 요구하다 일군의 발포로 사망 9명, 부상 18명의 사상자가 났다. 재령군에서는 9일 기독교인과 천도교인이 중심이 되어 읍내에서 2,000명이 시위를 벌인데 이어 10일에는 재령 內宗에서 4,500명의 대규모 시위운동이 일어났고, 옹진·재령·서흥·수안·황주군에서는 3월 10일 경까지 크고 작은 시위운동이 계속되었다.

해주에서는 3월 1일 선언서가 배포 된 후 10일 천도교인·기독교인·학생이 중심이 된 400명의 시위운동이 있은 이후 11일 청단, 14일 읍내, 17일 청룡면 등 시위가 이어졌고, 3월 중순에는 송화·수안·신천 등지에서, 특히 연백에서는 3월 15일과 16일 연안, 16일 나진포, 18일 다시 연안에서 2,000명의 시위대가 헌병분대를 습격하였으며, 22·23·24일 계속 군내에서 시위운동이 계속되었다.

황해도내 연백군을 제외한 대부분 지역에서 3월 20일부터 26~27일까지 휴지기를 거친 다음 28일 경부터 다시금 시위운동이 불타올랐다. 28일의 해주읍내에서는 수천 명이, 31일에는 3,000명이 시위를 벌였으며, 30일에는 안악 동창리에서 전날 구금된 인사를 구출하기 위하여 헌병주재소를 습격하였다. 또한 4월 3일 금천군 구이면에서는 4,000명이, 5일에는 평산 物開에서 3,000명, 장연 苔灘에서 1,000명, 7일에는 재령읍내에서 2,000명 등 대규모 시위운동이 이어졌다. 면사무소·우편소·헌병 및 경찰관 주재소를 습격하는 공세적 시위운동이 벌어져 일본 군경과의 충돌과 발포로 인해 수안에서 9명 사망한 것 이외에도, 연백 白川에서 4명, 금천 구이면에서 1명, 평산군 기린·누천 등지에서 9명, 서흥의 綠鞍에서 6명, 재령에서 1명, 봉산 읍내에서 1명, 안악 온정리에서 4명이 목숨을 잃었다.

해주와 신천이 비교적 긴기간을 통하여 지속적으로 시위운동을 전개한 반면 금천과 신계·평산 등지는 3월말, 4월초에 가서야 비로소 시위운동을 시작하였으며, 곡산과 황주·은율은 3월초의 시위운동으로 끝났다.

나) 평안남도

평안남도 대부분 지역에서 시위운동은 3월 초순에 집중적으로 진행되었다. 3월 중순에는 거의 시위운동이 없다가 3월 하순에 가서 일부 군, 즉 중화·강동·성천·평원·안주군에서만 시위운동이 있었다.

3월 1일 평양·진남포·안주에서 서울과 동시에 시위운동이 벌어졌으며, 2일에는 이 지역들 외에 용강·중화·강서, 3일에는 순천, 4일에는 성천, 5일에는 덕천과 양덕 등지로 파급되어 갔다.

평양에서는 3월 1일 오후 1시 장로교인들은 숭덕학교 교정에, 감리교인들은 남산현 교회 앞 뜰에, 천도교인들은 천도교구당에 각각 모여 광무황제 奉悼式을 거행한 다음 바로 〈독립선언서〉를 낭독하고 독립선포식을 거행하였으며, 시내로 나와 시가행진에 들어갔다. 이후 2일부터 5일까지 매일 시위운동이 끊이지 않았는데, 4일의 시위는 新陽里에서 여성들만 수백 명이 시위운동을 전개하였다.

진남포에서도 3월 1일 시위운동을 시작하여 2일에는 1,000명의 시위군중이 경찰서를 습격, 기물을 파괴하였다. 이후 6일까지 시위운동이 지속되었다. 안주에서는 3월 1일 읍내에서 300명이 시위를 시작한 이후 2일에는 천도교인과 기독교인이 중심이 되어 3,000명, 3일에는 2,000명이 구금자를 탈환하려는 시위가 이어졌다.

안주군에서는 3월 1일 오후 5시 장로교 東禮拜堂 청년들을 중심으로 300명이 읍내에 모여 〈독립선언서〉를 배포하며 독립선포식을 열었다. 3월 2일 읍내에서 3,000명의 시위운동이, 3일에도 다시 2,000명이 시위운동을 하였다. 3일의 시위는 천도교인이 주도하였다. 전날까지 구금된 시위주도자를 탈환하고자 헌병분견대를 습격하였다. 3월 23일 기독교인이 중심이 된 2,000명의 시위대가 立石에서 시위운동이 있었다. 안주 군수 金義善은 3·1운동이 일어나자 관직을 버리고 망명하여 상해 임시정부에 참여하였다.

용강군에서는 3월 2일 읍내에서 첫 시위운동이 있었고, 6일 해운면 용반 1리에서 주민 70여 명이 시위행진을 시작하여 용반 2리·궁산리·일병리 주민을 규합하며 온정리에 들어가 주재소에 투석하여 유리창을 부수고 해산하였다. 광량만에서도 1천여 시위대가 만세시위를 벌였다. 8일 서화면에서도 300명의 시위운동이 일어났다.

중화군에서는 3월 2일 祥原·新邑에서 천도교인을 중심으로 시위가 시작되어 경찰관주재소의 철퇴를 요구하였다. 경찰이 이들을 해산시키려 하자 군중들은 저들을 주재소 안에 몰아넣고 총기와 탄약을 빼앗았으며, 순찰 나온 중화경찰서장을 포박하여 대치하였다. 3일 예수교인을 중심으로 다시 시가행진을 벌이며 주재소에 쇄도하여 구금된 인사들을 탈환하려 하여 시위대와 일군경 사이에 백병전이 벌어졌다. 같은 날 또한 중화읍내에서 예수교인과 천도교인이 제휴하여 수백 명이 시위운동을 벌였으며, 10일 읍내 장터에서 제2차 시위운동을 전개하였다. 3월 28일과 4월 16일 당정면 적선리, 두정리에서 그리고 4월 5일 간동면 간동장터에서 천도교인과 기독교인 400여 명이 시위운동을 벌인 끝에 해산하였다.

강서군에서는 3월 2일 증산면 집용리 교회에서 예배를 끝내고 밖에 나와 인근 주민들과 합세하여 만세를 부르며 증산읍내로 진입을 시도하다가 일본 경찰의 제지를 받고 해산하였다. 3일 읍내에서 4,000명이 집결하였다. 기독교측과 천도교측이 사전에 조직적으로 주민들을 참여시켰다. 오전 10시 독립선포식을 하고 시가행진을 시작하였다. 헌병분견대장은 평양에서 헌병 하사 2명과 보병 1명의 지원을 받아 시위대를 향하여 실탄사격을 가하여 사망 9명, 부상 4명의 인명피해를 내었다. 6일에도 읍내에서 1,000명이 시위운동을 전개하였다. 4일 대동군 금제면 원장리에서 시위운동을 벌이던 시위군중은 모락장 시위운동을 계획하던 기독교 지도자들이 사전에 발각되어 구금되자 이들을 구원하기 위하여 4,000명이 태극기를 앞세우고 대열을 지어 25리 떨어진 강서군 반석면 상사리를 향해 나아갔다. 일본 헌병들이 시위대를 향하여 실탄사격을 가해 수명이 죽거나 부상당하였다. 그러나 시위대는 흩어지지 않고 투석으로 맞서며 주재소에 불을 지르고, 계속 총을 쏘며 피신하는 헌병주재소장 佐藤과 헌병 보조원 3명을 붙잡아 살해하고 붙잡혀 있던 동지들을 구해내었다. 이 과정에서 13명이 죽고 60여 명이 부상을 당하였다. 6일 함종에서는 천도교인이 중심이 되어 2,500명이 시위운동을 벌였다. 8일에도 300명이 제2차 시위를 벌였다.

순천군에서는 3월 3일과 4일 慈山에서 천도교인이 중심이 된 시위운동이 있었는데 특히 4일의 시위는 1,500명이 시위운동을 벌였다. 읍내에서도 4일에 천도교당에 수백 명이 집합하여 태극기를 올리고 경고문을 배포하고 해산하면서 독립만세를 부르며 시위를 전개하였다. 5일 신창면 장날을 기하여 기독교인이 중심이 된 1,000명의 시위군중이 독립선포식을 거행하고, 시가행진을 하였다. 일본 헌병이 시위대에 폭행을 가하며 저지하였다. 6일 시위대는 다시 헌병주재소에 쇄도하였으며, 7일 천도교인과 기독교인이 합세하여 5,000명의 시위대가 시위운동을 벌였다.

성천군에서는 3월 4일 읍내 천도교구당에 군내 천도교인 4,000명이 총집합하여 <독립선언서>를 낭독하고 태극기를 들고 일본 헌병대 앞으로 나아갔다. 일본 헌병과 조선인 보조원이 시위대를 향하여 무차별 발포를 하여 30명이 숨지고 38명이 부상당하였으며 300명이 구금당하였다. 5일에는 붙잡힌 300명이 시위운동을 했으며, 7일에도 읍내에서 시위운동이 있었다. 이후 3월말에 가서 31일 삼흥면, 4월 1일과 3일 능중, 2일 대곡면에서 각각 시위운동이 있었다.

덕천군에서는 3월 5일 읍내에서 소규모 시위를 시작으로 6일 300명의 읍내 시위, 7일 다시 600명의 읍내시위가 있었고 일병 31명이 출동하여 40명이 구금되었다.

양덕군에서는 3월 5일 읍내에서 300명의 농민시위가 있었고, 6·8일에도 이어졌다. 5일 시위운동은 천도교구당 앞에서 독립선언식을 하고 헌병대·우편국이 있는 하석리 방면으로 시가행진을 하는데, 헌병대가 출동, 시위대를 향하여 실탄사격을 하여 사망 20명, 중상자 50명의 인명피해를 내었다.

맹산군에서는 3월 6일 천도교인 30명이 시위를 벌였으며, 9일 다시 천도교인 수십 명이 시위운동을 전개하였다. 10일 다시 약 100명이 시위를 벌이자 헌병분견대가 주도자를 붙잡아 고문을 가했다. 이에 시위대는 헌병분견소에 쇄도하여 저들의 석방을 요구하였다. 이에 분견소에서 시위대를 뜰 안에 들어오게 한 다음 군중을 포위하고 총을 난사하여 50여 명이 죽고, 겨우 3명만 탈출할 수 있었다.

대동군에서는 3월 6일 읍내·고평면·대보면·대평·선교·만경대·평천·오야·원장 등 9군데에서 시위운동이 벌어졌다. 이날 읍내에서는 600명이 시위운동을 벌여 경찰서를 습격하기도 하였다. 대평면과 선교에서도 각각 600명 규모의 시위운동이 벌어졌다. 7일 선교에서는 300명이 제2차 시위를 벌였고, 9일 대평에서 제2차 시위가 있었다.

평원군에서는 3월 6일 순안에서 500명이 봉기하여 격렬한 시위를 벌이며 경찰서에 쇄도해 갔다. 이날 어파 역전촌에서도 1,000명이 시위운동을 벌였다. 9일 숙천에서는 예수교인 100명이 예배를 마치고 독립만세 시위행진을 하였다.

강동군에서는 3월 7일 원탄면과 고읍면에서 수십 명의 기독교인이 시위를 벌였다. 30일과 31일 읍내 천도교인들이 첫날 500명, 둘째날 1,000명의 시위군중을 이끌며 시위를 벌였다. 4월 8일에도 읍내에서 700명의 시위가 있었다.

영원군에서는 3월 7일 읍내에서 천도교인 35명이 독립선언식을 하고 가두행진을 하다 전원 체포되었다. 9일 천도교인 150명이 시위운동을 벌이며 헌병분견대로 쇄도하여 구금된 인사들의 석방을 요구하였다. 이틈에 구금되었던 인사들은 안에서 문을 부수고 탈출하였다. 시위대의 수가 점점 불어나자 덕천읍내에서 파견되어 온 일본군 20명이 시위대 뒤에서 총을 난사하여 사망 15명, 부상 34명의 인명손상을 내고, 70명이 체포되었다.

개천에서는 4월 21일 외동면 순흥 안씨촌의 청년 70여 명이 중심이 되어 읍내 장터에서 만세시위를 전개하고 20리 떨어진 무진대 장터까지 가서 만세시위를 벌인 뒤 해산하였다.

다) 평안북도

평안북도 만세시위는 3월 초 의주와 선천을 중심으로 철산·정주 등에서 치열한 전개양상을 보였다. 그 후 3월 중순에 들어 소강상태를 보이다가 3월 말 다시 치열하게 시위운동을 전개하였다. 가장 치열했던 곳은 의주군이었고, 정주·태천·구성·용천·삭주·초산 등지에서도 치열한 시위운동이 일어났다.

선천군에서는 3월 1일 신성중학교 학생들과 천도교인, 기독교인이 앞장서 천남동 시장에서 1천여 장꾼들과 함께 독립선언식을 거행하고 시가행진을 하였다. 선천수비대가 일경과 함께 시위대를 저지하며 충돌이 일어나자 일본군은 발포를 하여 12명이 부상을 입었다. 3일 다시 1,300명이 읍내에서 시위운동을 벌였으며, 4일에는 다시 6,000명이 집결한 가운데 만세시위를 벌이며 경찰관주재소를 습격하였다. 5일에는 군내 삼봉, 운종면 신미도, 수청면 가물남, 심천면 고군영 등지에서 시위운동이 일어났다. 그 중에서 신미도 시위는 주민들이 헌병주재소를 점거하고 면사무소를 인수하여 약 20일 동안 자치적인 행정사무를 집행한 특징이 있다.

의주군의 만세시위운동은 전국에서도 가장 치열하게 시위운동을 전개한 곳의 하나다. 이곳은 민족대표의 한 사람인 유여대 목사가 직접 운동을 지도하였다. 3월 1일 읍내 서부교회 앞에 이날 1,600명이 모인 가운데 독립선언식을 거행하고 주야 2차에 걸쳐 시위운동을 펼쳤다. 2일과 3·5일 읍내에서 계속 시위운동이 벌어졌다. 2일의 시위부터는 천도교측에서도 가세하였다. 읍내 지역의 시위는 이후 27일 3,000명의 시위, 4월 7일에도 300명의 시위로 이어갔다. 읍내 이외의 지역에서도 크고 작은 시위운동이 끊임없이 이어졌다. 3월 3일 비현에서 300명, 5일 수구진에서 200명, 소곶관에서 500명, 6일 고령삭면에서 200명, 영산시에서 100명, 7일 옥강진에서 200명, 9일 가산면에서 120명, 고관면에서 150명, 11일 다시 고관면에서 150명, 15일과 16일 광평면에서, 15일 가산면과 옥상면에서 발발하였으며, 17일 고성면에서 200명의 시위가 일어났다. 3월말에 들어 의주군의 시위운동은 다시 격렬한 불꽃으로 타올랐다. 30일 영산시와 수구진, 평구진에서 각각 200~400명 규모의 시위가 일어났다. 31일 고령삭면 영산시장에서 4,000명의 시위가 일어나 헌병주재소를 파괴하였다 일병 11명이 출동하여 발포함으로써 우리측 4명이 사망하고, 4명이 부상하였다. 4월 1일 수진면에서는 다수의 군중이 친일파 가옥에 방화하였으며, 읍내에서는 1,200명이 격렬한 시위를 전개하였다. 이날 구룡포에서도 400명, 청성진에서 300명, 위원면에서는 다수의 군중이 세관감시서에 쇄도하여 공격하였다. 2일에는 枇峴에서 3,000명이, 수구진에서 2,000명이 시위운동을 벌였는데, 수구진 시위대는 면사무소를 습격하다 일군의 발포로 2명이 사망하고 2명이 부상하였다. 이날 또한 玉尙面에서는 주민 2,000명이 면사무소로 몰려가 "우리는 이미 독립선언을 하였으니, 면사무소를 마땅히 폐지하고 우리가 새로 조직할 自治民團에 면사무소 청사와 비품, 재산 일체를 넘기라"고 선언하고 면사무소를 접수하여 십 수일간 자치사무를 집행하였다. 4일에는 하단에서 500명, 광성면에서 600명, 6일에는 양광면에서 500명이 각각 시위운동을 벌였다. 광성면 시위에서는 일병 10명이 출동하여 발포함으로써 사망 4명, 부상 5명의 인명 손상을 입었다.

신의주에서는 3월 4일 300명이 독립선언식을 갖고 시위운동을 벌이자 일본군 수비대가 출동하여 강제 해산시켰다. 5일에도 교외 所串館에서 300명이 시위운동을 벌였다.

용천군에서는 3월 4일과 5일 陽市에서 각각 600명과 500명의 시위운동이 있었고, 6일과 11일 南市에서 200명이 시위운동을 벌여 주재소를 습격하였다. 25일 용암포에서 1,000명이 시가행진을 하며 시위운동을 하였고, 31일 남시에서 3,000명이 재차 시위운동을 벌이며, 헌병주재소를 습격하다 일병의 발포로 7명이 부상을 입었다. 이밖에 양광면 충열동에서 4월 1일과 6일 300명 시위, 같은 날 외하면에서 800명 시위, 4월 7일 읍내면에서 300명이 시위를 벌였다.

철산군에서는 3월 5일 車輦館에서 기독교인이 중심이 되어 3,000명이 시위를 벌였으며, 7일 철산읍내에서 다시 3,000명의 시위군중이 기독교 교회당에 집결하여 만세시위를 전개하였다. 일본군 철도원호대가 행렬의 뒤에서 총격을 가해 9명이 죽고 40~50명이 부상당하였다. 4월 7일 백양면 풍천에서 300명의 시위대가 저녁 8시 시위운동을 시작하여 경찰관 주재소와 면사무소를 습격하다 27명이 구금되었다.

영변군에서는 3월 8일 기독교인과 농업학교 학생들이 중심이 된 600명이, 9일에는 천도교인이 중심이 된 수백 명이 시위운동을 벌였다.

정주군에서는 3월 7일 고읍, 8일 읍내에서 각각 시위운동이 있었고, 11일 동주면에서 면사무소를 습격하는 시위가 있었다. 본격적인 시위는 31일 읍내에서 기독교인과 천도교인이 힙세하여 4,000명의 군중이 〈독립선언서〉를 뿌리며 시가를 행진하며 독립만세를 외쳤다. 시위대를 향하여 칼과 쇠갈구리를 휘두르며, 무차별 사격을 가해 수십 명이 죽고 70명을 구금하였다. 일제는 인명살상에 그치지 않고 4월 2일 새벽 천도교 정주교구당을 방화하여 전소시키고, 이날 밤 다시 정주 용동 오산학교와 기숙사, 용동교회을 방화하여 이 또한 전소시켰다.

삭주군에서는 3월 10일 읍내에서 시위운동이 시작되어 31일에는 천도교인과 기독교인이 합세하여 2,000명의 대규모 시위가 벌어졌고, 4월 2일에도 읍내에서 1,500명, 4일에는 500명이 시위운동을 벌였다.

태천군에서는 3월 10일 일단의 군중들이 시위운동을 시작하였다. 31일 천도교인과 기독교인이 합세하여 2,500명이 시위운동을 벌였으며, 4월 2일에도 읍내에서 다시 1,500명의 시위운동이, 4일에는 500명의 시위운동이 각각 있었다. 이날 서면에서도 500명이 시위운동을 벌였다.

구성군에서는 3월 10일 읍내에서 시위가 있어 일병 15명이 출동하여 저지하였고, 30일에는 900명이 2회에 걸쳐 시위운동을 전개하였으며, 4월 1일에는 3,000명의 시위군중이 시위운동을 펼쳐 일병의 발포로 3명이 부상을 입었다. 3월 18일 新市에서 기독교인이 중심이 된 300명이, 31일 다시 1,000명이, 4월 1일에도 다시 1,500명이 시위를 벌였는데, 31일의 시위에서는 헌병주재소를 습격하기도 하였다.

초산군에서는 3월 16일 읍내에서 300명의 기독교인들이 시위운동을 벌인데 이어 30일 다시 400명이 시위운동을 벌였다. 31일에는 다시 읍내에서 천도교인 400명이 시위운동을 벌였고 군내 최대의 시위운동으로서 4월 1일 3,000명이 읍내에서 시위운동을 벌였다. 군대가 출동하여 시위대는 해산하였으나, 이날 밤 600명이 다시 집결하여 시위운동을 계속했고, 다음날 밤에는 산위에 올라가 횃불을 들고 만세시위를 벌였다.

자성군에서는 3월 16일 중강진에서 신성학교 졸업생 金宗河가 중심이 되어 시위운동에 돌입하니 상가들도 철시하여 호응하였다. 4월 10일 장토면 주민 40여 명이 시위운동을 벌였다.

창성군에서 본격적인 시위는 4월 1일 읍내 기독교 교회 장로인 康濟義 주도로 전 군 차원의 시위운동을 벌였다. 먼저 일본헌병대에 독립선언축하식 개최를 통고하고 1,000명 이상의 시위군중과 함께 〈독립선언서〉 낭독과 시가행진을 벌였다. 시위대에 대하여 일군이 발포하여 2명이 현장에서 사망하고 수 명이 부상을 당했다. 동창면 대유동에서는 3월 31일 천도교인 60여 명이 시위운동을 벌였다. 4월 1일의 읍내 시위도 대유동이 중심이 되었다. 2일 대유동에서 다시 500명의 시위가 있었다. 5일 청산면 학송리에서 천도교인과 기독교인이 합세하여 300명의 시위운동을 펼쳤다. 일병의 발포로 6명이 숨지고 20명이 부상을 입었다. 6일 청산면 청룡리에서 천도교인 70명이 만세시위를 벌이다 일본 헌병대와 충돌하여 7명이 사망하고 5명이 부상당하였다.

벽동군에서는 3월 31일 읍내에서 200명이 독립만세시위운동을 벌였다. 다음날인 4월 1일에도 800명의 시위운동이 일어났다.

위원군에서는 3월 31일 읍내에서 천도교인 30명의 시위가 있었다.

운산군에서는 4월 5일 북진에서 천도교인이 중심이 된 300명의 시위대가 시위운동을 벌여 일병의 발포로 8명이 부상당하였고, 35명이 구금되었다. 같은 날 읍내에서 200명이 시위운동을 벌였다.

강계군에서는 4월 8일 읍내에서 기독교인과 천도교인이 연합하여 800명이 북과 나팔을 불며 시위운동을 벌였다. 일군은 북문 문루에 수비대를 매복해 두었다가 시위대의 도착을 기다려 무차별 발포하여 3명이 숨지고, 10명이 부상당하였으며, 13명이 체포되었다. 11일에는 고산진에서도 시위가 있었다.

라) 함경남도

함경남도의 만세시위운동은 원산·함흥과 영흥을 중심으로 정평·북청·신흥·이원과 단천에서 초기에 시작되었다. 3월 중순에는 초기의 시위가 이어지면서 새로이 고원·풍산·갑산·장진·덕원·삼수·홍원에서 시위운동이 시작되어 도내 시위의 절정을 이루었다. 후기에 들어가면 원산·함흥·홍원 등지에서 산발적인 시위가 있었을 뿐 대체로 종결되었다.

원산부내에서는 3월 1일 오후 2시 원산 장날을 기해 북과 나팔을 불며 시위운동을 시작하니 2,500명이 운집하였다. 일본 경찰·헌병·소방대가 동원되어 소방호스로 물감을 뿌리며 군중을 해산시키려 하였다. 시위는 오후 6시까지 계속되었고 30명이 체포되었다. 4월 5일에는 전 시가가 철시함으로써 무언의 저항을 보였다.

함흥군에서는 3월 3일 함흥 장날을 거사일로 잡고 기독교계 지도자들과 함흥고등보통학교 등의 학생대표들을 중심으로 준비를 하고 있던 중 2일 읍내에서 일반 시민들이 산발적인 시위운동을 시작하였다. 3일 새벽 함흥 전역에 경찰은 비상선을 치고 예비검속을 하여 시위를 준비하던 기독교계 지도자와 학생대표들이 모두 구금되었다. 구금된 이들이 고문을 받는 중에도 독립만세를 외치자 철장 속에서의 만세함성이 시민들의 가슴을 울렸다. 학생·시민 1,000여 명이 독립만세를 부르며 거리를 누볐다. 함흥읍내의 시위운동은 이렇게 하여 4일 전 시가가 철시하고 200명의 기독교인과 학생들이 시위를 벌였다. 5일·6일 계속되었고, 일본군 100명이 출동하여 첫날 88명이 구금된 데 이어 둘째 날 46명, 셋째 날 60명이 구금되었다. 6일 함주군 지경리에서 250명의 군중이 모여 경찰관 주재소 앞에서 만세시위를 벌였다. 같은날 저녁 하조양면 주민 400명은 오로리 헌병주재소까지 행진하며 일제를 규탄하였다. 8일 퇴조리에서 200명, 9일 동흥리에서 50명, 10일과 11일 읍내에서, 21일 다시 함주군 지경리에서 300명이 경찰관주재소를 습격하는 시위운동을 벌였다. 4월 8일에는 덕천에서 소규모 시위가 있었다. 4일에는 함흥의 각 관청에 종사하던 한국인 10여 명이 사퇴하였다. 함흥면 朴相甫는 독립운동의 소식을 널리 알리기 위하여 《독립신문》을 등사하여 5월 15일까지 시내에 뿌리다 체포되었다.

영흥군에서는 3월 3일 〈독립선언서〉가 관내에 배포되고 17일 500명이 모여 시위운동을 벌였다. 7일 동상리에서 150명이, 21일에는 선흥면 성리 장날이 파할 때를 기다려 200명의 시위군중이 성리 경찰관주재소 앞에서 시위를 벌이며 구금자 석방을 요구하며 주재소 유리창과 기물을 파괴하였다.

정평군에서는 3월 7일 읍내 풍납리에 200명이 집결하여 만세시위를 벌였다. 14일과 15일에도 읍내에서 시위운동을 벌였는데. 기독교인들이 주도하였다. 8일에는 춘유면 기독교인들의 시위움직임이 있었고, 다시 13일 신하리 장날을 기해 300명의 춘유면 기독교인이 중심이 되어 헌병주재소와 일본인 철도숙사를 습격하였다. 일병의 발포로 10여 명의 사상자가 생겼다. 14일 선덕면 선덕장터에 500명의 시위군중이 모여 독립만세를 고창하며, 헌병주재소를 습격하였다. 16일과 17일 고산면 풍송리에서 일단의 시위군중이 주재소 앞에서 시위운동을 벌인 뒤 해산하였다. 풍송리 시위는 20일까지 5일간이나 계속되었다.

북청군 최초의 시위는 3월 8일 천도교인과 학생들이 중심이 되어 250명이 시위운동을 벌였고, 11일 360명이 읍내 천도교당 앞에 모인 가운데 제2차 시위운동을 전개하였다. 일본 경찰은 예비검속을 통하여 주도자들을 구금하고, 읍내외를 차단하였으나 읍외 사람들은 남문과 서문 밖에서, 읍내 사람들은 성안에서 상호 호응하며 독립만세를 부르며 시위운동을 펼쳤다. 14일에도 읍내에서 100명의 천도교인이 중심이 되어 시위운동이 있었다. 12일 평산면에서 100명의 사립학교 학생 중심의 시위, 12·13·16일에 신창면 신창리에서

100~150명의 시위운동을 벌였다. 14일에는 양천면에서 천도교인 80명이, 15일 양화면에서 사립학교 학생 중심의 80명 시위가, 16일 창성리에서 천도교인 150명이, 17일에는 거산면 주민 300명이 헌병주재소를 습격하였다. 17일과 18일에 걸쳐 上車書面에서 천도교인 150명이 방촌시장에서 만세시위를 전개하였다. 李求準과 高明哲 등은 등사판으로 납세거절, 대정연호 거부, 한인 관공리 퇴직 권고 등을 촉구하는 격문을 만들어 조선독립단의 이름으로 배포하고, 후속호에는 《대한독립신문》이라는 이름으로 각지의 만세시위 소식과 논설을 실었다. 이들은 평산 면사무소와 가회면 사무소 방화를 기도하기도 하였다.

신흥군에서는 3월 9일 읍내에서 80명이, 10일에는 보통학교 학생이 중심이 되어 500명이 시위운동을 벌여 헌병 분견소에 2차에 걸쳐 쇄도하며 시위운동을 전개하였다.

이원군에서는 3월 10일과 11일 읍내에서 300명의 시위군중이 만세시위를 벌였다. 이들 시위는 李道宰 등 지사와 천도교 지도자들이 '조선독립이원지단'을 결성하고 선도하였던 것이다. 14일과 18일·20일에도 읍내 시위가 있었는데, 20일의 시위는 천도교인들이 중심이 되어 1,500명이 헌병분견대를 습격하는 등 치열한 양상을 나타내었다. 11일 시위운동은 남면 遮湖로 번져 보통학교 학생 및 주민 1,500여 명이 시위운동을 벌였으며, 13·16일에도 계속 시위운동이 있었다. 동면의 시위는 11일 상화리 청년들 중심으로 시위운동이 있었다. 14일 동화학교 학생들이 중심이 된 70명, 15일 천도교인 중심의 300명, 27일 1,000명의 시위운동으로 계속되었다. 동면 시위 중 "우리에게서 빼앗아 간 세금을 도로 내 놓아라"는 요구도 제기되었다.

단천군의 만세시위는 3월 10일 300명의 천도교인이 교당에 모여 敎祖 순도 기념식을 거행하고 〈독립선언서〉를 낭독한 후 1,000명의 주민들과 함께 시가행진에 돌입함으로써 시작되었다. 헌병주재소에 쇄도하는 군중을 향하여 마구 사격을 가하여 7명이 사망하고, 8명이 부상당하였다. 22일 북두일면 대신리 주민 300명은 단천 읍내 참상에 분개하여 헌병분견대에 쳐들어가 일제의 만행을 규탄하였다. 헌병들은 또다시 시위군중에 발포하여 8명이 현장에서 숨졌다.

고원군에서는 3월 3일 향교에서 광무황제 추도식을 베풀고 6일 천도교인을 중심으로 읍내에서 시위운동을 벌였다. 19일 기독교인들이 읍내 하시장에서 100여 명이 모여 시위운동을 전개하였다.

풍산군에서는 3월 14일 풍산 천도교당에서 1,000명의 시위군중들이 독립기원 기도와 연설을 듣고 일제의 만행을 규탄하며 독립만세를 외쳤다. 헌병들이 칼과 몽둥이로 군중을 해산시키려 하자 시위군중은 헌병분견소로 쳐들어가 기물을 부수고 병기를 탈취하려 하였다. 이때 초소에서 일제 사격을 가해 2명이 숨지고 10명이 부상을 입었다.

갑산군에서는 3월 15일 천도교 교당에 200여 명의 교인들이 모여 시위행진을 시작하였다. 시위군중은 1,000명으로 불어났고, 시위대는 헌병의 제지를 뚫고 군청을 습격하였다.

장진군에서는 3월 14일 고토리 주민 200여 명이 독립만세를 외치며 시가행진을 하다 저지하는 헌병들과 충돌하여 헌병주재소로 쇄도하였다. 이에 하갈리 헌병대의 지원을 받아 발포로써 시위대를 해산시켰다.

덕원군에서는 3월 15일 중평장에서 300명의 시위가 벌어져 19명이 구금당했다. 24일 읍내에서 수백 명이 시위운동을 벌이며 헌병분견소를 습격하였다.

홍원군에서는 3월 16일 홍원장날을 기해 천도교인이 중심이 되어 700명이 시위운동을 벌였다. 이튿날에도 1,000명의 시위군중이 읍내에서 시위운동을 전개하였다. 22일 용포면과 인근 부락민 400여 명이 중평리 사자목 산등성이에 모여 평포 경찰관주재소로 진격하였다. 일경의 발포로 인해 1명이 죽고, 5명이 부상을 입었으며, 58명이 검거되었다. 4월 8일 포청면 삼호리 100명의 어린이들이 손에 태극기를 들고 시위운동을 벌였다.

마) 함경북도

함경북도의 만세시위운동은 3월 10일 성진, 12일 길주, 15일 명천과 경성 등 함경남도와 접한 군들에서 먼저 시작되어 점차 3월 하순과 4월초에 가면서 회령·청진·부령·무산·온성·경흥·명천 등지로 퍼져갔으며, 대체로 중기에 시작하여 후기에 걸쳐 산발적인 시위운동이 일어났다.

성진군은 함경북도 독립만세 시위운동의 시발이었다. 3월 10일 그리어슨

(具禮善) 목사의 재동병원 앞에 旭町교회 교인을 비롯한 주민들 수백 명이 모여 〈독립선언문〉을 낭독하고 시가행진에 돌입하였다. 제지하는 일본 군경과 시위대 사이에 투석전이 벌어졌고, 나남에서 기병 14명이 증원되어 시위대를 해산시켰다. 이날 臨溟에서도 밤 11시 경 기독교인을 중심으로 300명이 시위운동을 벌였다. 11일 이른 아침부터 일본인 소방대들이 한국인 거리를 돌아다니며 닥치는 대로 도끼로 찍고 총을 쏘아 죽거나 부상을 입는 사람들이 속출하였다. 오전 10시 경 기독교인 700명이 재동병원 앞에 집결하여 시위운동을 재개하였다. 일본 군경과 소방대 약 100명이 동원되어 발포로 1명이 죽고 9명이 부상당하였으며, 54명이 구금되었다. 이날 보통학교 학생들이 중심이 되어 200명이 다시 시위운동을 벌였으며, 학서면 천도교인 100명이 시위운동을 벌였다. 12일 학성면 주민 250명이 산위에 올라가 봉화를 올리고 만세시위를 벌였다. 13일 송홍에서 200명의 만세시위가 있었고, 14일과 15일에는 荷川에서 종과 큰 북을 치며 200명의 군중들이 시위운동을 벌였다.

길주군에서는 천도교 지도자들이 중심이 되어 3월 12일 길주 장날을 기하여 1,000여 장꾼들과 더불어 〈독립선언서〉를 낭독하고 만세시위운동을 전개하였다. 일병 30명이 출동하여 총칼로 시위대를 저지하였다. 13일 덕산면 일신동 주민 30여 명은 산봉우리에 모닥불을 피우고 만세를 불렀으며, 같은 면 300명의 일부 시위대는 海子浦에 있는 일본 헌병주재소를 습격하였다. 14일 동해면 용원동 일대 주민 1,500명은 독립만세를 부르며 용원시장에서 헌병주재소까지 시가행진을 벌였다. 길주 헌병대에서 응원대가 급파되어 총을 난사하여 3명이 죽고 6명이 부상을 당하며 해산하였다. 15일 웅평면 용천동 사람으로 간도에 이주해 있던 馬河龍이 독립운동 소식을 듣고 귀향하여 웅평면사무소 앞에서 주민 300명과 함께 만세시위를 주도하다 붙잡혀 옥고를 치루었다.

경성군에서는 3월 15일 전날 예비검속으로 시위를 계획했던 천도교인 중심의 주동인물 대부분이 체포되었음에도 불구하고 500여 주민들은 輸城 거리에 모여 시위운동에 들어갔다. 일본군 60명이 출동하여 경계를 펴고 있던 터라 104명이 체포되고 시위대는 해산하였다. 해산한 500명의 주민들은 저녁 8시 경 시위운동을 재개하였다. 20일 어대진 항의 주민 700명이 만세시위를 벌였으며, 4월 9일 인근 주민 1,000명이 다시 어대진에 모여 시위를 벌였으나 일본 군경의 총검에 의해 해산되었다.

명천군은 3·1운동 기간 중에 함경북도에서 가장 치열하고 줄기차게 시위운동을 전개하였다. 3월 14일 下加面 花臺洞에 5,000명의 시위군중이 몰려들었다. 함경북도 최대의 시위인파가 모인 이곳 시위대가 독립만세를 부르며 헌병분견소에 이르자 일본 기병 15명이 출동하여 무단발포함으로써 5명이 숨지고 10여 명이 부상을 당하였다. 15일 주민들은 다시 화대장터에 모여 하가면 사무소로 쇄도하여 면장을 끌어내어 만세를 부르도록 요구하고, 헌병분견소로 나아가 압박하였다. 기마헌병이 다시 시위군중에 무단발포를 가하여 4명이 숨지고 남녀 11명이 부상을 입었다. 16일 阿間面 시장에서 400명, 17일과 19일에는 상고면 보촌동에서, 18일 雩社場에서 군중 700명이 시위운동을 벌였으며, 21일에는 雲滿臺에서 수십 명이 만세시위를 벌였다. 이후 휴지기를 거친 다음 4월 8일과 9일 서면 雩東洞에서 운동사립학교 교사를 중심으로 300명이, 14일 산성동과 고성동에서 각각 300명, 200명의 시위운동이 있었다.

회령군에서는 3월 19일부터 일제의 주밀한 경계에도 불구하고 각종 격문과 〈독립선언서〉들이 거리에 나붙기 시작하였다. 25일 회령교회 崔景在 장로 등이 교인 30여 명과 함께 우편국 앞에서 시위운동을 시작하자 졸업식에 가던 보통학교 학생들과 교사와 학부형들도 이에 합류하여 순식간에 수백 명의 시위대열을 이루었다. 26일에도 전날에 이어 보통학교 학생들과 교회 신도, 신흥남학교와 보흥여학교 학생들이 합류하여 시위운동을 벌였다. 27일에는 벽성면 영완동에서, 28일에는 봉의면 남산동에서, 29일에는 화풍면 인계동 고령진 등지에서 각각 소규모 시위운동이 있었다.

청진부에서는 3월 31일 400명의 시위군중이 정오에 신암동에 모여 만세시위를 전개하였다. 尹炳厚 등이 중심이 된 이 시위운동은 주동인물 6명이 체포되면서 해산되었는데, 군중의 일부는 주동인물의 석방을 요구하며 신암동 일대에서 다시 시위를 벌였다. 4월 1일 다시 450명의 시위군중이 인암동에서 시위운동을 벌였다. 이날 또한 포항동에서도 200여 시위군중이 독립만세를 부르며 시가행진을 하다 출동한 청진부 직원과 경찰의 제지를 받고 해산하였다. 그러나 이중 100여 명은 청암면 도동까지 20리 길을 행진하며 계속 만세를 고창하였다. 19일 신암동 주민 150명과 인곡동 주민 100명 등이 다시 시위운동을 기도하였으나 사전에 발각되어 주동인물들은 검거되어 고문을 당했다.

부령군에서는 4월 1일 道洞에서 천도교인 100명이 만세시위를 벌였다.

무산군에서는 연사면 四芝洞 모범서당 훈장 南學九의 주도로 4월 1일 서당학생, 연사공립보통학교 학생과 주민들이 시위운동을 벌였다. 7일에는 무산공립보통학교 재학생·졸업생, 주민이 합세하여 시위운동을 전개했다.

온성군에서는 4월 4일 연흥면 회덕동 회동교에서 250여 명의 군중이 모여 독립만세를 부르며 영춘면 사무소를 지나 北蒼坪 시장으로 행진해 갔다. 일본 헌병들이 총칼로 저지하자 군중들은 돌과 나무막대로 대항하였다. 헌병들의 무차별 발포로 2명이 사망하고 3명이 부상을 입었으며, 4명이 체포되었다.

경흥군에서는 4월 8일 저녁 읍내 경흥보통학교에서 청년 15~16명이 모여 만세를 부르며 시위운동을 시작하던 차에 출동한 헌병에 의해 주동인물이 구속됨으로써 해산하였다.

〈李廷銀〉

3. 3·1운동의 해외 확산

1) 만주

(1) 북간도의 시위운동

만주지역은 일찍이 고구려와 발해의 옛 땅으로서 근대에 들어와서도 1860년대이래 우리 민족이 기근을 피해 越境·개척하기 시작하여 3·1운동 당시에는 북간도 지역에 35만, 서간도 지역에 25만이 집중적으로 거주하고 있었다. 중국 동삼성 일대와 시베리아·연해주까지 합치면 150만에서 200만의 동포가 분포하여 독립운동의 중요한 기반이 되었다. 여기서 북간도 지역은 두만강 건너 汪淸·延吉·和龍·琿春縣을 말하며, 서간도는 압록강 건너 남만주지역으로 長白·臨江·輯安·寬甸·撫松·通化·桓仁·興京·柳河縣 등을 말한다.

북간도에는 墾民會·墾民教育會 등의 항일운동단체가 있었고, 서간도에는 耕學社·扶民團·韓族會 등이 있어 민족운동의 구심체가 되어왔다. 북간도는 1906년 서전서숙 설립 이래 明東·昌東·正東·光成學校, 서간도의 新興學校 등 이곳은 일제의 탄압을 피해 해외에 독립운동기지를 건설하여 민족주의 교육과 독립군 양성을 통하여 적절한 기회가 오면 조국을 광복하고자 한 원대한 독립운동 방략의 일환으로 운영되었다.

1907년 일제는 연길현 용정에 불법적으로 군대를 파견하여 조선통감부 간도파출소를 설치하고, 국자가·훈춘 등 여러 지역에 영사관 분국과 경찰서를 설치하여 이주 한인에 대해 압박을 가하였다. 1914년 제1차 세계대전이 발발하자 중국이 일본의 압력에 굴복하여 1915년 5월 9일 일본의 21개조 요구안을 수용하게 되었는데, 이에 따라 중국 관헌들까지 독립운동에 탄압을 가하기 시작하였다. 따라서 세계대전의 발발로 새로운 독립운동의 기회를 기대했던 이 지역 독립운동가들은 공개적인 독립운동을 할 수 없는 어려움에 처하게 되었다. 1918년 제1차 세계대전이 군국주의적 군주국가의 패망과 민주주의 국가의 승리로 막을 내리고, 우드로우 윌슨 대통령이 민족자결주의를 제창하면서, 파리 강화회의에 대해 커다란 기대를 갖게 되었다. 국내외 동포들이 한국의 부당한 식민지 지배에 대해 세계여론에 호소할 수 있는 기회로 보고 적극적으로 독립운동을 준비하기 시작하였다.[1)]

1919년을 맞으면서 이러한 독립운동 준비를 블라디보스톡과 니콜리스크를 중심으로 한 러시아령 연해주와 연계하여 추진했다. 선언서의 제작, 파리 평화회의 대표 파견 등이 선정되고 이들을 파견할 여비를 모금했다. 이때 광무황제의 붕어소식이 전해지자 각지에서는 추모예배 또는 봉도회가 열렸고, 이 기회를 이용하여 독립운동을 더욱 적극적으로 추진하게 되었다. 2월 18일과 20일 북간도 독립운동가 33인의 비밀모임이 있었다. 이 모임에서 다음과 같은 것들이 결정되었다.

---

1) 서굉일, 〈중국·만주지역의 3·1운동〉(《한민족독립운동사》 3, 1988), 406~410쪽.

① 북간도 내 각 교회 및 모든 단체는 서로 단결·협력하여 조국독립운동에 전력을 다할 것.
② 노령 연해주에서 협의 반포할 독립선언서의 공표와 동시에 간도 내 모든 단체는 시위운동을 개시할 것.
③ 한민족의 독립선언서가 발표되면 간도 내 각 단체의 유력자들은 용정에 집합하여 독립선언의 기세를 앙양시킬 것.
(姜德相, 《現代史資料》 27, 동경 : みすず書房, 1965, 84~85쪽).

또한 시위운동 중 일제 관헌에게 체포될 경우 희생할 각오를 가진 사람들로 결사대를 조직하였다. 이들은 혈서로 결의하고, 명칭을 光復團이라 하였으며, 북간도의 국자가·용정촌·종성·간도 滋洞·팔도구·평강의 5구역에 8명의 책임자를 정하였다.[2] 간도지역 청년학생들도 적극적으로 움직이기 시작하였다. 각 학교에서는 연설회를 열고, 2월 29일 밤에는 일본 영사관 분관에 방화미수사건도 있었으며 3월 1일 학생들을 중심으로 용정의 학교와 교회에서 3회에 걸쳐 만세사건이 발생하기도 하였다.[3] 용정의 지도급 청년들은 기독동지청년회를 조직하고, 같은 날 연설회를 개최하였다.

1919년 3월 7일 국내에서 3월 1일에 독립선언을 하였다는 소식이 전하여 왔다. 이에 연해주 국민회의 결과를 기다리던 북간도 지역 지도자들은 더 이상 지체할 수 없다는 결론을 내리고, 朝鮮國民議事部라는 단체의 이름으로 독자적인 독립운동을 계획하기 시작하였다. 이들은 墾島居留朝鮮民族의 이름으로 〈獨立宣言布告文〉을 작성하였고, 이와 별도로 강봉우와 이지택에 의해 전해 온 서울의 〈독립선언서〉에 북만주 조선민족대표자 17인을 첨가하여 등사하였다.[4] 10일부터 각급 학교는 휴교 조치하였다. 시위운동의 장소는 일제의 간도 침략의 거점이며 일본 총영사관 소재지인 용정으로 정했다. 이러한 움직임을 탐지한 일제는 중국측에 외교적인 압력을 가했다.

가. 연길현

연길현 최초의 시위운동은 3월 13일 용정에서 시작되었다. 시위운동 장소

2) 姜德相, 《現代史資料》 27(동경 : みすず書房, 1965), 85쪽.
3) 서굉일, 앞의 글, 417쪽.
4) 현규환, 《한국유이민사》 상(어문각, 1967), 617~618쪽.

인 용정 서전대야에는 수많은 한인들이 멀리서는 200리부터 70, 80리 밖에서 전날부터 출발하여 모여들었다. 용정의 800호 한인들은 집집마다 문앞에 태극기를 내걸었다. 12개 한인학교 학생들은 교사들의 인솔하에 대열을 지어 사방에서 참가하였다. 총독부 부설 학교에서도 온갖 장애를 무릅쓰고 식장으로 모여들었다. 상해판《독립신문》은 이날 모인 亡國의 한인이 3만 명을 헤아렸다고 하였다.[5)]

천주교 성당의 정오 타종을 신호로 큰 태극기와 "정의인도"·"대한독립"이라고 써 걸은 五杖旗를 중심으로 둥글게 서서 부회장 배형식 목사의 개회선언에 이어 대회장 김영학이 〈독립선언포고문〉을 낭독하였다.

〈獨立宣言布告文〉

我 朝鮮民族은 民族의 獨立을 宣言하노라. 民族의 自由를 宣言하노라. 民族의 正義를 宣言하(노)라. 民族의 人道를 宣言하노라.

우리는 四千年 歷史의 邦國이오, 우리는 二千萬 神聖한 民族이엿노라. 그런데 我 歷史를 澌滅하고, 我 民族을 破打하야 羈絆下에 呻吟케 하며 籠絡中에 苦痛케 함이 於焉 十個 星霜을 閱歷하엿도다. 此는 强隣의 無情이라 할 수도 없고 虐政이라 할 수도 없겟다. 侵畧主義的 陳舊時代의 使用方法이엿고, 委靡自縮的 少弱人生의 自取禍源이라 誰를 怨하며 誰를 尤하리오. 그러나 志士의 淚는 東海에 添하엿고, 愚民의 恨은 蒼天에 及하얏다. 天聽이 民聽으로 自하고, 天視가 民視로 自하야 世運이 一變하고 人道가 更新일새. 正義 曉鐘은 大街에 震鳴하고 自由의 慈航은 前津에 浮來하엿다. 强國의 飛機潛航은 洋海에 沈沒되고 弱子의 高竿義旗는 春風에 翻揚하는구나.

吾亦 天民의 一이오, 弱者의 一이라. 今에 天命을 承順하고 人心을 合應하야 二千萬衆의 一口로 齊出하야 自由淸歌를 唱하며 雙手를 堅握하야 平等의 大道로 進하는 바이로다. 此에 伴하야 彼東洋文明에 首腦되고 東洋平和에 干城되는 先進의 國은 現勢의 變遷을 回顧하야 猛省改悟할 터이며 吾人의 誠意를 諒察하야 默認特許하리로다. 玆에 我의 首府되는 京城에서 獨立旗를 先擧함애 四方이 波動하야 半島江山은 草木禽獸가 皆 響應園鳴함일새. 우리 墾島居留 八十萬 民族도 血脈을 遠續하며 聲氣를 相通하야 皇天의 命召에 感悅하야 人類의 階級에 同等하는 바이니라.

---

5) 사방자, 〈북간도 그 과거와 현재〉(《독립신문》, 1920년 1월 10일).

〈公約三章〉

一. 吾人의 此擧는 正義·人道·生存·尊榮을 爲하는 民族的 要求인 즉 排他的 感情으로 狂奔치 말라.
一. 最後의 一人까지, 最後의 一刻까지 民族의 正當意思를 發表하라.
一. 一切의 行動은 가장 秩序를 尊重하야 吾人의 主張과 態度로 하야곰 어대까지던지 光明正大케 하라.

朝鮮建國 四千二百五十二年 三月 十三日
墾島居留朝鮮民族 一同

이 포고문은 이역에 나와 조국의 운명에 대해 느끼는 슬픔과 회오를 바탕에 깔고 서울의 독립선언에 호응하여 독립에의 비장한 각오를 밝혔다. 이 포고문의 공약 3장을 보면 서울 선언문의 영향이 그대로 투영되어 있음을 볼 수 있다. 포고문 낭독이 끝나자 조선독립만세 소리가 천지를 진동하였다. 유예균·배형식·황지영 등 3인의 비분강개한 연설은 군중들을 더욱 격려하였다. 이에 시가행진에 돌입하여 대형 태극기를 선두로 대열을 지어 시가지로 향하였다. 대열이 오충대 앞을 지날 때 중국 무장 육군대가 시위대를 향하여 발포를 시작하여 현장에서 13명이 목숨을 잃고, 중상자가 30명이 넘었다. 중상자 중에 나중에 목숨을 잃은 사람이 6명 추가되어 사망자는 모두 19명이 되었다. 3월 17일 사망자들을 위한 장례식이 캐나다 선교사 민산해가 하는 제창병원에서 4,000여 명이 애도하는 가운데 엄수되어 허청리에 안장되었다. 한편 이날의 중국군의 발포는 일본 군대가 한국인의 독립운동을 빌미로 간도로 침입할 것을 우려하여 시위운동을 저지하고자 한 것으로 보고 있다.

3월 13일 용정시위가 있던 날, 용정에서 40리 거리에 있는 연길현 내 二道溝에서도 700여 명의 한인과 중국인들이 모여 독립축하회를 열었다. 15일 志仁社 8도구에서 200명이, 16일 頭道溝에서는 약 2,000명의 동포들이 독립선언식을 개최하고 6명의 연사들의 강연을 들었으며 군중들이 만세를 높이 부르고 해산하였다. 17일에는 守信社 이도구 시장에서 약 4,000명의 동포들이 모여 독립만세를 불렀다. 20일에는 용두산에서 500명이, 中南溝에서 400명이, 23일에는 守山里에서 1,200명이, 24일에는 이도구에서 800명이, 26일에는 局子街에서 具春善의 지도로 명동·정동학교 학생들과 기독교 신자들을 포함하여 2,000명이, 27일에는 수신사 九沙坪에서 훈춘 이남의 각지 학교 교사와 학생 및 거류 동포 4,000명이 만세시위를 벌였다. 29일에는 馬牌市에서 2,000명의 시위가 있었고, 4월 4일 樺田子에서 1,500명, 5일 三道溝에서 300명이 모여 독립선언축하식을 거행하였다. 6일에는 평강상리사에서 70명이, 12일에는 용정촌에서 명동 예수교학교 직원과 학생, 영신학교 학생 등 200명이 장날을 기해 시위운동을 계획하였다가 뜻을 이루지 못하고 체포되었다.

나. 화룡현

화룡현에서는 용정대야 시위와 같은 3월 13일 東良上里社 養武亭子 제3국민학교에서 학교 교사와 학생, 한인 300명이 모인 가운데 〈독립선언서〉 배포와 연설회가 개최되었다. 화룡현에서 3월 13일부터 5월 1일까지 화룡현 내 각지에서 전개된 시위운동의 지역과 참여인원을 보면 다음과 같다.

일자	지역	인원
3월 13일	東良上里社 養武亭子	300명
14일	智新社 七道溝	200명
15일	下廣浦	500명
〃	合化社 咸朴洞	300명
〃	志仁社 八道溝	200명
16일	勇新社 楊木頂子	300명
18일	新興坪	500명
〃	靑山里	900명
19일	明新社 土山子	300명
〃	명신사 二道溝	300명
25일	沙器洞	150명
28일	太拉子 중국 관헌 제지로 산회	
29일	선화사 강장동	100명
4월 2일	始建坪	800명
5월 1일	智新社	500명

이중 3월 18일 청산리 시위는 기독교인 金河範과 단군교인 金賢默이 협력하고 지방의 교인과 학생·천도교인이 총연합하여 시위운동을 전개한 것이다.

다. 왕청현

왕청현에서는 3월 26일 百草溝 商埠地에서 독립선언축하식이 열렸다. 사립학교 학생·단군교인·부인 및 일반 한인 1,200명이 모인 가운데 대왕청의 金錫九, 유수하의 桂活(일명 桂和), 하마탕의 具子益 등 3인의 연설이 있은 다음 상부지로 진입하려 하자 중국 관헌이 제지하였다. 왕청현공서 순경국장과 비서가 참석하여 순경국장이 격려연설을 하기도 하였다. 28일에는 羅子溝에서 具春善·張漢鳳 등이 지도하는 가운데 약 1,000명의 한인들이 참가하여 독립축하회가 열렸다. 이 지역 金東漢은 총기 200정과 장정 400명, 군자금 2십만 조를 모집하고, 시위운동에 관여한 주도 인물 10여 명이 5연발 軍銃을 구입하였다. 같은 날 綏芬大甸子에서도 2,000명의 시위가 있었다. 30일 屈道山에서 300명이 만세시위를 벌였다. 한편 동녕현 三岔溝에서는 17일 4,000명이 참가한 가운데 독립축하식이 개최되었다. 나자구와 삼차구 지역은 3·1운동을 계기로 무장독립운동의 거점으로 발전하였다.

4월 들어 왕청현에서는 대규모 시위가 잇달았다. 지역별 일시와 참여인원을 표시하면 다음과 같다.

4월 16일	백초구	5,000명
〃	石峙市	3,000명
〃	小東溝	300명
19일	봉오동	3,000명
20일	春芳社	5,000명
27일	磊子溝	5,000명
29일	大坎子	2,000명

라. 훈춘현

훈춘에서는 용정 시위운동 1주일 후에 일어났다. 3월 20일 아침 6시 반경부터 한인 집집마다 태극기를 게양하고, 상가는 모두 철시하였다. 오전 8시 경 훈춘시가 東大人溝에는 인근 지역에서 350명의 한인들이 모여 대한독립만세의 오장기를 세우고 주악에 맞추어 태극기를 들고 행진해 왔다. 국한문으로 된 〈독립선언서〉가 거리에 뿌려졌다. 중국 군경의 삼엄한 경계는 있으되 용정에서와 같은 무단적 저지는 없었다. 각지에서 온 군중이 더하여져 3,000명이 원형으로 대열을 이룬 가운데 독립축하회가 시작되었다. 대회장 황병길이 "이번 강화회의는 단서도 없이 한국독립의 기회를 주었다. 그러므로 우리는 차제에 일치단결하여 강적의 銃火 앞에 空拳으로 서게 되어도 신명을 아끼지 않고 다년의 소지를 관철하지 않으면 안될 것이다"[6]고 했다.

회중은 모자를 벗어 손을 높이 올려 만세를 불렀다. 盧宗煥·崔東文·金貞奎 등의 연설이 이어진 후 식은 끝났다. 일동은 다시 동문으로 행진을 하였다. 훈춘강변에 이르러 다시 원형진을 만들고 학생들은 주악을 울렸으며, 군중은 만세를 높이 불렀다. 오후 1시 경 시위대는 해산하였다. 이들 중 500명은 장총으로, 200명은 권총으로 무장을 하였다. 그들은 일본영사관으로 가서 일본기를 끌어내렸다.[7] 이곳의 시위운동은 이후 22일까지 계속되었으며, 온성과 종성에서 왔던 인사들은 훈춘시위에 참여하고 돌아가 그곳의 시위운동을 주도하였다.[8]

3월 30일 황병길은 훈춘현 漢德子에서 독립운동에 관한 열변을 토하고 만세를 고창한 후 4월 1일 훈춘 북쪽 150리에 있는 塔道溝에서 2,000명이 모인 가운데 독립만세를 부르며 시위운동을 주도하였다. 3일 煙筒拉子 부근에서는 한인으로서 러시아군인으로 활약하는 청년 200여 명이 총기를 휴대하고 무장시위를 하였다.

훈춘시위 이후 시위대들은 각지로 흩어져 만세시위보다는 결사대를 모집하는 등 무장투쟁 준비에 착수하였다. 황병길은 국내진공대원 1,500명을 선발하고 그 중에서 150명을 뽑아 결사대를 조직하였다. 훈춘현의 대한국민의회는 매호당 무기 1정씩 준비하게 하고 두만강 건너 경원·온성·종성·무산·나남 등지를 진격하기로 하였다. 4월 23일 훈춘 황구 북일학교에서 시위운동이 일어나 염탐하던 영사관 출장소 한인 순사 한 명을 붙잡아 구타하였다.

---

6) 독립운동사편찬위원회, 《독립운동사》 5(1973), 710쪽.
7) 국회도서관, 《한민족독립운동사료(중국편)》, 64~69쪽.
8) 서굉일, 앞의 글.

(2) 서간도의 시위운동

가. 유하현

서간도의 시위운동은 북간도보다 하루 먼저 시작되었다. 경학사와 신흥강습소가 설립되었던 유하현 삼원보에서 3월 12일 한인 기독교인들이 중심이 되어 국기를 게양하고 독립선언경축대회를 개최하였다. 3월 17일에는 학생들과 부민단원이 주동이 되어 1,000명이 모여 시위운동을 전개하였고, 이들은 압록강을 넘어 본국으로 들어가 시위운동을 벌일 계획까지 세웠으나 李始榮이 맨주먹으로 압록강을 건너려는 무모함을 들어 만류하였다.[9] 같은 날 삼원보 大沙灘에서는 보통학교 학생들이 주도하는 가운데 주민 500명이 모여 독립선언 축하회를 개최하였다. 3월 19일 삼원보 기독교학교 학생과 기독교인 220명, 20일에는 다시 부민단원 250명이, 21일에는 대사탄보통학교 학생 300여 명이 시위를 벌였으며, 22일에는 南尙福·朱鍾敬 등이 주도하는 가운데 주민들과 독립축하회를 개최하였다.[10]

삼원보의 大韓獨立總團所에서는 각 현에 위원들을 파견하여 독립운동을 권유하고 국내진공을 계획하였다.

나. 통화현

통화현 지역에서는 3월 12일 金斗伙洛의 금두화교회에서 기독교인과 한인청년회가 주도하는 가운데 快當帽子 부근에서 한인 400여 명이 만세를 부르며 시위운동을 전개한 것으로 시작되었다. 금두화락 시위운동에서는 일본 밀정노릇을 해 왔던 계성주를 붙잡아 반역죄로 평결한 다음 3일 뒤 처단하였다. 한인청년회는 독립운동자금을 모금하는 등 본격적인 독립운동을 시작하였으며, 20일까지 운동이 지속되었다. 그러나 이 지역에서는 일제와 중국 관헌의 집중적인 경계와 단속이 심하였기 때문에 대규모 시위운동으로 발전하지는 못했다. 따라서 이 지역 시위운동 주도자들은 서간도 각지에 파견되어

---

9) 姜德相, 《現代史資料》 27, 101쪽.
10) 姜德相, 《現代史資料》 27, 95쪽.
서굉일, 앞의 글, 427~428쪽.

3·1운동을 촉진하였다. 유하현 삼원보, 통화현 哈泥河 지역의 부민단원·기독교인·학생들은 압록강 방면 이주 한인촌, 국내 등 각지에 연락하여 태극기를 게양하고, 五人班 등 독립운동의 하부조직을 만들게 하였으며, 각지에서 독립운동축하회와 독립운동비를 갹출하는 등 서간도 독립운동을 새롭게 활성화시켰다.[11]

4월 들어 통화현 쾌당모자·금두화락 부락민들은 총기구입과 700벌의 피복을 제조하고, 군사훈련을 하였으며, 우마를 징발하고, 군사비를 거출하였다.

금두화락의 吳成範은 170명의 무장대를 이끌고 4월 10일 압록강 연안의 헌병대를 습격하고자 집안현 동취보 흑소자구에 집결하였다. 12일에는 쾌당모자의 尹德培와 왕청현의 林弼東은 600명의 무장대를 이끌고 집안현 운지구에 집결하여 친일단체 조선인조합 지부와 일제 경찰을 습격하고자 하였다. 삼원보의 부민단의 명칭이 독립단으로 변경되었던 것도 이러한 무장투쟁의 분위기를 반영한 것이다.

다. 환인현

환인현에서는 3월 23일 한인 400명이 일제의 방해가 있을 경우 무력으로 저항하기 위해 병기를 소지하고 시위운동을 벌였다. 4월 10일 통하현 합니하에서 곽종석이 上漏下 二道陽岔에 와서 이 지역 민족운동가와 합세하여 100여 명으로 무장시위를 벌였다. 이들은 일제의 앞잡이 노릇하던 조선인조합 裡岔溝 지부장과 서기를 응징하고, 곽종석을 총대장으로 삼아 1,000명의 시위대를 무장하여 국내진공을 계획하였다.

라. 관전현

관전현에서는 3월 22일부터 長陰子 한인들을 중심으로 1주일간 계속 시위운동을 벌였다. 이 시위에는 100명의 시위대와 환인현으로부터 무장대 10명이 합세하여 국내진공을 시도하였다. 灣溝 태평초에서는 만세시위운동이 전개되자 곧 결사단을 조직하여 국내 각지 진공계획을 수립하였다. 小雅河에서도 독립만세시위와 함께 무장대를 결성하여 국내진입을 시도하였다. 이와 같이 관

11) 姜德相,《現代史資料》27, 110쪽.
서굉일, 위의 글, 428쪽.

전현의 모든 시위운동은 만세시위로 그치지 않고 무장대를 조직하여 국내 진공을 시도하거나 준비하였다. 이것은 3·1운동 이후 본격화될 무장투쟁을 예고하는 것이었다. 小不太遠의 한인 100명은 4월 1일 독립만세시위를 벌이고, 친일행위를 한 조선인조합 지부를 습격, 지부장과 평의원을 포박하여 전향을 촉구하였다. 3일과 4일 下漏河 초황구에서 기독교인과 천도교인 200명이 초황구 예배당에 모여 독립만세를 부르고 대회를 개최하였다. 10일 소불태원과 하루하 한인들이 연합한 300명이 압록강변 石桂子에서 독립운동의 개시를 선포하고 일본 헌병과 밀정을 살해할 것이며, 동지들과 단결할 것을 맹세하였다.

마. 장백현

장백현은 험준한 산악지역임에도 불구하고 3월 16일 長白街에서 천도교인 30명이 주도하여 시위운동을 벌이며 헌병주재소를 습격하였으나 일본 헌병의 반격으로 성공하지 못했다. 다음날 각구 면장 6명과 기독교인, 민족운동가 35명이 협의하고 장백현에서도 국내 동포들과 함께 궐기할 것을 결의하였다. 29일 장백현 팔도구에서 200명의 한인들이 모여 〈독립선언서〉를 게시하고, 집집마다 배포하였으며, 30일 정몽학교에서 300명이 독립만세를 고창하며 시위운동을 벌였으며 일제 하수인 노릇을 하는 헌병보조원·순사보 등에게 제복을 벗고 민족운동에 참여할 것을 촉구하였다. 4월 8일 정몽학교 학생 25명이 독립만세 시위운동을 벌였으며, 10일 천도교인과 기독교인 및 학생 70명이 연합하여 압록강을 건너 혜산진에서 시위운동을 벌이고자 압록강 대안 보혜면 송봉리에 집결하였으나 중국 관헌의 제지를 받아 실행하지 못했다. 이 때문에 장백현 독립운동가들은 4월 중순 이후 일제의 감시와 중국 관헌의 탄압을 피해 운동 근거지를 통화현·무송현 등지로 옮겼다. 이들은 독립운동자금을 확보하기 위해 장백현 1만 한인들에게 〈독립선언서〉 1매에 2원 50전에 판매하기도 하였다.

바. 홍경현

홍경현에서는 3월 17일부터 시위운동을 준비하여 21일에는 400명 규모의 義勇團을 조직하고 왕청문 교회에 모여 독립선언축하식을 거행하였다. 이때 중국 관헌이 시위대를 강제 해산시키면서 저항하는 부민단원에 발포하여 9

명이 목숨을 잃었다. 31일 왕청문 교회에서 순국한 9명의 추도식을 거행하고 국내 진공과 중국 당국에 항의할 것 등을 결의하였다.

사. 안도현

안도현에서는 3월 24일 대종교인 200여 명이 關地에 모여 시위운동을 전개하였다. 이곳은 백두산 북쪽 구릉지대로 교통이 불편하고 마을이 소원하여 시위운동이 일어나기 어려운 지역이었다. 27일 안도현 현성에서 한인 400명이 모여 독립선언축하식을 거행하였다.

아. 임강현

3월 29일 8도구에서 한인 200명이 집결하여 시위운동을 전개하였다. 다음날 8도구 한인학교에 300명이 다시 모여 태극기를 흔들며 만세시위를 하였다. 31일 溫寶城과 石頭城에서는 1,000명의 한인들이 만세시위를 전개하였다. 모아산 부근에서는 3월 하순 한규설·곽종석·전우·최린·윤용구·손병희·오세창 등 유림과 천도교 지도자를 대표로 하는 〈조선독립선언서〉가 배포되고 만세시위운동이 전개되었다.

자. 집안현

압록강 대안의 집안현은 우리 동포가 가장 많이 거주하는 지역이었다. 3월 17일 유하현 삼원보의 기독교인 6명이 집안현 致和堡 砬石岔의 기독교인에게 유하현의 소식을 전하자 그곳 기독교인 60명이 독립만세를 고창하고 민단지부 철폐를 결의하였다. 21일 楊子橋子에서 기독교인 170명이 모여 독립만세를 부르며 시위운동을 벌였다. 같은 날 菲菜園子에서는 한인 100명이 모여 시위운동을 벌였다. 25일에는 치화보 大檜溝에서 천도교인 60명이 모여 독립만세를 부르며 시가행진을 하였다. 31일 충화보 小陽岔 서변 하계의 천도교 교구장 金呂植 등은 교인 120명과 함께 大洋岔 보갑국 부근 외차구 시가로 행진하였다. 대평구 磊石岔에서는 기독교인과 천도교인 약 400명이 독립만세를 부르며 시가행진을 하였다. 이날 납석차 교회에서 기독교인 천도교인 등 약 600명이 집결한 가운데 독립선언식을 하고 시가행진을 하였다. 4월 이후 시위운동을 정리하면 다음과 같다.

4월 3일 서취보의 기독교인 崔錫俊과 李尙根 등은 치하보 雙岔河의 田俊杰 등과 한족회를 조직하고, 만세시위를 벌였다.

8일 通溝의 천도교인 200명은 통구 조선인조합 지부를 습격할 계획으로 시위운동을 벌였으나 중국 관헌의 제지로 실행하지 못했는데 다음날도 조선인조합 총지부 철폐를 주장하며 시위운동을 벌였다.

12일 피조구에서 7구장 金洛九 주도로 한인 200명이 시위운동을 하였다.

17일 紅石磊子에서 한인 400명이 시위운동을 전개하였다.

18일 祥和堡 한인 200명은 楸皮溝에 집결하여 압록강을 따라 만세시위를 하였다.

19일 남자구 6구장 金吉甫 주도로 한인 250명이 시위하였다.

〃 古馬嶺 大陽岔에서 한인 300명이 시위하였다.

〃 집안현 馬蹄溝 부근 한인 700명이 雲海川 대안에 집결하여 국내 진공을 시도하였다.

20일 外岔溝 하류 압록강 연안 나무 위에 무수히 많은 태극기가 게양되었다.

〃 橫浮子溝에서 한인 700명이 시위하였다.

22일 老荒地 거주 한인 수 명이 독립단을 결성하였다.

차. 안동현

안동현에서는 3월 27일 한인 400명이 시위운동을 벌였다.

카. 기타지역

4월 상순 무송현 露水河 부근 한인 150명이 시위운동을 하였다. 4월 초순 안도현의 의병세력이 무송현에 집결하여 서대잠의 독립단에 가입하고 300명의 무장화하여 독립군 단체로 발전하였다.

이와 같이 서북간도 만세시위운동은 평화적인 만세시위운동에서 무장 독립군 단체를 조직, 국내 진공을 목표로 자금의 모집과 무기의 확보를 대대적으로 진행하였다. 따라서 3·1운동 이후의 격화되는 무장투쟁이 이미 이때 준비되기 시작했던 것을 알 수 있다. 이 지역에서는 13종의 독립신문을 발간하여 한인들이 민족의식을 강화하는 데 이바지하였다. 이와 같이 만주지역 3·1운동은 민족해방의 끊임없는 열망과 노력으로 인하여 1920년대 민족운동과 무장투쟁의 기초를 제공하였다.

2) 러시아 연해주

(1) 러시아혁명과 연해주 한인들의 독립운동

1860년대에 들어 조선왕조가 말기적 폐정을 노정하고, 이에 더하여 자연재해가 거듭되면서 생존의 절망적 상황에 봉착한 함경도 주민 일부가 두만강을 넘어 연해주지역으로 들어가 삶의 터전을 개척하기 시작한 이래 연해주 한인사회는 계속 수적으로 증가되고, 지역적으로 확산되어 갔다. 두만강 연안지역은 물론, 포시에트(Posiet) 구역, 블라디보스톡 및 우수리(Ussury), 한카호 주변지역, 나아가 시호테 알렌(Sihote Alin) 산맥 동부 해안지역과 우수리강 및 아무르(Amur)강 연안과 이후 건설한 시베리아 철도 연선을 따라 발달한 러시아 식민도시들에 이르기까지 한인들의 거주지가 확산되어 간 것이다. 연해주 한인사회는 그 수적·지역적 확대·확산과 더불어 20세기로 접어들기 전에 경제적·사회적으로 성공한 인물들을 배출하기 시작했으며, 이들에 의해 동포 자제 교육과 산업장려 노력이 자체적으로 일어났다. 이에 따라 한인사회의 역량이 비약적으로 커져가 1905년 〈을사조약〉 이후 조국의 국권회복과 독립운동을 위해 국내의 지사들이 그곳으로 모여들었을 때 일본 제국주의로부터 고국을 구출하는 운동의 기반을 준비해 놓고 있었다.

이후 연해주 한인사회의 국권회복과 독립운동 노력은 1906년부터 본격화되어 최재형·이범윤·홍범도·안중근 등의 연해주 의병운동, 교육·언론 등을 중심으로 한 애국계몽운동, 성명회 선언, 권업회 활동, 대한광복군정부 운동 등 국제정세와 러시아 정책에 따라 탄압과 허용의 부침을 거듭하는 속에서도 지속적으로 시도되고, 암묵리에 확장되어 왔다. 그러나 제1차 세계대전의 발발은 러시아로 하여금 일본과 유착, 한인 독립운동 금압을 가하도록 하여 이후 1917년 러시아 혁명이 발발할 때까지 3년간은 심각한 제약 속에 놓이게 되었다.

러시아혁명은 한인 독립운동가들에게 국권회복과 독립운동에의 공간을 마련해 주었다. 그러나 이미 한인들의 독립운동은 제1차 세계대전 발발 때부터 세계사의 격랑에 휩싸이게 된 운명을 바꾸지는 못하였다. 혁명은 극동지방에서 볼세비키 적위파와 백위파간의 내전을 불러 왔고, 여기에 볼세비키 혁명의 파급을 막기 위해 국제간섭군으로서 미국·영국·프랑스 등과 더불어 일본이 시베리아에 군대를 파병함으로써 이 지역은 한층 복잡한 상황에 놓이게 되었다.

그러한 정세속에서 제1차 세계대전의 종전국면을 맞아 연해주 한인들은 독립운동의 새로운 활로를 모색하던 중 국내 3·1운동에 호응하여 현지에서도 만세시위운동을 벌였으며, 간도지역과 밀접하게 연결하여 무력으로 국내진공을 통해 국권을 회복할 계획들을 진행시켜 갔다.

처음 러시아혁명은 한인들에게 지지를 받지 못하였다. 러시아혁명으로 즉각적으로 소비에트체제가 극동에서 수립되지 못하였으며, 1918년 4월 25일까지 이 지역은 이중권력상태로 내전에 돌입하게 됨으로써 소비에트 권력은 중농들과 협력해야 했다. 이로 인해 빈농들에게 토지분배와 같은 혁명의 실질적인 혜택을 줄 수 없게 되어 볼세비키로 끌어들일 만한 요인을 제공하지 못했던 것이다.[12] 따라서 1918년 5월 니콜리스크[13]에서 소집된 제2차 전로한족회에서 赤白內戰에 대해 중립을 선포하고 극동 소비에트 인민위원회에 한인들의 자치를 승인해 주도록 요청하면서 자치의 중심지를 니콜리스크로 제시하였으나 승인을 받지 못했다.[14]

(2) 파리 강화회의 대표파견

1918년 11월 중순, 미국에 있는 한인 대표들이 샌프란시스코(San Francisco)에 모여 노령에 있는 동포지도자들에게 파리강화회의에 특파할 미주 대표자를 선정하였다는 것을 통지하여 노령 동포의 대표자도 프랑스로 특파할 것

12) 권희영, 〈소련의 부랴뜨와 한인에 있어서의 혁명과 내전, 1917~1923〉(《西洋史論》 34, 1990), 111~112쪽.

13) 니콜리스크는 1866년 니콜스코예라는 마을로 시작되어, 1897년 시가 되었고, 1926년 니콜리스크-우수리스크로 되었다가 1935년 보로실로프, 1957년 우수리스크로 되었다.

14) 반병률, 〈李東輝와 1910년대 海外民族運動-滿洲·沿海州地域에서의 활동(1913~1918)〉(《韓國史論》 33, 1995), 259~260쪽.

을 종용하였다. 이에 따라 노령의 독립운동가들은 니콜리스크에서 비밀회의를 열어 재노령 조선인 대표자를 프랑스로 파견할 것을 결정하고 그 대표로서 李東輝(재노령 조선인 대표)·白純(재동청철도연선지방 대표)·崔才亨(귀화한인 대표)·李鏞(국내 대표, 이준의 장남) 등을 선발하였다. 이와 관련하여 이용이 중국에 거주하는 까닭에 조선 내지를 대표할 자격에 문제가 있을 수 있으므로, 노령 한족회에서는 1월 하순 李興三을 조선 내지에 밀사로 보내 한족독립운동에 대한 권유위원이 되게 하고, 조선에 거주하는 수백 명의 유력인사들에게 이용에 대한 위임장에 연명날인하게 하여 상해의 이용에게 교부할 계획도 만들었다. 그러나 그 후 니콜리스크와 블라디보스톡에서의 회합을 거쳐 최종적으로 尹海와 高昌一로 확정되어 이 두 사람은 1919년 2월 5일 러시아어와 프랑스어로 된 '조선인 총대표' 증명서를 소지하고 파리를 향해 니콜리스크를 출발하였다.

(3) 전로국내조선인회의

1918년 말부터 1919년 初까지 연해주 독립운동지도자들은 국내외 각지의 독립운동가들과 접촉해 왔다. 서울의 이종호·김하석과는 이용의 대표파견과 관련하여 이홍삼을 파견하여 접촉하였고, 상해 신한청년단과는 여운형이 노령을 방문하여 노령 지역 지도자들과 많은 접촉을 가졌다. 일본지역 동경 유학생들과는 1918년 말 이래 연락이 오고가고 있었으며, 1919년 2월 초에는 동경유학생 대표가 노령에 와서 문창범과 만났다. 간도지역과는 지역적으로 가까와 긴밀하게 접촉을 유지하고 있었는데, 1919년 2월 25일 니콜리스크에서 전로한족중앙총회를 중심으로 노령과 간도 및 국내 대표자들이 전로국내조선인회의를 개최하자 金躍淵·鄭載冕 등이 간도대표로, 文秉浩·尹東喆이 훈춘대표로 참석하였다. 서간도에서도 대표 3명을 파견하였다. 전로국내조선인회의는 제1차 세계대전 종전에 따른 새로운 국제정세에 대응하여 노령과 중국 한인들의 의사를 집약, 〈독립선언서〉의 발표와 시위운동을 비롯한 독립운동 계획, 이를 추진할 대한국민의회의 조직 등을 협의하였다. 그리하여 국내와 만주·노령 한인의 대표기관으로서 대한국민의회가 설립되고, 대표에 文昌範, 부의장 金哲勳, 서기 吳昌煥을 선출하였으며, 1919년 3월 17일 대한

국민의회 명의의 〈독립선언서〉를 발표하였다.

대한국민의회는 상설의원 30명과 통상의원 40~50명으로 구성하여 민족적 대표성을 강화하였으며, 집행부로서 선전부(후에 군무부로 개칭)·재무부·외교부의 3개 부서를 두었다. 지방조직으로 전로한족중앙총회의 지방조직과 훈춘지부·간도지부 및 국내의 경성국민의회도 조직되었다.

전로국내조선인회의에서 3단계 독립운동방안이 강구되었다. 제1운동은 〈독립선언서〉 발표, 태극기 게양, 가두시위운동, 제2운동은 국내외 무장세력에 의한 국내진입 무력시위운동, 제3운동은 무력시위운동과 동시에 미국으로 하여금 일본에 간섭케 하고 파리평화회의에 한국 독립문제를 상정하는 것으로 정했다. 강화회의에 의제로 상정한다는 것은 국내를 '兵亂地'로 만들어 연합국으로 하여금 교전단체로 승인하게 하는 것이다. 이리하여 1만 명의 결사대를 조직 국내진입을 준비하기 시작하였다.

(4) 독립선언과 시위운동의 전개

〈독립선언서〉는 각 지방 대표가 니콜리스크에 집합하고 노령대표가 프랑스로 출발하게 한 다음 각 지방에 배포할 예정이며, 동시에 각국 공사 및 각지 주재 외국영사 등에게도 공식으로 통고할 계획을 세웠다. 이와 함께 〈독립선언서〉를 공표하는 동시에 각지에서 시위운동을 개시할 계획이었다.[15]

이때 광무황제의 급붕으로 조성된 애도 분위기를 이용하여 추도요배식 거행을 표면적 이유로 하여 이 거사를 추진하였다. 한인들은 《韓人新報》(블라디보스톡)과 《韓族公報》(니콜리스크), 露語신문 《고오로스》·《우챠야시치후샤야》(니콜리스크) 등의 인쇄물을 통하여 치열하게 한국의 독립운동을 고무하고 있었으며, 일본에 대해 저항하였다. 또한 각지에서 자주 집회를 열어 한인들을 고무하고, 한국의 부흥과 일본배척을 주장하였다.[16] 이러한 독립운동의 중심지는 블라디보스톡과 니콜리스크로서 블라디보스톡은 韓人新報社와 居留民會, 니콜리스크는 한족중앙위원회가 주도하고 있었다.[17] 당초 연해주 지

15) 姜德相,《現代史資料》26, 174쪽.
16) 위와 같음.
17) 위와 같음.

역 독립선언계획은 니콜리스크와 블라디보스톡의 독립선언회의 결과를 기다려 만주와 조선으로 연락하여 그 기회를 보고 있었는데, 3월 7일 서울의 〈독립선언서〉가 간도지역에 도착하여 당초 조선과 동시에 독립선언과 시위운동을 전개할 계획에는 차질이 오게 되었으나, 다른 한편 갑자기 운동이 활기를 띠게 되었다.[18]

가. 블라디보스톡

국내에서 3·1운동이 일어나고 있다는 소식이 연해주 지역 동포들에게 전해지고 있었다. 또한 기독교 청년회석상에서 金河球가 이를 설명하고, 재지 친일파인사에게 위해를 가하려 하고, 신한촌에 조선이 독립했다는 벽보가 붙었으며, 3월 10일 궐기한다는 소문에 일제는 경계를 강화했다.

블라디보스톡에서는 3월 15일에 있을 시내 만세시위에 쓸 태극기를 준비중이며, 독립만세를 절규하는 시위계획을 위하여 前 민회장 金秉治이 대로상에서 시위운동에 관해 열렬한 연설을 했다.

1919년 3월 13일 간도 용정촌에서 대규모 독립선언식을 거행하고 시가행진을 전개하다 중국 관헌의 총격으로 13명이 사망하고 30명이 부상하는 사태가 일어났다.[19] 블라디보스톡에서는 원래 3월 15일 독립선언서를 발표하여 한국의 독립을 만방에 선전하는 한편, 자동차 20여 대에 부녀자를 싣고 이를 선두로 하여 시중을 행진하는 등 일대 시위운동을 계획하고 준비를 진행해 갔다. 14일 각 집에 태극기를 배부하면서 5루불씩을 거두었으며, 블라디보스톡에서는 학생, 그밖의 청년 1,000명을 간도로 보내 그곳 청년단 8,000~9,000명과 회합하여 국내진입을 계획하고 있었다.[20] 니콜리스크에서는 각 지방대표자를 소집하여 국민의회를 조직하고 있었다.[21]

---

18) 〈間島方面 韓族獨立運動에 關한 經過의 槪要〉, 朝鮮軍參謀部, 朝特報3(1919년 3월 14일)(國會圖書館, 《韓國民族運動史料》 3·1운동편 其3, 1979), 62쪽.
19) 〈獨立運動에 關한 件〉(國外第一報), 朝憲機 제140호(1919년 3월 15일)(國會圖書館, 《韓國民族運動史料》 3·1운동편 其3, 1979), 69쪽.
20) 위와 같음.
21) 〈獨立運動에 關한 件〉(國外第一報), 朝憲機 제140호(1919년 3월 15일)(國會圖書館, 《韓國民族運動史料》 3·1운동편 其3, 1979), 70쪽.

블라디보스톡에서 3월 15일 거행하려던 독립 시위운동은 러시아문과 영문 선언서 작성이 지연되고, 이곳이 계엄령 시행지역으로서 운동전개시 엄중한 압박을 받을 것이라는 위구심이 있었고 또한 최근 러시아 관헌으로부터 新韓村 民會의 폐쇄명령을 받았고, 러시아 요새 사령관에 시위운동과 각국 영사관에 선언서를 배부할 것을 출원한 것에 대해 집회허락을 받지 못하였으며, 국교를 해치는 어떠한 행위도 엄금할 것이라는 반응으로 인해 15일 실행계획을 일단 보류하고, 니콜리스크와 같이 계엄령이 시행되지 않는 지역에서 이 운동을 전개할 것을 검토하게 되었다.[22)]

니콜리스크 韓民會長 文昌範은 이번의 독립운동에 필요한 자금을 모으기 위해 전부터 부지런히 활동하여 20만 루블을 모았다. 돈을 내는 사람들도 상당히 열심이며 가난한 자들도 기부하지 않는 자가 없어 거의 전 조선인들이 이에 호응하는 상황이었다.[23)]

3월 17일 오후 4시 조선인 2명이 블라디보스톡 일본 총영사관에 露文과 한글로 된 선언서를 일본정부에 전달하기 바란다는 취지의 문서와 함께 전달하였다.

이 대한국민의회 선언서에는 두 종류가 있다. 하나는 3월 17일 오전 니콜리스크, 오후에 블라디보스톡에서 발표된 것이며, 〈조선독립선언서〉라는 제목과 조선(내한)국민의회 회장 문창범, 부회장 金喆訓, 서기 吳昌煥 등의 명의로 되어 있고, 당일 일본 및 각국 영사관과 러시아 관청에 전달된 선언서였다. 한글·중문·러시아문 3종으로 되어 선언서 끝 부분에 "니콜리스크·우수리스키에서"로 발표장소가 명기되어 있다. 다른 하나는 3월 17일 블라디보스톡 또는 그 후에 노령 각지와 훈춘지역 등 중국지역에서 독립선언과 시위운동 과정에서 발표된 것으로 일본어(번역)·국한문·순한글의 3종이 있고, 끝에 5개항의 결의안이 붙어 있다. 전자는 일본 정부에 대하여 한국 독립승인의 최후통첩을 발하는 형식이며, 후자는 이에 대한 회답이 없을 경우 영구

22) 〈獨立運動에 關한 件〉(國外第一報), 朝憲機 제140호(1919년 3월 15일)(國會圖書館, 《韓國民族運動史料》 3·1운동편 其3, 1979), 73쪽.
23) 〈支那雜件〉(琿春機關의 報告), 朝鮮軍參謀部 諜報 제19호(1919년 3월 18일)(國會圖書館, 《韓國民族運動史料》 3·1운동편 其3, 1979), 90쪽.

적 대일혈전을 선언하는 것이다.[24)]

3월 17일 오후 5시 블라디보스톡 신한촌에서는 집집마다 일제히 태극기가 게양되었다. 이날 국민의회 회장 문창범은 니콜리스크에서 블라디보스톡으로 와서 곧 운동에 착수하여 11개국의 영사관과 러시아 관청에 선언서를 배포하고, 오후 6시부터 학생 등은 수 대의 자동차에 분승하여 태극기를 흔들며 시중을 누비고 다녔다.[25)]

계엄령하의 블라디보스톡에서 일본 총영사관은 러시아 요새사령관과 연해주 장관에게 이의 단속을 요구하였다. 오후 7시, 러시아 관헌은 한인들의 독립운동을 금지하고 학생 2명을 구인하였다며, 신한촌 각 집에 걸린 태극기를 모두 끌어내리게 했다. 이튿날 조선인 노동자들이 모두 휴업을 하고 신한촌에 모였다.[26)]

나. 니콜리스크

1919년 2월 20일 니콜리스크 한족중앙총회 및 조선인민회의 간부와 기타 조선인들이 광무황제 추도회를 집행하였다. 이 회에 참석한 한인들은 망국의 설움이 크게 복받쳐 회의장은 곡성이 가득하였다. 이 追悼會는 항일의식을 고취하는 데 큰 효과가 있었다.[27)]

3월 10일 경부터 니콜리스크로 각 지방의 한인들이 모여 들었다.[28)] 14일 니콜리스크 한족중앙총회 회장 문창범은 오코츠크(Okhotsk) 지회 앞으로 다음과 같은 전문을 발송하였다.

> 조선이 머지 않은 장래에 독립을 얻는다는 것은 말하기 곤란하나 조선국민의회는 이의 부흥에 대해 모든 방법을 강구하고 있으며, 평화회의에는 대표자

---

24) 반병률, 〈노령에서의 3·1운동〉(《한민족독립운동사》 3, 국사편찬위원회, 1988), 477~478쪽.

25) 〈獨立運動에 關한 件〉(國外第五報), 朝憲機 제148호(1919년 3월 19일)(國會圖書館, 《韓國民族運動史料》 3·1운동편 其3, 1979), 98쪽.

26) 〈獨立運動에 關한 件〉(國外第五報), 朝憲機제148호(1919년 3월 19일)(國會圖書館, 《韓國民族運動史料》 3·1운동편 其3, 1979), 98쪽.

27) 위와 같음.

28) 朝鮮軍參謀部, 〈露國雜件〉(1919년 3월 21일)(國會圖書館, 《韓國民族運動史料》 3·1운동편 其3, 1979), 111쪽.

2명을 파견하였다. 기부금은 조선국민의회 앞으로 송부하라(朝鮮軍參謀部, 〈露國雜件(1919년 3월 21일)〉, 國會圖書館, 《韓國民族運動史料》 3·1운동편 其3, 1979, 111쪽).

이를 통해 보면 조선독립을 성취할 주·객관적인 현실을 직시하면서 여러 가지 독립을 쟁취할 계획을 강구하고 있었음을 볼 수 있다.

니콜리스크에서는 3월 17일 아침 선언서를 발표하고 다수의 조선인이 모여 운동을 개시하였다. 그 중 일부 약 100명은 라즈돌노예(Razdoloye)에 도착하여 운동을 하려고 계획하고 있다. 3월 21일 라즈돌노예에서 약 300명이 집합하여 일본군대를 습격한다는 소문이 있어 러시아 민병이 이들을 해산시켰다.[29)]

블라디보스톡에서는 3월 18일 이후에는 조용하였으나, 니콜리스크에서는 14일 옴스크(Omsk)정부의 명령으로 국민의회를 해산시켰고, 18일 경 그곳 한인 중진들이 러시아 당국의 검거를 피해 일시 피신해 있었다. 그런 가운데서도 문창범·김철훈 등은 18일 니콜리스크에 돌아와 있었고, 洪範圖 등 의병 출신자들은 국민의회의 명령이라 하여 독립운동의 준비로 분주했다. 이들은 간도방면에서 온 지도자들과 함께 포시에트 지방에서 비밀리에 무기구입에 노력하고 있었다.[30)]

다. 라즈돌노예

3월 21일 라즈돌노예에서 약 300명의 한인들이 집합하여 일본군대를 습격하려고 했는데, 일본군 분견대는 러시아 위수사령관에게 해산을 요청하여 러시아 민병을 동원하여 해산시켰다.

27일 하바로프스크 청년회장 吳成默은 韓人決死隊를 조직하려고 노력 중 3월 27일 라즈돌노예로 와서 한족회 사무실에서 30여 명의 청년들을 소집하여 결사대 가입을 권유하고, 스스로 全露青年決死隊 대장이 되어 애국의 赤誠을 발휘할 결심을 밝히자 이에 감동한 청년 약 400명이 결사대에 가입하게 되었다.[31)]

29) 〈在外鮮人의 獨立運動槪況〉, 騷密제968호(1919년 4월 26일)(國會圖書館, 《韓國民族運動史料》 3·1운동편 其3, 1979), 358쪽.

30) 위와 같음.

31) 〈獨立運動에 關한 件〉, 騷密제1473호(1919년 5월 3일)(國會圖書館, 《韓國民族

라. 녹도

鹿島는 두만강 건너편에 있는 삼각주에 생긴 동리인데, 블라디보스톡의 인사들이 녹도지방으로 와서 4월 7일을 기하여 시위운동을 거행하기로 결정하고 4월 6일 두 사람이 말을 타고 각 부락 유력자 및 각 학교를 방문하여 선언서를 배부하였다.

4월 7일 녹도지방 주민들은 태극기를 게양하고 크게 기세를 떨쳤다. 학생들은 열광적으로 만세를 불렀다. 오후부터는 노령 및 중국령 각 지역에서 학생 등이 집합하기 시작하여 그 수가 점점 늘어났다. 중국령 防川洞 서당교사는 약 30명의 학생들을 지휘하여 나팔을 불고 만세를 고창하면서 집합시키고 시위를 벌였다. 오후 3시경에는 녹도 부근 고지에서 약 1,000명이 모여 독립만세를 연달아 부르고 해산하였다.[32] 4월 9일 九沙坪 거주 한인 유력자 李甲長의 환갑잔치에 근교에서 약 200여 명이 모였는데, 분위기가 무르익어 감에 따라 대한독립만세를 연호하여 마치 독립잔치같이 되었다.[33]

마. 스파스크

스파스크(Spask)에서는 3월 18일 약 500명의 한인들이 모여 선언서를 배부하고 시위운동을 전개했다. 일본군은 러시아 관헌을 원조하여 시위대를 해산시켰다. 조선인 수 명이 이 과정에서 부상하였다.[34]

(5) 국내진공 계획과 노인동맹단의 독립운동

가. 국내진공작전

국내에서 3·1운동이 치열하게 전개되고 있다는 소식은 재러동포들에게 오래 기다리던 고국의 독립쟁취의 일대 기회가 왔다는 확신을 가지게 하였다. 이에 따라 무장독립투쟁을 통한 국내진공을 위하여 군자금의 모금과 더

運動史料》 3·1운동편 其3, 1979), 474쪽.

32) 〈獨立運動에 關한 件〉, 騷密제848호(1919년 4월 25일)(國會圖書館, 《韓國民族運動史料》 3·1운동편 其3, 1979), 341쪽.

33) 위와 같음.

34) 〈獨立運動에 關한 件〉(國外第五報), 朝憲機제148호(1919년 3월 19일)(國會圖書館, 《韓國民族運動史料》 3·1운동편 其3, 1979), 98쪽.

불어, 훈춘에서는 두만강을 건너기 위한 목선 3척이 건조되고 1,000명의 무장병력이 조직되었다.35) 니콜리스크에서도 柳東說·曺成煥·朴殷植·申采浩·金夏錫 등이 집합하여 독립운동에 관한 회의를 열어 여러 곳에 연락하여 대운동을 전개함과 동시에 일본과 무력으로 결전에 임하지 않으면 안된다는 결론을 내리고 맹렬히 동지의 규합에 노력하였다.36)

4월 24일에서 26일까지 노령의 이동휘·이범윤과 삼차구의 秦學新 등이 훈춘현 탑도구를 방문하여 대한국민의회 지부를 설치하고 국내진공에 관하여 다음과 같이 결의했다.

① 국내진공계획은 프랑스 파견 대표들의 전보를 기다려 만약 강화회의에서 한족독립운동이 일부 조선인들의 망동이라고 하고 돌보지 않는 경우에 곧 결행할 것.
② 이 행동은 집정관인 이동휘의 명령에 의해 각 방면 동시에 결행할 것.
③ 조선 국내동지들과 연락하여 일본측 밀정 등을 암살할 것.
④ 운동원 및 대원 모집에 노력할 것(〈獨立運動에 關한 件〉, 騷密제1473호(1919년 5월 3일), 國會圖書館, 《韓國民族運動史料》 3·1운동편 其3, 1979, 475쪽).

그 후 이동휘는 연추방면 칸내이와에 귀환하여 그곳에 국민의회 본부를 설치하기로 하였다.37)

4월 28일 밤 崔才亨·吳昌煥·金學萬이 嚴仁燮의 십에 모였을 때 상성의 수는 3,000명에 이르렀고, 독립군 자금모금액도 30만 루불에 달하였다. 이들은 국내에서의 3·1운동이 확산되고 있으나, 무기를 갖지 않은 군중의 폭동에 불과하여 외국이 이를 단순히 국내 擾亂으로 인정할 가능성이 많다. 그러므로 그 효과는 파리평화회의의 주의를 환기시키는 정도가 고작일 것이다. 이런 정도로는 독립부흥의 목적을 달성하기에는 길이 멀다. 따라서 무기를 가지고 일본에 對戰하여 열국으로부터 한 交戰團體로 승인될 때까지 노력하지 않으면 안된다고 하고 있었다.38)

---

35) 〈獨立運動에 關한 件〉, 騷密제551호(1919년 4월 20일)(國會圖書館, 《韓國民族運動史料》 3·1운동편 其3, 1979), 306~307쪽.
36) 〈獨立運動에 關한 件〉, 騷密제673호(1919년 4월 22일)(國會圖書館, 《韓國民族運動史料》 3·1운동편 其3, 1979), 317쪽.
37) 위와 같음.

나. 노인동맹단

한편 3월 26일에는 블라디보스톡에서 老人同盟團의 발단식이 있었다. 金致寶의 집에서 조직된 이 노인동맹단은 한국독립을 목적으로 재외한인 65세 이상의 노인을 모두 결속하려는 데 있었다.[39] 이들은 이날 밤 김치보 집에서 창단식을 갖고 다음과 같이 역원을 선출하였다.[40]

> 단장 金致寶, 총무 金舜若, 의장 李逸, 의원 李崙·朴漑平·韓承羽·李得萬·尹余玉·周千漸·姜錫基·徐相矩·鄭致允·李逸·朴大同(11명), 서기 徐相矩.

이 당시 약 320여 명을 단원으로 모집하였는데, 계속해서 왕성하게 단원을 모집 중이며, 남자보다도 오히려 여자들이 더 열심이어서 지방으로까지 다니며 단원을 모집하고 있었다. 노인동맹단은 대표자 6명을 조선총독부에 파견할 것과 결사대를 모집하여 국내로 들여보낼 계획을 세우기도 하였으며, 이 밖에 단원 150명을 국내로 파견하여 3·1운동을 확산할 계획도 하였다.[41] 이 노인동맹단은 점차 활발한 활동을 전개하기 시작했다. 노인동맹단은 傳團委員을 두어 이들을 각 지방에 파견하여 단원모집에 힘썼다. 전단위원들은 발기인을 7인으로 하고, 입회금도 7루블씩 하였으며, 연령도 46세 이상 70세까지로 하여 총 7,000명의 회원을 모집하려 하였다.[42]

5월 5일 노인동맹단은 李承喬 등 대표 7명을 선정하여 국내로 파견하였다.[43] 이들 대표들은 일본에 보내는 문서 2통과 취지서 수백 매, 여비 1만 루불을 지참하고 출발, 5월 31일 서울에 도착하여[44] 그날 오전 11시 경 종로

---

38) 〈獨立運動에 關한 件〉, 騷密제2042호(1919년 5월 14일)(國會圖書館, 《韓國民族運動史料》 3·1운동편 其3, 1979), 490쪽.
39) 위와 같음.
40) 在浦潮斯德總領事 菊池義郎, 〈鮮人의 行動에 關한 件, 1919년 4월 1일〉(《東西比利亞》 7), 59~60쪽.
41) 在浦潮斯德總領事 菊池義郎, 〈鮮人의 行動에 關한 件, 1919년 4월 1일〉(《東西比利亞》 7), 59~62쪽.
42) 〈獨立運動에 關한 件〉, 騷密 제209호(1919년 4월 17일)(國會圖書館, 《韓國民族運動史料》 3·1운동편 其3, 1979), 280쪽.
43) 姜德相, 《現代史資料》 26, 121~122쪽.
44) 독립운동사편찬위원회, 《독립운동사자료집》 9, 348쪽.

보신각 앞에서 민중들에게 연설을 한 후 태극기를 흔들며 조선독립만세를 부르다가 체포되었다. 이때 李發은 "義로써 치욕을 당하지 않겠다"며 칼로 스스로 목을 찔렀으나 일경이 그를 대한병원으로 옮겨 치료를 받았다. 이승교와 정치윤은 너무 노쇠하여 露領으로 추방당하였으며,[45] 안태순은 징역 1년, 윤여옥은 징역 10월, 차대유는 징역 8월을 선고받았다.[46]

6월 25일 노인동맹단은 姜文伯·延秉佑를 대표로 블라디보스톡 주재 일본 총영사관에 보내 〈在露領大韓國民老人同盟團謹瀝血禱衷干〉이라는 독립요구서를 제출하였다.[47] 1919년 7월 노인동맹단은 다시 강우규를 서울로 파견하였다. 강우규는 7월 8일 블라디보스톡을 출발하여 원산에서 약 1개월 체류하다가 8월 8~9일 경 서울로 들어와 9월 2일 서울역 앞에서 신임총독 사이토에게 폭탄을 투척하여 일본 제국주의자들의 간담을 서늘하게 하였다.[48]

3) 미주

1919년 3월 9일 샌프란시스코의 안창호는 상해 현순 목사로부터 3·1운동의 제1보를 들었다. 그는 이승만·정한경, 대한국민회 각 지방회와 서재필 등에게 이 소식을 전파하였으며 샌프란시스코의 영자신문에도 전보 복사문을 돌렸다.

오후 7시 30분 대한국민회중앙총회가 한인교회에서 열리자 만세소리가 천지를 진동하였다. 이 자리에서 이승만·정한경을 파리 평화회의에 대표로 파견할 것, 미국 각 교계와 단체에 교섭하여 대한독립에 대한 동정을 얻을 것 등을 결정하였다. 하와이 국민회에서도 현순 목사로부터 독립운동의 발발소식을 전해받고 한인교회에 600명이 모여 감격의 만세를 불렀다. 3월 13일 안창호는 대한국민회 중앙총회 석상에서 첫째 피를 흘릴 각오를 할 것, 둘째 미주 한인의 책임은 미국 여론을 일으키는 것임, 셋째 미주 한인의 최대 책

---

45) 朴殷植, 《韓國獨立運動之血史》 하, 53쪽.
金正明, 《朝鮮獨立運動》 제1권 分冊(原書房, 1967), 116~117쪽.

46) 독립운동사편찬위원회, 《독립운동사자료집》 5, 252~253쪽.

47) 姜德相, 《現代史資料》 26, 222쪽.

48) 金正明, 앞의 책, 115쪽.

임은 재정공급에 있으므로 수입의 1/20 이상 납부하도록 할 것 등을 선포하였다. 김정진은 63일에 걸쳐 서부 10개 주를 순방하며 63개 지방 동포 327명으로부터 의연금 1만 달러 이상을 모았고, 5월 26일까지 중앙총회는 3만 388달러 25센트를 모았다. 당시 한인들의 하루 임금이 3달러밖에 되지 않던 때였다. 주간으로 발간하던 《신한민보》는 3월 20일부터 격일간으로 발간하며 고국소식을 신속하게 보도하기 시작하였다.

4월 14일부터 16일 필라델피아(Philadelphia) 시내 리틀극장에서는 자유한인대회가 열렸다. 약 150여 명의 한인과 미국인 목사, 신부, 유대교 랍비, 대학총장이 참석하였으며, 서재필이 의장을 맡아 한민족의 독립 의지와 일제의 억압과 착취의 실상을 알리며, 한국독립에 대한 미국의 여론을 환기하였다. 또한 대한민국 임시정부를 인정하고 충성을 선언하며, 각국에 임시정부의 승인을 요청하였다. 서재필은 그 동안 한국민족에 대해 실망을 갖고 있었으나, 3·1운동의 발발을 보고 생각을 바꾸어 적극적으로 독립운동에 나섰다. 그는 자신의 주관하에 한국통신부(Korea Informatiom Bureau)를 조직하여 미국사회에 한국 실정을 알리고 여론의 지지를 이끌어 내는 일에 착수하였다. 그는 우선 각종 선전 자료로서 《한국평론(Korea Review)》·《필라델피아 대회 의사록》·《한국의 독립》·《한국의 어린 만세 순교자들》·《한국에서의 일본의 흉포》·《한국의 독립운동》 등을 간행하였다.

한편 1919년 여름 미국 기독교 연합회 동양선교부에서 《한국의 사정(The Korean Situation)》이 발간되어 한국의 독립운동에 대한 일본의 잔인한 탄압의 실상이 공개되었다. 이 보고서는 한국 독립 문제에 대한 미국 기독교계의 관심을 환기시켰을 뿐 아니라 우리 독립운동가들에게 큰 힘을 주었다.

서재필은 또한 한국친우회(The League of the Friends of Korea)를 조직하여 다수의 미국 유지로 간부진과 이사진을 구성하여 한국의 실정을 미국사회에 효과적으로 알리기에 힘썼다. 이 친우회에서 각 지방으로 대표를 파견하여 한국의 실정을 알리고 한국의 독립을 지지하는 성명서를 채택하게 하였으며, 각지에 지부를 결성하여 회원이 1만 명에 다다르게 되었다.

〈李廷銀〉

4. 3·1운동의 영향과 의의

1) 3·1운동에 대한 열강의 반응

(1) 중국

중국 신문들은 3·1운동이 발발하자 이 독립운동의 진전상황을 크게 보도하였다. 상해에서 발간되던 孫文 계통의 《國民日報》는 1919년 3월 12일부터 상해에서 5·4운동이 발발하던 5월 7일 하루 전까지 한국의 3·1운동 상황을 20회 이상 보도하였다. 북경의 영자신문 《북경데일리뉴스(Peking Daily News)》도 거의 매일같이 3·1운동 소식을 보도했다. 중국의 5·4운동에 결정적인 영향을 끼쳤던 북경의 시사주간지 《每週評論》은 중국의 신문화운동의 기수인 陳獨秀와 李大釗가 편집인으로 있었는데 제13호와 제14호에 한국의 3·1운동에 대해 해설기사를 싣고 중국 국민들이 반일제·반매국노 투쟁에 궐기할 것을 호소하였다. 이런 언론의 보도는 북경 대학생들에게 깊은 자극을 주었다. 북경 대학생들의 잡지 《新潮》도 1919년 4월 1일자에 한국독립운동에 관한 2편의 논문을 게재하며 3·1운동을 본받아 중국 국민들도 궐기할 것을 촉구하였다. 이 잡지에 기고하였고 후에 5·4운동의 학생대표로 활동했던 傅斯年은 〈한국독립운동중의 신교훈〉이란 글에서 3·1운동은 정신면에서 "혁명계의 신기원을 열었다"고 하였다. 북경대학 학생구국회의 월간잡지 《國民》, 1919년 4월호에도 한국의 3·1운동을 특집으로 4편의 논문을 게재하였다. 북경대학 구국학생회는 이런 분위기 속에서 5월 2일 《국민》 편집실에서 5·4운동을 위한 시위운동을 결의하고, 천안문 광장에서 시위운동을 주도하였다.

상해에서도 5월 7일 중국의 국치기념일에 약 2만 명이 참가한 가운데 국민대회를 개최하였다. 이때 약 30명의 한인청년독립단 청년들이 참가하여 반일문서를 돌리며 시위운동에 참가하였다.

(2) 미국

미국 정부는 한국민족과 한국의 독립운동에 그다지 관심을 갖지 않았다. 그러나 3·1운동은 미국 여론의 주목을 받았다. 《뉴욕타임즈(The New York Times)》는 3월 20일부터 한국의 독립운동과 인권상황에 대해 다루기 시작하였다. 미국 연합통신(UP)은 1919년 3월부터 1920년 12월 15일 사이에 한국에 관한 기사를 9,000회나 다루었다. 이 중 일본에 유리한 기사는 50가지 정도에 지나지 않았다. 미국의 여론은 일본의 잔인성과 만주침략까지 야욕을 가지고 있는 일본에 대해 경계하는 분위기였다. 서재필은 자유한인대회와 한국친우회를 조직하여 미국 사회에 한국에 대한 동정적 여론을 확산시키기에 힘썼다.

이런 분위기에 힘입어 미국 의회에서 한국문제가 논의되기 시작하였다. 1919년 6월 30일 미조리(Missouri)州 센트루이스(St. Louis) 출신의 상원의원인 스펜서(Spencer)는 국무장관에게 1882년의 〈한미수호통상조약〉의 이행 필요성을 외교위원회에서 논의하자는 제안을 하였다. 1919년 7월 15일 국제연맹 비준문제를 다루던 상원에서 포인덱스터(Pointexter) 의원은 국제연맹이 표방하는 이상주의에 반하는 예로써 한국문제를 거론하며 일본의 지배 아래 있는 한국인들에 대한 잔인성과 폭력을 인정하고 있는 현실을 가리키며 윌슨 대통령의 헌장의 무의미함을 지적하였다. 네브라스카 출신의 노리스(Norris) 의원은 한국의 독립운동 과정에서 한국인들이 당하고 있는 참혹한 현실에 관한 사진을 공개하며 일본 당국의 잔혹성에 대한 자세한 보고를 하였다.

《뉴욕타임즈》는 7월 13일자에 최소한 30명이 학살된 제암리 사건을 보도하였다. 4월 중순 한국의 현실을 직접 목격하고 미국에 온 암스트롱(A. E. Armstrong) 목사는 미국 장로교 선교부 서기 아더 제이 브라운(Arther J. Brown), 미국 감리교 복음교회 선교부 서기 프랭크 메이슨 노드(Frank Mason North), 미국성서회 서기 윌리암 제이 헤븐(William J, Heven) 박사들을 만났다. 그리하여 4월 16일 교회연합회 동양관계위원회가 열리게 되었다. 위원회는 한국으로부터 30명 이상의 믿을 만한 선교사, 외국인들의 보고서를 이용하여 한국에서의 잔학행위에 대한 보고서로 《한일사태(The Japan－Korea Situation)》를 통해 일본의 식민지 체제, 한국 독립운동의 기원, 한국인의 항거와 경찰의 포악 등과 함께 34개의 일제 잔학상을 폭로하였다.

이후 미국 의회내에서 한국문제에 대한 동정적인 논의가 몇 차례 있었지만 미 행정부에 준 영향은 별로 없었다. 일부 의원들은 국제연맹 비준에 대한 반대자료로 한국의 상황을 활용하였다.[1]

(3) 영국

영국은 동경 주재 영국대사관으로부터 4월 24일 공식적으로 3·1운동에 대해 보고를 받자 식민주의의 본산답게 자국과 그 식민지 출신의 거류민 보호조치를 즉각 취할 것을 지시하면서 한국의 독립운동에 대해서는 어떠한 관심이나 동정을 표하지 않았다. 해외의 한국인들이 영국에 대해 4월에 조직된 임시정부에 대한 승인을 요구하자 "한국은 1910년 일본에 합병되었으며 따라서 이번 반란은 일본 국내문제로서 의심할 나위 없이 쉽사리 진압될 것이다"고 하며 무시하였다. 또한 영국은 한국사태를 구실로 일본이 만주에 대한 영토적 야심을 표출시킬 것을 우려하여 북경주재 영국공사 존 죠단(John Jordan)에게 만주에서 활동중인 한국 독립군의 무장을 해제하도록 중국 정부에 압력을 가할 것을 지시하였다.

그러나 서울 주재 영국 대리총영사 윌리암 엠 로이즈(William M. Royds)는 한국에 대한 일본의 식민지정책과 시위운동의 진압방법에 대해 상당히 비판적 시각을 갖고 한국인들의 독립운동에 호의를 보였다. 그는 본국에 보내는 보고서에서 한국인들이 자치역량이 있음을 강조했다. 동경 주재 대리대사 비일비 엘스톤(Beilby Alston)도 3·1운동에 대한 일본의 정책에 반대의 입장을 취하였다. 그러나 이러한 보고들은 영국 외무성의 정책을 바꾸게 하지는 못했다. 영국은 영일동맹관계를 더 중시하여 한국사태에 대해 개입하지 않는다는 입장을 견지하였다.

제암리 학살사건의 발발은 세계 문명국가의 주의를 환기시켰지만 영국은 다만 한반도에서 일본의 극단적인 가혹성을 완화하여 일본의 지배권을 약화시킴이 없이 주민들의 생활을 향상시키는 방향에 머물러 있었다. 영국은 이

1) 손보기, 〈3·1겨레싸움과 미국의 반향〉(《한민족독립운동사》 6, 국사편찬위원회, 1989).

집트나 인도에서와 같이 자치권을 확대하는 것이 한국문제의 해결로 보았다. 1919년 8월 사이토 마코토(齋藤實) 총독이 부임하자 외무성 관리들은 한국문제 해결을 위해 대체로 만족스럽게 받아들였다.[2]

2) 3·1운동의 역사적 의의

(1) 3·1운동의 민족사적 의의

가. 자주독립의 민족정신

3·1운동은 일본의 한국지배체제가 총독부 헌병경찰체제의 확립, 토지조사사업의 완성, 전면적인 지방행정구역 개편 및 面里체제 확립, 제1차 세계대전 승전국으로서의 일본의 위상강화, 제1차 세계대전의 특수 경기에 힘입은 일본 자본주의의 완성 등으로 가장 강고한 체제가 구축·기능하고 있었던 시점에서 일어난 독립운동이었다. 그에 비하여 우리 독립운동은 1910년대 해외 독립운동기지 개척 및 독립전쟁 준비라는 큰 방향의 전략이 제1차 세계대전의 발발로 破綻되고, 무력화된 속에서 독립운동지도자는 해외로 망명하여 대중과 십년 이상 분리되어 있었다.

국내에는 3·1운동 발발 당시, 헌병경찰체제하에서 학교와 종교단체 이외의 모든 사회단체와 조직이 해체되어 조직적 역량이 미약하였다.

이런 불리한 여건 속에서 어떻게 전 민족적인 3·1운동이 일어나게 되었는가 하는 것은 불가사의한 일이 아닐 수 없다. 그러므로 3·1운동은 그 자체가 오랜 독립국가의 역사와 문화민족으로서의 자긍심이 바탕이 된 독립정신과 불굴의 민족정신의 표상이다. 실제로 3·1운동에 참여하고 일본 재판정에 섰던 수많은 무명의 지사들은 "4천년 문화국민이 어떻게 일본의 노예로 살 수 있는가"하며 당당하게 독립운동의 정당성을 밝혔다. 한국인의 독립정신은 3·1운동으로 응축되어 이후의 독립운동이 모두 여기에서 영감과 힘을 얻게 되었다. 이것은 한말 이래 일부 세력들이 근대화를 위해서라면 외세에

2) 구대열, 〈3·1운동에 대한 해외의 반응〉(《한민족독립운동사》 3, 국사편찬위원회, 1988).

의지하는 것도 필요하다고 생각한 의존적 사고의 청산을 의미하기도 한 것이다.

나. 새로운 세계관의 제창

3·1운동은 약육강식의 19세기식 세계질서 속에서 정의와 인도, 인류평등과 평화의 메시지였다. 그것은 이해관계로 갈등하는 세계에서 진정한 평화를 가져올 수 있는 이상과 도덕성을 가진 선언이었다. 또한 맨손으로 일제의 총칼에 맞서 싸웠던 한민족의 용기와 내면의 힘은 힘의 논리에 질식당하고 있는 세계에 던진 다윗의 돌이었다. 3·1운동이 힘의 논리와 압제와 폭력의 세상을 향해 던진 그 돌은 우리가 추구해야 할 새로운 질서와 세계관과 신문명관을 지향하고 있다고 하겠다.

다. 근대적 국민의 탄생

한국의 민중은 3·1운동을 통하여 전근대적 臣民으로부터 근대적 국민국가의 國民으로 거듭났다. 3·1운동은 남녀노소, 직업의 귀천, 신분의 고하를 막론하고 전 민족, 전 지역이 참여한 전무후무한 독립운동이었다. 국가의 운명에 책임을 느끼고 행동에 나서는 근대적 시민상이 3·1운동으로 나타나게 된 것이며, 3·1운동을 통하여 그 자격을 스스로 획득하였고 3·1운동에 의하여 완성(정립)되었다. 전세계가 종교적 갈등과 대립이 심각한 오늘에 있어 3·1운동과 같이 종교의 차이를 넘어 민족과 자유와 정의 인도의 이름 앞에 하나로 힘을 합친 역사를 가지고 있다는 것은 대단한 자산이 아닐 수 없다. 이것은 다양성을 수용하고, 그 속에서 조화를 이루어가야 할 현대 국가 국민, 근대적 시민사회의 국민정신 또는 시민정신으로서 고귀한 성취였다.

라. 대한민국 임시정부의 수립

3·1운동의 과정에서, 그리고 3·1운동에 힘입어서 대한민국임시정부가 수립되었다. 서울·노령·상해 등지에서 세워진 임시정부들은 1919년 9월 상해의 대한민국임시정부로 통합되었다. 여기에는 민족주의 세력과 대두되기 시작한 사회주의 세력이 함께 참여하였다. 대한민국임시정부의 수립은 잃어버린 주권을 되찾아 세운다는 의미와 더불어 우리 역사상 최초 입법·사법·

행정의 3권분립의 민주공화제 정부체제가 수립되었다는 역사적 의미도 갖고 있는 것이었으며 이후 대한민국임시정부는 민족해방운동의 총본부로서, 한국 국민을 대표하는 기관으로서 열강의 냉대, 일제의 방해와 탄압, 민족세력의 분열 등의 어려움을 겪으면서도 해방의 그날까지 27년간 내정·외교·군사·문화 등 각 방면에서 정부의 활동을 지속하였으며, 일본제국주의에 대항하는 데 정신적 지주가 되었다.

마. 독립운동의 비약적 강화

3·1운동은 민족독립운동의 역량을 획기적으로 강화하고 이후 독립운동을 지속해 가는 영감과 용기의 원천이자 독립정신의 기초가 되었다. 3·1운동 이후 만주와 노령 연해주에서는 40여 개의 독립군 단체들이 편성되어 수시로 압록강과 두만강을 넘나들며 국내진공작전을 감행하였다. 수많은 청소년들이 만주로 가서 독립군에 참여하였다.

바. 민족공동체의 지향

3·1운동은 일종의 민권운동이기도 했다. 이 운동이 전민족적 운동으로 확산됨으로써 민중은 운동에 참여하면서 스스로의 정치의식과 사회의식을 높여 갔으며, 이후 3·1운동으로 열어 놓은, 비록 제한된 자유의 공간 속에서나마 농민운동·노동운동·학생운동·형평운동·어린이운동·여성운동 등 근대사회운동이 활발하게 전개되었다. 이는 한편에서는 일제에 대한 전방위 '민족총력투쟁'의 성격을 가지면서 다른 한편에서는 3·1운동으로 고취된 의식과 고양된 민권평등사상으로 농민·노동자·천민·여성·어린이 등의 사회적 지위향상과 더불어 우리 사회가 진정한 민족공동체로 발전해 나가는 힘찬 발걸음을 내딛는 것이었다.

사. 무단지배체제의 후퇴

일제는 3·1운동으로 인해 10년간 지속해 왔던 무단통치를 '문화정치'로 변화시키지 않을 수 없었다. 문화정치의 내용은 서정쇄신, 조선인 관리의 임용, 민족차별 철폐, 언론·출판·집회의 자유 보장을 통한 민의 창달, 교육·산업·경찰 등 사회제도 개선, 총독권한 축소, 헌병경찰제 폐지와 보통경찰제 실시 등을 포함하고 있었으나, 여기에는 격앙된 민족감정을 진정시키고 한국인 내부를 계급적으로 분단하여 분할지배하고자 하는 계교가 숨어 있는 것이기는 하나, 우리 민족은 최소한의 민족적 활동공간으로서 언론·출판·결사·집회의 자유를 확보하여 민족보존을 위한 민족문화운동과 민족 실력양성운동을 전개할 수 있게 되었다.

(2) 3·1운동의 세계사적 의의

제1차 세계대전 기간 중 교전국들은 상대국 식민지의 민족감정에 불을 붙여 배후를 교란하는 전략을 구사하였다. 독일이 아일란드를, 영국이 아랍 제민족의 독립을 후원한 것이 그것이다. 그 결과 패전국의 지배하에 있던 약소국의 독립은 일부 성취되었다. 그러나 인도·이집트·필리핀·월남 등 미국·영국·프랑스·일본 등의 승전국 지배하의 피압박 민족들은 더욱 위축되게 되었다. 이런 시점에 한국의 비무장 민중에 의한 3·1운동은 세계 피압박 민족에게는 새로운 자극과 용기를 주어 이후 중국의 5·4운동, 인도와 이집트·인도차이나·필리핀의 독립운동에도 커다란 각성과 영향을 주었다.

특히 3·1운동은 세계혁명운동사에 새로운 기원을 열었다. 그것은 맨손의 민중들이 민족독립운동을 일으킬 수 있다는 것을 세계에 보여 주었다. 일반적으로 약소국의 독립운동에서 행해온 직업적인 혁명가나 무장세력의 투쟁은 민중을 동원할 수 없었다. 그러나 3·1운동은 거대한 민중의 힘을 이끌어낼 수 있다는 것을 보여주며 평화적인 민족사회운동의 한 전형으로 새롭게 등장한 것이었다. 이러한 운동방식은 1919년 4월 5일부터 시작된 인도 간디(Mohandas Karamachand Gandhi)의 새트야그라하(Satyagraha－진리수호)와 아힘사(Ahimsa－비폭력, 사랑)에 의한 대영 비폭력 무저항 독립운동, 1960년대 미국의 마틴 루터 킹(Martin Luter King Jr.) 목사에 의한 민권운동 등에서 다시 그 힘이 확인되었다.

3·1운동은 제1차 세계대전 이후 세계 피압박민족의 독립운동 가운데 첫 봉화였고, 정의와 인도, 인류평화의 새로운 세계상을 그리며 용감하게 나아간 세계사적 사건이었다.

〈李廷銀〉

집 필 자

개 요 ········· 김운태

Ⅰ. 일제의 식민지 통치기반 구축

1. 무단통치체제의 확립 ········· 김운태
2. 식민지 수탈구조의 구축 ········· 정재정
3. 식민지 지배체제의 특질 ········· 강창일

Ⅱ. 1910년대 민족운동의 전개

1. 국내민족운동 ········· 강영심
2. 해외민족운동
   1) 만주 ········· 반병률
   2) 러시아 ········· 반병률
   3) 중국 관내지역 ········· 한상도
   4) 미주 ········· 김도훈
   5) 일본 ········· 김인덕

Ⅲ. 3·1운동

1. 3·1운동의 배경 ········· 이정은
2. 3·1운동의 전개 ········· 이정은
3. 3·1운동의 해외 확산 ········· 이정은
4. 3·1운동의 영향과 의의 ········· 이정은

한국사 47
일제의 무단통치와 3·1운동

편찬간행 **국사편찬위원회**

초판1쇄 2003년 11월 30일
2쇄 2013년 6월 4일

번각발행 **탐구당**

등록일 1950년 11월 1일
등록번호 서울 제 03-00993 호
주소 서울특별시 용산구 한강대로 62 나길 6
전화 (02) 3785-2211(대표)
팩스 (02) 3785-2272
홈페이지 www.tamgudang.co.kr
전자우편 tamgudang@paran.com
ISBN 978-89-8236-613-0
978-89-8236-566-9(세트)

값 17,000 원

* 파본이나 잘못된 책이 있으면 교환해 드립니다.